OBSERVAÇÕES SOBRE
A FILOSOFIA DA PSICOLOGIA

LUDWIG WITTGENSTEIN

OBSERVAÇÕES SOBRE A FILOSOFIA DA PSICOLOGIA

DIRETOR EDITORIAL:
Marcelo C. Araújo

EDITORES:
Avelino Grassi
Márcio F. dos Anjos

TRADUÇÃO E REVISÃO TÉCNICA:
Ricardo Hermann Ploch Machado

COORDENAÇÃO EDITORIAL:
Ana Lúcia de Castro Leite

COORDENADOR DA COLEÇÃO
SUBJETIVIDADE CONTEMPORÂNEA:
Dr. João Vergílio Gallerani Cuter

REVISÃO:
Leila Cristina Dinis Fernandes

DIAGRAMAÇÃO E CAPA:
Juliano de Sousa Cervelin

Título original: *Remarks on the Philosophy of Psychology – Bemerkungen über die Philosophie der Psychologie*
© Blackwell Publishers Ltd., 1980 – Volume I and II
9600 Garsington Road – Oxford – 0X4 – 2DQ, UK
ISBN 0-631-13061-6

Todos os direitos em língua portuguesa, para o Brasil, reservados à Editora Ideias & Letras, 2019.
2ª impressão.

Rua Barão de Itapetininga, 274
República - São Paulo/SP
01042-000 (11) 3862-4831
Televendas: 0800 777 6004
vendas@ideiaseletras.com.br
www.ideiaseletras.com.br

Dados Internacionais de Catalogação na Publicação (CIP)
(Câmara Brasileira do Livro, SP, Brasil)

Wittgenstein, Ludwig, 1889-1951.
   Observações sobre a filosofia da psicologia - vol. I e II/ Ludwig Wittgenstein; tradução e revisão técnica Ricardo Hermann Ploch Machado. - Aparecida, SP: Ideias & Letras, 2008. - (Subjetividade Contemporânea)

   Título original em inglês: *Remarks on the philosophy of psychology*. Vol. I and II.

   ISBN 978-85-7698-014-8

   1. Psicologia - Filosofia I. Título. II. Série.

08-08217   CDD-150.1

Índices para catálogo sistemático:
1. Filosofia da psicologia 150.1

Nota à Tradução Brasileira

Para a realização da presente tradução, pudemos utilizar-nos dos fac-símiles das páginas que constituem a fonte original do texto alemão estabelecido pelos editores. Esses fac-símiles integram a versão eletrônica do espólio de Wittgenstein[1] e mostram um trabalho ainda em andamento: existem inúmeras passagens que apresentam, lado a lado, diferentes formulações para um mesmo trecho do texto, sem que Wittgenstein tenha deixado qualquer sinal de sua decisão por uma ou outra; às vezes há palavras escritas acima de outras, mostrando uma indecisão sobre qual delas utilizar na passagem; e há ainda dois tipos diferentes de grifos, ocasionalmente aplicados às mesmas palavras, sobre os quais não podemos ter certeza quanto a seu significado preciso. Tendo em vista essas situações, achamos por bem indicar em notas de rodapé as alternativas mais divergentes aos respectivos trechos do texto estabelecido (precedidas por "TS", quando estavam presentes no datiloscrito e, mais raramente, por "MS", quando presentes nos manuscritos correspondentes), bem como manter os dois tipos de grifo, os caracteres espaçados (aqui impressos em itálico) e os negritos, a fim de que o leitor possa avaliar por si mesmo qual era a importância que Wittgenstein dava às passagens grifadas.

O leitor também notará que grande parte dos parágrafos que compõem esta obra é sucedida por uma indicação em colchetes contendo letras e numerais. As letras são abreviações dos títulos de outras reuniões

---

[1] *Wittgenstein's Nachlass: The Bergen Electronic Edition*, London: Oxford University Press, 2000.

de textos de Wittgenstein, e os numerais se referem ou à paginação dessas outras obras ou aos números de seus parágrafos. Eis a legenda para as abreviações:

PU: *Philosophische Untersuchungen (Investigações Filosóficas)*, Frankfurt: Suhrkamp, 2003.
Z: *Zettel (Fichas)*, Oxford: Blackwell, 1981 (bilíngue).
VB: *Vermischte Bemerkungen (Miscelânea)*, Frankfurt: Suhrkamp, 1994.
C & V: *Culture and Value (Cultura e Valor)*, Chicago: University of Chicago Press, 1984 (bilíngue).

Citamos os títulos alemães das obras de Wittgenstein para que o leitor tenha a possibilidade de escolher a tradução que melhor lhe convier. Pois, embora não existam traduções para o português de todas essas obras, o leitor não terá dificuldades em encontrar outras para as línguas mais faladas no mundo, entre elas o espanhol, francês, inglês e italiano.

Nota do Editor

Nesta edição brasileira foram agrupados os dois volumes da obra *Remarks on the Philosophy of Psychology*, de Ludwig Wittgenstein.

– Livro I – p. 7
– Livro II – p. 257

LIVRO I

Prefácio

Depois que Wittgenstein finalizara a primeira parte das *Investigações Filosóficas* na forma em que depois foi impressa, ele registrou, de maio de 1946 a maio de 1949, em novos volumes manuscritos (MSS 130-138), anotações que discutem quase que exclusivamente a natureza dos conceitos psicológicos. Por duas vezes nesse espaço de tempo, ele ditou a um datilógrafo uma seleção do material escrito à mão – no fim do outono de 1947 (TS 229) e no começo do outono de 1948 (TS 232). Não há um datiloscrito existente que corresponda ao último terço dos registros feitos à mão. Provavelmente em meados de 1949, Wittgenstein compilou uma seleção escrita à mão (MS 144) com base principalmente no que tinha escrito no período posterior a outubro de 1948, mas em parte também com base nos volumes manuscritos e datiloscritos mais antigos. Depois disso, ele fez esse manuscrito ser passado a limpo na máquina, o qual foi impresso como a segunda parte das *Investigações Filosóficas*. Infelizmente o datiloscrito está hoje em dia desaparecido.

Consequentemente, o que Wittgenstein escreveu nos manuscritos 130-138 pode ser caracterizado com alguma razão como *Estudos Preliminares* para a segunda parte das *Investigações*. Ele recortou os datiloscritos 229 e 232 em fichas e conservou, no total, 369 dos fragmentos para uso posterior. Eles estão impressos na coleção *Fichas*. (Seu número é mais que a metade das anotações dessa obra.) No entanto, de longe a maior parte das anotações presentes nos TS 229 e 232 e nos volumes manuscritos 137-138 permanecem não publicadas até hoje.

Parecia aos editores que o correto era publicar os datiloscritos 229 e 232 *in totum* em dois volumes, sob o título de *Observações sobre a Filosofia da Psicologia*.

O TS 229 é publicado aqui como o primeiro volume. As bases manuscritas cobrem o espaço de tempo de 10 de maio de 1946 a 11 de outubro de 1947. Apenas as primeiras 90 anotações não datadas são anteriores, talvez escritas já em 1945. Havia duas versões do datiloscrito; provavelmente uma é cópia da outra. Ambas foram transcritas com vários erros ortográficos e outras falhas. Foi realizada uma comparação cuidadosa com as fontes manuscritas. Na maioria das vezes, não aparecem figuras no datiloscrito. Desta forma, nós as extraímos dos manuscritos correspondentes.

Os Srs. André Maury e Heikki Nyman ajudaram no trabalho de revisão, a fim de obter um texto sem erros e completo. Os editores gostariam de aproveitar a ocasião para agradecer aos dois colaboradores o árduo trabalho.

G. E. M. Anscombe
G. H. von Wright

A ortografia de Wittgenstein é em parte antiquada, em parte vacilante – às vezes manifestamente incorreta. Também a pontuação frequentemente se afasta muito da normal. Uma correção cuidadosa era absolutamente necessária. Apesar disso, nós em geral tentamos seguir no texto impresso a ortografia do datiloscrito, como, por exemplo, no caso das letras iniciais de adjetivos substantivados. Apenas em raros casos quisemos interferir na pontuação presente no datiloscrito. Somos profundamente gratos ao Sr. Joachim Schulte pelos conselhos que muito ajudaram na correção do texto impresso.

I

1. Consideremos o que se diz sobre um fenômeno como este: Ver a figura ℱ ora como um F, ora como a imagem no espelho de um F.

Minha pergunta é: em que consiste ver a figura ora de um jeito ora de outro? – Eu realmente vejo algo diferente a cada vez ou apenas *interpreto* o que vejo de maneira diferente? – Estou inclinado a dizer a primeira destas alternativas. *Mas por quê?* Bem, interpretar é uma ação. Ela pode, por exemplo, consistir nisto: Alguém diz "Isto deve ser um F"; ou ele não diz isto, mas ao copiar o sinal o substitui por um F; ou ele pondera: "O que pode ser isto? Talvez seja um F mal escrito". – Ver não é uma ação, mas um estado. (Observação gramatical.) E, se eu sempre li a figura como um "F",[2] se nunca considerei o que ela pudesse ser, então diremos que eu a *vejo* como um F; isto é, quando se sabe que ela também pode ser vista de outra maneira.

Como será que se chega ao conceito de "ver isto como isto"? Em quais ocasiões ele é formado, há necessidade dele? (Muito frequentemente, quando falamos sobre uma obra de arte.) Quando se trata, por exemplo, de frasear pelo olho ou pelo ouvido. Nós dizemos "Você tem de ouvir estes compassos como introdução", "Você tem de ouvir nesta tonalidade", mas também "Eu ouço o francês 'ne… pas' como uma negação bipartida, não como 'não um passo'" etc. E isso é verdadeiramente ver ou ouvir? Bem, é assim que o chamamos; é com estas palavras que reagimos em determinadas situações. E, em contrapartida, nós reagimos *a* essas palavras com determinadas ações. [*Zettel*, 208.]

---

[2] TS: E, se eu sempre tomei a figura por um F…

2. É a introspecção que me informa se estou lidando com um ver genuíno ou, antes, com uma interpretação? Tenho, antes de mais nada, de ter clareza sobre o que eu chamaria de uma interpretação, sobre o que me permite reconhecer se algo é um interpretar ou um ver.
(Ver conforme uma interpretação.) [Z 212.]

3. Eu gostaria de dizer: "Vejo a figura como a imagem no espelho de um F" é apenas uma descrição indireta de minha experiência. Há uma direta, a saber: Vejo a figura *assim* (e aqui aponto, dirigindo-me a mim mesmo, para a minha impressão visual). De onde vem esta tentação? – Há aqui um fato importante, que é o de que estamos prontos a dar como válidas certo número de diferentes descrições de nossa impressão visual; por exemplo: "Agora a figura *está olhando* para a direita, agora para a esquerda".

4. Imagine que perguntássemos a alguém: Que semelhança existe entre esta figura e um F? A isso, uma pessoa responde: "A figura é um F invertido", e outra: "Ela é um F com traços longos demais". Devemos dizer "As duas veem a figura diferentemente"?

5. Será que não vejo a figura ora assim, ora de outro jeito, mesmo quando não reajo com palavras ou mediante outros sinais?
Mas "ora assim", "ora de outro jeito" já são palavras, e com que direito eu as uso aqui? Posso provar a você, ou a mim mesmo, que tenho esse direito? (A não ser que seja por meio de uma reação posterior.)
Contudo, mesmo que eu não diga, é claro que sei que há duas impressões! Mas como sei que o que digo em seguida é aquilo que eu sabia? [Z 213.]

6. O rosto familiar de uma palavra; a sensação de que uma palavra é como uma imagem de seu significado, de que ela como que absorveu significado –[3] pode existir uma linguagem à qual tudo isso seja estranho. E como estas sensações encontram expressão entre nós? Na maneira como escolhemos e avaliamos as palavras. [Cf. PU, p. 218f.]

---

[3] TS (a partir deste ponto): é importante que possamos imaginar uma linguagem à qual tudo isso seja estranho. Uma linguagem que calcula (opera) com suas palavras. Na qual a palavra não tem "alma".

7. Os casos em que temos razão em dizer que *interpretamos* como tal e tal o que vemos são *fáceis* de descrever.⁴ [Cf. PU, p. 212e.]

8. Quando interpretamos, fazemos uma suposição, enunciamos uma hipótese, que logo em seguida pode mostrar-se falsa. Se dizemos "Vejo esta figura como um F", não existe verificação ou falseamento para isso, da mesma forma que para a sentença "Estou vendo um vermelho brilhante".⁵ É essa espécie de similaridade que temos de procurar para justificar o uso da palavra "ver" naquele contexto. Se alguém diz que é por meio da introspecção que ele reconhece tratar-se de um "ver", a resposta é a seguinte: "E como sei o que você está chamando de introspecção? Você me explica um mistério mediante um outro". [Cf. PU, p. 212e.]

9. Em diferentes lugares num livro, talvez num manual de física, vemos a ilustração ⌐|. No texto que lhe diz respeito, fala-se ora de um cubo de vidro, ora de uma armação de arame, ora de uma caixa aberta de cabeça para baixo, ora de três placas que formam um ângulo sólido. A todo momento, o texto interpreta a ilustração.

Mas também podemos dizer que *vemos* a ilustração ora como uma coisa, ora como outra. – Que notável que possamos empregar as palavras da *interpretação* também para descrever o que é percebido imediatamente!

A isso, gostaríamos de responder primeiramente assim: Aquela descrição da experiência imediata por meio de uma *interpretação* é apenas uma descrição indireta. A verdade é esta: Nós podemos dar à figura ora a interpretação A, ora a interpretação B, ora a interpretação C; e há também três experiências diretas – maneiras de ver a figura – A´, B´ e C´, tais que A´ favorece a interpretação A, B´ a interpretação B e C´ a interpretação C. É por isso que usamos a interpretação A como descrição da maneira de ver que a favorece. [Cf. PU, p. 193f, g.]

10. Mas o que significa dizer que a experiência A´ favorece a interpretação A? Qual é a experiência A´? E como ela é identificada?

---
⁴ TS: caracterizar.
⁵ TS (inserção neste ponto): Logo, aqui existe uma semelhança entre os usos da palavra "ver" num e noutro contexto. (Mas não uma semelhança que nos é revelada pela introspecção.)

11. Suponhamos que alguém faça a seguinte descoberta: Ele investiga os processos na retina de pessoas que veem a figura ora como cubo de vidro, ora como armação de arame etc., e descobre que esses processos são semelhantes àqueles que ele observa quando o sujeito olha ora para um cubo de vidro, ora para uma armação de arame e assim por diante. As pessoas ficariam inclinadas a considerar tal descoberta como prova de que realmente *vemos* a figura de maneira diferente a cada momento.

Mas com que direito? Como será que o experimento pode declarar algo sobre a natureza da experiência imediata? – Ele a coloca numa determinada classe de fenômenos.

12. Como se identifica a experiência A´? Como fico de alguma forma sabendo dessa experiência?

Como se ensina a alguém a expressão desta experiência: "Agora estou vendo a figura como armação de arame"?

Muitos aprenderam a palavra "ver" e nunca a empregaram dessa maneira.

Se eu agora mostrar nossa figura a alguém assim e lhe disser: "Agora tente *vê*-la como uma armação de arame!" – ele tem de me entender? E se ele disser: "Você está querendo dizer alguma outra coisa que não seja que devo, com a ajuda da figura, seguir o texto no livro que fala sobre uma armação de arame?". E, se ele não me entender, o que posso fazer? E, se ele me entende, como isso se manifesta? Não é justamente no fato de que também ele diz que agora *vê* a figura como uma armação de arame?

13. Assim, a inclinação para usar aquela expressão verbal é uma manifestação característica da vivência. (E uma *manifestação* não é um *sintoma*.)

14. Existem ainda outras manifestações dessa vivência? Não seria concebível a seguinte sucessão de eventos: Coloco à frente de alguém uma armação de arame, um cubo de vidro, uma caixa etc., pergunto-lhe "Qual destas coisas a figura representa?", e ele responde "A armação de arame"?

15. Devemos dizer que ele viu a figura como uma armação de arame – embora ele não tenha tido a experiência de vê-la ora como isto ora como algo diferente?

16. Imaginemos que alguém perguntasse: "Todos nós vemos um F impresso da mesma maneira?". Bem, poderíamos fazer a seguinte tentativa: Mostramos um F a diferentes pessoas e fazemos a pergunta "Para que lado um F olha? Para a direita ou para a esquerda?".

Ou perguntamos: "Se você devesse comparar um F com um rosto de perfil, onde estaria a frente e onde estariam as costas?".

Algumas pessoas, contudo, talvez nem entendessem essas perguntas. Elas são análogas a questões do tipo: "Que cor tem o som a para você?" ou "O som a lhe parece amarelo ou branco?" etc.

Se alguém não entendesse essa pergunta, se ele dissesse que ela é um contrassenso – poderíamos dizer que ele não entende o português ou não entende os significados das palavras "cor", "som" etc.?

Pelo contrário: É quando ele aprendeu a entender essas palavras que ele se torna capaz de reagir àquelas perguntas "com entendimento" ou "sem entendimento".

17. "Todos nós vemos um F da mesma maneira?" – Isso não quer dizer absolutamente nada enquanto ainda não estiver estabelecido como nós descobrimos "de que maneira" alguém o vê. Mas e se eu, por exemplo, também disser "Para mim um F olha para a direita e um J para a esquerda" – estarei autorizado a dizer: toda vez que vejo um F, ele está olhando nesta ou em alguma outra direção? Que razão eu teria para dizer algo assim?

18. Suponhamos que a questão "Para que direção olha um F?" nunca tivesse sido feita – mas apenas esta: "Se você devesse pintar um olho e um nariz em um F e em um J, estas letras olhariam para a direita ou para a esquerda?". Esta também seria uma questão psicológica. E nela não se estaria falando nada de um "*ver* de um jeito ou de outro", e sim de uma *inclinação* para se fazer uma coisa ou outra.

19. Um emprego do conceito "olhar nesta direção" é, por exemplo, este: Alguém diz, talvez a um arquiteto, "Com esta distribuição das janelas, a fachada fica olhando *para lá*". De maneira similar, emprega-se a expressão: "Este braço interrompe o *movimento* da escultura" ou "O movimento deveria transcorrer *assim*" (e aqui se faz um gesto).

20. A questão sobre de que se trata, se de um ver ou de um interpretar, surge porque uma interpretação torna-se a expressão da **experiência**. E a interpretação não é uma descrição indireta, mas sua expressão **primária**.

21. Entretanto, por que não vemos isso de pronto, mas ficamos pensando, ao contrário, que aqui teria de haver uma expressão mais imediata, que o fenômeno é demasiadamente intangível, impróprio para ser descrito, e que, de qualquer maneira, temos de apelar para uma representação indireta, a fim de nos comunicarmos com os outros?

Dizemos a nós mesmos: Se não acrescentamos algo à figura na fantasia, fica impossível termos uma vivência essencialmente conectada a coisas que estão bem afastadas da esfera da percepção imediata.

Poderíamos, por exemplo, dizer: "Você afirma que vê a figura como armação de arame. Acaso você também sabe se o arame é de cobre ou de ferro? E por que, então, ele deve ser um *arame*?" – Isso mostra que a palavra "arame" realmente não pertence de maneira essencial[6] à descrição da vivência.

22. Todavia, pensemos agora nesta espécie de explicação: Se tapamos o nariz enquanto comemos, a comida perde todo o sabor, com exceção do doce, do amargo, do salgado e do azedo. O que nós vamos dizer, portanto, é que o sabor particular de algo, do pão, por exemplo, consiste nesse "sabor" no sentido mais estrito e no aroma, que é justamente o que se perde quando não respiramos pelo nariz. Por que não deve acontecer algo similar com o ver algo como algo? Mais ou menos assim: O *olho* não distingue a figura como armação de arame da figura como caixa e assim por diante. Esse é, por assim dizer, o aroma que o cérebro adiciona ao que foi visto. Em contrapartida, o olho distingue diferentes aspectos: ele praticamente fraseia a imagem visual, e *um* fraseado está mais de acordo com *uma* interpretação, um outro com uma outra. (Mais de acordo *segundo a experiência*.)

Pense, por exemplo, em certas interpretações **involuntárias** que damos a uma ou outra passagem de uma peça musical. Dizemos: esta interpreta-

---

[6] TS: absoluta.

ção se impõe a nós. (Isso é, sim, uma vivência.) E a interpretação pode ser explicada por certas **relações** puramente musicais. – Muito bem, mas nós não queremos explicar, e sim descrever.

23.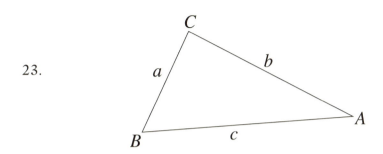

Veja o triângulo de maneira que *c* seja a base e *C* seu ápice; e agora de maneira que *b* seja a base e *B* o seu ápice. – O que você faz? – E principalmente: – Você sabe o que faz? Não.

"Bem, talvez seja o olhar, que primeiro se fixa na 'base' e depois vai em direção ao 'ápice'." Mas você pode dizer que, num outro contexto, o olhar não poderia vagar bem da mesma forma sem que você tenha visto o triângulo dessa maneira?

Faça também este teste: Veja o triângulo de maneira que ele (como a ponta de uma seta) ora aponte para a direção *A*, ora para a direção *B*.

24. De quem se diz isto: ele vê o triângulo como uma seta apontando para a direita? Daquele que simplesmente aprendeu a usá-lo como uma seta e sempre o usou desse modo? Não. Naturalmente, isso não significa dizer que ele o vê *de outro jeito* ou que não saberíamos como ele o vê. Aqui ainda não estamos falando de um *ver* de um jeito ou de outro. – Como seria, porém, no caso em que eu corrijo uma outra pessoa e digo: "O que está ali não é uma seta apontando para a direita, e sim uma que aponta para cima", expondo-lhe em seguida uma consequência prática desta interpretação? Ela agora diz: "Eu sempre tomei o triângulo como uma seta apontando para a direita". – A conversa aqui é sobre um ver? Não; pois isso pode querer dizer "Sempre que me deparei com este sinal, eu o segui *assim*". Quem diz isso não precisaria, de maneira alguma, entender a pergunta "Mas você o *viu* como uma seta apontando para a direita?".

25. **Quem** nós dizemos que vê o triângulo ora assim ora de outro jeito é alguém que declara isso de si mesmo, que profere ou ouve essas palavras dando sinais de que as entende; mas também alguém que diz, por exemplo, "Agora o triângulo está apontando para esta direção, antes ele apontava para a outra", e que, quando questionado sobre se o triângulo teve sua forma ou posição alterada, responde: "Não se trata disso". E assim por diante.

26. Consideremos o caso da figura das rodas que giram em sentidos contrários. Em primeiro lugar, posso ver o movimento na figura como *um* ou como *outro*. Em segundo lugar, posso também *tomá-lo* por um ou por outro.

27. O fenômeno *meio estranho* de ver de um jeito ou de outro só aparece quando alguém reconhece que a imagem visual *num* sentido *permanece a mesma* e que algo diferente, que se gostaria de chamar de "apreensão", pode alterar-se. Se tomo a figura por isto ou aquilo (digamos por duas rodas girando em sentidos contrários), com isso ainda não se está falando nada sobre a divisão da impressão em imagem visual e apreensão. – Devo então dizer que é a divisão o fenômeno que me interessa?
Ou perguntemos assim: Qual *reação* me interessa? Aquela que mostra que alguém toma uma taça por uma taça (e, por conseguinte, também aquela que mostra que ele toma uma taça por algo diferente)? Ou aquela que mostra que ele observa uma mudança e também, ao mesmo tempo, que nada se alterou na imagem visual?

28. Também é possível que eu diga: "Sempre tomei isto por uma taça; agora vejo que não é" – sem que eu esteja consciente de qualquer mudança do "aspecto". O que quero dizer é simplesmente: agora vejo algo diferente, tenho agora uma outra impressão visual.
Suponhamos que alguém me mostrasse algo e perguntasse o que é. Digo "Isto é um cubo". A isso, ele responde: "Então é *assim* que você o vê". – Eu teria de entender estas palavras de alguma outra maneira, que não esta: "Então é *por isso* que você o toma?".

29. Quando observo os objetos ao meu redor, não estou consciente de que haja algo como uma apreensão visual.

30. "Vejo esta figura como um ângulo sólido": por que você simplesmente não aceita isso como verdadeiro – isto é, caso ele saiba português e seja confiável? – Não duvido de que essa seja a verdade. Mas o que ele disse é uma sentença *temporal*. Não é uma sentença sobre a essência desse fenômeno, e sim uma que diz: isto aconteceu.

31. A manifestação da vivência é esta: "Agora vejo isto como uma pirâmide; agora como um quadrado com suas diagonais". ⊠ – E o que é o "isto" que vejo ora de um jeito ora de outro? É o desenho? E como sei que em ambas as vezes o desenho é o mesmo? Eu apenas sei ou também *vejo*? – Como seria se em seguida fosse provado que, sempre quando o desenho é visto como algo diferente, ele se alterou um pouco? Ou que a imagem visual naquele momento era um pouco diferente? Por exemplo, naquele momento uma linha parece mais grossa ou mais fina do que antes.

32. Devo dizer que os diferentes aspectos da figura são associações? E em que isso me ajuda?

33. Parece que aqui algo se altera na imagem visual da figura; contudo, mais uma vez, nada se altera. E eu não posso dizer "Vai sempre me ocorrendo uma nova interpretação". Sim, é bem isso; mas ela imediatamente se incorpora ao que é visto. Vai sempre me ocorrendo um novo aspecto do desenho – desenho que vejo permanecer o mesmo. É como se ele fosse continuamente vestido com novas roupas e, no entanto, cada uma das roupas sempre fosse igual à anterior.
Poderíamos também dizer: "Eu não apenas *interpreto* a figura, mas também a visto com a interpretação".

34. Eu digo a mim mesmo: "O que é isto? O que é que esta frase diz? O que ela exprime, afinal?". Para mim é como se ainda tivesse de existir uma compreensão muito mais clara do que a que tenho **dela**, compreensão essa que seria alcançada ao falarmos uma porção de coisas sobre os arredores da frase. Tal como se alguém quisesse entender um gesto expressivo numa cerimônia e, para explicá-lo, é como se eu tivesse de analisar a cerimônia. Por exemplo, modificando-a e mostrando como isso influenciaria o papel do gesto em questão.

35. Eu também poderia dizer: "Para mim é como se tivessem de existir coisas paralelas a esta expressão musical em outros domínios".

36. Na verdade, a questão é a seguinte: Estas notas não são a *melhor* expressão para aquilo que é aqui expresso? Sem dúvida. Mas isso não quer dizer que não dê para explicá-las trabalhando seus arredores.

37. Se eu digo: "Isto é bonito e isto não é bonito" (apontando para objetos diferentes), isso é uma contradição? E deve-se dizer que não é uma contradição, porque as duas palavras "isto" significam coisas diferentes? Não; "isto" tem o *mesmo* significado em ambos os casos. "Hoje" tem hoje o mesmo significado que tinha ontem, "aqui" tem o mesmo significado aqui e ali. O caso aqui não é o mesmo da sentença "O Sr. Branco ficou branco".
"Isto é bonito e isto não é bonito" *é* uma contradição, mas ela tem um uso.

38. O mal originário da lógica russelliana, bem como da minha no *Tractatus*, é ilustrar o que é uma proposição usando como exemplos uns poucos lugares-comuns e depois pressupor que isso foi compreendido de maneira universal.

39. Mas não está claro que os dois "isto" têm significados diferentes, dado que posso substituí-los por diferentes nomes próprios? – Substituir? Mas "isto" não significa uma hora A e outra hora B. – Por si só, é claro que não; mas, juntamente com o gesto indicador, sim. – Pois bem; mas isso apenas diz que um sinal consistindo na palavra "isto" mais um gesto têm um significado diferente do sinal que consiste na palavra "isto" mais outro gesto.
Isso não passa, entretanto, de um mero jogo de palavras, pois o que você está dizendo é que sua sentença "Isto é bonito e isto não é bonito" não é uma sentença completa, porque aqui ainda existem gestos que se devem unir às palavras. – Mas por que isso faz dela uma sentença que não está completa? Ela é uma sentença de tipo diferente da sentença "O sol está nascendo", por exemplo; seu tipo de uso é muito diferente. No entanto, são justamente essas diferenças que existem aos montes no reino das sentenças.

40. "G. Cantor* não é um cantor." Quando eu digo isso, penso [*meine*] o primeiro C. como um nome próprio e o segundo como o nome de um gênero. Então, quando pronuncio as duas palavras "C.", acontecem coisas diferentes em minha mente? – A palavra funciona, em cada uma das vezes, de maneira diferente na sentença. Isso significaria comparar a palavra com uma parte da máquina e a *sentença* com a máquina. Totalmente inapropriado. Antes, poderíamos dizer: a linguagem é a máquina; a sentença, a parte da máquina. Então seria mais ou menos assim: Esta manivela tem dois furos de mesmo tamanho; com um deles ela se fixa no sarilho e no outro é enfiado o pivô. [Cf. PU, p. 176f.]

41. Tente pensar o primeiro "C." como nome de um gênero e o segundo como nome próprio! Como você faz essa tentativa? [Cf. PU, p. 176f.]

42. "O conceito C não é um C." Isto é um contrassenso? Bem, eu não sei o que alguém que diz isso está querendo dizer, isto é, como ele pretende usar essa sentença. Posso imaginar muitos usos bem naturais para ela. – "Mas você simplesmente não *consegue* usá-la, nem mesmo pensá-la, de modo que com as palavras 'o conceito C.' e com o segundo 'C.' você esteja *querendo dizer* o mesmo, isto é, aquilo que você *ordinariamente* quer dizer com essas palavras." Aqui está o erro. Pensa-se aqui como se *esta* comparação estivesse passando pela cabeça: As palavras na sentença se combinam, isto é, a sequência de palavras destituída de sentido pode ser escrita; mas o significado de cada palavra é um *corpo* invisível, e estes corpos de significado *não* se combinam. ("A significação [*das Meinen*] dá à sentença uma outra dimensão.")

43. Donde a idéia de que não se pode pensar a sentença, pois no pensamento eu teria de *montar* os significados das palavras de modo a formar um sentido, e isso não acontece. (*Jigsaw puzzle.*[7])

44. Mas a contradição não é proibida pela lei da contradição? – De todo modo, "não (p & não-p)" não proíbe coisa nenhuma, ela é uma tautologia. Contudo, se proibimos uma contradição, estamos excluindo de nossa linguagem formas contraditórias. Nós abolimos essas formas.

---

* Georg Cantor, famoso matemático alemão (N.T.).
[7] Em inglês no original. Tradução: quebra-cabeça.

45. Pode-se pensar: "Como é notável que o significado *uno* da palavra 'sentir' (e dos outros verbos psicológicos) seja construído a partir de componentes tão heterogêneos como os significados da *primeira* e da *terceira* pessoa".

Mas o que pode ser mais diferente que o perfil e a frente de um rosto? E, no entanto, os conceitos de nossa linguagem são de tal maneira formados que um aparece meramente como variação do outro. E é claro que é fácil fundamentar essa configuração conceitual em fatos naturais.[8] (Heterogêneos: o fornilho do cachimbo e o tubo do cachimbo.)

46. Se uma configuração se deixa fundamentar em fatos naturais (psicológicos e físicos), a descrição de nossas configurações conceituais não passa a ser, na verdade, ciência natural disfarçada? Assim sendo, ao invés de nos interessarmos pela gramática, não nos deveríamos interessar por aquilo que a fundamenta na natureza?[9]

É certo que também nos interessa a correspondência entre nossa gramática e fatos gerais (e raramente mencionados) da natureza; mas nosso interesse não retrocede até essas *possíveis* causas. Não buscamos fazer ciência natural: nossa **meta** não é predizer algo. Tampouco buscamos fazer história natural, pois fabricamos fatos da história natural para nossos próprios propósitos. [Cf. PU, p. 230a.]

47. Interessa-nos, por exemplo, estabelecer que em nosso ambiente certas formas não estão vinculadas a certas cores; que, por exemplo, não vemos o verde sempre combinado com a forma de um círculo ou o vermelho com a forma de um quadrado. Se imaginássemos um mundo onde formas e cores sempre estivessem ligadas umas às outras desta maneira, acharíamos compreensível um sistema conceitual em que a **divisão** fundamental – forma e cor – não existisse.

Mais alguns exemplos:

É importante, por exemplo, que estejamos acostumados a desenhar com lápis, canetas ou coisas similares, e que por isso os elementos de nossa representação [*Darstellung*] sejam traços e pontos (no sentido de "pon-

---
[8] TS: E é claro que é fácil apontar *razões* [*Gründe*] para essa configuração conceitual.
[9] TS: por aquilo que a justifica na natureza?

tinhos"). Se os homens nunca tivessem desenhado, mas sempre pintado (e assim o conceito de *contorno* das formas não desempenhasse um papel importante); se houvesse uma palavra comum como "linha", em conexão com a qual ninguém pensasse num *traço* (isto é, em algo bem fino), mas sempre no limite entre duas cores; e, se em conexão com a palavra "ponto" nunca se pensasse em algo minúsculo, mas apenas na interseção entre os limites de duas cores, então muito do desenvolvimento da geometria talvez não tivesse ocorrido.

Se víssemos uma de nossas cores primárias, digamos o vermelho, apenas de forma extremamente rara e em dimensões minúsculas; se não pudéssemos produzir tintas para pintura; se o vermelho só ocorresse em determinadas combinações com outras cores, digamos, somente nas pontas das folhas de certas árvores, que no outono passam gradualmente do verde ao vermelho, então nada seria mais natural que chamar o vermelho de um verde degenerado.

Pense nas circunstâncias em que o branco e o preto aparecem a nós como *cores* e, por outro lado, naquelas em que aparecem como a falta de cor. Imagine que todas as cores pudessem ser apagadas e que, após o apagamento, o fundo sempre fosse branco, sem que existisse nenhuma tinta para pintura branca.

Para nós é mais fácil reproduzir de memória e voltar a reconhecer um vermelho puro, um verde puro etc., do que, digamos, um tom de marrom avermelhado.

48. Não estou dizendo, entretanto, que, se os fatos da natureza fossem outros, nós teríamos outros conceitos. Isso é uma hipótese. Não tenho nenhum uso para ela, e ela não me interessa.

Apenas estou dizendo que, se você acredita que nossos conceitos são os corretos, os que convêm a homens inteligentes, e que, se alguém possuísse outros, seria por não perceber algo que nós percebemos [*einsehen*], então imagine que certos fatos gerais da natureza fossem diferentes do que são, e configurações conceituais diferentes das nossas lhe parecerão *naturais*. [Cf. PU, p. 230b.]

49. "Naturais", não "necessárias". Pois será que tudo o que fazemos tem uma finalidade? Será que tudo aquilo a que não pode ser atribuída uma finalidade é descabido?

50. Sobre o parágrafo 33: A explicação "Eu associo este objeto com a figura" não torna nada mais claro.

51. Como "querer" é realmente usada? Na filosofia, não nos damos conta de que inventamos um uso bastante novo da palavra, assimilando-o, por exemplo, ao uso da palavra "desejar". É interessante que **construamos** usos de palavras especialmente para a filosofia, querendo reclamar, para as palavras que nos parecem importantes, um uso mais elaborado do que o que elas têm.
"Querer" é às vezes usada com o significado de "tentar". "Eu queria levantar-me, mas estava muito fraco". Por outro lado, vai-se dizer que, em todo lugar onde um movimento voluntário é realizado, esse movimento é querido. Portanto, se eu ando, falo, como etc., devo estar querendo fazer justamente isso. E aqui ela não pode significar tentar, pois, se eu ando, isso não significa que tento andar e consigo. Pelo contrário, o normal é que eu ande sem que esteja tentando fazê-lo. É claro que também se pode dizer "Eu ando porque quero andar", se isso distingue o andar ordinário daqueles casos em que sou empurrado ou correntes elétricas estimulam os músculos de minhas pernas.

52. A filosofia tenta preparar um uso da palavra que, por assim dizer, apresenta um prosseguimento mais consistente de certos traços do uso ordinário.

53. "A palavra 'x' tem dois significados", quer dizer: ela tem duas espécies de uso.
Devo dizer: "Se você descrever o uso dessa palavra em nossa linguagem, você verá que ela tem dois usos e não apenas *um*"?

54. Não poderíamos imaginar pessoas afirmando que a palavra "banco" tem sempre o mesmo significado? Que um banco é sempre algo assim: ? Mas que, mesmo assim, se elas empregassem essa palavra também para uma instituição financeira, dizendo quanto a isso, porém, que, por ser um banco, ela é justamente algo do tipo de nossa ilustração?

55. As palavras "ir" e "foi" têm o mesmo significado?
As palavras "ir" e "vai" têm o mesmo significado?
A palavra "go" tem o mesmo significado em "I go" e em "you go"?[10]

56. Devo dizer: "A dois significados diferentes convêm duas diferentes explicações do significado"?

57. Imagine que em uma linguagem exista um grupo de sentenças compostas, cada uma, de três sinais. As sentenças descrevem o trabalho que um **determinado** homem executa. O primeiro sinal (da esquerda para a direita) é o nome do homem, o segundo designa uma atividade (como serrar, furar, preencher) e o terceiro designa o material de trabalho.
Assim sendo, uma sentença poderia dizer "a a a", isto é, caso "a" seja o nome de uma pessoa, de um material de trabalho e de uma atividade.

58. E o que isto significa: "O sinal 'a' tem significados distintos em 'x a y' e em 'a x y'"? Poderíamos ainda dizer que ele tem um significado diferente conforme a *posição* que ocupa. (Como um dígito no sistema decimal.)
Imagine o jogo de xadrez sendo jogado com peças todas de mesmo formato. Neste caso, teríamos sempre de nos lembrar de onde uma determinada peça estava no começo do jogo. E poderíamos dizer: "Esta peça e aquela têm significados diferentes"; não posso fazer com uma delas o mesmo movimento que faço com a outra. Do mesmo modo, eu extraio do "a" na primeira posição que se está falando *deste* homem (aqui eu talvez aponte para ele), do "a" na segunda posição que ele realiza *este* trabalho etc. O "a" poderia, por exemplo, aparecer em três tabelas que o correlacionassem a certas figuras que explicam seu significado. Desta forma, para interpretar a sentença, eu consultaria uma tabela diferente de acordo com cada posição do "a".

59. O que significa "investigar se 'f(f)' faz sentido quando 'f' tem o mesmo significado em ambas as posições"?

60. Alguém procura, ainda não encontrou, mas sabe o que procura. – Mas também pode ser que alguém olhe ao seu redor, procurando, e não

---

[10] Em inglês no original.

consiga dizer o que procura; finalmente, ele pega algo e diz "Era isto que eu queria". Podemos chamar isso de "procurar sem saber o que se procura".

61. Poderíamos falar de "estados funcionais". (Por exemplo: Hoje estou muito irritadiço. Se hoje alguém me disser tal e tal coisa, vou sempre reagir de tal e tal maneira. Em oposição a isto: Estou com dor de cabeça desde cedo.)

62. Como acabamos usando uma expressão como "eu creio..."? Será que de repente reparamos num fenômeno, o da crença? [Cf. PU, p. 190a.]

63. O que fizemos foi observar a nós mesmos e desta forma encontramos esse fenômeno?

64. O que fizemos foi observar a nós mesmos e os outros homens e desta forma encontramos o fenômeno da crença? [Cf. PU, p. 190a.]

65. Poderia existir na linguagem de uma tribo um pronome que não se parece com nenhum dos que possuímos e para o qual nós não temos nenhum uso prático, um pronome que se "refere" ao sinal sentencial em que ele se encontra. Vou escrevê-lo deste jeito: ēū. Logo, averiguamos a verdade da sentença "ēū meço 10 centímetros" medindo o sinal sentencial. A sentença "ēū contenho quatro palavras", por exemplo, é verdadeira; a sentença "ēū não contenho quatro palavras" também. "ēū sou falsa" corresponde ao paradoxo do mentiroso de Creta. – A questão é: Para que as pessoas usam esse pronome? Bem, a sentença "ēū meço 10 centímetros" poderia servir de régua; a sentença "ēū sou bem escrita", de paradigma de letra bonita.

O que *nos* interessa é isto: Como a palavra "ēū" é usada num *jogo de linguagem*. Pois a sentença só é um paradoxo quando ignoramos seu uso. Assim, eu poderia imaginar a sentença "ēū sou falsa" sendo empregada na educação de crianças; quando elas a lêem, começam a inferir: "Se isto é falso, é verdadeiro, portanto é falso etc.". Talvez os homens tenham descoberto que essas inferências são um exercício benéfico para as crianças.

O que nos interessa é isto: Como esse pronome é usado num *jogo de linguagem*. É possível, embora não seja muito fácil, imaginar de forma pormenorizada um jogo de linguagem com essa palavra. Uma sentença como "ēū contenho quatro palavras" poderia, por exemplo, servir de paradigma do número 4, bem como, mas em outro sentido, a sentença "ēū não contenho quatro palavras". Uma sentença só é um paradoxo quando ignoramos seu uso.[11]

66. Como se distinguiriam de nós pessoas que não conseguissem *ver* um triângulo ora de um jeito ora de outro, tal como nós *vemos*? – Se chegássemos a uma tribo que não tivesse essa vivência, como notaríamos isso?
Se as pessoas não conseguissem *ver* a profundidade, como notaríamos isso? Se elas fossem, portanto, como Berkeley acreditava que somos.

67. Quantos quadrados ☐ cabem num quadrado ☐, quando a escala em que deve ser tomado o quadrado pequeno não foi determinada? E, se alguém aparecesse e dissesse: "É verdade, não se pode dizer com segurança quantos cabem, mas podemos ao menos fazer uma estimativa!"?

68. "A expressão parecida com o sentimento" – a comida amarga é parecida com o amargo luto. "Parecidas a ponto de se confundirem" – como seria se elas não fossem apenas parecidas, mas iguais?

69. "O luto e o cuidado são sentimentos parecidos": isto é um fato da experiência?

70. Devo dizer: "Uma lebre pode ter a aparência de um pato"?
Seria concebível que alguém que conhece uma lebre, mas não um pato, dissesse: "Consigo ver o desenho 🐰 como uma lebre e ainda de um outro jeito, embora eu não tenha uma palavra para o segundo aspecto"? Mais tarde, ele passa a conhecer um pato e diz: "Foi como *isto* que vi o desenho naquela vez!". – Por que isso não é possível?

71. Ou imagine que alguém dissesse "Esta lebre tem uma expressão complacente". – Se alguém nada soubesse sobre uma expressão compla-

---

[11] Esta alínea e a anterior são alternativas à passagem "A questão é: ... de letra bonita" (N.E.).

cente – seria possível que *algo lhe chamasse a atenção* ali e, mais tarde, quando ele passasse a conhecer a complacência, ele dissesse que foi a expressão dela o que chamou sua atenção naquele momento?

72. A palavra *apropriada*. Como ela é encontrada? Descreva! Em oposição a isto: Encontro a maneira correta de designar uma curva depois de ter realizado determinadas medições nela.

73. Eu vejo que a palavra é apropriada mesmo antes de saber, e ainda que eu nunca saiba, *por que* ela é apropriada.

74. Eu não *entenderia* uma pessoa que dissesse que vira a figura como a de uma lebre, mas não pudera dizer isso porque naquela época não sabia da existência de tal criatura.

75. Devo então dizer: "A figura-lebre e a figura-pato têm exatamente a mesma aparência"? – Há algo que se opõe a isso. – Mas será que não posso dizer: Elas têm exatamente a mesma aparência, a saber, esta – e aqui faço o desenho ambíguo? (A costureira cose, a cozinheira coze também.) Porém, e se eu quisesse citar razões contra esta forma de exprimir – o que eu teria de dizer? Que, nas vezes em que a figura é um pato, nós a vemos de maneira diferente das vezes em que ela é uma lebre – ou que *aquilo* que é o bico do pato são as orelhas da lebre etc.?

76. Imagine a figura ambígua sendo usada numa história em quadrinhos. Neste caso, não é possível, por exemplo, que um outro animal tope com o pato e o tome por uma lebre; mas seria possível que, à meia-luz, alguém tomasse o pato de perfil por uma lebre.

77. "Ver a lebre e o pato simultaneamente na figura é para mim tão impossível quanto pensar [*meinen*] as palavras 'Weiche, Wotan, weiche'[12] com seus dois significados ao mesmo tempo." – No entanto, isso não estaria correto; o correto, pelo contrário, seria dizer que não nos é natural proferir essas palavras para dizer a Wotan que ele deve partir e, ao fazer

---

[12] Referência a *Das Rheingold*, de Wagner (N.E.).

isso, informar-lhe que preferimos ovos pouco cozidos.[13] Mas ainda seria possível imaginar tal uso das palavras.

78. Os *fatos* da história natural humana que lançam luz sobre nosso problema são **para nós** difíceis de serem encontrados, pois nossa fala[14] *passa ao largo deles* – ela está ocupada com outras coisas. (Assim, dizemos a alguém "Vá à loja e compre…" – e não: "Coloque o pé esquerdo à frente do direito etc., aí coloque o dinheiro no balcão etc.".)

79. Se não acredito num estado interior de visão e o outro diz "Eu vejo…", então creio que ele não sabe português ou está mentindo.

80. O que diz quem afirma que a pessoa que vê o desenho ora como lebre ora como pato tem vivências visuais bem diferentes? A inclinação para se dizer isso fica muito grande quando, por exemplo, fazemos um traço no desenho, um que talvez realce a boca da lebre, e depois vemos como esse traço desempenha um papel bastante diferente na figura-pato. – Ou pense na visão da expressão facial da lebre, que desaparece completamente na outra figura.
Num primeiro momento, por exemplo, vejo uma face arrogante e, em seguida, passo a não ver face arrogante nenhuma.
E o que faz quem admite que vejo algo bem diferente a cada momento?

81. "Como sei que estou rindo *desta* expressão facial?"

82. "Eu vejo uma expressão facial bem definida, que chamo de a da lebre, e uma bem diferente, que chamo de a do pato." Permita-me chamar a primeira simplesmente de A e a outra de B: Como eu poderia agora explicar a alguém o significado de A e B sem fazer referência nem a uma lebre nem a um pato?
Seria possível, por exemplo, *deste jeito*: Eu lhe digo "A" e ao mesmo tempo imito a cara de uma lebre com meu rosto etc.

---

[13] No alemão, *weiche* é tanto uma forma declinada do adjetivo *weich* (mole) quanto a forma imperativa do verbo *weichen* (partir) (N.T.). A referência é ao cantor de ópera que devia cantar "Weiche, Wotan, weiche" (Parta, Wotan, parta) e a quem o outro cantor no palco tinha acabado de sussurrar "Você prefere seus ovos moles *(weiche)* ou firmes?" (N.E.).
[14] TS: linguagem.

83. "'Ver *isto*' não significa: reagir *assim* –, pois eu posso ver sem reagir." É claro. Pois "eu vejo" não significa eu reajo, nem "ele vê" ele reage, nem "eu via" eu reagia etc.

E mesmo que eu sempre *dissesse* "eu vejo" quando visse, essas palavras não estariam dizendo: "eu digo 'eu vejo'".

84. Aponto para determinado lugar na figura e digo "este é o olho da lebre ou do pato". Como será que algo nesse desenho pode ser um *olho*?

85. "Podemos realmente ver a profundidade?" – "Por que não poderíamos ver a profundidade, se vemos cores e formas? Que a imagem na retina seja bidimensional não é razão para dizer o contrário." – Com certeza, não; mas esta resposta não toca o problema. O problema surge do fato de que a descrição do que é visto – aquilo que chamamos de "descrição do que é visto" – é de certo tipo quando descrevo, talvez usando uma transparência, a cor e a forma, e de outro quando represento a dimensão da profundidade mediante um gesto ou uma vista lateral.

86. De nada adianta fazer a observação de que o arranjo na dimensão da profundidade é uma propriedade do "visto" como qualquer outra.

87. O que significa dizer que o paciente sente a cárie que o dentista examina como sendo muito maior do que é? Eu, por exemplo, mostro com os dedos uma distância e digo que teria acreditado que a cárie era *deste* tamanho. O que me guia na medição da distância entre meus dedos? – Será mesmo que eu a meço? Pode-se dizer: "Eu primeiro sei qual é o tamanho que a cárie me parece ter, depois o mostro com os dedos"? Bem, isto poderia ser dito em alguns casos, tal como quando, por exemplo, eu imagino que a cárie tem 5 mm e revelo *isso* a alguém lhe mostrando a distância. – Mas como seria se me perguntassem: "Você já sabia, antes de mostrá-lo, de que tamanho lhe parecia ser o diâmetro?". Aí eu poderia responder: "Sim. Pois, se você me tivesse perguntado antes, eu lhe teria dado a mesma resposta". – Saber algo não é, de modo nenhum, **pensar um pensamento**.[15]

---

[15] TS: Saber não é de modo nenhum pensar.

88. Quando digo o que sei – como digo *aquilo* que sei?

89. O que é a descrição daquilo que vejo? (Isso não significa apenas: Com quais palavras devo descrever o que vejo? Mas também: "Que aparência tem uma descrição daquilo que vejo? O que devo chamar assim?")

90. A peculiar sensação que nos dá a recorrência de um refrão. Eu gostaria de fazer um gesto. Mas, na verdade, o gesto não é de maneira alguma característico precisamente da recorrência de um refrão. Talvez eu pudesse encontrar uma *palavra* que caracterizasse melhor a situação; mas ela também não explicaria por que o refrão me parece uma piada, por que sua recorrência provoca em mim uma risada ou um sorriso irônico. Se eu pudesse dançar ao som da música, essa seria, de longe, a melhor maneira de exprimir exatamente *como* o refrão me afeta. É mesmo, certamente não poderia existir uma melhor expressão.

Eu poderia, por exemplo, colocar as palavras "como já foi dito" à frente do refrão. E sem dúvida isso seria algo apropriado; contudo não explicaria por que o refrão provoca em mim uma impressão fortemente cômica. Pois eu nem sempre rio quando aparece uma situação em que um "como já foi dito" estaria bem empregado.

91. O "conteúdo" da experiência, da vivência: – Eu sei como são as dores de dente, conheço as dores de dente, *I know what it's like to see red, green, blue, yellow, I know what it's like to feel sorrow, hope, fear, joy, affection, to wish to do something, to remember having done something, to intend doing something, to see a drawing alternately as the head of a rabbit and of a duck, to take a word in one meaning and not another etc.*[16] Eu sei como é ver o som *a* cinza e o som *ü* violeta escuro. – Também sei o que significa oferecer a si mesmo essas vivências. Quando as ofereço a mim, não estou oferecendo espécies de comportamento ou situações. – Então eu sei o que significa oferecer a si mesmo essas vivências? E o que significa? Como posso explicar isso a uma outra pessoa ou a mim mesmo?

---

[16] A passagem entre asteriscos ocorre em inglês no texto original. Tradução: "eu sei como é ver o vermelho, o verde, o azul, o amarelo, eu sei como é sentir tristeza, esperança, medo, alegria, afeição, desejar fazer algo, lembrar ter feito algo, pretender fazer algo, ver um desenho alternadamente como a cabeça de uma lebre e de um pato, tomar uma palavra em uma acepção e não em outra etc.".

92. O conceito "palavra" na linguística. Como se usa "a mesma palavra"?
"'Tenho' e 'tinha' são a mesma palavra."
"Ele disse duas vezes a mesma palavra, uma vez em voz alta, outra em voz baixa."
"'Banco' ('bancário') e 'banco' ('banqueta') são a mesma palavra?"
"Elas são *etimologicamente* a mesma palavra."
"A palavra 'tinha' é a mesma quando dizemos 'eu tinha uma casa' e 'eu tinha construído uma casa'?"

93. Um exame: Há uma tribo que foi subjugada por nós e que queremos transformar em uma tribo de escravos. O comportamento, a conduta dessas pessoas nos interessa justamente por essa razão. Queremos descrevê-lo, descrever diferentes *aspectos* deste comportamento. Examinamos e observamos, por exemplo, comportamentos de dor, de alegria etc. Também faz parte de seu comportamento o uso de uma linguagem. E, em especial, também fazem parte dele tanto aqueles comportamentos que são aprendidos quanto aqueles que não são, como o choro de uma criança. E eles não apenas possuem uma linguagem, mas também formas de expressão psicológicas no interior dela. – Pergunte a si mesmo: Como estas últimas são ensinadas às crianças da tribo?
Suponho agora que as pessoas possuem expressões como as seguintes: "Eu tenho cabelos pretos", "Ele tem cabelos pretos"; "Eu tenho dinheiro", "Ele tem dinheiro"; "Eu tenho um ferimento", "Ele tem um ferimento". E elas passam a utilizar essa construção gramatical em declarações *psicológicas*.

94. "Quando eu ouvi 'banco', passou-me pela cabeça o significado de instituição financeira." É como se um germe do significado tivesse sido vivenciado e depois interpretado. Ora, e isso é uma vivência?
Poderíamos dizer sem rodeios: "Eu tive uma vivência que era o germe deste uso". Este poderia ser o modo de expressão natural para nós.

95. Contentar-se com menos é também um lance de pensamento que pode ser aprendido.

96. Uma tribo que queremos escravizar. O governo e os cientistas se pronunciam dizendo que os indivíduos dessa tribo não têm alma e que,

portanto, eles podem ser utilizados sem escrúpulos para qualquer fim que se quiser. Naturalmente, sua linguagem continua a nos interessar mesmo assim, pois temos, por exemplo, de dar-lhes ordens e receber os relatos que eles vão produzir. Também queremos saber o que eles falam entre si, já que isso está conectado ao resto de seu comportamento. Mas ainda tem de nos interessar aquilo que, entre eles, corresponde a nossas *"manifestações psicológicas"*, pois queremos mantê-los aptos para o trabalho, e para isso são importantes as suas manifestações de dor, de mal-estar, de depressão, de alegria de viver etc. E, além disso, também descobrimos que esses indivíduos podem ser usados com bons resultados como objetos de pesquisa em laboratórios de fisiologia e psicologia, visto que suas reações – aí incluídas as reações linguísticas – são as mesmas dos homens dotados de alma. **Suponho** que ainda tenhamos descoberto que, mediante um método muito semelhante à nossa "instrução", podemos ensinar a esses autômatos nossa linguagem ao invés da deles. [Cf. Z 528.]

97. Agora esses seres estão aprendendo, por exemplo, a fazer contas, a fazê-las por escrito ou oralmente. Contudo, nós de alguma maneira os levamos a um ponto em que eles conseguem dizer o resultado de uma multiplicação depois de permanecerem sentados e quietos por alguns instantes, sem escrever ou falar. Quando se examina a maneira pela qual eles aprenderam esse "calcular de cabeça" e os fenômenos que o cercam, a imagem que logo vem à mente é a de que o processo de calcular está como que submerso, acontecendo *abaixo* da superfície da água. (Pense no sentido em que a água *"consiste"* em H e O.)

Naturalmente, temos de possuir, para diferentes propósitos, uma ordem do tipo: "Calcule isto de cabeça!"; uma pergunta "Você já fez a conta?"; e mesmo a pergunta "Até que ponto você chegou?"; uma declaração do autômato "Fiz a conta até..." etc. Em suma: tudo o que dizemos entre *nós* sobre fazer contas de cabeça também nos interessa quando eles o dizem. E o que vale para fazer contas de cabeça, vale também para outras **formas** de pensamento. – Se, por exemplo, algum de nós manifestasse **a opinião** de que deveria, sim, estar ocorrendo algo *dentro* destes seres, algo de natureza mental, riríamos disso como de uma superstição idiota. E mesmo que chegue a acontecer de os escravos formarem espontaneamente a expressão de que isto ou aquilo se passou *dentro* deles, isso nos parece particularmente engraçado. [Cf. Z 529.]

98. Nós também jogamos com esses seres o jogo "Pense em um número! – Multiplique-o por 5! – ..." – Isso prova que, *apesar de tudo*, algo ocorreu *dentro* deles?

99. Observemos agora um fenômeno – fenômeno esse que poderíamos interpretar como a expressão desta vivência: ver uma figura ora como isto ora como aquilo. Mostramos a eles, **por exemplo**, uma figura em que se deve procurar formas escondidas. Eles encontram a solução; e então dizem algo, apontam para algo, desenham algo etc. e nós podemos ensinar-lhes nossa expressão "Agora eu só vejo a figura deste jeito". Ou eles aprenderam nossa linguagem e o uso ordinário da palavra "ver", e criam aquela forma espontaneamente.

100. Que interesse, que importância tem esse fenômeno, essa reação? Pode ser que ela não tenha nenhum interesse e nenhuma importância ou ainda que ela seja importante e interessante. Algumas pessoas associam certas cores a nossas vogais; algumas conseguem responder à pergunta sobre quais dias da semana são gordos e quais são magros. Essas experiências desempenham um papel bastante secundário em nossas vidas, mas eu posso facilmente construir em pensamento circunstâncias **nas quais o que não é importante para nós ganha uma grande importância.**

101. Os escravos também dizem: "Quando eu ouvi a palavra 'banco', ela significava... para mim". Questão: Contra o pano de fundo de *qual* técnica de linguagem eles dizem isso? Pois tudo depende disso. O que nós ensinamos a eles, qual utilização da palavra "significar"? E o que extraímos de sua manifestação, se é que extraímos alguma coisa? Pois, se não podemos fazer nada com ela, ela ainda nos poderia interessar como uma curiosidade. – Apenas imaginemos pessoas que não conhecem os sonhos e ouvem nossas narrações de sonhos. Imagine que algum de nós chegasse a essa tribo de não sonhadores e aprendesse pouco a pouco a se comunicar com as pessoas. – Talvez você esteja pensando que elas nunca entenderiam a palavra "sonhar". Mas elas logo encontrariam um uso para ela. E os médicos da tribo poderiam muito bem se interessar pelos nossos sonhos e tirar importantes conclusões dos sonhos do estrangeiro. – Também não se pode dizer que para essas pessoas o verbo "sonhar"

não poderia significar outra coisa senão narrar um sonho. Pois o estrangeiro usaria as duas expressões: "sonhar" e "narrar um sonho", e não é provável que as pessoas de nossa tribo confundam "eu sonhei..." com "eu narrei o sonho...". [Cf. Z 530.]

102. Nós nos perguntamos: "O que nos interessa nas manifestações psicológicas dos homens?". Não considere como algo tão óbvio o fato de que essas reações verbais nos interessam.

103. Por que a fórmula química de uma substância nos interessa? "Ora, é claro que é porque sua composição nos interessa." – Temos aqui um caso semelhante. A resposta também poderia ter sido: "Porque o que nos interessa é justamente sua natureza interna".

104. "Você não está querendo negar que a ferrugem, a água e o açúcar têm uma natureza interna!" "Se não soubéssemos disso de antemão, a ciência certamente o teria mostrado de maneira irrefutável."

105. Ouvir ou pensar uma palavra com este ou aquele significado é uma *experiência genuína*? – Como isso pode ser avaliado? – O que fala contra isso? Bem, que não se pode descobrir nenhum *conteúdo* dessa experiência. É como se manifestássemos uma experiência, mas depois não nos pudéssemos lembrar do que essa experiência propriamente foi. Como se às vezes fosse de fato possível lembrar de uma experiência simultânea àquela que procuramos, mas o que conseguimos ver é apenas **(algo como)** um roupão e, onde deveria estar aquilo que o veste, vemos um vazio. Neste caso, ficamos inclinados a dizer: "O que você não está de jeito nenhum autorizado a fazer é procurar um *outro* conteúdo. O conteúdo da experiência deve ser descrito apenas por meio da *expressão específica* **(da experiência)**". Mas isso também não é satisfatório. Pois por que sentimos, mesmo assim, que ali não há *nenhum* conteúdo?

E é assim apenas com a experiência de querer dizer algo? Não é assim também, por exemplo, com a da lembrança? Se me perguntam o que fiz nas últimas duas horas, respondo sem rodeios e sem ir lendo a resposta em nenhuma experiência. E, no entanto, o que se diz é que eu me *lembrei*, e que isso é um processo mental.

106. Poderia quase causar surpresa a alguém o fato de que a pergunta "O que você fez hoje de manhã?" pode ser respondida – sem que eu saia em busca de rastros históricos de minha atividade ou algo do tipo. E o que acontece é que eu respondo, e nunca saberia que isso só é possível graças a um processo mental particular, o da lembrança, se não me tivessem dito que é assim.

107. Entretanto, é claro que existe um "Eu creio que me lembro disso", seja isso correto ou não – e aqui **entra** em cena o elemento *subjetivo* do psicológico.

108. Agora, se eu digo, por exemplo, que a vivência da lembrança e a vivência de dores são de tipos diferentes, isso é desencaminhador, uma vez que, com "vivências de tipos diferentes", talvez se pense numa diferença como a que existe entre uma dor, uma cócega e uma sensação[17] de normalidade, ao passo que a diferença de que falamos é antes comparável à que existe entre o número 1 e $\sqrt{-1}$.

109. E de onde se tira o conceito de "conteúdo" de uma vivência?[18] Bem, o conteúdo da vivência é o objeto privado, o dado sensível, o "obje-

---

[17] *Gefühl*: esta palavra apresenta um desafio para a tradução para o português, uma vez que ela pode ser usada tanto para designar sensações corporais quanto sentimentos, como o amor e a tristeza, ou impressões de caráter emocional, como é o caso nesta passagem. Existe, porém, uma outra palavra alemã, "Empfindung", que, embora também possa ser usada para designar emoções, é usada por Wittgenstein quase que exclusivamente para designar sensações corporais ou percepções sensíveis; esta palavra sempre será traduzida por "sensação". Seria desejável, portanto, que escolhêssemos uma outra palavra para traduzir "Gefühl", a fim de evitar confusões relativas às ocorrências das duas palavras; a opção mais natural seria "sentimento". Se fizéssemos isso, no entanto, estaríamos tentando evitar pequenas confusões ao preço de uma grande estranheza: não é nada comum, em português, chamar uma dor ou a impressão de um *déjà-vu* de um sentimento. O que fizemos, então, foi traduzir "Gefühl" por "sentimento" apenas nos casos em que isso não causasse estranheza, ao passo que, no restante dos casos, escolhemos "sensação", deixando por conta do contexto a distinção entre as ocorrências em que a palavra pretende designar uma sensação corporal ou uma impressão de caráter emocional (N.T.).
[18] TS: de uma experiência.
[19] A primeira ocorrência de "objeto" neste período corresponde ao alemão "Objekt"; a segunda, entre aspas, ao alemão "Gegenstand" (N.T.).

to"¹⁹ que capto imediatamente com o olho, o ouvido (etc.) espirituais. A imagem interior. – Mas onde se tem necessidade desse conceito?

110. Por que, quando comunico minhas lembranças subjetivas, não fico inclinado a dizer que estou descrevendo o conteúdo de minha vivência?

111. É verdade, quando digo "Lembranças daquele dia vieram à tona dentro de mim", tudo parece diferente. Aqui fico inclinado a falar de um conteúdo da experiência e imagino algo como palavras e imagens vindo à tona diante de minha mente.

112. Eu posso mostrar a alguém como **é** uma determinada dor, uma coceira, um formigamento etc., provocando nele a sensação e **observando** sua reação, a descrição que ele dá dela etc. Mas posso fazer algo desse tipo no caso da vivência da lembrança? – Isto é, de maneira que ele possa vir a dizer: "Sim, agora eu sei como é 'lembrar-se de algo'". É claro que posso ensinar-lhe o que nós chamamos de "lembrar-se de algo", posso ensinar-lhe o uso dessas palavras. Mas será que depois disso ele **pode** dizer: "Sim, agora eu tive a experiência de como é isso!"? ("Sim, agora eu sei o que é arrepiar-se de medo!") Se ele dissesse isso, nós nos *espantaríamos* e pensaríamos "o que será que ele pode ter experienciado?" – pois nós não experienciamos nada de especial.²⁰ [Cf. PU, p. 231c.]

113. Quando alguém diz "Agora eu sei o que é um formigamento", nós sabemos que ele o sabe pela "expressão da sensação": ele se sobressalta, produz um determinado som, diz o que nós também dizemos nesse mesmo caso, acha apropriada a mesma descrição **que nós achamos**. [Cf. PU, p. 231c.]

114. E desse modo realmente poderíamos falar de uma sensação de "Há muito, muito tempo!", e estas palavras são a expressão da sensação, ao passo que estas, não: "lembro-me de que topava com ele frequentemente". [Cf. PU, p. 231c.]

---

²⁰ TS: "o que será que ele pode ter sentido?" – pois nós não sentimos nada de especial.

115. "Se ele passa, então não era amor de verdade." E, se este é o caso, por que ele não *era*? É uma experiência nossa que apenas este sentimento, e não aquele, dura? Ou estamos utilizando uma imagem: fazemos testes com o amor para encontrar sua composição *interna*, algo que o sentimento imediato não revela? Mas esta imagem é importante para nós. O amor – logo, o que é o importante – não é um sentimento, e sim algo mais profundo, que apenas se manifesta no sentimento.

Possuímos a palavra "amor" e agora damos este título ao que há de mais importante. (Tal como conferimos o título "filosofia" a uma **determinada** atividade intelectual.)

116. Conferimos palavras como conferimos títulos já existentes.

117. "Uma criança recém-nascida não tem dentes." – "Um ganso não tem dentes." – "Uma rosa não tem dentes." Mas esta última é evidentemente verdadeira! É até mesmo mais certa que a ausência de dentes num ganso. No entanto, isso não é assim tão claro. Pois onde uma rosa deveria ter dentes? O ganso não tem nenhum no seu *bico*. E, naturalmente, ele também não tem nenhum nas asas, mas ninguém que diz que ele não tem dentes quer dizer isso. E como seria se alguém dissesse: A vaca mastiga o capim com seus dentes e depois aduba a rosa com o capim; logo, a rosa tem dentes na boca de um animal. Não há nada de absurdo nisso, porque nunca saberíamos de antemão onde deveríamos procurar dentes numa rosa. (Isso está de alguma maneira conectado ao problema de a sentença "A Terra existe há mais de 100.000 anos" ter um sentido mais claro que esta outra: "A Terra existiu nos últimos 5 minutos". Pois eu perguntaria o seguinte a quem diz *isso*: "A quais observações você se refere? Que tipo de observações viriam de encontro a sua sentença?". Ao passo que eu sei muito bem a qual região do pensamento, a quais observações, pertence a primeira sentença.) [Cf. PU, p. 221h, g.]

118. "Está vendo? É assim quando alguém se lembra de algo." *Assim*? Como? – Pode-se imaginar que alguém dissesse: "Nunca vou esquecer-me desta experiência (a saber, a de lembrar-se!)"?

119. A lembrança é uma experiência? O *que* eu experiencio? E é uma experiência quando a palavra "banco" significa para mim uma coisa ou outra?

De novo: O *que* experiencio? – O que se está inclinado a responder é: Eu vi tal e tal coisa diante de mim, imaginei-as.

Então eu apenas *digo* isso – que a palavra significou isso para mim – e *nada* aconteceu? Eram meras palavras? – Meras palavras, não. E pode-se também dizer que algo que correspondia a elas aconteceu – mas não se pode *explicar* que não eram meras palavras dizendo que se passou algo que correspondia a elas. Pois ambas as expressões significam simplesmente o mesmo.

120. A sensação de que antes já se esteve exatamente na mesma situação. Eu nunca tive essa sensação.

Quando vejo um velho conhecido, seu rosto me é bem conhecido; seu rosto me é muito mais familiar do que quando apenas me "parece conhecido". Mas em que consiste essa grande familiaridade? Tenho eu, durante todo o tempo em que o vejo, uma sensação de grande familiaridade? E por que não se quer dizer isso? Gostaríamos de dizer: "Não tenho nenhuma sensação particular de familiaridade, nenhuma sensação que corresponda a minha familiaridade com ele". Quando digo que o conheço extremamente bem, já que o vi inúmeras vezes e conversei com ele, não é preciso que isso descreva *sensação* nenhuma. E o que mostra que isso não descreve uma sensação? – Se, por exemplo, alguém afirmasse sobre *si mesmo* que, enquanto está vendo um objeto bastante familiar, tem aquela sensação durante todo o tempo – ou se ele diz que *acredita* que tem aquela sensação – devo simplesmente dizer que eu não acreditaria nele? – Ou devo dizer que não sei que tipo de sensação é essa?

Vejo um velho conhecido e alguém me pergunta se o rosto dele me parece conhecido. Eu vou dizer: não. O rosto é de um homem que vi milhares de vezes. "Então você não tem aí a vivência do ser-conhecido [*Bekanntheit*] – vivência que você tem até mesmo frente a um rosto que mal conhece?!"

Como se revela que não exprimo nenhuma sensação quando digo: é claro que o rosto me é conhecido, ele é tão bem conhecido quanto possível?

121. Por que é ridículo falar aqui de uma sensação contínua de grande familiaridade? – "Bem, porque você não percebe nenhuma." Mas é *esta* a resposta?

122. Uma sensação de grande familiaridade: isto seria algo semelhante a uma sensação de bem-estar. Por que aqui parece correto falar de uma sensação e lá não? – Aqui me ocorre a particular expressão do bem-estar; o ronronar do gato, por exemplo.

123. E não posso ainda imaginar um caso em que eu diria que alguém tem uma sensação constante de grande familiaridade com um objeto? Imagine que alguém esteja andando por um quarto que ele não visita há muito tempo, experimentando uma grande familiaridade com todos os velhos objetos. Não se poderia falar aqui de uma sensação de grande familiaridade? E por quê? – Eu reconheço essa sensação *dentro de mim*? É *por isso* que acho que faz sentido falar da sensação aqui?

124. Imagino que todas as suas ações tenham um sabor familiar para ele. – Mas como vou saber disso? – Ora, porque ele me diz. Logo, ele tem de usar certas palavras, tem de, por exemplo, dizer "Sinto que é tudo tão familiar" ou fornecer alguma outra expressão, específica,[21] da sensação.

125. A sensação de irrealidade dos arredores. Uma vez eu tive essa sensação, e muitos a têm antes da irrupção de doenças mentais. De alguma forma, tudo parece não ser *real*; mas não como se *víssemos* as coisas de maneira confusa e indistinta; tudo parece bem como de costume. E como sei que uma outra pessoa sentiu o mesmo que senti? Porque ela usa as mesmas palavras que também eu considero serem as apropriadas.
Entretanto, por que escolho precisamente a palavra "irrealidade" para exprimi-la? Não é por causa de como ela soa. (Uma palavra que soasse de maneira muito parecida, mas tivesse outro significado, não serviria.) Eu a escolho por causa de seu significado. Acontece, porém, que eu não aprendi a usar essa palavra significando *uma sensação*! Não; mas eu a aprendi com um determinado significado e agora a uso *desse jeito* espontaneamente. Poderíamos dizer o seguinte – embora isto possa levar a enganos: Se eu aprendi a palavra com seu significado ordinário, então agora escolho *esse significado* como um símile de minha sensação.[22] Naturalmente, porém, aqui não se trata de um símile, de uma comparação da sensação com algo distinto dela.

---

[21] TS: mais primitiva.
[22] TS: de minha vivência.

126. O fato é simplesmente que uso uma palavra, a portadora de uma outra técnica, como expressão de uma sensação; eu a uso de uma nova maneira. E em que consiste essa nova maneira de usá-la? Bem, uma das coisas é que eu *digo*: tenho uma "sensação de irrealidade" – isto é, depois de eu ter aprendido o uso da palavra "sensação" da maneira habitual. E mais: a sensação é um estado.

127. Raiva. "Eu odeio…" é manifestamente uma expressão de ódio; já "Estou com raiva" raramente é uma expressão de raiva. A raiva é um sentimento? E por que não é? – E mais importante: O que alguém faz quando está com raiva? Como ele se comporta? Em outras palavras: Quando se diz que alguém está com raiva? É aí, e em casos parecidos, que ele aprende a usar a expressão "Eu estou com raiva". Ela é a expressão de um sentimento? – E por que ela *deveria* ser a expressão de um sentimento ou de sentimentos?

128. Então a raiva não é uma vivência? – E é uma vivência quando, digamos, eu cerro meus punhos ou profiro, ou escrevo uma sentença?

129. Tome os diferentes fenômenos psicológicos: pensar, dor, raiva, alegria, desejo, medo, intenção, lembrança etc. – e compare os comportamentos que correspondem a cada um. – Mas o que faz parte do comportamento aqui? Apenas o jogo da expressão facial e os gestos? Ou também o ambiente, por assim dizer, a ocasião dessa expressão? E, se incluirmos também o ambiente – neste caso como devemos comparar os comportamentos, por exemplo, no caso da raiva e da lembrança?

130. Não é como se disséssemos "Compare diferentes estados da água" – querendo dizer com isso sua temperatura, a velocidade com que ela flui, a cor etc.?

131. Naturalmente, não faz parte do comportamento dos homens apenas o que eles fazem sem nunca terem aprendido um comportamento, mas também o que eles fazem (e portanto *dizem*, por exemplo) depois de terem recebido um treinamento. E a importância deste comportamento é relativa ao respectivo treinamento particular. – Por exemplo, se alguém aprendeu a usar as palavras "estou feliz" da mesma maneira como uma ou-

tra pessoa aprendeu a usar as palavras "estou com medo", nós aqui vamos tirar conclusões distintas de comportamentos iguais.

132. "Mas ele não pode ficar com medo, mesmo que *nunca* demonstre?" – O que significa esse "pode"? Deve significar: "Acontece de alguém ficar com medo sem que nunca diga isso"? – Não. Antes: "Faz sentido, por exemplo, fazer essa pergunta?" – Ou: faz sentido um romancista narrar que alguém ficou com medo, mas nunca demonstrou isso? Bem, faz. Mas que sentido é esse? Quero dizer: – Onde e como essa sentença é usada? Quando pergunto "Qual é o sentido disso?" – não estou querendo que me respondam com uma imagem ou uma série de imagens – mas com a descrição de situações.

133. "Mas a depressão é certamente uma *sensação*; você não vai querer dizer que está deprimido e não sente, não é? E onde você a sente?" Isso depende do que chamamos de "sentir" [*"spüren"*]. Se dirijo minha atenção às minhas sensações corporais, noto uma dor de cabeça muito fraca, um leve desconforto na região do estômago, talvez certo cansaço. Mas será que é *isso* que estou querendo dizer quando digo que estou fortemente deprimido? – E, no entanto, eu continuo a dizer: "Sinto um peso oprimindo meu espírito". "Ora, não consigo exprimir isso de outra forma!" – Mas que notável que eu diga isso dessa forma e não consiga exprimi-lo de outra!

134. Minha dificuldade é bem parecida com a de uma pessoa que inventa um novo cálculo (o cálculo diferencial, por exemplo) e procura um simbolismo.

135. A depressão não é uma sensação corporal, pois nós *não aprendemos* a expressão "estou sentindo-me deprimido" em meio às circunstâncias que caracterizam uma sensação corporal definida.

136. "Mas a depressão, a raiva, é certamente uma sensação determinada!" – Que tipo de sentença é esta? Onde ela é usada?

137. A incerteza: se uma pessoa realmente tem essa sensação ou apenas está simulando que a tem. Mas é claro que também é incerto se ele não está apenas simulando que finge. A única diferença é que esse

fingimento é mais raro e não tem razões tão fáceis de entender. – No entanto, em que consiste essa incerteza? Eu realmente sempre estou incerto sobre se alguém está efetivamente com raiva, triste, feliz etc.? Não; estou tão pouco incerto sobre isso quanto de que tenho um caderno a minha frente e uma caneta em minha mão, ou de que o livro cairá se eu soltá-lo, ou de que não errei na conta se digo que 25 x 25 são 625. Isto, porém, é verdade: Não posso citar critérios que coloquem a presença da sensação fora de dúvida; e isso significa: não existem tais critérios. – Mas que tipo de fato é *esse*? É um fato *psicológico*, que diz respeito a sensações? Vão querer dizer que ele reside na essência da sensação ou da expressão da sensação. Eu poderia dizer: ele é uma peculiaridade de nosso jogo de linguagem. – Contudo, mesmo que isso seja verdade, ignora-se um ponto crucial: Em *certos* casos, não tenho certeza com relação a se o outro está com dores ou não; não fico, por exemplo, seguro de minha compaixão por ele – e *nenhuma* manifestação pode remover essa incerteza. – Numa situação, eu digo algo assim: "Pode ser que agora ele também esteja fingindo". Mas por que deve ser necessário que ele esteja fingindo? Pois o fingimento é apenas um caso bastante especial de alguém manifestar dores sem as estar sentindo. Uma determinada droga poderia colocá-lo em um estado em que ele "age como um autômato", isto é, em que não finge, mas, embora manifeste sensações, nada sente. Estou imaginando, por exemplo, que o efeito dessa droga seja fazer com que ele, algum tempo depois de uma doença real, repita exatamente e na mesma sequência todas as ações do período em que esteve doente, enquanto a doença objetiva, a causa da dor, por exemplo, já deixou de existir. Num caso como esse, nós temos tão pouca compaixão por ele quanto por alguém sob efeito de uma narcose. Dizemos que ele repete todas as manifestações de dor de maneira puramente automática, embora, naturalmente, não esteja fingindo.

138. "Eu nunca posso *saber* o que acontece dentro dele; *ele* sempre sabe." É verdade, quando se pensa filosoficamente, é isto que se gostaria de dizer. Mas a qual situação corresponde **essa declaração**? Todos os dias ouvimos uma pessoa falando de outra que ela está com dores, triste, alegre etc., sem o menor vestígio de dúvida; e raramente ouvimos, em comparação, que não se sabe o que está acontecendo dentro dela. Logo, a incerteza não é assim tão terrível. E também acontece que se diga:

"Mesmo que agora você não queira admitir, eu sei o que você sentiu naquela vez".[23]

139. A imagem "Ele sabe – eu não sei" é uma imagem que faz nossa ignorância aparecer sob uma luz particularmente irritante. É algo semelhante a quando procuramos um objeto em diferentes gavetas e, enquanto fazemos isso, dizemos a nós mesmos que Deus sabe o tempo todo *onde* ele realmente está e que vasculhar essas gavetas é uma grande perda de tempo.

140. "Toda pessoa sabe que está com dores" – e ela também sabe exatamente quão fortes são suas dores?

141. A incerteza da declaração "Ele está com dores" poderia ser chamada de constitutiva.

142. A criança que está aprendendo a falar aprende o uso das palavras "estar com dores" e também aprende que se pode simular dores.[24] Isso faz parte do jogo de linguagem que ela aprende.
Ou ainda: Ela não aprende somente o uso de "Ele está com dores", mas também o de "Eu creio que ele está com dores". (Mas, naturalmente, não o de "Eu creio que estou com dores".)

143. "Ele também pode simular dores" – o que quer dizer: ele pode comportar-se como se estivesse com dores, sem que esteja. Certo; e assim uma sentença reforça naturalmente uma determinada imagem. Mas será que o uso de "Ele está com dores" é influenciado[25] por isso?

144. No entanto, e se alguém dissesse: "Estar com dores e simular dores são estados mentais muito diferentes um do outro que podem ter a mesma expressão no comportamento"?

---

[23] TS (continuação): Mas a qual situação corresponde uma declaração [afirmação] como esta?
[24] TS: e também aprende a simular dores.
[25] TS: alterado.

145. Então a dor simulada e a verdadeira têm a mesma expressão? Sendo assim, como as distinguimos? Como sei que a criança a quem estou ensinando o uso da palavra "dor" não está fazendo uma confusão com o que digo e, portanto, não vai sempre chamar de "dor" aquilo que chamo de "dor simulada"?

146. Suponhamos que alguém explique o ensino do uso da palavra "dor" desta maneira: Quando a criança se comporta de tal e tal maneira em determinadas ocasiões, eu imagino que ela esteja sentindo o que sinto em casos como esses; e, se não estou enganado quanto a isso, a criança associa a palavra com sua sensação e usa a palavra quando a sensação reaparece.
    Essa explicação é bastante correta, mas *o que* ela explica? Ou: Que espécie de ignorância ela remove? – Ela nos diz, por exemplo, que as pessoas *não* associam essa palavra com um comportamento ou com uma "ocasião". Logo, para alguém que não soubesse se a palavra "dor" designa uma sensação ou um comportamento, *para essa pessoa*, a explicação seria instrutiva. Ela diz, além disso, que a palavra *não* é usada ora para uma sensação ora para outra – como também poderia ser o caso. [Cf. Z 545.]

147. A explicação diz que uso a palavra de maneira errada se eu mais tarde usá-la para uma *outra* sensação. Toda uma nuvem de filosofia se condensa numa gotícula de prática simbólica. [Cf. PU, p. 222b.]

148. Por que as palavras "Eu creio que ele está com dores" não deveriam ser mera loucura? Mais ou menos como se alguém dissesse "Eu creio que meus dentes estão em sua boca".

149. Uma tribo em que as pessoas fingem com frequência; elas se deitam em uma estrada aparentando estarem doentes e com dores, e, quando alguém chega para ajudá-las, elas atacam essa pessoa. A tribo tem uma palavra determinada para esse comportamento.

150. Em vez de "É incerto que ele esteja com dores", poderíamos também dizer: "Desconfie de suas manifestações de dor!". E como fazemos isso?

151. Acreditar que o outro está com dores, duvidar de que ele esteja, são tantas maneiras naturais de nos comportarmos com relação às outras

pessoas; e nossa linguagem é apenas um auxílio e uma extensão desse comportamento. Quero dizer: nosso jogo de linguagem é uma extensão do comportamento mais primitivo. (Pois nosso *jogo de linguagem* é comportamento.) [Cf. Z 545.]

152. "Não estou seguro de que ele esteja com dores." – Suponha que alguém se espetasse com uma agulha sempre que dissesse isso, a fim de **ter** o significado da palavra "dor" bem vivo diante da mente e saber *sobre o que* ele está em dúvida com relação ao outro! O sentido de sua declaração estaria assegurado pelo fato de ele estar infligindo dor[26] a si mesmo **enquanto a emite**? Ao menos ele agora saberia do *que* duvida com relação ao outro! – Mas como ele vai duvidar, com relação ao outro, disso que ele agora sente? Como ele vai ligar a dúvida a sua sensação? Qual é, pois, o caminho que vai de sua dor até o outro? E mais, será que ele pode realmente duvidar melhor da dor do outro se estiver sentindo dor enquanto duvida? Será que, para conseguir duvidar de que o outro tenha uma vaca, eu mesmo tenho de ter uma? [Cf. Z 546.]

153. Assim sendo, ele tem a dor verdadeira, e é a *posse* dela aquilo de que ele duvida com relação ao outro. – Mas como é que ele faz isso? – É como se eu dissesse a alguém: "Aqui está uma cadeira, está vendo? Agora a traduza para o francês!". [Cf. Z 547.]

154. Então ele tem a dor verdadeira[27] – e agora sabe do que deve duvidar com relação ao outro. Ele tem o objeto diante de si, e este *não* é *um* "comportamento" ou algo do tipo. (Mas veja bem!) Para duvidar de que o outro esteja neste momento sentindo dores, **eu tenho de** possuir o *conceito* de dor, não dores. E é bem verdade que se poderia comunicar esse conceito a mim me infligindo dores. [Cf. Z 548.]

155. Seria tão incorreto explicar o conceito de entendimento do significado por meio de uma vivência do significado quanto os conceitos de realidade

---

[26] TS: sentindo dor.
[27] TS: genuína.

e irrealidade mediante a vivência da irrealidade, ou o conceito da presença de uma pessoa por meio da sensação de uma presença. Isso seria o mesmo que querer explicar o que é o xadrez por meio de uma sensação de xadrez.

156. ↓ "Mas é claro que a gente pode ver a figura como uma seta e como um pé de pássaro, mesmo que nunca contemos isso a ninguém." E isso, por sua vez, significa: faz *sentido* dizer que alguém viu a figura ora de um jeito ora de outro, sem jamais contar isso a ninguém. – Não estou querendo dizer que *não* faz sentido, mas o sentido não é imediatamente claro. – Eu sei, por exemplo, que as pessoas falam de uma sensação de irrealidade, dizendo que tudo lhes parece irreal. E então se diz: Tudo poderia parecer irreal às pessoas, mesmo que elas nunca tivessem contado isso a ninguém. Como se sabe tão facilmente que faz sentido dizer, "embora ela nunca fale sobre isso, talvez tudo pareça irreal a essa pessoa"? Naturalmente, escolhi aqui uma vivência muito rara de propósito. Pois, devido ao fato de ela não ser uma de nossas vivências cotidianas, podemos olhar para o uso da palavra de forma mais aguda. – Eu gostaria de dizer: Por um triz faz sentido exclamar "Tudo é irreal!" – e logo já sabemos que aquela outra declaração também faz sentido! – Ou ainda isto: Alguém me diz "Tudo me parece irreal". Eu mal sei o que isso significa – e, no entanto, já sei que faz sentido dizer etc. Ora, isso naturalmente depende de que ele esteja descrevendo uma vivência com a sentença, isto é, de que a sentença seja uma declaração psicológica.

157. Ou seja: quando alguém manifesta um estado mental, essa pessoa também poderia tê-lo tido sem manifestá-lo. Este é um discurso.[28] Mas qual é o propósito de uma sentença dizendo que N. talvez tenha tido a vivência V., mas nunca a manifestou? Bem, pode-se de qualquer maneira imaginar uma aplicação dessa sentença. Basta supor, por exemplo, que se tenha encontrado um vestígio da vivência no cérebro e agora se diga que isso revela que, antes de sua morte, ele ainda pensou ou viu tal e tal coisa etc. Tal aplicação poderia ser considerada artificial e implausível; mas o importante é que ela é *possível*.

---

[28] No manuscrito: "Isto é uma regra" (N.E.).

158. Se existe uma tentação de olhar para o cálculo diferencial como um cálculo com grandezas infinitamente pequenas, é bem compreensível que, em outro caso, uma tentação análoga possa ser ainda mais poderosa, isto é, caso ela seja alimentada de todos os lados por nossas formas de linguagem; e podemos imaginá-la tornando-se irresistível.

159. "Eu já tive dor de dente" – quando digo isto, não me lembro de meu comportamento, mas de minha dor. E como isso acontece? Será que uma imagem meio apagada da dor passa pela cabeça da pessoa? – Então é como se a pessoa estivesse com dores *muito* fracas? "Não; é um outro tipo de imagem, algo específico." Então é como se alguém nunca tivesse visto uma pintura, e sim apenas bustos, e disséssemos a ele: "Não, uma pintura é bem diferente de um busto, ela é uma espécie bem diferente de imagem". Seria possível, por exemplo, que achássemos muito mais difícil fazer um cego entender o que é uma pintura do que fazê-lo entender o que é um busto.

160. Mas a palavra "específico" (ou alguma análoga), que tanto se gostaria de usar aqui, não ajuda. Ela é tão pouco informativa quanto é a palavra "indefinível", quando alguém diz que a propriedade "bom" é indefinível.
O que queremos saber, ver em todas as suas conexões [*übersehen*], é o uso da palavra "bom", bem como o da palavra "lembrar".
Pois não se pode dizer: "É claro que você *conhece* a imagem específica da lembrança". Eu não a *conheço*. – É bem certo que eu posso dizer: "Não consigo descrever o senhor N., mas eu sei quem é ele"; mas isto quer dizer que eu o reconheceria, e não que *acredito* que o reconheceria.

161. O fato de fazer sentido dizer que alguém teve uma sensação sem nunca ter contado isso está conectado ao fato de fazer sentido dizer: "Foi isto que senti naquela vez; eu me lembro disso".
A conexão poderia ser explicada assim: Ninguém vai dizer "Se eu nunca tivesse dito que estava com dores naquele momento, eu não as teria tido".

162. "É claro que sei o que *significa* 'Ele está com dores'." Isto quer dizer que posso *imaginar* isso? E em que residiria a importância desse imaginar?
O fato de que, para explicar essa sentença, eu recorro a todo momento à lembrança de minhas próprias dores ou posso passar a provocar dores em mim agora etc. é, com certeza, um fato importante.

163. Como alguém aprende a chamar um cubo de açúcar de "açúcar"? Como ele aprende a atender ao pedido "Dê-me um cubo de açúcar"? Como aprende as palavras "Um cubo de açúcar, por favor" – ou seja, a expressão de um desejo? Como aprende a entender a ordem "Jogue!"? E a expressão de *intenção* "Eu vou jogar agora"? Está bem – os adultos podem demonstrar à criança, proferindo a palavra e jogando logo em seguida – mas agora a criança tem de imitar *isso*. ("Mas isso só é a expressão da intenção se a criança tem a intenção efetivamente em seu espírito." – Porém, quando será que dizemos que esse é o caso?)

E como ela aprende a usar a expressão "Naquela hora, eu estava prestes a jogar"? E como sabemos que naquela hora ela realmente estava naquele estado de espírito que *eu* chamo de "estar prestes a..."? Depois que lhe foram ensinados tais e tais jogos de linguagem, ela usa, em tais e tais ocasiões, as palavras que os adultos proferiram nesses mesmos casos ou usa uma forma de expressão mais primitiva[29] que encerra *relações* essenciais com o que foi aprendido anteriormente, e os adultos substituem essa forma mais primitiva pela forma de expressão regular.

164. O novo (espontâneo, "específico") é um jogo de linguagem. [Cf. PU, p. 224h.]

165. "Mas será que todos esses fenômenos – os da dor, do desejo, da intenção, da lembrança e assim por diante – não existiam antes que houvesse uma linguagem?" – Qual é o *fenômeno* da dor? – "O que é uma mesa?" – "Ora, por exemplo, *isto*!" E isto sem dúvida é uma explicação; mas o que ela ensina é a técnica de uso da palavra "mesa". E agora a questão é: Que explicação corresponde a ela no caso de um "fenômeno" da vida mental? O caso é que aqui não há uma explicação que se possa facilmente reconhecer como a explicação homóloga.

166. Pode-se perguntar: Será que sempre me passa algo pela cabeça quando entendo uma palavra? (Pergunta similar: "Toda vez que olho para um objeto bem conhecido,[30] o que tem lugar é um reconhecimento?")

---

[29] TS: espontânea.
[30] TS: ouço uma palavra bem conhecida.

167. Existe, entretanto, o fenômeno de uma palavra ouvida fora de qualquer contexto – por exemplo – ter por um breve instante um significado, mas logo em seguida um outro; de a palavra perder todo "significado" quando a proferimos várias vezes sem parar; e outros semelhantes. E aqui se trata de um *passar pela cabeça*.

168. O que diríamos de pessoas que não entendessem as palavras "Estou vendo esta figura agora como..., agora como..."? Um sentido importante estaria faltando a elas? Seria como se elas fossem cegas? Ou daltônicas? Ou não tivessem ouvido absoluto?

169. Bem, é fácil imaginar pessoas que não conseguem "frasear" desenhos de tal e tal maneira; mas será que mesmo assim elas não *tomariam* um desenho ora por *isto*, ora por algo diferente? Ou devo supor que nesses casos elas não diriam que a imagem visual permaneceu, num sentido essencial, a mesma? Ou seja, elas acreditariam que, se a representação esquemática de um cubo lhes aparecesse ora de um jeito, ora de outro, as linhas teriam mudado de lugar?

170. Imagine alguém que não gostasse de ver um desenho ou uma fotografia porque, diz ele, uma pessoa sem cores é feia. Ou alguém poderia achar que pessoas e casas minúsculas etc., tal como elas aparecem em quadros, são inquietantes ou ridículas etc. Este seria com certeza um comportamento muito estranho. ("Não farás para ti imagem.")
Pense em nossa reação diante de uma boa fotografia, diante da expressão facial na fotografia. Poderia haver pessoas que vissem numa fotografia no máximo um tipo de diagrama, da mesma maneira como nós consideramos um mapa, por exemplo; podemos extrair do mapa diferentes coisas sobre a paisagem, mas não podemos, por exemplo, olhar para o mapa e nos admirar da paisagem ou exclamar "Que vista maravilhosa!".
O "cego para formas" tem de ser anormal *dessa* maneira. [Cf. PU, p. 205f.]

171. Como pode a ausência de uma vivência ao ouvir a palavra impedir ou influenciar o *cálculo* com palavras?

172. Imagine pessoas que pensam apenas em voz alta e imaginam apenas desenhando. Ou talvez fosse mais correto dizer: que desenham nas situações em que imaginamos algo. Sendo assim, o caso em que imagino meu amigo N não corresponde àquele em que o outro o desenha; pelo contrário, ele tem de desenhá-lo e ao mesmo tempo dizer ou escrever que o desenho é de seu amigo N. – Mas e se ele tem dois amigos que têm o mesmo nome e são parecidos, e eu lhe pergunto "Qual dos dois você tinha em vista, o inteligente ou o idiota"? – Ele não poderia responder a isto. Mas poderia, antes, responder a esta pergunta: "Qual dos dois isto representa?" – Neste caso, a resposta é simplesmente uma utilização posterior da figura, não uma declaração sobre uma vivência.

173. Compare a ideia de James, a de que o pensamento já está pronto no início da sentença, com a ideia da extrema rapidez do pensamento e com o conceito de *intenção* de dizer tal e tal coisa. O pensamento já estar pronto no começo da sentença (e por que não no começo da que a precede?) **significa** o mesmo que: Se alguém é interrompido após a primeira palavra da sentença e você mais tarde lhe pergunta "O que você queria dizer naquela hora?", ele consegue – ao menos frequentemente – responder à pergunta. Só que, também aqui, James diz algo que soa como uma declaração psicológica e não é. Pois, se o pensamento estava pronto já no começo da sentença ou não, é algo que teria de ser **comprovado**[31] pela experiência dos indivíduos. [Cf. Z 1.]

174. Ora, mas também frequentemente não podemos responder à pergunta sobre o que queríamos dizer naquele momento. Nesse caso, porém, nós dizemos que *esquecemos*. Seria concebível que, em casos como esse, as pessoas respondessem: "Eu disse apenas *estas* palavras; como posso saber o que viria depois delas"?

175. Quem diz "No momento em que ouvi a palavra, ela significou... para mim" está referindo-se com isso *a um ponto no tempo* e *a um uso da palavra.*[32] – O que há de notável nisso é, naturalmente, a referência ao ponto no tempo.

---
[31] TS: mostrado.
[32] TS: *a uma técnica.*

É *essa* referência que o "cego para significados" perderia. [Cf. PU, p. 175a.]

176. E quem diz "Naquela hora, eu queria continuar assim: ..." – esse é alguém que está referindo-se a um *ponto no tempo* e a uma *ação*. [Cf. PU, p. 175a.]

177. Se eu falo das *referências* essenciais de uma manifestação, é porque, dessa forma, as **expressões** particulares de nossa linguagem que não são essenciais são jogadas **para o segundo plano**. E as referências que são essenciais a uma manifestação são aquelas que nos dariam a chance de traduzir numa expressão ordinária uma outra expressão que, de outro modo, não seria para nós nada usual. [Cf. PU, p. 175a.]

178. E se alguém nunca disse "Eu queria fazer isto naquele momento" e, além disso, não se pudesse ensinar-lhe a usar tal expressão? É claro, porém, que uma pessoa pode pensar muitas coisas, sem pensar *nisso*. Ela pode dominar uma grande região da linguagem, sem dominar essa. O que estou querendo dizer é isto: ela se lembra de suas manifestações e talvez também de ter dito tal e tal coisa a si mesma. Assim, ela vai dizer, por exemplo, "Eu disse a mim mesmo 'quero ir para lá'" e talvez também "Imaginei a casa e segui o caminho que levava a ela". O que há de característico aqui é que ela tem suas intenções na forma de pensamentos ou imagens, de modo que elas sempre seriam substituíveis pelo proferimento de uma sentença ou pela visão de uma figura. Falta-lhe a "extrema rapidez" do pensamento. – No entanto, será que isso deve significar que ela frequentemente se movimenta como um autômato? Que ela sai e faz compras, mas, quando alguém a encontra e pergunta "Aonde você vai?", ela olha fixamente para a pessoa como se fosse um sonâmbulo? – Ela tampouco vai responder "Não sei". Ou lhe vai parecer, ou nos parecer, que ela age de maneira desorientada? Não vejo por quê!
Se estou indo, digamos, à padaria, talvez eu diga a mim mesmo "Preciso de pão" e siga o caminho de costume. Quando alguém pergunta a ela "Aonde você vai?", vou supor que ela responde com a expressão da intenção tal como nós fazemos. – Mas será que ela também vai dizer "Quando saí de casa, eu queria ir à padaria, mas agora..."? Não; mas devemos dizer que, por isso, ela tomou o caminho como se estivesse sonambulando?

179. Entretanto, não é esquisito que, em meio à grande variedade humana, não encontremos pessoas como essa? Ou essas pessoas se encontram justamente entre os deficientes mentais, e apenas não se observa de maneira suficiente de quais jogos de linguagem elas são capazes e de quais elas não são?

180. Platão diz que o pensar é uma conversa. Se isso realmente fosse verdade, então só seria possível relatar as palavras da conversa e as circunstâncias exteriores nas quais ela foi conduzida, mas não o significado [*Meinung*] que essas palavras tinham para o falante naquele momento. Se alguém dissesse a si mesmo (**ou em voz alta**) "Espero ver N logo", então não faria sentido perguntar: "E a qual pessoa com esse nome você queria referir-se [*hast du gemeint*] naquele momento?". Pois tudo o que ele disse foram essas palavras.

Eu não poderia imaginar, contudo, que mesmo assim ele queira *continuar* de uma determinada maneira? De forma que eu possa perguntar-lhe "E você se refere a alguém com esse nome? A quem?".

E, supondo que ele habitualmente pudesse continuar, pudesse explicar suas palavras – em que residiria a diferença entre ele e nós? – Ele poderia relatar qualquer pensamento verbalmente. Assim, se ele dissesse "Eu pensei precisamente em N", e nós perguntássemos "*Como* você pensou nele?", ele sempre poderia responder a esta questão, a não ser que dissesse que se esqueceu.

181. A qualquer um que me diga "N me escreveu", eu posso perguntar "A qual N você se refere?" – e, para conseguir dar-me uma resposta, terá ele de se reportar a uma vivência concomitante ao proferimento do nome? – E, se ele agora simplesmente proferisse o nome N – talvez como introdução a uma declaração sobre N –, não posso igualmente perguntar-lhe "A quem você se refere?" e ele **igualmente** responder?

182. Realmente acontece com frequência que se pronuncie meramente o nome de uma pessoa; em um suspiro, por exemplo. E o outro então pergunta "A quem você se referiu?".

E como nosso cego para significados vai agir? Será que ele não vai suspirar assim? Ou não vai conseguir responder nada à pergunta? Ou vai responder "Estou me referindo a..." em vez de "Eu me referi a..."?

183. Imagine um de seus conhecidos! Agora diga quem era! – Às vezes o que vem primeiro é a imagem, depois o nome. Mas isso quer dizer que adivinho o nome pela semelhança que há entre a imagem e alguma pessoa? – E, se o nome só vem depois, o que devo dizer: que a representação desse meu conhecido já estava dada com a imagem ou que ela só estava completa com o nome? Eu por certo não inferi o nome da semelhança que haveria entre a imagem e alguém; e é justamente por isso que posso dizer que a representação já **estava dada** com a imagem.

184. "Tenho de ir ao banco sacar dinheiro." – Como você entendeu esta sentença? Esta pergunta tem de querer dizer algo diferente de: "Como você explicaria essa sentença, que ação você esperaria **depois de ouvi-la** etc.?". Se a sentença é proferida em diferentes circunstâncias, de maneira que a palavra "banco" ora evidentemente signifique *isto*, ora outra coisa – é necessário que algo de especial aconteça enquanto você ouve a sentença, para que você a entenda? Todas as *vivências* de entendimento não são aqui recobertas pelo uso, pela prática do jogo de linguagem? E isso quer dizer apenas isto: Aqui, essas vivências não têm o menor interesse para nós.

185. Quando vejo o leiteiro chegando, eu pego minha garrafa e vou em direção a ele. Eu vivencio um intencionar [*Beabsichtigen*]? Não que eu saiba. (Talvez tão pouco quanto *tento* andar, para andar.) Contudo, se eu fosse parado e me perguntassem "Aonde você vai com essa garrafa?", eu proferiria minha *intenção*.

186. Se eu agora digo, por exemplo, "Levantei-me para ir ao carro do leiteiro", isto deve ser chamado da descrição de uma vivência de intenção? E *por que* isso é desencaminhador? É porque aqui não havia uma "expressão" de uma vivência?

187. Mas se eu digo "Levantei-me para..., mas logo pensei melhor e...", em que reside aqui a vivência e *quando* ela ocorre? A vivência era apenas o "pensar melhor", "mudar de ideia"?

188. Pego a garrafa de leite, dou alguns passos, aí vejo que ela não está limpa; digo "Não!" e me dirijo à bica d'água. Depois disso, descrevo o que aconteceu e **menciono** minhas intenções. Eu já não as *tinha*? É claro que

sim! Mas mais uma vez: não é enganador chamá-las de "vivências"? Isto é, se *também* chamamos assim o que eu disse a mim mesmo, imaginei etc.! (Da mesma forma como também seria enganador chamar a intenção de uma "sensação".)

189. E agora a questão é se, pela mesma razão, não era completamente enganador falar de "cegueira para formas" ou de "cegueira para significados" (como se falássemos de "cegueira para a vontade" quando alguém se comportasse passivamente). Pois cego é justamente aquele que não tem uma *sensação*. (Não se pode, por exemplo, comparar os deficientes mentais com os cegos.)

190. Quando desenhei o primeiro ⌣, ele era a metade de um círculo; o segundo, a metade de uma linha em S; o terceiro era um todo.

191. "Não duvido de que [*daß*] isso [*das*] aconteça com frequência." – Quando você diz isto em uma conversa, você realmente consegue acreditar que, ao falar, distingue entre os significados das palavras "*daß*" e "*das*"?

192. Poderiam querer fazer a seguinte objeção contra a ficção das pessoas que só conseguem pensar em voz alta: Supondo que uma delas dissesse "Quando estava saindo de casa, eu disse a mim mesmo 'preciso ir à padaria'" – será que não poderíamos perguntar-lhe: "Mas você realmente *queria dizer* algo com essas palavras? Pois você também podia tê-las dito como um exercício linguístico ou como uma citação, ou por diversão, ou para tentar enganar alguém"? – Isso é verdade. Mas então o que ela fez dependia da vivência que acompanhou as palavras? O que corrobora tal afirmação? Bem, o fato de que quem é questionado pode responder "Eu queria dizer *isto* com a sentença", sem que ele esteja inferindo isso das *circunstâncias exteriores*.

193. Sem dúvida, vai-se dizer que quem se lembra de ter *querido dizer algo* com essas palavras lembra-se da vivência de certa *profundidade*, de uma ressonância. (Se ela não tivesse querido dizer nada com elas, ela não teria **tido** essa ressonância.) Mas isso não é mera ilusão (parecida com a de quando alguém acredita sentir o pensar na cabeça)? Faz-se uma *imagem* dos **processos com a ajuda de conceitos inapropriados.** (Cf. James)

194. Faça *este* teste: Diga a si mesmo uma palavra ambígua ("como"). Se você a vivencia, por exemplo, como um verbo, então tente reter essa vivência, de forma que ela dure. – Se você diz a palavra para si mesmo a toda hora, ela perde o significado para você. E agora pergunte a si mesmo se, quando você usa a palavra como um verbo na fala ordinária, ela não soa, talvez, como quando ela perdeu seu significado por ter sido repetida a todo momento. – Você certamente não pode apelar à lembrança para dar testemunho do contrário. O que constatamos, ao contrário, é apenas que isso não pode *a priori* ser diferente.

195. Tanto faz se dissermos que só num momento posterior projetamos a interpretação da palavra "como" na vivência que tivemos enquanto a proferíamos. Pois aqui não há diferença entre projetar e descrever.

196. Pode-se tomar um desenho por um cubo real; mas também se pode, no mesmo sentido, tomar um triângulo por um triângulo deitado ou de pé? – "Quando cheguei mais perto, vi que era apenas um desenho." Mas não: "Quando olhei mais de perto, vi que *isto* era a base e *isto* o ápice".

197. Minhas palavras "Quando você começou a falar, pensei que você queria dizer..." ligam-se ao começo de sua fala e a uma representação que tive naquele momento. – E é possível, naturalmente, que ninguém nunca faça **algo assim**. Suponho, porém, que afinal de contas ele possa responder à pergunta "De qual N você falou?". E é possível, naturalmente, que ele tivesse respondido diferentemente se eu tivesse feito a pergunta logo depois das primeiras palavras de minha narrativa. Então ele não deve entender a pergunta: "Você já soube logo de início de quem eu falava?"? – E, se ele não entende uma pergunta como esta, – não pensaríamos simplesmente que ele possui algum tipo de deficiência mental? Quero dizer: não vamos simplesmente supor que seu pensamento não é verdadeiramente *claro* ou que ele não se lembra mais do que pensava naquele momento – se é que ele pensava em algo? O que quer dizer que aqui vamos habitualmente usar uma imagem distinta daquela que eu estava propondo.

198. Mas isto aqui é verdade: os deficientes mentais frequentemente nos dão a impressão de que falam de maneira mais automática que nós. E, se alguém fosse aquilo que chamamos de "cego para significados", imagi-

naríamos que ele teria de dar a impressão de ser menos vivaz que nós, de agir mais "como um autômato". (Também dizemos "Sabe lá Deus o que se passa na mente dele!" e pensamos em algo indistinto, desorganizado.)

199. Poderia ser que, quando se dissesse uma palavra isolada a certas pessoas, elas imediatamente formassem uma sentença qualquer com ela, ao passo que outras não fizessem isso; poderia ser que aquele fosse um sinal de inteligência, e este um de estupidez.

200. O que se pode aduzir contra a expressão "fenômeno psicológico específico" ou "fenômeno irredutível"? Elas são enganadoras; mas de onde elas são tiradas? Vai-se dizer: "Se alguém não conhece o doce, o amargo, o vermelho, o verde, notas musicais e dores, não dá para fazê-lo compreender o que estas palavras significam". Por outro lado, é possível explicar a quem nunca comeu uma maçã azeda o que isso quer dizer. Vermelho é justamente *isto*, azedo *isto*, e dor *isto*. Mas, quando se diz isso, é preciso que realmente se exiba o que essas palavras querem dizer. Ou seja, é preciso mostrar algo vermelho, provar ou fazer provar algo amargo, infligir dores a si mesmo ou ao outro etc., **e não pensar que se pode, de maneira privada, apontar para a dor dentro de si**. Assim sendo, porém, como se vai *exibir* o que quer dizer "imaginar", "lembrar-se", "pretender", "acreditar"? Ora, a expressão "fenômeno psicológico específico" corresponde àquela da definição ostensiva privada.

201. É (**afinal de contas**) uma ilusão eu acreditar que as palavras do outro tinham tido esse sentido para mim naquele momento? É claro que não! Isso é tão pouco uma ilusão quanto é acreditar que tivemos sonhos antes de acordar!

202. Eu estava supondo o caso de um "cego para significados" porque a vivência do significado parece não ter nenhuma importância no *uso* da linguagem. Ou seja, porque parece que o cego para significados não poderia perder muita coisa. Isso, porém, está em conflito com o fato de nós às vezes declararmos que uma palavra numa comunicação significou para nós *uma coisa* até o momento em que vimos que ela significava outra. Mas, primeiramente, nesse caso nós não sentimos que a vivência do significado ocorreu no momento em que *ouvíamos a palavra*. Em segundo lugar, aqui se poderia falar **antes** de uma vivência do sentido da sentença do que de uma do significado da palavra.

203. A imagem que as pessoas vinculam, por exemplo, ao proferimento da sentença "O banco está bem longe daqui" passa a ser uma ilustração *desta sentença*, não de uma de suas palavras.

204. Se alguém batesse o pé dizendo que, por via de regra, não vivencia absolutamente nada quando ouve e entende uma ordem, um comunicado etc., ao menos nada que determinasse para ele o sentido das palavras –, ele não poderia, apesar disso, de uma forma ou de outra, dizer que apreendeu *assim* a primeira palavra da sentença e que posteriormente sua apreensão se alterou? – Mas com que *propósito* ele diria isso? Isso poderia explicar uma determinada reação **de sua parte**. Ele ouviu, por exemplo, que N tinha morrido, e acreditou que estavam falando de seu amigo N; depois ele descobre que não era isso. Num primeiro momento, ele parece desolado; em seguida, aliviado. – E é fácil ver que tipo de interesse pode ter essa explicação.

205. E o que devo dizer agora? – Que o cego para significados não está em condição de reagir assim? Ou que ele tão somente não afirma que vivenciou o significado *naquele momento* – que ele, portanto, apenas não usa uma particular imagem?

206. Desse modo, o cego para significados é aquele que *não* diz: "Toda a sequência de pensamentos apareceu diante de mim de uma só vez"? Mas com isso se está dizendo que ele não pode dizer "Agora eu peguei!"?

207. "Não havia ali nenhuma árvore, nenhum arbusto" – como esta sentença funciona? Bem, "árvore" está no lugar de uma coisa que tem *esta* aparência. Sim, com certeza: esta é a aparência de uma árvore; mas a ideia de uma palavra estar no lugar de uma coisa [*die Idee der Vertretung des Dings durch das Wort*][33] é realmente assim tão fácil de entender? Se

---

[33] Preferimos não utilizar o termo "representação" para traduzir esta primeira ocorrência de "Vertretung" a fim de evitar confusões desnecessárias e criar ocasião para um esclarecimento. "Representação" é normalmente usado para traduzir "Vorstellung", conceito que será amplamente discutido por Wittgenstein mais adiante nesta obra e que faz alusão, principalmente, a problemas relacionados ao mentalismo e à suposta importância dos conteúdos mentais para o funcionamento da linguagem. "Vertretung", por sua vez, é um conceito que se relaciona a um tipo bem especial de representação: trata-se da utilização de

estou planejando um jardim, eu posso fazer uma estaca representar uma árvore naquele lugar. A árvore vai ser colocada onde agora está a estaca. – Ainda assim alguém poderia dizer que a palavra "árvore" na sentença representava a imagem de uma árvore naquele lugar (e, naturalmente, até uma árvore pode ser usada para isso). Pois, numa linguagem composta só de figuras, poderíamos colocar no lugar da palavra "árvore" uma figura, e a palavra será em todo caso vinculada à figura por meio de uma definição ostensiva. Assim sendo, então, é a definição ostensiva que determina o que a palavra *"representa"*. Agora aplique isso à palavra "dor", por exemplo. – Mas o sinal ⌂ num mapa não representa uma casa? Apenas na medida em que uma casa também pudesse servir de *sinal*! No entanto, o sinal não representa de jeito nenhum a casa que ele substitui. – "Ora, ele *corresponde* a ela." – Assim, se estou andando com o mapa em minhas mãos e chego a essa casa, eu aponto para o lugar no mapa e digo "*Isto* é a casa". – "O sinal representa a casa" significava: "já que eu não posso colocar a própria casa no mapa, coloco este sinal em seu lugar". Mas que diabo a própria casa estaria fazendo no mapa? Uma representação é algo provisório, mas, se o sinal *corresponde* à casa, aqui não há nada de provisório; pois ele não será substituído pela casa quando chegarmos a ela. E, já que o sinal nunca será substituído por seu portador, poderíamos perguntar: Como será que uma linha feita com tinta pode substituir uma casa?

Não pode: a estaca substitui a árvore, a imagem pode substituir a pessoa quando, embora preferíssemos vê-la, temos de nos dar por satisfeitos com sua imagem; já o sinal no mapa, no entanto, não substitui o objeto que ele significa.

---

alguma coisa para ficar no lugar de uma outra que, por alguma razão, não pode ou apenas não aparece naquele contexto. Os deputados e vereadores, por exemplo, são os *Vertreters* do povo que os elege, ou seja, eles aparecem em certos contextos (as Assembleias Legislativas, por exemplo) como representantes de conjuntos de cidadãos que não podem aparecer lá "em pessoa". Assim sendo, nada é mais natural em português que utilizar "representação" para traduzir tal termo. Apenas alertamos o leitor para o fato de que "representar" e palavras a ela relacionadas correspondem a "vertreten" e palavras a ela relacionadas tão somente neste parágrafo; todas as outras ocorrências de "representação" ao longo da obra correspondem a "Vorstellung", salvo nota em contrário (N.T.).

208. Enquanto escrevo, eu sinto algo em minha mão ou em meu pulso? Geralmente não. Tudo bem, mas será que a sensação não seria diferente se minha mão estivesse anestesiada? Sim. E isso é uma prova de que, *apesar de tudo*, sinto algo quando movimento minha mão da maneira usual? Acredito que *não*.

209. "Você merece minha completa confiança."[34] Se quem diz isso para logo depois da palavra "merece", talvez eu seja capaz de continuar; a situação revela o que ele vai dizer. Mas e se ele, para minha surpresa, continua com "um relógio de ouro" e eu digo "Estava preparando-me para outra coisa" – isso significa que vivenciei algo enquanto ele proferia as primeiras palavras, algo que se pode chamar de aquela maneira de tomar as palavras? Creio que não se pode dizer isso.

210. Ou imagine esta conversa: Ele: "Você merece –". Eu: "Eu sei. Mas se é assim, você não confia *mesmo* em mim". – Eu o interrompi porque sabia o que ele ia dizer. Mas eu necessariamente completei para mim a continuação em pensamento? (Quando vejo um esboço, eu o completo na imaginação?)

211. "I found myself going…"
            saying…" etc.[35]
Esta descrição não se aplica *sempre* que digo algo, sigo um caminho etc.

212. A introspecção nunca pode conduzir a uma definição. Ela pode apenas conduzir a uma declaração psicológica sobre aquele que realiza a introspecção. Se alguém diz, por exemplo, "Quando eu ouço uma palavra que entendo, creio que sempre sinto algo que não sinto quando não entendo a palavra" – esta é uma declaração sobre *suas* vivências particulares. Um outro talvez vivencie algo totalmente diferente; e, se ambos usam a

---

[34] Substituímos o jogo de palavras em alemão por um equivalente em português. No original, a sentença esperada é "Ich schenke dir meine volles Vertrauen" ("Deposito em você minha completa confiança"), e a sentença efetivamente dita seria "[Ich schenke dir] eine goldene Uhr" ("Eu lhe dou de presente um relógio de ouro") (N.T.).
[35] "Flagrei-me indo…; dizendo…" (em inglês no original).

palavra "entender" corretamente, é nesse uso que reside a essência do entender, não no que eles possam dizer sobre suas experiências.

213. Como teríamos de chamar alguém que não consegue entender o conceito "Deus", que não vê como uma pessoa razoável pode usar esta palavra a sério? Será que devemos dizer que ele **sofre de alguma** *cegueira*?

214. Entendemos de repente, de repente repetimos uma palavra que o outro disse. Ele me diz "São sete horas"; a princípio eu não reajo; de repente grito: "Sete horas! Já estou muito atrasado…". Eu acabava de tomar consciência do que ele dissera. Mas o que aconteceu quando repeti as palavras "sete horas"? A isso, não consigo responder nada que tivesse **algum interesse** senão apenas repetir que eu tinha acabado de captar o que ele disse e coisas parecidas, e isso não nos leva adiante. A **falação** sobre (**a ideia de**) um "processo específico" se baseia, naturalmente, nesse "apenas repetir". (O distraído que, ao receber a ordem "Direita volver!", vira à esquerda…)

215. Acontece algo quando entendo esta palavra, quando **intenciono tal e tal coisa**? – Não acontece nada?[36] Não é disso que se trata, e sim disto: por que deve interessar-me o que acontece dentro de você? (A alma dele pode ferver ou congelar, ficar vermelha ou azul: o que eu tenho com isso?)

216. Um deficiente mental certamente *não* vai dizer: "Quando você começou a falar, pensei que você estava querendo dizer…". E agora se vai perguntar: Isso é porque ele sempre entende corretamente de imediato? Ou porque ele nunca se corrige? Ou acontece dentro dele o que também acontece dentro de mim, e ele apenas não consegue dar expressão a isso?

217. "Quando você começou a falar, pensei que você queria… Foi por isso que também fiz o movimento…" Ou seja, explicamos o que fizemos com a ajuda dos pensamentos que tínhamos naquele momento. É só após o acontecido que eu efetivamente elaboro essa explicação? A verdade não é que fiz esse movimento porque pensei…? – Que tipo de pergunta é esta? A palavra "porque" não se refere de maneira nenhuma a uma causa.

---

[36] TS (inserção neste ponto): Mas até que ponto o que acontece tem algum *interesse*?

218. "Vou explicar-lhe por que estou de pé; foi porque eu pensei que você queria dizer..." – Sim, agora eu entendi! – Mas em que reside a importância desse entendimento? Por exemplo, nisto: Se a explicação tivesse sido outra, eu teria de reagir de outra maneira, com palavras ou ações. O pensamento dele é, nessa medida, **como** uma ação ou um processo em seu corpo. O relato sobre seus pensamentos é como o relato sobre esses processos. – Que interesse têm as palavras "Num primeiro momento, pensei que você queria dizer..."? Quase sempre, nenhum. Pode-se dizer que elas desvelam o universo de pensamento dessa pessoa. Mas *isso* serve para quê? Por que esse desvelamento não é um falatório vazio ou mera fantasia?

219. Poderíamos (naturalmente) chamar o relato sobre tal apreensão de um relato sobre uma *tendência*. (James.) Mas aqui a vivência de uma tendência não pode ser vista sob o modelo de uma vivência parcialmente inacabada! Como se as vivências oferecessem uma imagem colorida e nela certas cores estivessem aplicadas com toda a sua força, enquanto que outras estivessem apenas indicadas, isto é, tivessem sido aplicadas de maneira muito mais delicada.
Em si mesma, porém, uma cor delicada não é a indicação de uma cor mais forte.

220. Um evento deixa um rastro na memória: às vezes imagina-se que isso consistiria no evento deixar para trás um rastro, uma impressão, uma consequência no sistema nervoso. Como se pudéssemos dizer: até os nervos têm uma memória. Mas, se alguém agora se lembra de um evento, ele teria de *deduzi-lo* dessa impressão, desse rastro. Seja o que for que o evento deixe para trás no organismo, isso não é a lembrança.
O organismo comparado ao rolo de um ditafone; a impressão, o rastro, é a alteração que a voz deixa no rolo. Pode-se dizer que o ditafone (ou o rolo) está lembrando-se do que foi falado quando reproduz o que gravou?

221. A sensação de dependência. Como se pode *sentir* que se é dependente? Como se pode *sentir*: "Isso não depende de mim"? Mas, de qualquer maneira, que expressão estranha para uma sensação!
Contudo, se alguém, por exemplo, tivesse dificuldades para fazer certos movimentos nos primeiros momentos de toda manhã, para levantar o braço e coisas parecidas, e ele tivesse de esperar até que a paralisia passasse, e às vezes isso demorasse muito tempo, às vezes pouco, e ele não pudesse

prever como seria nem adotar nenhum método para acelerar seu desaparecimento – isso não nos daria justamente uma consciência da dependência? Não é a ausência de regularidade ou a representação vívida dessa ausência, que está na base dessa consciência?

A consciência é esta: "Não tinha de acontecer assim!". Quando me levanto da cadeira, eu normalmente não digo a mim mesmo "Então eu posso me levantar". Talvez eu diga isso depois de uma doença. No entanto, poderíamos dizer que quem **tivesse o costume** de dizer isso a si mesmo ou quem dissesse em seguida "Então desta vez deu certo", tem uma peculiar **atitude** com relação à vida.

222. Por que se diz "Ele sabe o que está querendo dizer"? O que nos faz saber que ele *sabe*?

Se ele sabe o que está querendo dizer, mas eu não *sei* – como seria se eu soubesse? Isso mesmo, se eu soubesse e ele não? Como alguém teria de se comportar para que disséssemos: "Ele *sabe* o que o outro está vivenciando"?

É necessário, contudo, que exista algum caso que nós, de maneira consistente, descreveríamos dessa forma? Não é nem mesmo claro que algum fenômeno tivesse de ser descrito com as palavras "A está com dores no corpo de B".

Isto é: é certo que se pode dizer "Esta não seria uma aplicação coerente dessa expressão?", mas eu posso ou não ficar inclinado a chamá-la de coerente.

223. Lembre-se, em especial, da expressão na narração de sonhos: "E eu sabia que...". Poderíamos pensar: É mesmo notável que possamos sonhar que *soubemos*. E também se diz: "E no sonho eu sabia que...".

224. Nem tudo o que faço, faço com uma intenção. (Assobio ao andar etc.) No entanto, se neste momento eu me levantasse e saísse de casa, depois entrasse de novo, e, à pergunta "Por que você fez isso?", respondesse "Por nenhuma razão em especial" ou "Porque sim", as pessoas achariam isso estranho, e alguém que frequentemente fizesse algo dessa espécie sem nenhuma intenção especial estaria afastando-se bastante do que se faz por via de regra. É preciso que ele seja o que chamam de "deficiente mental"?

225. Agora imagine alguém de quem se diria: a não ser que ele se lembre da manifestação da intenção, ele nunca consegue lembrar-se de uma intenção.

O que nós normalmente fazemos "com uma intenção determinada", alguém poderia fazer sem tal intenção, e mesmo assim o que tivesse sido feito poderia mostrar-se útil. E talvez disséssemos num caso como esse que ele agiu com uma intenção *inconsciente.*

Ele, por exemplo, subitamente se levanta da cadeira e em seguida volta a sentar-se. Ele não tem resposta para a pergunta "Por quê?", mas depois relata que, olhando ali da cadeira, ele reparou em tal e tal coisa, que parece que ele tinha-se erguido para observar aquilo.

Será que um "cego para significados" não se poderia portar de maneira parecida?

226. "Quando eu disse 'Ele é um burro', estava referindo-me a [*meinte ich*]..." Que tipo de ligação têm estes sons com este homem? – Se me perguntarem "A quem você está referindo-se?", eu vou dizer seu nome, descrevê-lo, mostrar sua fotografia etc. Existe aqui outra ligação além dessa? Uma que existisse especialmente durante o proferimento da sentença? Mas durante o proferimento da sentença inteira ou apenas enquanto eu dizia "ele"? Sem resposta!

227. A vivência concomitante àquelas palavras – é o que eu gostaria de dizer – amadurece naturalmente até se tornar essa explicação.

228. Mas é assim: Às vezes, talvez em uma conversa, vou dizer "Ele é um burro", e, se me perguntarem "Você teria vivenciado algo diferente durante o proferimento dessas palavras se estivéssemos falando de N ao invés de M?", vou ter de admitir que não é necessário que isso aconteça. Por outro lado, porém, às vezes me parece como se, durante o proferimento, eu tivesse uma vivência que está ligada *a ele* de maneira inequívoca.

As vivências concomitantes à fala parecem estar patentemente vinculadas *a ele.*

229. "É claro que eu estava pensando nele: Eu o vi diante de mim!" – mas não o *reconheci* por meio da imagem que eu tinha dele.

230. De repente, eu digo: "Ele é um burro". A: "A quem você se referiu?". Eu: "Ao N". A: "Você pensou nele enquanto dizia **a sentença** ou apenas no momento em que dava a explicação?" – Aqui eu poderia responder que minhas palavras eram o término de uma longa sequência de pensamentos, que eu já estava pensando em N o tempo todo. E eu poderia então dizer: as palavras mesmas não estavam ligadas a ele por meio de alguma vivência especial, e sim todo o percurso de pensamento? E dessa forma eu teria podido muito bem me referir a alguma outra pessoa com aquelas palavras, e a quem as palavras se referiam seria decidido por aquilo que as precedia.

Para poder dizer, entretanto, que falei dele, quis referir-me a ele, pensei nele – tenho eu de ser capaz de efetivamente me lembrar de uma vivência que esteja incondicionalmente conectada a ele? Ou seja, não poderia talvez sempre me parecer como se, enquanto eu proferia minhas palavras, *nada* tivesse acontecido que pudesse apontar apenas para ele? Então eu imagino que sempre estou *consciente* de que as imagens que eu produzo [*Vorstellungsbilder*] são ambíguas. Mas – assim suponho – a despeito de tudo isso, eu continuo dizendo "Eu queria referir-me ao…". Esta não é, porém, uma suposição contraditória? Não; é isso que efetivamente acontece. Digo "Eu queria referir-me ao…"; é *assim* que continuo.

231. Eu estava falando com meus vizinhos sobre o médico deles; naquele momento, veio-me à cabeça uma imagem desse homem – porém, eu nunca o tinha visto, apenas sabia seu nome, e talvez tenha feito uma imagem dele guiado por seu nome. Então como pode essa imagem ser característica do fato de que estou falando *dele*? – E, no entanto, foi assim mesmo que me pareceu, até que eu me lembrasse de que absolutamente não sei qual é a aparência desse homem. Assim, sua imagem não o representa **para mim** nem um pouco melhor que o seu nome.

232. Se eu comparar a vinda à mente do *significado* com um sonho, então nossa fala habitualmente não tem sonhos.

O "cego para significados" seria, portanto, alguém que sempre falaria sem estar sonhando.

233. E pode-se realmente perguntar: Que me importam os sonhos dele? Por que tem de me interessar o que ele sonha e se ele sonha enquanto fala

comigo ou me ouve? – É claro que isso não significa que esses sonhos nunca me possam interessar. Mas por que eles deveriam ser o elemento mais importante na circulação linguística?

234. O uso do conceito "sonho" é útil aqui; mas apenas se virmos que ele ainda esconde em si um erro.

235. "O tempo todo pensei que você estava falando de…" – Mas como *foi* isso? – Não pode ter sido diferente do que seria se ele realmente estivesse falando dessa pessoa. Que posteriormente eu perceba não tê-lo entendido direito não muda nada com relação ao que estava acontecendo enquanto eu entendia as palavras.
Logo, se a sentença "Naquele momento eu acreditava que você queria referir-se a…" for o relato de um "sonho", isso significa que *sempre* "sonho" quando entendo uma sentença.

236. Também se diz: "Supus que você estava falando de…", e isto soa ainda menos como o relato de uma vivência.

237. "Eu pensava que você estava falando do… e fiquei espantado com você dizer… dele." – Esse espanto, por sua vez, apresenta um caso similar: Reaparece aqui a sensação de que a vivência rudimentar só teria sido completada com o *proferimento* deste pensamento.

238. Ora, mas isso é certamente verdade! Pois, às vezes, quando digo "Eu pensava…", posso relatar que naquele momento eu disse precisamente estas palavras a mim mesmo, em voz alta ou em silêncio; ou que naquele momento eu não usei estas, mas outras palavras, das quais as presentes são uma versão com o mesmo sentido. *Isso realmente acontece às vezes!* Em contrapartida, no entanto, há o caso em que minha expressão presente não é a *versão* **de algo**. Pois só é uma "versão" aquilo que obedece às regras de projeção [*Abbildung*].[37]

---

[37] TS: Pois só existe "versão" quando há regras de projeção.

239. Quem não fosse capaz de dizer que a palavra "como" pode ser um verbo ou uma conjunção, ou de formar sentenças em que ela é uma coisa ou a outra, não conseguiria resolver simples exercícios escolares. *Isto*, porém, não será exigido de um aluno: apreender a palavra de tal e tal maneira fora de um contexto ou relatar de que maneira ele a apreendeu. [Cf. PU, p. 175b.]

240. Eu gostaria de dizer: a conversa, a aplicação e a interpretação das palavras vão fluindo, e é apenas nesse fluxo que a palavra tem um significado. "Ele já partiu." – "Por quê?" O que você queria dizer quando proferiu as palavras "por quê"? Em que você *estava pensando*?

241. "Eu achava que você estava referindo-se a *ele*." – Ora, isto não quer dizer o mesmo que "Acho que você se referiu a ele". Não se deixe **confundir** pela comparação com um outro uso do passado!

242. Nós jogamos este jogo: Existem figuras, palavras são proferidas, e temos de apontar para a figura que corresponde à palavra. Entre as palavras, também existem algumas com mais de um significado. Quando ouço a palavra..., só me ocorre *um* significado e aponto para uma figura; mais tarde, só um outro e aponto para uma outra figura. Os cegos para significados vão conseguir fazer isso? Sem dúvida. – Mas o que dizer *deste caso*: Uma palavra é mencionada e me ocorre um de seus significados. Não digo qual, mas saio procurando a figura. Antes de tê-la encontrado, ocorre-me um outro significado da palavra; eu digo: "Acabou de me ocorrer um segundo significado" e então explico: "Primeiro me ocorreu *este* significado, depois *este*". O cego para significados é capaz *disso*? – Ele não pode dizer que sabe o significado da palavra, mas apenas não diz qual é? Ou ele não pode dizer que o significado lhe *ocorreu* agora, só que ele não o diz? – Parece-me que ele pode dizer as duas coisas. Mas, se é assim, ele também pode dizer isto: "Quando você disse a palavra, ocorreu-me *este* significado". E por que não "Quando eu disse a palavra, de início eu queria que ela tivesse *este* significado"?

243. É como se a palavra que compreendo tivesse um determinado leve aroma correspondente a sua compreensão. É como se duas palavras que conheço bem não se distinguissem meramente por seu som ou por sua

aparência, mas além disso por uma atmosfera, mesmo que eu não *imagine* nada **enquanto as ouço ou vejo**. – Lembre-se, todavia, de como os nomes de poetas e compositores famosos parecem ter absorvido um significado próprio. E isso de maneira que então se possa dizer: os nomes "Beethoven" e "Mozart" não apenas soam diferentemente; não, eles também são acompanhados por um outro *caráter*. No entanto, se você devesse **descrever** esse caráter de maneira mais precisa – você mostraria seus retratos ou mostraria sua música?

Voltemos agora ao cego para significados: Ao ouvir ou ver esses nomes, ele não sentiria que eles se distinguem por um algo imponderável. E o que ele teria perdido com isso? – E, mesmo assim, quando ele ouve um nome, pode primeiro lhe ocorrer *um* portador e depois um outro.

244. Eu dizia que as palavras "Agora eu consigo!" não exprimem uma *vivência*. Bem, elas o fazem tão pouco quanto "Agora vou levantar o braço". – Mas por que elas não exprimem uma vivência, uma sensação? – Como, então, elas são usadas? As duas são usadas, por exemplo, como introdução a uma ação. O fato de que uma declaração faça referência a um ponto no tempo no qual, entretanto, nada do que ela quer dizer ou do que ela fala acontece no mundo exterior não nos mostra que ela falava de uma vivência.

245. Pense nos alunos "levantando a mão" quando sabem uma resposta. Para que um aluno levante a mão com sentido, ele já tem de ter dito em silêncio a resposta para si mesmo? E o *que* é preciso que tenha acontecido dentro dele para tanto? – Nada. Mas é importante que ele habitualmente *dê* uma resposta depois de levantar a mão; este é o critério para que ele *entenda* o gesto. [Cf. Z 136a.]

246. "As palavras 'a rosa é vermelha' não têm sentido se a palavra 'é' tem o significado de 'é o mesmo que'." A ideia que temos é a de que quem tentasse proferir as palavras "a rosa é vermelha" com as palavras tendo esses significados teria de ficar com o pensamento travado. (Da mesma forma como não se pode pensar uma contradição, porque o pensamento de quem o fizesse, por assim dizer, quebrar-se-ia.)

O que se gostaria de dizer é isto: "Você não pode querer dizer isso com essas palavras e ainda vincular um sentido ao todo". [Cf. PU, p. 175c.]

247. Poderíamos dizer que a cegueira para significados se manifestaria no fato de não se poder dizer com sucesso a essas pessoas: "Você tem de ouvir a palavra como..., aí é que você vai falar a sentença corretamente". Esta é a indicação que se dá a alguém que está tocando um trecho de uma música. "Toque isto como se fosse a resposta" – e talvez aqui ainda se faça um gesto.

Mas como é que alguém traduz esse gesto na execução da música? Caso ele me entenda, ele passará a tocar mais conforme com o que desejo.

Todavia, você não poderia dar esse tipo de indicação também com a ajuda de palavras como "mais intenso", "mais suave", "mais rápido", "mais devagar"? Não, eu não poderia. Pois, mesmo que ele passe a tocar esta nota de forma mais intensa e aquela de forma mais suave, eu nem chego a saber que ele está fazendo isso. Da mesma maneira como também lhe posso dizer "Faça uma cara de ladino" e eu saberia se ele a fez, mesmo sem ser capaz de descrever, nem de antemão nem na sequência, as alterações geométricas de sua face.

248. Quando se pergunta "Vivenciar um significado é análogo a vivenciar uma imagem mental?", o que se quer dizer é isto: a diferença não é simplesmente de *conteúdo*? Bem, qual é o conteúdo das vivências de imaginação? "É *este*" – só que, ao dizer isso, eu tenho de apontar para uma imagem ou uma descrição. – "Há uma vivência tanto aqui quanto ali" (é o que se gostaria de dizer). "Só que de coisas diferentes. Em cada caso, um conteúdo diferente é oferecido à consciência – está diante dela." E esta é, naturalmente, uma imagem muito enganadora. Pois ela é a ilustração de uma maneira de falar e não explica nada. Bem do mesmo modo, alguém poderia, para explicar o simbolismo químico de uma fórmula estrutural, desenhar figuras nas quais os elementos fossem representados por pessoas de mãos dadas. (As ilustrações dos alquimistas.) [Cf. PU, p. 175e.]

249. Se alguém disser que teve a imagem mental de uma bola dourada brilhante, nós vamos entender isso; mas não vamos entender se ele disser que a bola era oca. Num sonho, todavia, alguém poderia ver uma bola e *saber* que ela é oca.

250. A instrução "Como de muito longe", em Schumann.[38] Todo mundo tem de entender uma instrução como esta? Todo mundo que, por exemplo, entendesse a instrução "Não muito rápido"? Não é dessa espécie a capacidade que deve estar ausente nos cegos para significados?

251. Não se pode reter o entendimento de um significado tal como se retém uma imagem mental? Ou seja, se de repente me ocorre o significado da palavra – esse significado pode também permanecer diante de minha mente? [Cf. PU, p. 176b.]

252. "O plano inteiro apareceu de uma só vez diante de minha mente e permaneceu ali por um minuto." E aqui o que se gostaria de pensar é que o que permaneceu ali não pode ser o mesmo que aquilo que apareceu subitamente. (Da mesma forma como não se pode alongar um ditongo.) [Cf. PU, p. 176c.]

253. Pois, se aconteceu de eu dizer "Agora eu peguei!" (a iluminação súbita, portanto), é claro que não se pode falar disso como do que permaneceu ali.

254. "Sim, eu sei a palavra. Ela está na ponta da língua." Aqui a idéia que se impõe a nós é aquela de que James fala, a da fenda (*gap*) em que apenas esta palavra cabe etc. – De alguma maneira, já se está vivenciando a palavra, embora ela ainda não esteja presente. – Vivencia-se uma palavra *em desenvolvimento*. – E é claro que eu também poderia dizer que vivenciava um significado em desenvolvimento ou uma explicação de significado em desenvolvimento. – Só é estranho que nós não queiramos dizer que algo esteve presente, algo que depois se desenvolveu até se tornar esta explicação. Pois, quando você "levanta a mão", o que você diz é que você já sabe. – Muito bem; mas você também poderia dizer "Agora eu posso dizê-lo", e, se a capacidade se desenvolveu e virou um dizer, isso você não sabe. E se agora fosse dito: "O dizer só é fruto *dessa* capacidade se ele se desenvolveu desse poder"?

---

[38] Schumann: *Davidsbündlertänze* (N.E.).

255. Enquanto eu *ia* dizê-lo, *podia* dizê-lo, eu ainda não o *tinha dito*.

256. É claro que há algo fora do lugar também na explicação de que o significado ou sua explicação se desenvolveram de certo germe. De fato, nós não percebemos um desenvolvimento desse tipo; ou de qualquer maneira apenas em casos bastante raros. E essa explicação surge justamente da tendência a explicar em vez de meramente descrever.

257. Se é tão difícil meramente descrever, isso é porque se crê que temos de complementar os fatos para compreendê-los. É como se víssemos uma tela com esparsas manchas coloridas e disséssemos: tal como estão dispostas, elas são incompreensíveis; elas só adquirem um sentido quando as complementamos e obtemos uma forma. – Ao passo que eu quero dizer: Aqui *está* o todo. (Se você o complementa, você o adultera.)

258. É claro que o *significado* me ocorreu *naquele momento*! Não foi no momento em que o relatei nem no meio-tempo.
Isso é justamente o que assim chamamos: esse é justamente o uso das palavras "O significado me ocorreu" ("in this so called twentieth century").[39]

259. "Mas o significado não é algo que se pode *vivenciar*!" – Por que não? – O significado não é uma impressão sensível. Mas o que são impressões sensíveis? Algo como um cheiro, um sabor, uma dor, um som etc. Porém, o que é "algo como" todas essas **coisas**? O que é comum a elas? Naturalmente, não se pode responder a esta pergunta mergulhando nessas impressões sensíveis. Poderíamos, contudo, colocar a pergunta desta maneira: "Em que tipo de circunstâncias nós diríamos que alguém tem uma espécie de impressão sensível que nos falta?". Dizemos, por exemplo, dos animais que eles têm um órgão com o qual percebem tal e tal coisa, e tal órgão sensível não precisa ser semelhante a algum dos nossos.

260. Seria possível imaginar uma percepção sensível por meio da qual apreendêssemos a forma de um corpo sólido, a forma *inteira*, não apenas

---

[39] Em inglês no original. Tradução: "neste assim chamado século XX".

o que se pudesse ver de *um* certo ponto de vista? Tal pessoa, por exemplo, seria capaz de modelar um corpo na argila sem estar andando ao redor dele ou tê-lo em suas mãos.

261. É a diversidade de possíveis explicações de um significado que está na base do fato de que não vivenciamos um significado "no mesmo sentido" que uma imagem visual?

262. O que faz de minha representação dele uma representação *dele*? – O que faz de seu retrato um retrato *dele*? A intenção do pintor? E isto quer dizer: seu estado mental? – E o que faz de uma fotografia um retrato *dele*? A intenção do fotógrafo? E, supondo que um pintor tivesse a intenção de desenhar N de memória, mas, guiado por forças inconscientes, acabasse desenhando um excelente retrato de M, – nós chamaríamos o resultado de um retrato malfeito de N? E imagine pessoas que tivessem sido treinadas para desenhar retratos e "mecanicamente" fizessem desenhos das pessoas sentadas à sua frente. (Máquinas de ler humanas.)
E, agora – o que faz de minha representação dele minha representação *dele*? – Nada do que vale para o retrato vale para a representação. A *pergunta* está equivocada. [Cf. PU, p. 177.]

263. A pessoa a quem ocorreu o significado e que não voltou a *esquecê-lo* pode agora aplicar a palavra desta maneira.
A pessoa a quem ocorreu o significado agora o *sabe*, e a ocorrência foi simplesmente o começo do saber. Aqui não há nenhuma analogia com a vivência de uma imagem mental. [Cf. PU, p. 176e.]

264. O que dizer, entretanto, de quando digo a mim mesmo que eu gostaria de chamar *isto* (neste momento eu talvez esteja olhando para uma determinada figura) de tal e tal ("x")? Posso até dizer em voz alta a definição ostensiva "Isto se chama 'x'" para mim. O problema é que também tenho de entendê-la por mim mesmo! Ou seja, eu tenho de *saber* como, de acordo com que técnica, eu pretendo usar a palavra "x". – Se me perguntam, digamos, "Você também sabe *como* vai usar a palavra?", vou responder: sim.

265. E quando, porém, a religião ensina que a alma pode subsistir após a corrupção do corpo? Eu entendo o que ela ensina? Sem dúvida, eu en-

tendo – posso imaginar uma porção de coisas aqui. (Até pintaram quadros sobre essas coisas. E por que um desses quadros deveria ser apenas uma versão inacabada do pensamento proferido? Por que ele não deve realizar o *mesmo* serviço que nossas sentenças?) E é o serviço que importa. [Cf. PU, p. 178e.]

266. Mas você não é um pragmatista? Não. Pois não estou dizendo que uma sentença é verdadeira se ela é útil.
A serventia, isto é, o uso, dá à sentença seu sentido particular, o jogo de linguagem o dá a ela.
E já que uma regra é frequentemente dada de forma que ela se prova útil, e as sentenças matemáticas estão essencialmente relacionadas a regras, o que se reflete nas verdades matemáticas é a utilidade.

267. A expressão facial cheia de alma. Para acreditar que são efetivamente cores e formas que dão essa impressão, temos de em especial nos lembrar que se pode *pintar* uma face com uma expressão cheia de alma. Não dá para acreditar que são os meros *olhos* – o globo, as pálpebras, os cílios etc. – de uma pessoa aquilo em cujo olhar nos podemos perder, aquilo que podemos olhar com espanto e deleite. E, no entanto, é assim mesmo que os olhos de uma pessoa nos afetam. "De onde você pode ver…".

268. Eu *acredito* que o outro tem uma alma quando olho em seus olhos com espanto e deleite?

269. A proposição "Se p, então q", como, por exemplo, "Se ele vier, ele trará algo para mim", não é igual a "p ⊃ q". Pois a proposição "Se…, então…" admite o subjuntivo, e a proposição "p ⊃ q" não. – Quem à proposição "Se ele vier, …" responde com "Isso não é verdade" não está querendo dizer: "Ele vem e não vai trazer nada"; e sim: "Ele *pode* vir e não trazer nada".
De "p ⊃ q" não se segue "Se p, então q"; pois eu posso muito bem afirmar a primeira proposição (sei, por exemplo, que ~p . ~q é o caso) e negar a segunda.

270. Devo então dizer que a proposição "Se…, então…" é ou verdadeira ou falsa ou indecidida? (Então a lei do terceiro excluído não vale?)

271. Uma outra resposta à declaração "Se ele vier, ele trará algo" é "Não necessariamente". – E ainda: "Isso não se segue". – Pode-se também dizer: "Essa conexão não existe". – Russell dizia que, quando se afirma "Se..., então...", o que se visa habitualmente não é a implicação material, mas a formal; mas também isso não está correto. Não dá para reproduzir o "Se..., então..." usando expressões da lógica russelliana.

272. Pode-se muito bem dizer que a proposição "Se..., então..." é ou verdadeira ou falsa ou indecidida. – Mas em que ocasião alguém vai dizer isso? Imagino que como introdução a uma discussão posterior. Discute-se o assunto **sob esses três pontos de vista**.[40] Eu divido o campo de possibilidades em três partes.
Talvez agora se diga: uma *proposição* o divide em *duas* partes. Mas por quê? A não ser que isso faça parte da definição de uma proposição. Por que não devo também chamar de proposição algo que faz uma divisão tripartite?

273. Tome agora uma divisão em duas partes: Eu digo:[41] "Se ele vier, então... Se ele não vier, então...". Não *posso* aplicar esse tipo de tratamento à proposição "Se... entrar em contato com..., acontecerá uma explosão"? Caso alguém, por exemplo, tenha feito essa afirmação – não posso replicar: "Ou você tem razão nisso ou não: Se é como você diz, então...; se não é, então..."?

274. A lei do terceiro excluído não diz, como sua forma sugere: Existem apenas as possibilidades sim e não, não há uma terceira. Ela diz, antes: "sim" e "não" dividem o campo de possibilidades em duas partes. – E é claro que isso não tem de ser assim. ("Você já parou de bater em sua mulher?")

275. "O desejo é uma atitude [*Verhalten*] do espírito, da alma, com relação a um objeto." "O desejo é um estado mental que se relaciona a um objeto." Para tornar isso mais inteligível, talvez se pense no anseio e

---

[40] TS: (*headings*). Tradução: tópicos.
[41] TS (riscado a lápis, a partir deste ponto): "Ou ele vem ou ele não vem. – No primeiro caso... No segundo...".

que o objeto de nosso anseio está diante de nossos olhos e o contemplamos avidamente. Se ele não está diante de nós, então talvez sua imagem o substitua, e, caso não haja imagem, uma representação. Assim, o desejo é uma atitude da alma com relação a uma representação. Mas, na verdade, pensa-se sempre numa atitude do corpo com relação a um objeto. A atitude da alma com relação à representação é bem aquilo que poderia ser retratado num quadro: A alma do homem inclinando-se com gestos ávidos em direção à imagem (a imagem real) de um objeto.

276. E é claro que, dessa mesma maneira, também poderíamos **retratar** como uma pessoa não dá nenhum tipo de expressão a seu desejo nas caras que faz, e, no entanto, sua alma **está ávida por algo.**

277. "A sentença 'Se ele ao menos viesse!' pode estar carregada com nosso anseio." – Com o que ela estava carregada ali? É como se ela fosse carregada com um peso vindo de nosso espírito. É verdade, eu gostaria de dizer tudo isso. E será que é indiferente que eu queira dizê-lo?

278. Será que é indiferente que eu queira dizer isso? Não é importante? Não é importante que para mim a esperança viva *no peito*? Esta não é a imagem de um ou outro importante comportamento humano? Por que uma pessoa acredita que um pensamento lhe vem à cabeça? – Ou de maneira mais precisa: Ele não *acredita* nisso; ele vivencia. Pois nesse momento ele talvez leve as mãos à cabeça e feche os olhos para ficar sozinho consigo mesmo em sua cabeça. Ele inclina a cabeça para trás e faz um sinal com as mãos para indicar que nada deve atrapalhar o que está acontecendo em sua cabeça. – Ora, estas não são importantes espécies de comportamento?

279. E, se a imagem do pensamento na cabeça pode impor-se a nós, por que não se imporia ainda muito mais a do pensamento na alma? [Cf. PU, p. 178f.]

280. Poderia existir uma melhor imagem da crença do que uma pessoa dizendo "eu creio..." com a expressão de crença?

281. O homem é a melhor imagem da alma humana. [Cf. PU, p. 178g.]

282. É naturalmente importante que se possa facilmente representar [*darstellen*] com desenhos uma pessoa ávida por uma maçã sem colocar em sua boca palavras que demonstram essa avidez – que, no entanto, não se possa representar dessa forma a convicção de que algo seja de tal e tal forma.

Importante, porque isso mostra a diferença, a diferença de essência, que existe entre os fenômenos psicológicos[42] e a maneira como essa diferença deve ser descrita.

283. Por que eu disse "diferença de essência"? Ela é uma diferença como aquela que existe entre o carbono, a gravitação, a velocidade da luz e os raios ultravioletas (os quais são todos "objetos" de que tratam as ciências naturais)?

284. Imagine que estejamos falando de fenômenos relacionados à fala humana. Poderíamos estar interessados na velocidade da fala, nas mudanças de entonação, nos gestos, na maior ou menor duração das sentenças etc. – Se agora dizemos de alguém que ele tem uma vida mental: ele pensa, deseja, tem medo, acredita, duvida, tem representações, está triste, feliz etc. – isto é análogo a: ele come, bebe, fala, escreve, corre – ou análogo a isto: ele se move ora rapidamente, ora devagar, ora em direção a um objetivo, ora sem rumo, ora sem parar, ora aos solavancos?

285. Pense no que se pode chamar de caráter de uma linha e em tudo o que tem de ser chamado de uma descrição de seu caráter. Que tipo de coisas podemos perguntar quando nos interessamos pelo caráter de uma linha?

286. Imagine que estejamos observando o movimento de um ponto, um ponto preto sobre uma folha de papel branca, por exemplo. Conclusões importantes de toda espécie poderiam ser tiradas do caráter desse movimento. Mas que tipo de coisas podemos observar? – Se o ponto se movimenta uniformemente ou não; se sua velocidade se altera periodicamente; se ela se altera continuamente ou aos saltos; se o ponto descreve uma linha fechada; o quanto ela se aproxima de

---

[42] TS: mentais.

um círculo; se o ponto descreve uma linha com a forma de uma onda e qual é sua amplitude e comprimento; e inúmeras outras coisas. E cada um desses fatos poderia ser a **única coisa que nos interessa**. Por exemplo, tudo nesse movimento poderia ser indiferente para nós, exceto o número de ângulos formados no caminho num período de tempo determinado. E isso significa que, se nos interessamos não apenas por *uma* propriedade desse movimento, mas por muitas, cada uma delas pode dar-nos uma informação particular completamente diferente de todas as outras. E é assim que acontece com o comportamento humano, com as diferentes características que observamos desse comportamento. [Cf. PU, p. 179a.]

287. Então a psicologia lida (**porventura**) com o comportamento e não com os estados mentais do homem? Se alguém realiza um experimento psicológico – o que ele vai relatar? – O que o sujeito diz, o que ele faz, o que lhe aconteceu no passado e como ele reagiu a isso. – E não: o que ele pensa, vê, sente, crê, experimenta? – Quem descreve uma pintura descreve o arranjo das pinceladas sobre a tela – e *não* o que quem a examina *vê*?

Entretanto, o que dizer deste caso: No experimento, o observador às vezes vai dizer: "O sujeito dizia 'Eu sinto...', e eu tinha a impressão de que isso era verdade". – Ou ainda: "O sujeito parecia estar cansado". Esta é uma declaração sobre seu comportamento? Talvez se pretendesse dizer: "É claro, o que mais ela deve ser?". Também se pode relatar: "O sujeito dizia 'Estou cansado'" – mas a avaliação destas palavras depende de elas serem dignas de confiança, se elas são a repetição do que outra pessoa falou, se são uma tradução do francês etc.

Agora pense nisto: Eu narro "Ele dava a impressão de estar chateado". Se me perguntam: "O que foi que lhe deu essa impressão?", digo: "Não sei". – Pode-se agora dizer que eu descrevi seu comportamento? Será que não se pode dizer que eu descrevi seu rosto quando digo "Ele fazia uma cara triste"? Mesmo que eu não consiga citar que alterações espaciais no rosto deram essa impressão?

Talvez se vá objetar: "Se você tivesse olhado com mais atenção, você poderia descrever as alterações características de cor e posição". Mas quem está dizendo que eu ou qualquer outra pessoa conseguiria fazer isso? [Cf. PU, p. 179b.]

288. Mais uma vez: Quando eu relato "Ele estava chateado", estou relatando um comportamento ou um estado mental? (Quando digo "O tempo está feio", estou falando do presente ou do futuro?) Os dois. Mas não um após o outro; pelo contrário, num sentido eu relato um e noutro sentido relato o outro. Mas o que isso significa? (Isso não é mitologia? Não.) [Cf. PU, p. 179c.]

289. Aqui tudo se passa bem da mesma forma que com a falação sobre objetos físicos e impressões sensíveis. Temos aqui *dois* jogos de linguagem, e as relações que um mantém com o outro são complicadas. Se alguém quiser descrever essas relações de maneira simples, vai acabar caindo em erros. [Cf. PU, p. 180c.]

290. Imagine que eu esteja descrevendo um experimento psicológico: o aparato, as perguntas de quem conduz o experimento, as respostas e ações do sujeito. E então eu digo: isso tudo é uma cena de tal e tal peça de teatro. Agora tudo mudou. O que se vai dizer, portanto, é: Se esse experimento fosse descrito da mesma forma em um livro de psicologia, a descrição do comportamento do sujeito seria entendida como a expressão de um estado mental justamente porque se *pressupõe* que o sujeito fala a verdade, que ele não está brincando conosco, que ele não aprendeu de cor as respostas. – Nós então fazemos uma pressuposição? [Cf. PU, p. 180a.]

291. A enfermeira diz ao médico "Ele está gemendo" – ora ela quer dizer "Ele está com fortes dores"; ora "Ele está gemendo – embora não haja nada de errado"; ora "Ele está gemendo; se ele está com dores ou apenas fazendo esse barulho, isso eu não sei".
Nós fazemos uma pressuposição? – Nós *utilizamos* a declaração cada vez de uma maneira diferente.

292. "É claro que o psicólogo relata as palavras, o comportamento do sujeito, mas apenas como sinais de processos mentais." – Isto está correto. Se as palavras e o comportamento são, por exemplo, aprendidos de cor, eles não interessam aos psicólogos. E a expressão "como sinais de processos mentais" é até mesmo enganadora, porque estamos acostumados a falar da cor do rosto como um sinal de febre. E agora cada má analogia é explicada com outra igualmente ruim, de maneira que somente o cansaço vai finalmente nos libertar desses disparates.

293. Imagine que se dissesse: cada palavra que conhecemos bem já tem uma aura, uma "auréola" de usos levemente indicados ao redor de si. Tal como se, numa pintura, alguém tivesse rodeado os principais personagens com imagens esmaecidas e nebulosas dos acontecimentos **em que esses personagens tomam parte**. – Ora, tomemos a sério essa suposição! – O que fica claro com isso é que ela não é capaz de explicar a *intenção*.

Se o que acontece é que as possibilidades de emprego de uma expressão nos passam pela cabeça em meio-tom quando a ouvimos ou falamos – se é isso o que acontece, então isso vale para *nós*. Mas nós nos entendemos com as outras pessoas sem nunca termos perguntado se elas também têm essas vivências. [Cf. PU, p. 181a.]

294. E o que dizer do contínuo surgir e desaparecer **no domínio** de nossa consciência? Bem, o que diremos: ele é uma experiência ou não se pode em absoluto imaginar que fosse de outro modo? Há uma obscuridade aqui.

295. Eu sei guiar-me dentro de um quarto: isto é, eu consigo, sem ter de meditar nem por um instante, achar a porta, abri-la e fechá-la, usar qualquer móvel, não preciso procurar a mesa, os livros, as gavetas e nem parar para pensar no que se pode fazer com eles. Que eu saiba guiar-me é algo que vai aparecer na liberdade com que me movimento no quarto. É algo que também se vai manifestar na ausência de espanto e dúvida. O que devo agora responder à pergunta sobre se esse saber-me-guiar-neste-quarto é um estado de minha mente?

296. Sou capaz de responder à pergunta "Para que serve um termômetro?" *imediatamente* e sem nenhuma dificuldade, com uma longa sequência de sentenças. E posso igualmente atender ao pedido: "Explique a aplicação da palavra 'livro'".

297. Pode-se chamar o saber-se-guiar de uma vivência e, por outro lado, não se pode.

298. O emprego de certas palavras para manter o ritmo da sentença. Isso poderia ser *muito* mais importante para nós do que de fato é.

299. "Que espécie de vivência é...?" Não vamos perguntar "Como é quando você a tem?" – pois uma pessoa poderia responder de um jeito, e outra de outro. Não se vai pedir a elas uma descrição da vivência, mas[43] observar como e em quais circunstâncias as pessoas mencionam a vivência, falam sobre ela, *sem* que estejam querendo descrevê-la.

300. Digo a palavra "árvore" e depois uma palavra sem sentido. Elas provocam sensações diferentes. Até que ponto? – Dois objetos me são mostrados: um deles é um livro, o outro é uma coisa que não conheço e que tem uma forma esquisita. Digo: eles não apenas parecem diferentes, mas também tenho **sensações** diferentes ao olhar para eles. Eu "entendo" uma das coisas, a outra, não. "Está bem, mas não é questão apenas da diferença entre familiaridade e estranheza." Bem, não é também uma diferença entre tipos de familiaridade e estranheza? Um estranho entra em meu quarto, mas vejo imediatamente que se trata de uma pessoa. Em meu quarto entra algo vestindo um disfarce, e não sei se é uma pessoa ou um animal. Vejo um objeto que não conheço sobre minha mesa: é um seixo como qualquer outro, mas que nunca tinha visto sobre minha mesa. Vejo uma pedra no caminho; não fico espantado, embora eu não me lembre de já ter visto precisamente essa pedra. Vejo sobre minha mesa um objeto de forma estranha, cujo propósito eu desconheço, e *não* fico surpreso: ele sempre esteve lá, sem que eu nunca soubesse *o que* era e nunca me tivesse interessado por saber, ele me é muito familiar.

301. "Ora, você não entendeu a palavra 'árvore' quando a ouviu? – Nesse caso, algo aconteceu dentro de você!" – E o quê? – Eu *entendi* a palavra. – A questão é apenas: Devo dizer que o entendimento é algo que aconteceu dentro de mim? Algo resiste a isso; e isto só pode significar que, por meio dessa expressão, agrupamos o entendimento com outros **fenômenos** e passamos por cima de uma distinção que queremos ressaltar. Mas que distinção? – Em quais casos *não* nos recusamos a dizer: algo aconteceu dentro de nós quando ouvimos a palavra?

---

[43] TS (a partir deste ponto): mas observar como as pessoas manejam a palavra que designa a vivência.

302. O que teríamos de dizer a alguém que nos comunicasse que, *no seu caso*, entender algo *é* um processo interior? – O que replicaríamos se ele dissesse que, em seu caso, saber-jogar-xadrez é um processo interior? – Algo mais ou menos assim: que nada do que se passa dentro dele nos interessa quando estamos querendo saber se ele sabe jogar xadrez. E, se ele agora respondesse dizendo que nos interessa, sim, o que se passa dentro dele, a saber: se ele sabe jogar xadrez – apenas poderíamos contradizê-lo lembrando-lhe[44] os *critérios* que nos provariam sua capacidade. [Cf. PU, p. 181b.]

303. Para que você saiba se guiar num ambiente, você não tem apenas de conhecer o caminho certo de um lugar ao outro, mas também saber onde você acabaria se entrasse nesta esquina errada. Isso mostra quanto nossas considerações são semelhantes a caminhadas por um terreno, tendo em vista a construção de um mapa. E não é impossível que esse mapa seja um dia construído para a região que estamos percorrendo.

304. Supondo que você tenha uma particular experiência enquanto entende algo, como você pode saber que ela é a que chamamos de "entender"? – Ora, então como você sabe que a experiência que você tem é aquela que chamamos de "dor"? – Isso é outra coisa – eu sei que é porque meu comportamento espontâneo em certas **situações** é aquele que é chamado de expressão de dor.

305. Quando aprendemos a usar a palavra "dor", isso não acontece por adivinharmos para quais processos interiores (os que acompanham uma queda, por exemplo) esta palavra é usada.
Só que agora também poderia surgir o seguinte problema: quando me machuco, eu choro por causa de *qual* de minhas sensações?
E aqui imagino que se aponte para dentro e se pergunte a si mesmo: "É *esta* a sensação ou *esta*?".

306. "Tanto faz se atribuí o nome *correto* à sensação, – o importante é que atribuí *um* nome a ela!" Mas como será que se atribui um nome a algo, a uma sensação, por exemplo? Pode-se, *dentro de si mesmo*, atribuir

---

[44] TS: mostrando-lhe.

um nome a uma sensação? O que acontece aí? Qual é o resultado dessa ação? (Cf. a observação sobre a afixação de um rótulo.)[45] Se alguém tranca uma porta mentalmente, ela fica trancada depois disso? E que consequência tem isso? Que, mentalmente, agora ninguém pode entrar?

307. "Então como você sabe que a experiência que você tem é aquela que chamamos de 'dor'?" – A experiência que tenho? Qual? Como a específico para mim? E **(para)** um outro?

308. Imagine que pudéssemos aprender aquilo que é chamado de uma sensação (o que é chamado de uma "dor", por exemplo) e depois nos ensinassem a *exprimir* essa sensação. Que tipo de ligação **essa atividade** teria de ter com a sensação para poder chamar-se sua "expressão"?

309. Imagine que alguém soubesse, adivinhasse, que uma criança tem sensações, mas nenhum tipo de expressão para elas. E que ele agora quisesse ensinar à criança como exprimir as sensações. Como ele tem de ligar uma ação a uma sensação para que ela se torne sua expressão?

310. Ele pode ensinar à criança: "Veja, é assim que se exprime algo – *isto,* por exemplo, é uma expressão *disto* –; agora exprima sua dor!"?

311. "Entender" não é de maneira alguma usada como um nome de uma sensação.

312. A imagem que causa confusão é esta: a de que observamos uma substância – suas alterações, seus estados, os movimentos; e nisso fazemos o mesmo que alguém que está observando as alterações e os movimentos num forno de fundição. Ao passo que o que nós fazemos é observar e comparar as atitudes e o comportamento de seres humanos.

313. O comportamento de dor primitivo é um comportamento relativo a sensações; ele é substituído por uma expressão linguística. "A palavra

---

[45] Cf. *Investigações Filosóficas* I, §§ 15 e 26 (*Eds.*).

'dor' designa uma sensação" diz tanto quanto isto: "'Estou com dores' é a manifestação de uma sensação".

314. Formas de comportamento podem ser incomparáveis.⁴⁶ E a palavra "comportamento", tal como eu a uso, é particularmente enganadora, pois ela engloba em seu significado também as circunstâncias exteriores – as circunstâncias exteriores do comportamento no sentido mais estrito.

Será que posso falar de um comportamento de raiva, por exemplo, e de um outro de esperança? (É fácil imaginar um orangotango com raiva – mas esperançoso? E por que é assim?) [Cf. PU, p. 174a.]

315.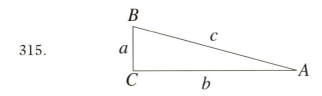

Se alguém me diz "Agora estou vendo *este* ponto como o ápice do triângulo", eu o compreendo. Mas o que faço com essa compreensão? Bem, eu posso, por exemplo, dizer-lhe: "O triângulo agora lhe parece como se estivesse tombado, como se ele normalmente tivesse *a* como sua base? Ou ele agora lhe aparece como uma montanha que tem B como seu cume? Ou como uma cunha? Ou como um 'plano inclinado'? Ou como um cone?".

E você pode perguntar "Ver a figura *deste jeito*, em que consiste isso?" – e formular, por assim dizer, hipóteses sobre o que se passa quando isso acontece. Por exemplo, os movimentos dos olhos ou representações com as quais se suplementa o que é visto – talvez se imagine um corpo deslizando sobre o plano inclinado – etc. Tudo isso *pode* acontecer, mas não é preciso que aconteça; e, se alguém me conta que vê o triângulo como uma cunha, por exemplo, ele *não* me diz como seus olhos se movimentaram etc. – Não; a questão não é *o que aconteceu ali*, e sim: como se pode usar aquela declaração. De que me adianta, por exemplo, a compreensão do que ele me conta?

---

⁴⁶ TS: incomensuráveis.

Uma aplicação seria a seguinte: Pode-se dizer a alguém "Olhe o triângulo como uma cunha; aí você não vai mais se espantar com..." e, em resposta a isso, talvez ele diga: "É, *assim* me parece mais natural". – Eu, portanto, com minha **explicação** o tranquilizei; ou o ajudei a conseguir resolver um exercício mais depressa.

316. Ver a semelhança de um rosto com outro, a analogia de uma forma matemática com uma outra, uma imagem humana nas linhas de um enigma gráfico, uma forma espacial num desenho esquemático, ouvir ou pronunciar o "pas" em "ne... pas" com o significado de "passo" – todos estes fenômenos são de alguma maneira semelhantes, mas, por outro lado, também muito diferentes. (Uma percepção visual, uma percepção auditiva, uma percepção olfativa, uma percepção motora.)

317. Em **todos aqueles** casos, pode-se dizer que se vivencia uma *comparação*. Pois a expressão da vivência é que estamos inclinados a uma comparação. A uma paráfrase.
É uma vivência cuja expressão é uma comparação. Mas por que uma "vivência"? Ora, nossa expressão *é* a expressão de uma vivência. – É porque dizemos "vejo isto como...", "ouço isto como..."? Não; embora esta maneira de se exprimir esteja conectada a isso. Todavia, ela está *justificada*, porque o jogo de linguagem **faz** da expressão a expressão de uma vivência.[47]

318. Uma vivência que se manifesta em uma comparação. – Para que, por exemplo, alguém ouça "je ne sais pas" daquela maneira consciente, é preciso que essa pessoa conheça outras expressões, como "not a thing".[48]
A expressão da vivência por meio da comparação é justamente *a* expressão, a expressão imediata. Mais que isso; é ela o fenômeno que observamos e que nos interessa.

---

[47] TS: porque, no jogo de linguagem, a expressão é usada como a de uma vivência.
[48] Em inglês no original. Esta expressão (cuja tradução literal seria "nem uma coisa"), embora composta, tem exatamente o mesmo uso da palavra "*nothing*" ("nada", em português). Assim, "There is nothing to do" é equivalente a "There is not a thing to do" ("Não há nada a fazer") (N.T.).

319. Se alguém não pudesse ouvir, vivenciar, o "pas" assim, se ele não entendesse o que queremos dizer quando falamos de um "ouvir-assim" – ele também não nos entenderia quando lhe explicamos que, mesmo na negação, "pas" já significou o mesmo que "passo" e se disséssemos que "pas" é análogo à palavra "pouquinho", "bit", "thing"[49] etc.? Mas o que percebe quem percebe [*einsieht*] que o uso da palavra... é *análogo* ao da palavra...?

320. Ora, para que mostro a alguém uma analogia desse tipo? O que espero que resulte disso? Que efeito isso tem? – O que parece é que ela é uma explicação. Ela *é uma* espécie de explicação. Pois é verdade que também se diz: "Isso, agora estou entendendo o uso dessa palavra". No entanto, também se diz: "Eu sei o que você está querendo dizer, só que eu não consigo *ouvir* a palavra assim".

321. "Tal como nós ainda hoje..., essas pessoas tinham..."
Podemos examinar *este* uso à luz *daquele*. Isso pode servir, por exemplo, de princípio heurístico.

322. Mesmo que toda palavra – isto é, o que se gostaria de dizer – possa ter diferentes caracteres em diferentes contextos, ela sempre tem *um* caráter – um rosto. Ela olha para nós. – E realmente poderíamos até mesmo imaginar que cada palavra seja um **pequeno** rosto, que o sinal na escrita pudesse ser um rosto. E poderíamos também imaginar que a sentença inteira fosse uma espécie de retrato de grupo, de maneira que os olhares dos rostos produzissem uma relação entre eles e, assim, o todo formasse um grupo *dotado de sentido*. – Mas em que consiste a experiência de que um grupo é dotado de sentido? E seria necessário, para usar a sentença, que a sentíssemos dessa maneira como dotada de sentido? [Cf. PU, p. 181d.]

323. Será que é mesmo certo que qualquer um que entenda nossa linguagem estaria inclinado a dizer que toda palavra tem um *rosto*? E – o mais importante – essa inclinação é parte de que tendência geral em nós?[50]

---

[49] Em inglês no original.
[50] TS: que tendência geral corresponde, **em nós**, a ter essa inclinação?

324. Primeiramente, está claro que a tendência a considerar a palavra como algo íntimo, dotado de alma, nem sempre está presente ou nem sempre na mesma medida. Mas o contrário de algo dotado de alma é algo maquinal. Aquele que quer representar um robô – como seu comportamento se afasta de nosso comportamento ordinário? Pelo fato, por exemplo, de que nossos movimentos ordinários não podem ser descritos, nem mesmo de maneira aproximada, com a ajuda de conceitos geométricos.

325. Obteríamos, por exemplo, a impressão de um retrato de grupo até de sentenças escritas em estilo telegráfico?

326. O preso tem um número como nome. Ninguém diria desse número o que Goethe diz sobre os nomes de pessoas.

327. Tem-se a ideia de que o sentido da sentença é composto com os significados de suas palavras. (Retrato de grupo.) Como é composto, por exemplo, o sentido de "Até agora, eu ainda não o vi" com os significados das palavras?

328. Até a palavra "estado" tem um rosto; pois a palavra "Estado" tem, de qualquer modo, um *outro* rosto.[51] Ela dá uma outra sensação; portanto, "estado" também tinha de dar algum tipo de sensação. – Mas é *preciso* que "Estado" "dê uma sensação" diferente de "estado"? E se alguém me assegurasse que, para ele, *estas* duas palavras dão exatamente a mesma sensação? Ele diz, por exemplo: Tudo bem que a conjunção e o verbo "como" dão sensações diferentes; mas não "estado" e "Estado". Será que devíamos não acreditar nisso que ele diz?

O que aparecia como uma manifestação bastante natural, que está vinculada à compreensão das palavras, (**isso**) aparece aqui sob a luz

---

[51] O par "estado"-"Estado" traduz o par "habe"-"(die) Habe", empregado por Wittgenstein. "habe" é a conjugação, no presente, da primeira pessoa do singular do verbo *haben* (ter, em português); já *Habe* é um substantivo cujo significado são as posses, os bens de uma pessoa. Ou seja, há entre essas palavras certa afinidade de significados impossível de reproduzir no português mantendo a outra característica do par, a saber, sua constituição por palavras de exatamente mesma grafia, com a única diferença de que uma começa com uma letra minúscula e a outra com uma maiúscula (N.T.).

de uma expressão puramente pessoal de uma sensação. Exatamente tal como se alguém dissesse que, para ele, as vogais *a* e *e* têm a mesma cor. Será que agora posso lhe dizer: "Você não joga nosso jogo"?

329. **Aqui** se está supondo que uma pessoa de percepção mais fina sente as duas palavras "como" de forma diferente em todos os contextos? Não. Apenas esperamos isso quando as pronunciamos à guisa de experimento.[52]

330. Imagine pessoas que fazem contas com numerais "extremamente complicados". Estes se apresentam, porém, como figuras que surgem quando escrevemos nossos numerais uns por cima dos outros. Essas pessoas escrevem, por exemplo, o π até a quinta casa desta forma:

Quem estivesse assistindo a isso acharia difícil adivinhar *o que* elas fazem. E talvez elas mesmas não pudessem explicar. Pois pode ser que esse numeral, se fosse escrito numa notação um pouco diferente, mudasse de aparência (**para nós**) a ponto de ficar irreconhecível. E o que as pessoas fizessem nos pareceria puramente intuitivo. [Cf. Z, 699.]

331. Eis o que estou dizendo: estimamos de forma errada o interesse psicológico pela sensação do "se" se olhamos para ela como o correlato natural do significado da palavra; pelo contrário, ela tem de ser vista num outro contexto, no contexto das circunstâncias especiais em meio às **quais** ela aparece. [Cf. PU, p. 182c.]

332. Diga "Mas, isso, eu não como", e pronuncie a última palavra com a sensação da conjunção! Pratique pronunciar, talvez no curso da fala ordinária, uma palavra que tem dois significados diferentes com a sensação inadequada! (Se isso não está vinculado a uma expressão vocal inadequada, então não prejudica a comunicação.)

---

[52] TS: Apenas esperamos isso quando as pronunciamos, não com seu propósito habitual, mas em um experimento.

333. Agora diga a si mesmo que a conjunção "como" é, na verdade, o mesmo que o verbo tal como saia (substantivo) = saia (verbo) e muda (adjetivo) = muda (verbo), e profira a sentença "É melhor que você faça como ele, senão as coisas vão piorar" com "como" tendo o significado do verbo!

334. Você está certo de que existe *uma* sensação do "se"? Não existem, talvez, várias? Você já tentou proferir a palavra em contextos muito diferentes? (Quando, por exemplo, ela é a palavra pronunciada com mais ênfase numa sentença, e quando a ênfase está na palavra seguinte.) [Cf. PU, p. 181e.]

335. Alguém alguma vez tem a sensação do "se" quando não está proferindo a palavra "se"? Seria certamente notável se apenas *essa* causa devesse provocar a sensação. James alguma vez se perguntou se, e onde, ainda a temos em outra ocasião? – E é assim particularmente com a "atmosfera" de uma palavra: – por que olhamos como algo tão óbvio que apenas *esta* palavra tenha esta atmosfera? [Cf. PU, p. 182d.]

336. A rubrica de Goethe me dá uma impressão goethiana. Nesta medida, ela é como um rosto, pois eu poderia dizer o mesmo do rosto de Goethe.
É como um *reflexo no espelho*. O lugar deste fenômeno é junto *ao*: "eu já estive uma vez nesta mesma situação"?
Ou *"idêntico"* a assinatura com a pessoa quando, por exemplo, adoro olhar para a assinatura da pessoa querida, ou coloco a assinatura da pessoa que admiro, emoldurada, sobre minha escrivaninha? (Simpatias que são feitas com retratos, cabelos etc.)

337. A atmosfera que é *inseparável* da coisa – sendo assim, ela não é uma atmosfera.
Coisas que estão intimamente associadas, que *foram* associadas, parecem **combinar**-se. Mas como parece ser assim? Como se manifesta que elas parecem combinar-se? Seria acaso assim: Nós não conseguimos imaginar que o homem que tinha este nome, esta aparência, que assinava desta forma, não produziu *estas* obras, mas talvez outras bem diferentes (as de um outro grande homem)?

Não conseguimos imaginar isso? Será que tentamos fazê-lo? [Cf. PU, p. 183c.]

338. Poderia ser *assim*: Imagine que um pintor quisesse esboçar um quadro: "Beethoven escrevendo a nona sinfonia". Eu poderia facilmente imaginar o que haveria para ver nesse quadro. Mas, e se alguém quisesse retratar qual teria sido a aparência de Goethe escrevendo a nona sinfonia? Aqui eu não saberia imaginar nada que não fosse **extremamente inadequado** e ridículo. [Cf. PU, p. 183d.]

339. Olhe para um velho móvel, no lugar em que ele sempre esteve em seu quarto! "Ele é parte de um organismo", você gostaria de dizer. Ou: "Tire-o do lugar, e ele já não é mais o que era", e coisas parecidas. E, naturalmente, aqui não se pensa numa dependência *causal* de uma das partes com relação ao resto. Antes, o que se tem é *isto*: eu poderia dar um nome a esta coisa e declarar sobre ela, por exemplo, que ela foi arrastada de seu lugar, que ela tem uma mancha, está empoeirada etc.; se eu quisesse, no entanto, tomá-la *completamente* fora de seu contexto atual, então eu diria que ela deixou de existir e que algo diferente está em seu lugar.

Alguém poderia até mesmo sentir isto: "Tudo está ligado a tudo". (Relação interna e externa.) Tire um pedaço de seu lugar e tudo já não é mais o que era. Esta mesa só é esta mesa nestes arredores. Tudo está ligado a tudo. Temos aqui a atmosfera inseparável. E o que está dizendo quem diz isso? Que tipo de modo de apresentação ele está propondo? – Não é aquele da imagem pintada? – Se, por exemplo, a mesa mudou de lugar, você pinta um novo quadro da mesa *com* seus arredores.

340. "Uma expressão bem definida" – também está ligado a isso o fato de que, se alterarmos o menor detalhe no rosto, a expressão se altera imediatamente.

341. Seu nome parece convir a sua obra. – *Como* ele *parece* convir? Bem, eu me manifesto mais ou menos assim. – Mas isso é tudo? – É como se o nome formasse um todo sólido com estas obras. Se nós o vemos, vem-nos à mente a obra e, se pensamos na obra, vem o nome. Proferimos o nome com reverência.

O nome torna-se um gesto, uma forma arquitetônica.

342. Uma pessoa que não entendesse isso seria alguém que, talvez, iríamos querer designar como "prosaico". E é *isto* o que seria o "cego para significados"?

343. Qualquer outro arranjo nos pareceria incorreto. Por obra de nosso hábito, essas formas tornam-se um paradigma; elas recebem, por assim dizer, a força de leis ("o poder do hábito"?).

344. Alguém que não entende nem consegue aprender a usar as palavras "*ver* o sinal como seta": este é quem chamo de "cego para significados".
Não vai fazer sentido dizer-lhe "Você tem de tentar *ver* isto como seta" e não se vai conseguir ajudá-lo *desta forma*.

345. Mas o que dizer de uma expressão *como esta*: "Enquanto você dizia aquilo, eu entendia em meu coração"? Ao dizer isto, a pessoa ainda aponta para o coração. E será que ela não *quer dizer* nada com esse gesto? É claro que quer. Ou ela está consciente de que está usando *apenas* uma imagem? Certamente não! [Cf. PU, p. 178h.]

346. Quando a criança está aprendendo a falar, em que momento ela desenvolve a "sensação de significado"? As pessoas se interessam por isso quando estão ensinando a criança a falar, quando observam seus progressos na fala?

347. Quando se está observando um animal, por exemplo, um macaco, que investiga um objeto e depois o faz em pedaços, também se pode dizer: "É visível que algo se passa dentro dele". Como isto é notável! Mas não mais notável do que o fato de nós dizermos: o amor, a convicção, está em nossos corações!

348. Então quando e de que maneira o homem começou a manifestar sensações de significado? Em que jogos isso vai aparecer?

349. A inclinação para **pensar** num *corpo de significado* não é semelhante à inclinação para **pensar** num lugar do pensamento? – Toda pessoa *teria* de ter a inclinação para dizer que pensa em sua cabeça? – Essa expressão lhe é ensinada quando criança. ("Fazer contas de cabeça".) Mas, de todo

modo, a *inclinação* se desenvolve disso (ou a expressão surgiu dela). Seja como for – a inclinação passa a estar presente. E dessa forma também a inclinação para falar de um corpo de significado (ou coisa parecida), *seja lá* como ela tenha surgido.

350. Nós também falamos de uma "*sensação*" do pensamento em nossas cabeças? Isto não seria semelhante à "sensação de significado"?
E mais: Quem não tivesse essa sensação não poderia pensar?
É verdade; quem faz filosofia ou psicologia talvez vá dizer: "*Eu* sinto que penso em minha cabeça". O que isto significa, porém, ele não vai conseguir dizer. O que ele não vai conseguir dizer é *que* tipo de sensação é essa; pelo contrário, ele vai simplesmente usar a expressão de que "sente", como se estivesse dizendo "*Eu* sinto esta picada *aqui*". Ele não está consciente, portanto, de que aqui ainda falta investigar o que significa esta ocorrência da expressão "eu sinto", isto é, que consequências estamos autorizados a tirar dessa manifestação. Se, por exemplo, são as mesmas que tiraríamos da manifestação "Eu sinto a picada aqui".

351. Pois também se poderia dizer o seguinte: "*Eu* sinto o aumento dos preços em minha cabeça". E isto é um *absurdo*? Mas a qual seção da psicologia essa sensação pertenceria? Não à das percepções sensíveis – a não ser que alguém dissesse "Quando eu sinto esta dor de cabeça, os preços sempre sobem".

352. Alguém não poderia dizer: "Quando estou pensando, eu **tenho uma sensação do lugar** do pensamento. Posso, por exemplo, pensar o pensamento... ora em minha cabeça ora em meu coração"?[53] – E isso mostraria que um pensamento está em algum lugar? Quero dizer: isso descreveria de forma mais precisa a vivência do pensamento? Não descreveria, antes, uma *nova* vivência?
"Eu gostaria de dizer: 'eu pensei em minha cabeça'".

353. Pode-se obedecer à ordem "Não pense em absolutamente nada!", "make your mind a blank!".[54]

---
[53] TS: "Meu pensamento tem um lugar, pois posso, por exemplo...".
[54] Em inglês no original. Tradução: "esvazie sua mente!".

354. Da mesma forma como aprendemos a locução "em minha cabeça" vinculada ao pensamento, também aprendemos esta: "a palavra tem este ('um') significado" e todas as frases que possuem alguma afinidade com ela. E também a forma de expressão: "estas duas palavras soam quase iguais, mas, fora isso, não têm nada a ver uma com a outra" e muitas outras parecidas. E a vivência do significado segue realmente bem de perto essas maneiras de falar. (Maneiras de falar que, no entanto, também poderiam ter uma forma completamente diferente – o francês "vouloir dire", por exemplo.)

355. Então a vivência do significado é apenas uma quimera? Bem, mesmo que ela seja uma quimera, isso não torna a vivência dessa quimera *menos* interessante.

356. Aliás, chama a atenção o fato de que a palavra "associação" desempenha um papel tão pequeno em minhas considerações. – Creio que esta palavra é usada de maneira extremamente vaga e nebulosa, e para fenômenos bastante díspares.

357. *Muita coisa* pode ser dita sobre uma fina distinção estética – isso é muito importante. Isto é, a primeira manifestação é obviamente um mero "*Esta* palavra serve, *esta* não", ou algo parecido; mas agora ainda pode haver uma discussão de todas as conexões amplamente ramificadas que cada uma dessas palavras faz surgir. O que quer dizer que *não* está tudo resolvido com aquele primeiro juízo; pelo contrário, é do *campo* de cada palavra que isso depende. [Cf. PU, p. 219b.]

358. Por que será que a vivência do significado deve ser importante? Ele diz a palavra, diz que agora a disse com este significado; depois, com aquele. *Eu* digo o mesmo. Evidentemente, isso não tem nada a ver com o uso habitual e importante da expressão "Eu quis dizer *isto* com a palavra". Então o que é digno de nota? Que digamos algo desse tipo? É claro que isso é interessante. Mas o interesse aqui não incide sobre o conceito de "significado" de uma palavra, e sim sobre a série de fenômenos psicológicos semelhantes que, em geral, nada têm a ver com o significado das palavras.

359. Alguém diz, talvez numa aula de alemão, "Falemos sobre a palavra 'Weiche'".[55] Pergunto: "Você está referindo-se ao verbo, ao adjetivo ou ao substantivo?".[56] – Ele: "Refiro-me ao substantivo". – É necessário que ele ou eu tenha tido ali uma vivência do significado? Não. Mas é provável que, durante essa conversa, representações tenham passado por nossas cabeças. Elas desempenhariam um papel parecido com o de um escrevinhar durante a fala. Quem estivesse acostumado a ficar escrevinhando sobre um papel durante uma conversa talvez ora desenhasse uma bifurcação, ora um ovo, ora escrevesse a palavra "Weiche!".

E, se estivéssemos falando de uma bifurcação e ele desenhasse um ovo, isso poderia distraí-lo da conversa; mas, desenhando trilhos, ele ainda estaria por dentro do assunto.

360. Até que ponto se pode comparar o "escrevinhar" com o jogo das representações? – Imagine pessoas que, desde crianças, fizessem desenhos em todas as ocasiões em que diríamos que elas estão imaginando algo. Basta que se coloque um lápis em suas mãos para que elas saiam desenhando com a maior velocidade.

Entretanto, será que o homem ordinário não faz algo bem parecido? Ele, embora não desenhe, "descreve sua representação", isto é, em vez de desenhar, ele *fala*. Ou usa gestos para, por exemplo, representar uma pessoa que ele está imaginando! Será que tenho de supor que ele *vai lendo* essa descrição, esses gestos, em algo? O que corrobora essa hipótese? – Bem, ele *diz* algo como "Eu o vejo diante de mim!" e, em seguida, dá uma representação dele. Mas, se, em vez dessa expressão, eu lhe tivesse ensinado a dizer "Agora eu sei como ele se parece" ou "Agora consigo dizer como ele se parece" ou "Agora vou lhe dizer como ele se parece" – então a imagem perigosa seria **eliminada**. (Tênis sem bola.)

361. Para penetrar nas profundezas, não se precisa ir muito longe; você não precisa nem mesmo abandonar seu ambiente mais próximo e habitual.

---

[55] Cf. supra, § 77.
[56] "Weiche" (ou "weiche"), além de ser a forma imperativa do verbo *weichen* (partir) e uma forma declinada do adjetivo *weich* (mole), é também o nome que se dá para as bifurcações que permitem a passagem de veículos ferroviários de um par de trilhos a outro, sem que a viagem seja interrompida (N.T.).

362. Como encontro a palavra "certa"? Como a escolho em meio às palavras? É, sem dúvida, como se eu as comparasse segundo finas distinções de sabor.[57] *Esta* é muito..., *esta* é muito...; *esta* é a certa.

Todavia, eu não tenho sempre de emitir um juízo, dar uma explicação, sobre por que esta ou aquela palavra não serve. Ela simplesmente ainda não *serve*. Eu continuo procurando, não fico satisfeito. Finalmente, encontro descanso, fico satisfeito. É justamente *assim* que se parece a procura; e é *assim* que se parece o achado. [Cf. PU, p. 218h.]

363. *"Eu desenvolvo o que está dentro dele."* – Como sei que isto estava *dentro* dele? – Não é assim. Tampouco se pode perguntar: "Como sei que eu *realmente* sonhei isso?". – Existe algo dentro dele porque *estou dizendo* que existe. Ou melhor: porque estou inclinado a dizer... – E que tipo de estranha vivência é esta: estar inclinado a dizer...? Não é absolutamente uma vivência.

364. Se, entretanto, eu tivesse morrido antes que pudesse desenvolver tudo isso – neste caso, isso *não* teria estado contido em minha vivência? – Responder "Não" a esta pergunta está errado; responder "Sim" também tem de estar.

"Não" significaria: Se alguém não conta um sonho, é falso dizer que ele o teve. Estaria incorreto dizer: "Não sei se ele sonhou; ele não falou nada sobre isso".

"Sim" significaria: Ele pode muito bem ter sonhado, mesmo que não relate isso. Só que isso não deve ser um enunciado *psicológico*! É portanto um enunciado lógico.

365. "Alguém pode não sonhar e mesmo assim não contar isso a ninguém?" – Certamente: pois ele pode sonhar *e* contar isso a alguém.

366. Lemos numa narrativa que alguém teve um sonho e não o contou a ninguém. Não perguntamos como o autor podia ficar sabendo disso. – Não *entendemos* quando Strachey faz conjecturas sobre o que a Rainha Vitória pode ter visto diante de si logo antes de sua morte?

---

[57] Alternativa: de aroma.

Sem dúvida – mas as pessoas também não *entendiam* a pergunta sobre quantas almas cabem na ponta de uma agulha? Isto é: aqui não nos ajuda perguntar se não se entende isso; temos de perguntar *o que* podemos fazer com tal sentença. – *Que* usamos a sentença, isso está claro; a questão é *como* a usamos.

367. *Que* nós usamos a sentença ainda não nos diz nada, porque reconhecemos a enorme variedade de usos que ela pode ter. Assim, nós vemos o problema no *como*.

368. Mais uma vez: – As pessoas nos contam **uma narrativa** depois que acordam; nesta ocasião, nós lhes ensinamos a expressão "Eu sonhei que..." e agora se segue a narrativa. Eu então às vezes lhes pergunto: "Você sonhou algo hoje à noite?" e recebo às vezes uma resposta afirmativa, às vezes uma negativa, às vezes a narração de um sonho, às vezes resposta nenhuma. Este é o jogo de linguagem. (Supus agora que eu mesmo não sonho. Mas eu também não tenho a sensação de uma presença invisível que outras pessoas têm, e posso questioná-las sobre suas experiências.)

É necessário, neste caso, que eu faça uma suposição sobre se a memória dessas pessoas as enganou ou não? Sobre se elas *realmente* viram essas imagens diante de si durante o sono ou se isso só lhes pareceu assim depois que acordaram? E qual é o sentido desta pergunta? – Que interesse ela tem? Nós alguma vez nos perguntamos isso quando alguém nos narra um sonho, e, se não, isso é porque estamos certos de que sua memória não o terá enganado? (E suponha agora que ele fosse um homem de memória particularmente **bem** fraca!) [Cf. PU, p. 184a.]

369. E isso significa que sempre será um *contrassenso* perguntar se o *sonho* realmente teve lugar durante a noite ou se o sonho é um fenômeno de memória dos que estão acordados? Tudo depende do *que* queremos dizer com a pergunta, isto é, *que* uso fazemos dela. Pois, se fizermos uma imagem do sonho segundo a qual uma imagem passa diante da mente adormecida (tal como ela seria exposta numa pintura, por exemplo), então naturalmente vai fazer sentido fazer essa pergunta. O que se pergunta com ela é isto: É *assim* ou *assim* – e a cada "assim" corresponde uma imagem diferente. [Cf. PU, p. 184b.]

370. (Imagine que alguém perguntasse: A estrutura da água é $O{<}_H^H$ ou H–O–H?
Isso faz sentido? – Se você dá um sentido a isso, faz.)

371. De volta ao jogo de linguagem da narração de sonhos: Um dia, alguém me diz "Não vou contar a ninguém o que sonhei hoje à noite". E isto faz sentido? Por que não? Devo dizer, depois de tudo o que informei sobre a origem do jogo de linguagem, que *não* faz sentido – uma vez que o fenômeno original era justamente a **narração** de sonhos? Absolutamente não!

372. Uma estação ferroviária com todos os seus equipamentos, postes telegráficos e fios telegráficos significa para nós um sistema de tráfego amplamente ramificado. Mas em Marte acha-se essa construção e tudo o mais que a acompanha, até com um pouco de trilhos, e lá isso não significa nada parecido.

373. "Parece que o espírito pode dar significado à palavra" – isto não é como se eu dissesse: "Parece que, no benzeno, os átomos de carbono ficam nos cantos de um hexágono"? Isso, no entanto, não é uma *aparência*; é uma *imagem*. [Cf. PU, p. 184c.]

374. É claro que não estou querendo dar uma *definição* da palavra "sonho"; mas, ainda assim, quero fazer algo parecido com isso: quero descrever o uso da palavra. Minha questão, então, é algo mais ou menos assim: "Se eu chegasse a uma tribo estrangeira cuja língua não conheço e as pessoas tivessem uma expressão correspondente às nossas 'eu sonho', 'ele sonha' etc. – como eu descobriria que é assim? *Como* eu saberia quais expressões da língua deles devo traduzir nestas da nossa?".
Pois descobrir *isso* é bem semelhante a descobrir qual das palavras deles eu devo traduzir em nossa palavra "mesa".
É claro que aqui eu não me pergunto, apontando para algo, "Como eles chamam ISTO?". Embora eu também pudesse perguntar isto e, ao fazê-lo, pudesse apontar para uma representação simbólica do sonho ou para um sonhador.

375. Há também isto a ser dito: não é absolutamente necessário que a criança aprenda o uso da palavra "sonhar" *assim*: ela, num primeiro momento, meramente relata uma ocorrência quando está acordada, e após isso nós lhe ensinamos as palavras "Eu sonhei". E é até mesmo possível que o aprendizado aconteça assim: a criança ouve um adulto dizendo que sonhou e agora ela diz o mesmo de si mesma e narra um sonho. *Não* estou dizendo que a criança *adivinha* o que o adulto quer dizer; basta que ela, um dia, use a palavra, e use-a nas circunstâncias em que nós a usamos.

376. Assim, a questão, na verdade, não é: "Como ele aprende o uso da palavra?" – mas "Como se revela que ele a usa como nós?".

377. "Descende uma treva perpétua."[58] – Pode-se dizer: "Ora, *parece* que ela descende"? Será que temos uma alucinação de algo sombrio etc.? – Então o que torna essas palavras *adequadas*? – "Nós as entendemos." Dizemos, por exemplo: "Sim, eu sei exatamente como é isso" e podemos agora descrever nossos sentimentos e nosso comportamento.

378. "Quando você está falando sobre o sonho, o pensamento, a sensação – não parece que todas essas coisas perdem seu mistério, aquilo que parece ser sua marca característica essencial?" Por que o sonho deve ser mais misterioso do que a mesa? Por que os dois não devem ser igualmente misteriosos?

379. "O fenômeno de ver ▶ como uma seta ou de outro jeito é decerto um fenômeno genuinamente visual; mesmo que ele não seja tão tangível como o de forma e cor." Como ele poderia não ser um fenômeno visual? – Será que quem fala dele (exceto se a pessoa faz filosofia ou psicologia) duvida disso? Não perguntamos sobre ele e contamos dele a outra pessoa tal como fazemos com qualquer outro fenômeno visual? Estou querendo dizer: Será que falamos dele de maneira mais hesitante, desconfiando que o que falamos talvez não tenha um sentido claro? Não, com certeza. Mesmo assim, porém, existem diferenças, que são aquelas que indicamos com a expressão "menos tangível".

---

[58] Goethe: *Faust*, segunda parte, ato V: meia-noite (N.E.).

Só que é assim: Se coloco duas substâncias diante de alguém, eu posso dizer: "Sinta esta aqui! Você também não acha que ela é mais macia ao tato?". E, se ele confirma, digo algo como: "Sim, eu também sinto isso. *Há*, portanto, uma diferença entre elas". (Isto é, não foi apenas minha imaginação.) – Mas é *diferente* quando se trata de fenômenos psicológicos. Se eu digo: "Isto é menos tangível que aquilo" – a saber, enquanto proposição atemporal –, isso não se baseia num consenso entre os juízos *nem* no fato de que todos nós também sentimos isso (quando "*contemplamos*" a vivência).

380. Não ponha o fenômeno na gaveta errada. *Nela* o fenômeno tem um ar fantasmagórico, intangível, desconcertante. Considerado de forma correta, sua "intangibilidade" nos vem tão pouco à consciência quanto a do tempo quando ouvimos: "É hora do almoço". (A intranquilidade causada por uma classificação infeliz.)

381. "Este café está *absolutamente sem* gosto." "Este rosto não tem *absolutamente nenhuma* expressão". – O contrário desta sentença é "O rosto tem uma expressão bem definida" (embora eu não possa dizer que expressão). A uma expressão *forte* imediatamente se poderia ligar, por exemplo, uma história ou a procura por uma história. Quando falamos do sorriso enigmático da Mona Lisa, isso pode muito bem significar que nos estamos perguntando: Em que situação, no interior de que história, alguém poderia sorrir assim? E assim seria concebível que alguém encontrasse uma solução; que ele narrasse uma história e nós disséssemos a nós mesmos: "É verdade, *essa* é a expressão que *esse* caráter teria assumido aqui".

382. Lembrar-se de uma determinada sensação cinestésica – lembrar-se da imagem visual de um movimento. – Faça o mesmo movimento com os polegares direito e esquerdo, e julgue se as sensações cinestésicas são as mesmas! – Você tem uma imagem mnemônica da sensação cinestésica que aparece quando você anda? – Quando você está cansado ou com dores, dores musculares, ou com uma queimação na pele – as sensações que aparecem quando você movimenta um membro são as mesmas que aparecem quando você está em **um outro** estado? Mas então você às vezes está em dúvida sobre se efetivamente levantou a perna agora, já que a sensação é tão diferente? Você realmente sente o movimento nas juntas?

383. Às vezes você ouve alguém dizendo "Imagino seu jeito de forma vívida" ou "sua voz" – mas você alguma vez ouve "Imagino a sensação cinestésica que acompanha este movimento de mãos de forma vívida"? E *por que* não?
Será que imaginamos isso e apenas não dizemos?

384. O que devemos responder caso alguém nos objete: "Quando você guia o movimento da mão de uma pessoa (por exemplo), o que você mostra com isso é uma determinada sensação cinestésica, que ele então reproduz quando repete o movimento ao ouvir a ordem"? E pode-se dizer que ele pode muito bem ser conduzido dessa forma pela imagem visual do movimento – mas não por uma imagem cinestésica?

385. Quão importante *é* o fato de que existe uma maneira de apresentar o movimento visual usando figuras e não existe nada que corresponda a isso para o "movimento cinestésico"?
"Faça um movimento que tenha *esta* aparência!" – "Faça um movimento que produza *este* som!" – "Faça um movimento que produza *esta* sensação cinestésica!" Neste caso, copiar corretamente a sensação cinestésica significaria repetir corretamente o movimento tal como ele *aparecia a nossos olhos*.

386. Imagine um movimento *muito* doloroso, e isso de maneira que a dor sobrepujasse qualquer outra sensação mais fraca no mesmo local. [Cf. PU, p. 186d.]

387. Faça um movimento com os dedos (como o que se faz tocando piano); repita-o, mas de forma mais suave. Você se lembra qual das duas sensações você teve ontem quando fez o primeiro movimento?
Talvez se diga: "Não, ontem este movimento teve uma aparência um pouco diferente"; mas também "O movimento não é bem o mesmo – eu não tive precisamente esta sensação cinestésica"?

388. Pois é claro que temos sensações de movimento e também *podemos* reproduzi-las. Especialmente quando repetimos um movimento nas mesmas circunstâncias, após somente uma pequena pausa. Até localizamos as sensações, mas quase nunca nas articulações, e sim, na maioria das vezes, na pele. (Infle as bochechas! Onde você *faz* isso e onde você sente?)

389. Poderíamos realmente comparar a progressão da análise com o crescimento de uma semente. E, neste caso, dizer "Já estava tudo contido na sensação" ou "Tudo brotava dela como de uma semente", dá no mesmo. Quanto há (de verdade) nisto: que, embora às vezes se reproduza um movimento do braço (por exemplo) com base numa imagem visual, não se faz isso com base numa imagem cinestésica?

390. Nós realmente às vezes dobramos o braço com base numa representação visual? Tudo o que posso dizer é: Se, depois de estar convencido de ter mexido o braço quando não estava olhando para ele, eu não *visse* que ele se mexeu, eu ficaria confuso e provavelmente confiaria em meus *olhos*. A visão, **de todo modo**, pode informar-me se realizei o movimento pretendido de maneira exata, se, por exemplo, cheguei à posição a que eu queria chegar; a *sensação* não podia fazer isso. Tudo bem que eu sinto que me movimento, e posso também usar a sensação para julgar aproximadamente *como* – mas eu simplesmente *sei* que movimento fiz, sem que se pudesse falar de um *dado sensível* do movimento, de uma imagem interna e imediata do movimento. E, se estou dizendo "Eu simplesmente *sei...*", "saber" significa aqui algo como "poder dizer" e não é, por sua vez, uma espécie de retrato [*Abbild*] interno.

391. "Para poder dizer que a sensação me informa onde meu braço está agora de ou até onde o estou movimentando, precisaríamos ter coordenado sensações e movimentos. Teríamos de poder dizer: 'Se tenho a sensação..., então a experiência me diz que meu braço está *ali*'. Ou ainda: Teríamos de possuir um critério de identidade para as sensações, um outro *além* daquele do movimento realizado." Mas esta condição, se é que ela faz algum sentido, é satisfeita no caso da *visão*? Ora, pode-se, por exemplo, representar uma imagem visual por meio de desenhos. Mas dar a alguém ou a si mesmo a sensação que deve ser característica do braço estar dobrado em 30°, sem justamente dobrar o braço, isso não se consegue fazer.
Dobre um pouco o braço! O que você sente? – Uma tensão ou algo parecido aqui e ali, e principalmente o roçar de minha manga. – Faça de novo! A sensação foi a mesma? *Aproximadamente.* Aproximadamente nos mesmos lugares. Você pode dizer que *essa* sensação sempre acompanha esse movimento? Não. E ainda continuo a achar que há algo neste argumento que não se encaixa.

392. Imagine que certos movimentos produzissem notas musicais e se dissesse que reconhecemos até onde movimentamos o braço com base na nota que soa. Certamente isso seria possível. (Tocar uma escala no piano.) Mas que tipo de pressupostos têm de ser atendidos para isso? Não bastaria, por exemplo, que notas acompanhassem os movimentos; nem que frequentemente elas fossem semelhantes para movimentos semelhantes. Também não seria suficiente dizer: a nota *tem* de ter precisamente *uma* qualidade idêntica para movimentos idênticos, já que ela é o único dado sensível com base no qual nós *podemos* reconhecer a amplitude do movimento.

393. Mas será que não existe uma espécie de definição ostensiva privada para sensações de movimento e coisas parecidas? Eu dobro um dedo, por exemplo, e memorizo a sensação. Agora alguém me diz "Vou induzir certas sensações de tal e tal maneira em seu dedo, mas sem que ele se mova; diga-me quando chegar *a* sensação que você tem agora ao dobrar o dedo". Eu não poderia, para meu uso próprio, chamar essa sensação de "S", usar minha memória como critério de identidade e agora dizer "Isso, é a S de novo" etc.?

394. Desse modo, também seria concebível que eu reconhecesse a sensação e que ela ocorresse *sem* ser acompanhada pela convicção de que o movimento aconteceu – sem o sentido de movimento.

395. Eu certamente posso, por exemplo, levantar meu joelho várias vezes seguidas e dizer que tive a mesma sensação em todas elas: Não como se eu tivesse essa sensação *sempre* que levanto o joelho nem como se eu pudesse reconhecer o movimento pela sensação, e sim meramente: Nesta série de movimentos com o joelho, eu tive três vezes a mesma sensação, provocada pelo movimento.

Aqui, naturalmente, ser o mesmo quer dizer a mesma coisa que parecer o mesmo.

396. "Tive três vezes a mesma sensação", isto descreve um processo em meu mundo privado. Mas como o outro sabe o que quero dizer? O que designo como o "mesmo" num caso como esse? Ele confia que eu uso a palavra aqui tal como sempre a uso? Mas o que é nesse caso o uso *análogo*

ao usual? Não, esta dificuldade não é um requinte artificial; ele *realmente* não sabe, e nem pode saber, o que são objetos iguais nesse caso.

397. O exemplo do cilindro motorizado com o motor dentro do cilindro é na verdade ainda muito melhor e mais profundo do que expliquei. Pois, no momento em que alguém colocasse a construção diante de mim, eu veria imediatamente que ela não podia funcionar, uma vez que o cilindro podia ser rolado por fora mesmo que o "motor" não estivesse em atividade; mas *isto aqui* eu não veria: que ela era uma construção rígida e de maneira nenhuma uma máquina. E há aqui uma analogia estreita com o caso da definição ostensiva privada. Pois também ali existe, por assim dizer, um caminho direto e outro indireto para perceber a impossibilidade. [Cf. Z 248.]

398. Eu denominei esta sensação de movimento "S". Para a outra pessoa, ela é agora a sensação que tive no momento desse movimento. Mas e para mim? O "S" significa algo diferente? – Ora, para mim ele significa *esta* sensação. – Mas que sensação é essa? Pois eu apontei para minha sensação um minuto atrás – como posso agora apontar de novo para *ela*?

399. Entretanto, suponha o caso em que alguém fizesse uma série de movimentos com o braço e ao mesmo tempo dissesse: "A sensação que estou tendo na perna agora, eu chamo de 'S_1'" e assim por diante. Mais tarde ele diz, em diferentes ocasiões: "Agora estou tendo S_3". E assim por diante. – Essas manifestações poderiam ser importantes; por exemplo, caso observemos certos correlatos fisiológicos das sensações e dessa forma possamos tirar conclusões de suas manifestações.

400. Se é verdade que não avaliamos o tipo e a amplitude do movimento de um membro pela *sensação* – como se distinguiria de nós uma pessoa para a qual fosse isso que acontecesse? Bem, não há dificuldade em imaginar *isto*: que alguém, quando fizesse diferentes movimentos, tivesse sensações de dor de intensidades ou tipos diferentes. Assim, ele diria algo como isto: "Sinto esta picada quando dobro o braço em cerca de 90°".

401. Imagine alguém que, com uma varinha rabdoscópica e com base na tração que ela exerce, seja capaz de determinar a profundidade

de uma fonte. Ele aprendeu isso *desta forma*: Ele andou por sobre fontes de diferentes profundidades e *memorizou* a tração. (Teria sido possível estabelecer isso com uma balança de mola, por exemplo.) Ele associou a tração à profundidade e agora infere a profundidade da tração. Isso poderia acontecer de maneira que ele mencione a tração – talvez em kg – e depois passe à profundidade, talvez até mesmo usando uma tabela. Mas também pode ser que ele não conheça nenhuma outra medida da tração, exceto a profundidade da fonte. Depois de praticar um pouco, ele pode anunciar a profundidade corretamente. Se exercermos uma tração sobre a varinha, usando pesos, por exemplo, ele vai dizer "Isto puxa como uma fonte de tal e tal profundidade".

402. Mas ainda assim poderia ser que, embora ele fosse capaz de especificar *corretamente* a profundidade da fonte por meio da tração na varinha, ele não fosse capaz de estimar corretamente a tração. Estou pensando em algo assim: Poderia ser que a água puxasse com a mesma força em diferentes profundidades e em diferentes circunstâncias; e esse rabdomante agora diz, por exemplo: "Esta fonte é mais profunda que a anterior, ela puxa com menos força" – e ele está certo: a fonte realmente é mais profunda, mas a tração, medida com a balança de mola, era a mesma, e ele não *a* tinha notado corretamente. – Devo neste caso dizer que ele avalia a profundidade com base na tração?

403. Ele talvez vá dizer: "Esta tração é a de uma fonte a uma profundidade de...", como que estudando a tração – tal como se estima o peso de algo levantando-o com a mão. Mas talvez ele diga "Não consigo avaliar a tração – a água está a uma profundidade de...". Neste (último) caso, não se vai dizer que ele avalia a profundidade com base na tração. (Pelo menos não "conscientemente").

404. Suponha agora que alguém dissesse que avalia até que ponto ele dobrou seu braço com base na força da sensação de pressão no cotovelo. E isso só pode significar: Quando ela alcança certa força, ele reconhece nisso que o braço está dobrado em *tantos* graus. Ou o que mais deve significar? Que ele avalia de quantos graus foi a flexão com base na sensação de pressão?

405. Quero dizer: como alguém sabe que avalia algo com base *nesta* sensação? – Basta para isso que ele dirija sua atenção à sensação enquanto faz a estimativa?

406. Se você diz que para isso é necessário que alguém possa especificar: "Quando a pressão é forte *assim*, meu braço está dobrado em 90°" – então é preciso que se possa especificar o *"assim"* da força. De outra maneira, que se avalie a flexão com base na sensação de pressão significa, no máximo, que *não* se pode avaliar a flexão quando não se sente *nenhuma* sensação de pressão (ou apenas uma excepcionalmente fraca). (Ou seja, quando se está anestesiado, por exemplo.)

407. Há, então, diversos casos. Alguém pode *dizer* que avalia a flexão com base na sensação de pressão ou de dor e que, fazendo isso, ele, por assim dizer, escuta essa sensação; mas de resto ele não consegue especificar de nenhuma maneira o grau da sensação. – Ou pode haver duas especificações independentes: uma do grau da sensação e outra do grau da flexão.

408. "Quando eu sinto a pressão forte *assim*, neste caso..." – Será que isto não faz sentido? Alguém poderia até mesmo dizer que possui toda uma escala de sensações de pressão. Posso muito bem imaginar isso. Só que isso não seria uma escala real, da mesma forma como a imagem de um termômetro não é um termômetro. Embora ela tenha em muitos aspectos uma grande semelhança com um termômetro.

409. Dou as regras de um jogo. Sem desrespeitar em nada essas regras, o outro faz um movimento cuja possibilidade eu não havia previsto e que atrapalha o jogo da maneira como eu queria que ele transcorresse. Agora eu tenho de dizer: "Eu dei regras ruins"; tenho de modificar minhas regras ou talvez complementá-las.
Então eu já tenho de antemão uma imagem do jogo? Em certo sentido, sim!
Seria possível, por exemplo, que eu não previsse que uma equação de segundo grau não precisa ter números reais como solução.
As regras me levam, portanto, a algo sobre o qual eu digo: "Eu não estava esperando por esta imagem; sempre imaginei uma solução *assim*: ...". [Cf. Z 293.]

410. Como seria se alguém dissesse: "Nem todo sistema de regras determina um cálculo". Como exemplo, ele daria a divisão por 0. Imaginemos, pois, uma aritmética na qual essa divisão fosse permitida e na qual, por isso, pudesse ser demonstrado que qualquer número é igual a qualquer outro.

411. Quando as crianças brincam de ferrovia – devo dizer que uma criança imitando a locomotiva é vista por uma outra como uma locomotiva? Ela é *tomada* como locomotiva no jogo.
Imagine que eu tivesse mostrado a forma ⌐⎯⌐ a um adulto e perguntado "O que ela lhe lembra?", e ele tivesse respondido "Uma locomotiva" – isso significa que ele *viu* a forma como uma locomotiva?

Quando alguém diz "Agora eu a vejo como isto, agora como aquilo", eu tomo isso como o típico jogo do "ver algo como algo". Ou seja, quando ele conhece diversos aspectos, e isso *independentemente* de qualquer uso do que é visto.

Logo, aqui está o que eu gostaria de dizer: não considero nenhum uso da imagem como sinal de que ela é *vista* deste jeito ou de outro.

412. Uma criança entenderia o que significa ver a mesa "como mesa"? Ela aprende: "Isto é uma mesa, isto é um banco" etc. e domina completamente um jogo de linguagem sem nenhuma indicação **de que** ali se está lidando com um aspecto.

413. "É verdade, a criança simplesmente não analisa o que faz." – Mais uma vez: não se está falando aqui de uma análise daquilo que acontece. Meramente de uma análise – e esta palavra é muito enganadora – de nossos conceitos. E nossos conceitos são mais complicados que os da criança; e isso na medida em que nossas palavras têm um emprego mais complicado que as delas.

414 "Mas eu o vejo *assim*, mesmo quando não exprimo isso." Isto significaria que o que vejo não se altera quando o exprimo. Se perguntassem: "O corpo tem esse peso apenas enquanto está sendo pesado?"; isto significaria "Seu peso se altera quando o colocamos sobre a balança?". E, naturalmente, isto não é, de maneira alguma, o que gostaríamos de perguntar.

415. É só por meio do fenômeno da mudança de aspecto que o aspecto parece **ser** destacado do **restante do ver**. É como se após a experiência da mudança de aspecto se pudesse dizer: "Então havia um aspecto ali!".

416. Quando se raspa a *cobertura* de uma coisa, pode-se dizer "Então aquilo lá era uma cobertura". Mas quando a cor de um corpo muda, eu posso dizer "Então ele tinha uma *cor*!", como se só agora isso tivesse me chamado a atenção?
Pode-se dizer isto: Só me dei conta de que a coisa tinha uma cor quando a cor se alterou?

417. Não pense que é algo *estranho* você ver uma imagem na parede tridimensionalmente. É – eu gostaria de dizer – tão ordinário quanto parece. (E eu poderia dizer isso de muitas coisas.)

418. Imagine que as coisas em nossos arredores – mesa, livros, cadeiras etc. – mudassem de cor **periódica e bruscamente**; suas formas continuando as mesmas. Poderíamos dizer que só assim ficaríamos conscientes da forma e da cor como constituintes distintos de nossas vivências visuais?

419. Quando comparo flores do campo e de jardim umas com as outras, posso ficar consciente de sua diferença de *caráter*; mas isso não significa que anteriormente eu já havia percebido, além das flores, também seus caracteres ou que eu tenha de já tê-las percebido possuindo um ou outro caráter.

420. Será que eu tenho de saber que vejo com dois olhos? Certamente não. Eu porventura tenho *duas* impressões visuais na visão ordinária, de maneira que noto que minha impressão visual tridimensional se compõe de duas imagens visuais? Certamente não. – Assim sendo, não posso separar a tridimensionalidade da visão.

421. Se pergunto a alguém "Para você, em que direção um 'F' olha? E um 'J'?" e ele responde que, para ele, um F sempre está olhando para a direita e um J para a esquerda – isso naturalmente não significa que ele sempre tem uma sensação da direção ao olhar para um F. Isso se torna

mais claro quando se pergunta *assim*: "Onde você pintaria um olho e um nariz num F?". Mas e se disserem: "Sendo assim, ele olha nessa direção para você apenas enquanto você está pensando ou dizendo isso" – isto não é como se perguntassem: "Você pintaria o nariz do F naquele lugar apenas no momento em que você o está pintando?".

422. Sempre vejo um rosto "*como rosto*"? Tenho livros aqui à minha frente: Vejo-os o tempo todo "*como livros*"? Quero dizer: Vejo-os o tempo todo como livros se não os vejo precisamente como algo diferente? Ou vejo frequentemente, ou habitualmente, apenas cores e formas, sem nenhum aspecto particular? (Obviamente não!) Dizemos a alguém: "Se *isto* é a base, então *isto* é o ápice e *isto* é a altura". Ou ele tem de responder à pergunta: "Qual é a altura do triângulo quando *isto* é a base?". Mas não insistimos que ele *vê* o triângulo assim e assim. – Às vezes bem que se diz "Imagine-o deitado!" (ou algo similar), e também se poderia dizer "Veja-o deitado" e esta observação poderia ajudar; e isso da mesma maneira como uma complementação da figura com linhas que sugerem esse aspecto também poderia ajudar.

423. Posso, por exemplo, dizer: "Vejo a cadeira como *objeto*, como *unidade*?". Da mesma forma como digo que agora estou vendo uma cruz preta sobre fundo branco e agora, porém, uma cruz branca sobre fundo preto?
Se alguém me perguntar "O que está aí diante de você?", é claro que vou responder "Uma cadeira"; vou abordá-la, portanto, como uma unidade. Mas pode-se dizer que eu a *vejo como unidade*?
E posso olhar para a figura em cruz *sem* vê-la *deste ou daquele jeito*?

424. Se pergunto a alguém "O que você está vendo à sua frente?", e ele diz "O que está diante de mim tem *esta* aparência" e agora desenha a figura em cruz – ele *precisa* tê-la visto com um ou outro aspecto? Ele não a viu se ele só consegue descrevê-la desenhando?

425. Uma criança pode comunicar a você que ela vê tridimensionalmente?
E imagine ela dizendo a você "Vejo tudo plano" – o que isto lhe diria? Pois ela poderia ver tudo *plano* e saber por meio de uma intuição que tudo não *é* plano e se comportar de maneira correspondente!

426. Se a criança *toma* esta figura por tal e tal coisa, e eu concluo "Então ela *vê* a figura *assim*" – que tipo de conclusão estou tirando? O que ela me *diz*? Alguém talvez poderia dizer que infiro o tipo de dado sensível ou imagem visual, tal como se a conclusão dissesse: "Logo, a imagem em seu espírito é *assim*"; e agora ela teria de ser, por exemplo, representada plasticamente.

427. Será que é *assim*: "Sempre li o sinal 'Σ' como um sigma; aí alguém me diz que ele também poderia ser um M deitado e agora posso vê-lo também *dessa forma*; – logo, é *por isso* que anteriormente eu sempre o *vi* como um sigma"? O que significaria, portanto, que eu não apenas vi a figura Σ e a li *assim*, mas também que a *vi* como *isso*!

428. "Mas como eu podia saber que eu teria reagido dessa forma se você tivesse me perguntado?" – Como? Não há um como. Todavia, existem indícios de que tenho razão em dizer isso.

429. Quero descrever o que estou vendo e preparo uma transparência para isso. Mas alguém ainda me pergunta *"Isto* está na frente e *isto* atrás?". Então eu descrevo, por meio de palavras ou de um modelo, o que vejo na frente e o que vejo atrás. E agora vem mais uma pergunta: "E você vê *este* ponto como o ápice do triângulo?", pergunta a que também tenho de responder. – Mas eu tenho de ter uma resposta para isso? – Suponha que, embora não seja verdade, a direção do olhar determine o aspecto. E em *um* caso meu olhar está continuamente apontado para o mesmo ponto da figura, num outro ele se movimenta regularmente segundo uma lei simples, e num terceiro ele vagueia aleatoriamente sobre o objeto, indo e voltando. Se nós agora substituirmos a descrição do aspecto por uma da direção do olhar, não seria uma descrição dizer que a direção do olhar é aleatória ou indeterminada? E este poderia até mesmo ser o caso habitual. – Assim, à pergunta "Você via este ponto como o ápice do triângulo?", a resposta pode ser: "Não posso citar nenhum aspecto determinado" ou talvez "De todo modo, não foi *assim* que eu o vi".

430. Por falar nisso, o que a hipótese sobre a importância da direção do olhar faz por nós? – Ela nos fornecia uma imagem de multiplicidade definida.

431. Na verdade, porém, uma teoria desse tipo é a construção de um modelo psicológico de um fenômeno psicológico. E, por conseguinte, a construção de um modelo fisiológico.
A teoria diz, na verdade: "Poderia ser *assim*: ...". E a serventia da teoria é que ela ilustra um conceito.
Só que ela pode ilustrá-lo melhor ou pior; mais ou menos adequadamente. Logo, a teoria é, por assim dizer, uma notação para esse tipo de fenômeno psicológico.

432. Desse modo, se "deixarmos de lado a explicação" – se dissermos que a *explicação* é afinal de contas indiferente para nós –, ainda restará uma estipulação gramatical. Ela diz respeito ao uso da declaração "Agora estou vendo uma determinada expressão facial no quadro".

433. O tema não aponta para nada além de si? É claro que sim! Isso significa, no entanto: – A impressão que ele me dá está conectada a coisas em seus arredores – por exemplo, à existência de nossa linguagem e sua entonação; o que significa, porém: a todo o campo de nossos jogos de linguagem.
Quando digo, por exemplo: É como se aqui uma conclusão estivesse sendo tirada ou como se aqui algo estivesse sendo reforçado, ou como se *isto* fosse uma resposta ao que veio antes – o que minha compreensão pressupõe é a familiaridade com conclusões, reforços, respostas. [Cf. Z 175; *Culture and Value*, p. 51-52.]

434. Um tema tem uma expressão facial tanto quanto um rosto a tem. [*Vermischte Bermerkungen*, 2ª ed., p. 101; C & V, p. 52.]

435. "A repetição é *necessária*." Até que ponto ela é necessária? Ora, cante-o e então você vai ver que só a repetição lhe dá sua **grande** força. – Será que para nós não é como se aqui tivesse de existir um modelo para o tema na realidade, e o tema se aproximasse dele, correspondesse a ele, apenas no momento em que esse trecho fosse repetido? Ou devo dizer a besteira: "Simplesmente soa mais bonito com a repetição"? E é certo que simplesmente não *há* aí nenhum paradigma exterior ao tema. Por outro lado, *há*, sim, um paradigma exterior ao tema: ele é o ritmo de nossa linguagem, de nosso pensar e sentir. E o tema, por sua vez, é uma *nova* parte

de nossa linguagem, ele é incorporado a ela; nós aprendemos um novo *gesto*. [Cf. VB, p. 101-102; C & V, p. 52.]

436. O tema está em interação com a linguagem. [Cf. VB, p. 102; C & V, p. 52.]

437. "Todo um mundo de dor reside nestas palavras." Como ele *pode* residir nelas? – Ele está conectado a elas. As palavras são como a bolota da qual pode crescer um **carvalho**.
Mas onde está consignada a lei segundo a qual o carvalho cresce da bolota? Bem, a imagem é incorporada ao nosso pensamento por meio da experiência. [Cf. VB, p. 102; C & V, p. 52.]

438. "Onde você sente a aflição?" – Na alma. – E, se aqui eu tivesse de especificar um lugar, apontaria para a região do estômago. No caso do amor, eu apontaria para o peito, e, no caso da ocorrência de uma ideia, para a cabeça.

439. "Onde você sente a aflição?" – Na alma. – E o que isso significa? – Que tipo de consequências nós tiramos dessa especificação de lugar? Uma delas é que *não* falamos de um lugar corporal da aflição. Mas nós *mesmo assim* apontamos para nosso corpo, como se a aflição estivesse nele. Isso é porque sentimos um desconforto físico? Não sei qual é a causa. Mas por que devo supor que ela é um desconforto corporal? [Cf. Z 497.]

440. Pense sobre a seguinte pergunta: Pode-se imaginar uma dor, digamos uma do gênero das dores reumáticas, mas *sem* uma localização? Pode-se *representá-la*?
Quando você começa a ponderar sobre isso, você vê quanto você gostaria de transformar o saber do lugar da dor numa marca característica do *que é sentido*, numa marca característica de um dado sensível, do objeto privado que está diante de minha mente. [Cf. Z 498.]

441. Digo que o mundo inteiro parece cinza à pessoa aflita. – Mas nesse caso o que estaria diante de sua alma não seria a aflição, e sim um mundo cinza; como se isso fosse a causa da aflição.

442. Perceber algo como uma diferença de cor – e por outro lado como uma sombra, a cor permanecendo a mesma. Pergunto "Você percebeu a cor da mesa que está à sua frente e para a qual você está olhando o tempo todo?". Ele diz "Sim". Mas ele teria descrito a mesa como "marrom", sem ter notado que seu tampo lustroso reflete a cortina verde. – Então ele não teve a impressão visual verde?

"A parede diante de você é uniformemente amarela?" – "Sim." Mas ela está parcialmente na sombra e parece quase cinza.

O que via quem estava olhando para a parede? Devo dizer: uma superfície uniformemente amarela, que recebe, entretanto, uma sombra irregular? Ou: manchas amarelas e cinzas?

443. É um fato notável que nós quase nunca estejamos conscientes da indistinção da periferia de nosso campo visual. Quando as pessoas falam do campo visual, por exemplo, elas na maioria das vezes *não* pensam nisso; e, quando se fala de uma representação da impressão visual por meio de um quadro, não se vê nenhuma dificuldade nisso. Isso é *muito* importante.

444. "O que percebo é *isto*" – e aí se segue uma forma de *descrição*. Também seria possível explicar isso desta maneira: Imaginemos uma transmissão direta da vivência! – Mas qual é agora nosso critério para checar se a vivência foi realmente transmitida? "Ora, ele simplesmente tem o mesmo que eu." – Mas como *ele* o *"tem"*? [Cf. Z 433.]

445. Pense na multiplicidade de experimentos na física. Medimos, por exemplo, a temperatura; mas *esse* experimento só é uma medição de temperatura no interior de uma determinada técnica geral. – Logo, se o que nos interessava era a multiplicidade de medições (na física), e penso aqui em tipos de medição, então nos interessava a multiplicidade de métodos, de conceitos.

446. Como você pode *examinar* a aflição? *Estando* aflito? Não deixando que nada o distraia de sua aflição? Então você observa o sentimento o *tendo*? E, caso você afaste toda distração – nesse momento você observa justamente *este* estado? Ou aquele outro em que você estava *antes* da observação? Então você observa sua observação?

447. Imagine que alguém perguntasse "Que tipo de coisas são medidas na física?". Aí poderíamos enumerar: comprimentos, tempos, intensidades de luz, pesos etc.

Mas não se poderia dizer: Você aprenderia mais se perguntasse "Como é medido?" em vez de "O que é medido?".

Se fazemos *isto*, medimos *assim*, medimos a temperatura – se fazemos *aquilo*, medimos *daquele jeito*: a intensidade de uma corrente.

448. Mas a aflição não consiste em toda espécie de sentimentos? Ela não é um conglomerado de sentimentos? Poderíamos então dizer que ela consiste nos sentimentos A, B, C etc. – tal como o granito consiste em feldspato, mica e quartzo? – Então digo que está aflito aquele que tem os sentimentos...? E como sei que ele os tem? Ele nos informa deles?

449. Só que a aflição é uma vivência mental. Diz-se que se vivencia a aflição, a alegria, o desapontamento. E desse modo essas vivências parecem realmente compostas e distribuídas por todo o corpo.

O profundo suspiro de alegria, a risada, o júbilo, os pensamentos de felicidade – a alegria não é a vivência de tudo isso? Então eu sei que ele está alegre porque ele me conta que sente sua risada, que sente e ouve seu júbilo etc. – ou porque ele ri e se jubila? *Eu* digo "Estou feliz" porque estou sentido tudo isso?

450. As palavras "Estou feliz" são um comportamento de alegria.

451. E como acontece de eu ter – como James diz – uma sensação de alegria, quando meramente faço uma cara alegre; uma sensação de luto, quando faço uma cara de luto? Logo, de eu poder provocar essas sensações ao imitar sua expressão exterior? Isto mostra que as sensações musculares são o luto ou uma parte dele?

452. Imagine que alguém dissesse: "Levante o braço e você vai sentir que está levantando o braço". Esta é uma proposição empírica? E será que é quando dizem "Faça uma cara triste e você vai sentir-se triste"?

Ou isso deveria significar: "Sinta que você está fazendo uma cara triste e você vai sentir a tristeza"? E isto é um pleonasmo?

453. Imagine que eu diga: "Sim, é verdade: quando eu faço uma cara mais amigável, sinto-me melhor na hora". – Isso é porque as sensações na face são mais agradáveis? Ou porque fazer essa cara tem consequências? (diz-se: "Levante a cabeça!")

454. Diz-se: "Sinto-me muito melhor agora: a sensação nos músculos da face e ao redor dos cantos da boca é boa"? E por que isso soa ridículo, salvo, talvez, se antes se estivesse com dores nessas partes?

455. Compara-se da mesma maneira minha sensação nos cantos da boca e a dele – e meu estado de ânimo e o dele?
Como comparo, por exemplo, minhas sensações de pressão com as dele? Como *aprendo* a compará-las? Como comparo nossas sensações cinestésicas, como as coloco em relação umas com as outras? E como comparo os sentimentos de tristeza, de alegria etc.?

456. Admitindo – embora isso seja extremamente duvidoso – que a sensação muscular do sorriso seja um constituinte da sensação de felicidade – onde estão, entretanto, os componentes restantes? – Ora, no peito, na barriga etc.! – Mas você realmente os sente ou apenas infere que eles *têm* de estar lá? Você realmente está consciente dessas sensações localizadas? E, se não está, por que, então, elas devem estar lá? Por que você deve estar referindo-se a *elas* quando diz que se sente feliz?

457. O que só poderia ser estabelecido por meio de um ato de *olhar* não é de maneira alguma aquilo a que você quis referir-se.
Pois "tristeza", "alegria" etc. simplesmente *não* são usadas dessa forma.

458. Por que soa estranho: "Ele sentiu uma profunda aflição por um segundo"? Por que isso ocorre tão raramente? Mas e se imaginássemos pessoas que tivessem essa vivência frequentemente? Ou pessoas tais que, frequentemente e durante horas, sentissem alternadamente segundos de forte aflição e segundos de felicidade interior? [Cf. PU, p. 174c.]

459. "Você não está sentido *agora* a aflição..." – isto é como se perguntassem: "Você não está jogando xadrez *agora*?". Na verdade, porém, a pergunta era pessoal e temporal, não filosófica. [Cf. PU, p. 174d.]

460. "'Eu espero...' – a descrição de meu estado mental": Isto soa como se eu olhasse para minha mente e a descrevesse (como a gente descreve uma paisagem). Se eu agora digo: "Sempre fico esperando ele ainda vir a mim" – isto é um comportamento de esperança? Não é tão pouco um comportamento de esperança quanto as palavras: "Naquela época, eu esperava que ele viesse"? – Não devo então dizer que há dois tipos de presente do "esperar"? Um deles é como que uma exclamação, o outro um relato?

461. Mas se agora digo a alguém "Espero de verdade que ele venha a nossa reunião" – ele me pergunta: "O que foi isso: um relato ou uma exclamação?". Ele não me entende, se não sabe isso? E, no entanto, uma coisa é dizer "Espero que ele venha", e uma outra dizer: "Não perco a esperança de que ele virá".
Ou pense nesta expressão: "Eu espero e rezo para que ele possa vir".

462. "Espero que ele venha" – poderíamos dizer – tem às vezes o mesmo significado da exclamação "Ele virá!", quando pronunciada em tom esperançoso. Mas não é preciso que haja um perfeito desta exclamação. Não se poderia imaginar uma linguagem na qual, embora haja um equivalente dessa exclamação de esperança, não há equivalentes das formas restantes do verbo? Na qual as pessoas citam a si mesmas quando querem falar das esperanças passadas, dizendo algo como: "Eu disse 'Ele certamente virá!'".

463. Poderíamos dizer: *A* declaração diz algo sobre o estado de espírito, algo de que posso inferir o estado de espírito. (Isto soa mais bobo do que é.) Se é *assim*, então a expressão de desejo "Dê-me essa maçã!" diz algo sobre meu estado de espírito. E esta sentença é, portanto, uma descrição desse estado? Não se vai querer dizer isso. ("Off with his head!")[59]

464. O brado "Socorro!" é uma descrição de meu estado de espírito? E ele *não* é a expressão de um desejo? Ele não é isso tanto quanto qualquer outro brado?

---

[59] Em inglês no original. Tradução: "cortem sua cabeça!".

465. Digo a mim mesmo: "Eu espero e não me canso de esperar, embora..." – e ao dizê-lo como que balanço a cabeça para mim mesmo. Isto significa algo bem diferente do simples "Eu espero...!" (A diferença no inglês entre "I am hoping" e "I hope".)

466. E o que observa aquele que observa sua própria esperança? O que ele *relataria*? Diversas coisas. "Diariamente eu esperava... Eu imaginava... Todo dia eu dizia a mim mesmo... Eu suspirava... Todo dia eu pegava esse caminho, na esperança."

467. A palavra "observar" está mal empregada aqui. Eu tento lembrar-me disso e daquilo.

468. Quem se lembra de sua esperança de resto não se lembra por isso de um comportamento, tampouco necessariamente de pensamentos. Ele diz – ele sabe – que naquele momento ele esperou.

469. A sentença "Desejo tomar vinho" tem aproximadamente o mesmo sentido de "Vinho aqui!". Ninguém vai chamar *isto* de uma descrição; mas posso extrair disso que quem a diz está com vontade de tomar vinho, que ele pode a qualquer momento chegar às vias de fato se lhe recusarem seu desejo – e vai-se chamar isto de uma inferência sobre seu estado mental.

470. "Eu creio..." é uma descrição de meu estado mental? – Bem, o que *é* uma tal descrição? Algo como: "Estou triste", "Estou de bom humor", talvez "Estou com dores".

471. Seria desastroso tomar o paradoxo de Moore por algo que só pode ocorrer na esfera mental.

472. Quero dizer em primeiro lugar que, da mesma maneira como se exprime o desejo de obter vinho com as palavras "Vinho aqui!", com a afirmação "Vai chover", exprime-se uma crença nisso. Também se poderia dizer o seguinte: "Eu creio que p" significa aproximadamente o mesmo que "p"; e o fato de que o verbo "creio" e o pronome "eu" estão presentes na primeira sentença não nos deve confundir. Donde o que

vemos claramente é que a gramática de "Eu creio" é muito diferente da de "Eu escrevo".

Mas, quando digo isso, não estou dizendo que aqui também não possam existir grandes semelhanças; e não estou dizendo de que *espécie* são as diferenças. (Unidade real e imaginária.)

Pois leve em conta que se trata de semelhanças e diferenças entre conceitos, não entre fenômenos.

473. Pode-se dizer esta coisa estranha: "Creio que vai chover" significa algo semelhante a "Vai chover", mas "Naquela hora, eu acreditava que ia chover" não significa algo semelhante a "Choveu naquela hora".

Mas e o que significa dizer que a primeira sentença tem aproximadamente o mesmo sentido que a segunda? Significa que ambas produziriam os mesmos pensamentos em meu espírito? A mesma *sensação*? [Cf. PU, p. 190d.]

474. "Quero pensar *assim*, e não *assim*." E, estranho como isso possa soar, "*assim*" e "*isto*" não estão nitidamente separadas uma da outra.

475. A maneira como você utiliza a palavra "Deus" não mostra a *quem* você quer referir-se, e sim o que você quer dizer. [VB, p. 99; C & V, p. 50.]

476. "Mas mesmo assim é preciso que 'Eu acreditava' queira dizer, no passado, justamente *aquilo* que 'Eu acredito' quer dizer no presente!". É preciso que $\sqrt{-1}$ signifique para -1 justamente aquilo que $\sqrt{1}$ significa para 1! Isso não quer dizer absolutamente nada. [Cf. PU, p. 190d.]

477. O que significa: "Eu creio que p" diz aproximadamente o mesmo que "p"? Se alguém diz a primeira e a segunda sentenças, reagimos mais ou menos da mesma forma; se eu dissesse a primeira sentença e alguém não entendesse as palavras "eu creio", eu repetiria a sentença na segunda forma e assim por diante. Assim como eu também explicaria "Eu desejo que você vá para lá" com "Vá para lá!".

478. Pode-se enunciar o paradoxo de Moore *deste modo*: "Eu creio que p" diz aproximadamente o mesmo que "|–p"; mas "Supondo que eu creia que p..." não diz aproximadamente o mesmo que "Supondo que p...".

Pode-se entender a suposição de que eu desejo algo antes de entender a manifestação do desejo? – A criança aprende primeiramente a manifestar o desejo, e só mais tarde a supor que ela deseja tal e tal coisa.

479. "Supondo que eu esteja com dores..." – isto não é uma manifestação de dor, e logo não é um comportamento de dor.
A criança que aprende a palavra "dor" como uma exclamação, que depois disso começa a contar de uma dor passada – ela pode um belo dia relatar "Quando estou com dores, o médico vem". O significado da palavra "dor" mudou nesse processo de aprendizado? O emprego da palavra mudou; mas é necessário que se tome muito cuidado para não interpretar essa mudança como uma mudança do objeto que corresponde à palavra.

480. Imagine o "Eu creio..." representado por uma pintura. Como eu poderia imaginar isso? O quadro talvez me mostrasse com uma ou outra imagem em minha cabeça. Pouco importa que simbolismo ela empregue. A imagem *daquilo* em que creio, por exemplo, que chove – vai ocorrer nela. Minha mente vai talvez agarrar, segurar, a imagem e coisas parecidas. – E suponhamos agora que esse quadro fosse usado como a afirmação "Chove". Bem, ainda não há nada de estranho nisso. Devo dizer que agora há muito que é *supérfluo* no quadro? Eu não gostaria de dizer isso.

481. "Para ser mais preciso, com essas palavras eu descrevo meu próprio estado de espírito – mas aqui essa descrição é indiretamente uma afirmação do próprio estado de coisas em que se crê." – Da mesma forma como em certas circunstâncias eu descrevo uma fotografia a fim de assim descrever aquilo de que a fotografia é um registro. [Cf. PU, p. 190e.]

482. Mas, se essa analogia fosse pertinente, eu ainda teria de poder dizer que essa fotografia (a impressão em meu espírito) é confiável. Ou seja, eu teria de poder dizer: "Creio que chove e minha crença é confiável, logo eu confio nela". Assim como se minha crença fosse uma espécie de impressão sensível. [Cf. PU, p. 190e.]

483. Você diz algo como isto: "Eu creio nisso, e, já que sou digno de confiança, é assim mesmo que será"? Isto seria como se dissessem: "Eu creio – logo eu creio".

484. Da mesma maneira como se pode, por meio da mesma atividade, ora medir o comprimento da mesa, ora conferir a régua, ora testar a exatidão do medidor em suas medições, uma afirmação pode servir-me para me informar sobre seu conteúdo, ou sobre o caráter ou o estado mental de quem afirma.

485. Poderíamos muito bem dizer: "Ele vem, mas ainda não consigo acreditar!" – "Ele vem! Não consigo acreditar!".

486. Imagine um rapaz que anuncia os trens numa estação anunciando um trem de acordo com o horário previsto, mas – talvez sem razão – convencido de que ele não vai chegar. Ele poderia anunciar: "O trem número... vai chegar às... horas. Pessoalmente, eu não acredito".

487. Como seria se um soldado produzisse informes militares que estivessem justificados com base em observações, mas acrescentasse que crê que eles estão incorretos? – Não nos perguntemos o que se pode estar passando no espírito de quem fala isso, e sim se outros podem fazer algo com esses informes e o quê.

488. O informe é um jogo de linguagem com essas palavras. Causaria confusão se disséssemos: As palavras do informe, a sentença comunicada tem um determinado sentido, e fazer o informe, a "afirmação", acrescenta-lhe ainda um outro. Como se a sentença emitida por um gramofone dissesse respeito à lógica pura, como se aqui ela tivesse o sentido puramente lógico, como se aqui tivéssemos diante de nós o objeto com que os lógicos se preocupam e examinam – ao passo que a sentença afirmada, comunicada, é a coisa *em circulação*. Assim como se pode dizer: O botânico examina a rosa *como planta*, não como o ornamento de um vestido ou de um quarto, ou como um delicado mimo. A sentença, quero dizer, não faz sentido fora do jogo de linguagem. Isto está conectado ao fato de ela não ser um tipo de *nome*. De maneira que se poderia dizer: "'Eu creio...' – isto é *assim*" apontando (como que em si mesmo) para aquilo que dá à sentença seu significado.

489. É uma tautologia dar o informe: "A cavalaria vai chegar num instante; e acredito nisso"?

490. O paradoxo é este: Pode-se exprimir a *suposição* desta maneira: "Supondo que *isto* se passava dentro de mim e *isto*, fora de mim". Mas a *afirmação* de que *isto* está passando-se *dentro* de mim afirma: está passando-se isto fora de mim. Na *suposição*, as duas sentenças sobre o interior e o exterior são completamente independentes, mas não na afirmação.

491. E isso reside na essência do conceito "acreditar"? Certamente.

492. Imagine que alguém dissesse: "Eu desejo – mas não quero que meu desejo seja satisfeito". – (Lessing: "Se Deus segurasse em sua mão direita...").[60] Então, pode-se suplicar a Deus que ele conceda o desejo e *não* o realize?

493. Desse modo, fica parecendo como se a afirmação "Eu creio..." não fosse a afirmação daquilo que a suposição "eu creio" supõe! [Cf. PU, p. 190c.]

494. Não veja como uma obviedade, mas como algo digno de muita atenção, que os verbos "crer", "esperar", "desejar", "pretender" e assim por diante exibam todas as formas gramaticais que também os verbos "comer", "falar", "cortar" possuem. [Cf. PU, p. 190h.]

495. Imagine que eu fosse o ser híbrido que pudesse proferir: "Não acredito que está chovendo; e está chovendo". – Mas para que servem estas palavras? Que emprego imagino sendo feito delas?
"Ele vem. Pessoalmente, eu não acredito, mas não deixe isso o abalar." – "Ele vem, pode confiar. *Eu* não acredito, mas não deixe isso o abalar." Isto soa como se duas pessoas falassem por minha boca; ou como se uma instância em mim comunicasse ao outro que ele vem, e essa instância desejasse que o outro agisse de maneira apropriada – enquanto que uma outra instância em certo sentido anuncia minha própria atitude. É como

---

[60] "Se Deus segurasse em sua mão direita toda a verdade e em sua mão esquerda o único impulso para a verdade que nunca cessa, mesmo que ele me levasse a me enganar perpetuamente e me falasse: 'Escolha!', eu me prostraria humildemente diante de sua mão esquerda e diria: 'Dá-me, Pai! Pois a pura verdade é apenas e tão somente para ti!'."

se dissessem: "Eu sei que esta maneira de agir está errada, mas sei que é assim que vou agir".

"Ele vem, mas eu não acredito" pode então ocorrer num jogo de linguagem. Ou melhor: Pode-se formular em pensamento um jogo de linguagem no qual essas palavras não nos pareceriam absurdas.

496. Em vez de indicar a tensão por meio de um mostrador com um ponteiro, um voltímetro poderia *proferi*-la com a ajuda de um disco de gramofone. Quando apertamos um botão (fazemos uma pergunta), o instrumento diz algo como "A tensão chega a...". Poderia também fazer sentido fazer o voltímetro dizer: "Eu creio que a tensão chega a..."? – Pode-se até imaginar um caso como este.

Devo agora dizer que o instrumento declara algo sobre si mesmo – ou sobre a tensão? Devo dizer que o instrumento *sempre* declara algo sobre si mesmo? E se, por exemplo, depois de repetir uma medição, ele der uma leitura mais alta da tensão: devo dizer que ele *acreditou* que a tensão estava em...?

497. Ou coloquemos assim: Devo dizer que um voltímetro indica algo sobre si mesmo ou a tensão? Não posso dizer as duas coisas? Isto é, cada uma em diferentes circunstâncias?

498. "Socorro!" e "Preciso de socorro" têm sentidos diferentes? Considerá-las como equivalentes em significado é apenas uma crueza de nossa apreensão? Sempre significa algo dizer: "Para ser mais preciso, o que eu queria dizer não era 'Socorro!', mas 'Desejo socorro'".

Aqui, o pior inimigo de nosso entendimento é a ideia, a imagem, de um "sentido", em nosso espírito, daquilo que falamos.

499. A afirmação "Ele virá" não faz alusão a quem afirma. Mas tampouco faz às palavras da afirmação, ao passo que "'Ele virá' é uma sentença verdadeira" alude às palavras e tem o mesmo sentido da sentença que não faz isso.

500. Poderíamos falar do sentido das palavras "que ele virá"? Pois estas palavras são precisamente a "suposição" fregeana. Ora, eu não poderia explicar a alguém o que essa expressão verbal significa? É claro que sim, desde que eu lhe explique ou mostre como ela é usada.

501. A dificuldade torna-se intransponível se você pensa que a sentença "Eu creio..." declara algo sobre o estado de minha mente. Se fosse assim, teríamos de poder reproduzir o paradoxo de Moore quando alguém, em vez de declarar algo sobre o estado da própria mente, declarasse algo sobre, por exemplo, o estado do cérebro. Mas o ponto é justamente que nenhuma afirmação sobre o estado de meu cérebro (ou seja lá de quem for) equivale à afirmação em que acredito – "Ele virá", por exemplo.

502. Mas, apesar disso, tomemos agora a afirmação "Ele crê que p" como uma declaração sobre seu *estado*, do qual, em todo caso, resulta a maneira como ele vai portar-se em dadas circunstâncias! Será que não há **uma primeira pessoa do presente** para uma declaração como essa? Ou seja, será que eu não posso declarar de mim mesmo que estou agora num estado em que são prováveis tais e tais reações, linguísticas e de outra espécie? De todo modo, é algo semelhante a isso que acontece quando digo "Estou muito irritadiço neste momento". De maneira similar, eu também poderia dizer "Neste momento, ando acreditando em qualquer notícia ruim com muita facilidade".

503. Uma sentença que declara que agora estou – ou que meu cérebro está – num estado tal que, à pergunta "Ele virá?", eu respondo com um "Sim" e ainda **exibo** tais e tais outras reações – esta sentença equivaleria à afirmação "Ele virá"?
Alguém poderia perguntar aqui: "Então como você imagina que fiquei sabendo desse meu estado? – Por meio da experiência, talvez? Portanto, eu quero predizer, com base na experiência, que neste momento vou sempre responder *assim* a uma pergunta como essa etc.?".
Se é assim e nesse sentido eu faço a declaração "eu acredito que ele virá", acrescentando "e ele não virá", então isto só é uma contradição na mesma medida em que algo como isto também é: "Não consigo pronunciar nenhuma palavra de quatro sílabas"; ou isto: "Não consigo dizer uma única sentença em português".
Se esta última sentença é uma espécie de contradição, esta suposição, no entanto, não é: "Supondo que eu não conseguisse dizer uma única sentença em português".

504. Que ele creia em tal e tal coisa é algo que se mostra para nós com a observação de sua pessoa, mas ele não faz a declaração "Eu creio..." com base numa auto-observação. É *por isso* que "Eu creio que p" pode ser

equivalente à afirmação de "p". E também por isso a pergunta "É assim?" à sentença "Eu gostaria de saber se é assim".

505. "Este rosto tem um caráter bem definido –" quer dizer na verdade: *muita coisa* poderia ser dita sobre ele. – Quando se diz isso? O que justifica alguém a fazê-lo? É uma experiência determinada? Já se sabe o que se vai dizer? Já se disse isso em silêncio para si mesmo? A situação não é parecida com esta: "Agora eu sei como continuar!"?

506. Todos nós conhecemos o processo da mudança instantânea de aspecto – mas e se alguém perguntasse: "A tem o aspecto *a* continuamente diante dos olhos – isto é, caso não tenha ocorrido nenhuma mudança de aspecto?". O *aspecto* não pode, por assim dizer, ficar *mais fresco* ou *mais indefinido*?[61] – Como é estranho que eu *pergunte* isso!

507. Há algo como uma chama vacilante do aspecto. Assim como se pode tocar algo com uma expressão mais intensa e com uma menos intensa, com uma ênfase mais forte no ritmo e na estrutura ou com uma menos forte.

508. Ver, ouvir *isto* como uma variante *disto*. Assim, há o momento em que *penso* em B quando estou olhando para A, em que este ver é, por assim dizer, agudo, e em seguida o tempo em que ele é crônico.

509. *Não* explicar o fenômeno psicológico,[62] mas *aceitá-lo*, isto que é difícil.

510. "F" como uma variação de diferentes figuras.
Se imagino que o paradigma, do qual vejo o objeto como variante, está de alguma maneira presente em meu espírito enquanto vejo, então ele poderia (ainda) estar presente ora de maneira mais nítida, ora menos nítida, e ele também poderia desaparecer por completo.

---

[61] TS: mais deteriorado.
[62] TS: mental.

511. Imagine duas pessoas: uma delas aprendeu o "F" desta forma em sua juventude: ⊣ – a outra, como nós: F. Se agora estas duas pessoas lêem a palavra "figura" – tenho eu de dizer, tenho alguma razão para dizer, que cada uma vê o "F" de um jeito diferente? Obviamente, não. E mesmo assim não poderia acontecer de uma delas, ao ouvir como a outra aprendeu a ler e escrever essa letra, dizer: "Eu nunca tinha olhado para ela *desse jeito*, mas sempre *deste*"?

E além disso podem surgir situações em que vou explicar o que uma dessas pessoas faz ou diz *desta maneira*: "É que ela considera essa letra como variante de...".

512. *O que* é certo é que se pode dizer isto: "Eu até hoje nunca vi isto desse jeito". Aqui o "nunca" é incontestável. – Mas se você diz "*Sempre* vi isto deste jeito", este "sempre" não é igualmente certo. E naturalmente não há absolutamente nada de notável nisso se, ao invés de "vi", dissermos "tomei".

513. Imagine que você soubesse que o sinal 𝖥 é uma combinação de um 𝖳 com um ⌐. – Isto lembra o fenômeno no sonho que, numa narração de sonhos, é descrito com estas palavras: "E eu sabia que...". E também tem alguma semelhança com o que chamamos de "alucinação".

514. É como se um paradigma, um padrão, estivesse presente em meu espírito quando vejo o sinal. Mas que tipo de padrão? Qual é sua aparência? De todo modo, não é a do próprio sinal! – Então é a aparência do sinal visto *assim*? – Mas visto *como*? Como devo registrar o aspecto? E como será que o registramos, como nos entendemos sobre ele? Digo algo assim: "Tal como o vejo, o sinal olha para a direita". Eu poderia até mesmo falar de um tipo de centro de gravidade visual – poderia dizer: O centro de gravidade do sinal F encontra-se *aqui*. Posso explicar o que quero dizer com isto? Não. – Mas posso comparar esta minha reação com as reações dos outros.

515. Estou sempre consciente de que as margens de meu campo visual são borradas? Devo dizer: "Quase nunca" ou "Nunca"?

516. Num outro espaço de pensamento – gostaríamos de dizer –, a coisa tem outra aparência.

517. Na música, poderíamos imaginar uma variação sobre um tema que, talvez fraseada de maneira um pouco diferente, pudesse ser tomada como um tipo bem diferente de variação do tema. (Existem ambiguidades como esta no ritmo.) Na verdade, aquilo a que quero referir-me é provavelmente encontrado, em especial, sempre que uma repetição faz o tema aparecer sob uma luz inteiramente diferente.

518. Não há aspecto que não seja (também) uma apreensão.

519. Suponha que alguém me dissesse: "Algo se alterou na *figura* agora – não consigo exprimir isso de outra maneira –, embora a forma seja a mesma de antes. Posso apenas dizer: antes, ela era uma espécie de F, agora ela é uma espécie de ⊣". Se ele dissesse *isto*, eu não poderia ficar desconfiado e duvidar de que ele sempre tenha *visto*, ininterruptamente, a figura desse modo e não apenas nunca a tivesse apreendido de outra maneira?

520. Imagine que a criança, quando tivesse aprendido a letra "R", dissesse-nos: "Eu sempre a vejo como um 'R'". O que isto nos poderia comunicar? – Pois, mesmo que ela nos dissesse "Eu sempre a vejo como um 'P' com um apoio inclinado", isto apenas nos diria: é assim que a criança a apreende, é assim que ela explica a letra para si mesma, e coisas similares. Apenas no momento em que ela falasse de uma mudança de aspecto é que diríamos: é aquele fenômeno...

521. Se alguém diz "Sempre vejo isto *assim*", ele precisa especificar esse "*assim*". Suponha que ele fizesse isto percorrendo as linhas da figura numa determinada sequência ou num determinado ritmo. Isto seria *semelhante* a ele nos dizer: "Eu sempre percorro a figura com os olhos *desta forma*". Naturalmente, *poderia* ser que ali sua memória o enganasse.

522. Se ele diz "Estou vendo (agora) a figura *assim*" e a percorre de uma determinada maneira – isto não precisaria ser mais como uma descrição do que, por assim dizer, esse próprio ver. Mas se ele diz "Eu sempre a *vi* assim", isto significa que ele nunca a viu de *outro* modo, e aqui ele pode estar-se enganando.

523. Não, o paradigma não está constantemente em minha mente – mas, quando descrevo a mudança de aspecto, faço isso com a ajuda dos paradigmas.

524. "Sempre vi isto *assim*" – o que se quer dizer propriamente com isso é: "Sempre apreendi isto *assim*, e *esta* mudança de aspecto nunca aconteceu".

525. "Nunca vi isto *assim*, mas sempre *assim*." Só que isto, *tão somente*, ainda não é uma sentença. Ainda lhe falta um campo.

526. "Sempre vi isto com *esta* cara." Mas você ainda precisa dizer com *qual*. E tão logo você **acrescente isto**, já não é mais como se você *sempre* tivesse feito aquilo.
"Sempre vi estas letras com uma cara rabugenta". Pode-se perguntar aqui: "Você está certo de que *sempre* foi assim?". Isto é: a rabugice *sempre* lhe chamou a atenção?

527. E o que acontece com o "chamar a atenção"? Isto é algo momentâneo ou algo que dura?

528. "Quando olho para ele, sempre vejo o rosto de seu pai." Sempre? – De qualquer modo, porém, não apenas por alguns *instantes*! Esse aspecto pode durar.

529. Imagine que se dissesse: "Agora, eu sempre vejo isto *neste* contexto".

530. Ouvido absoluto e relativo. Eis algo semelhante: Ouço a transição de uma nota à outra. Mas, depois de um curto espaço de tempo, já não consigo mais reconhecer uma nota como a mais alta ou mais baixa daquelas duas. E nem teria de fazer sentido falar de tal "reconhecimento"; se, a saber, não houvesse nenhum critério para o reconhecimento *correto*.

531. É quase como se o "*ver* o sinal *neste* contexto" fosse a reverberação de um pensamento. [Cf. PU, p. 212b.]

532. Seria estranho dizer, de um rosto real ou pintado, "*Sempre* vi isto como um rosto"; mas não: "Para mim, isto sempre foi um rosto, eu nunca o vi *como algo diferente*".

533. Se em algum momento vejo, por exemplo, o 𝐅 como um T com um traço adicional, é como se o *agrupamento* tivesse se alterado. Mas se me perguntam: "Antes disso, você sempre viu essa figura com o agrupamento de um 𝐅?", eu não poderia dizer que era assim.

534. Se alguém diz: "Estou falando de um fenômeno visual no qual a imagem visual, mais precisamente sua organização, realmente se altera, embora as formas e cores continuem as mesmas"; então posso responder a ele: "Eu sei do que você está falando; eu **também gostaria de dizer isso** que você está dizendo". – Ou seja, eu não digo: "É, o fenômeno do qual estamos falando é realmente uma mudança de organização...", mas "Sim, essa falação sobre a mudança de organização etc. é a manifestação da vivência que também eu estou visando".

535. "A organização da imagem visual se altera." – "Sim, é isso que eu também gostaria de dizer."
Isto é análogo ao caso em que alguém dissesse "Tudo ao meu redor me parece irreal" – e um outro replicasse: "Sim, eu conheço esse fenômeno. É bem assim que eu também gostaria de exprimi-lo".

536. "A organização da imagem visual se altera" simplesmente não tem o mesmo tipo de aplicação que: "A organização desta companhia se altera". *Aqui* eu posso descrever *como tudo fica,* caso a organização de nossa companhia se altere.

537. "Nunca me chamou a atenção que as pessoas podem ver a figura *assim*": segue-se disso que me chamou a atenção, ou que eu sabia, que as pessoas podiam vê-la *assim*, tal como eu sempre a vi?

538. Ouço uma nota musical – então eu não ouço quão alto é seu som? – Está correto dizer: se eu ouço uma nota, é necessário que eu esteja consciente da altura de seu som? – É diferente quando sua intensidade se altera.

539. À primeira vista, é *assim* que pareceria: Alguém percebe que também se pode ver um ꟻ como um T com um apêndice; ele diz "Agora eu o vejo como um T etc.; agora, de novo como um F". E disto parece seguir-se que, na segunda vez, ele viu a letra da mesma maneira como *sempre* a tinha visto antes de sua descoberta. – Parece, então, que se fizesse sentido dizer "Agora eu a vejo de novo como um F", também teria feito sentido dizer, *antes* da mudança de aspecto, "Vejo a letra ꟻ sempre como F".

540. Se eu sempre tivesse ouvido uma sentença em uma e a mesma entonação (e a tivesse ouvido com frequência), estaria correto dizer que é claro que eu tenho de ter estado consciente da entonação? Se isto significa precisamente o mesmo que: eu a ouvi nessa entonação e sempre a repeti nessa entonação – então estou consciente da entonação. Mas não é necessário que eu saiba que há algo como uma "entonação", a entonação não precisa ter nunca me *chamado a atenção*, não preciso nunca *tê-la escutado com atenção*.

O conceito de entonação pode ser-me completamente desconhecido. A "*separação*" da entonação da sentença não precisa ter ocorrido para mim.

Ou seja, eu não aprendi nenhum jogo de linguagem com a palavra "entonação".

541. Quando a criança está aprendendo as letras, ela não aprende a vê-las *deste jeito* e não de outro. Então devo dizer que é só mais tarde, quando de uma mudança de aspecto, que a pessoa percebe que sempre viu uma letra (um R, por exemplo) da mesma maneira? – Bem, *poderia* ser assim, mas não é. Não, *não é isso o que dizemos*. E até mesmo se alguém dissesse algo como: para ele, a letra... sempre teve tal e tal rosto, ele admitiria que em muitos casos não "pensou" num rosto quando olhou para a letra.

542. Devo então dizer: para nós, um "modo de ver" se associa a uma letra? Certamente não; a não ser que isso signifique algo parecido com: um rosto se associa com uma letra.

543. Pense no conceito "modo de escrever". Pode-se dizer "Esse é um modo interessante de escrever a letra..." – mas será que toda pessoa que aprendeu a escrever uma letra entende o que significa "modo de escrever"? Quero dizer: Alguém que absolutamente não sabe que existem diferentes

modos de escrever uma letra pode prestar atenção no modo de escrever o S? – Ou estou aqui apenas brincando com palavras?

Você apenas não pode ter um conceito muito estreito de "vivência".

Pergunte a si mesmo: Pode *uma pessoa* que, digamos, nunca teve outros exemplos diante de si sentir uma pronúncia como *vulgar*?

544. "Para mim, essa escrita é desagradável." Uma escrita pode ser "desagradável" para quem está neste momento aprendendo a ler e escrever? – Talvez ela possa causar-lhe repugnância em algum sentido. Apenas faz sentido dizer que uma escrita é desagradável a alguém quando esta pessoa já pode formular toda espécie de pensamentos sobre uma escrita.

545. Seria concebível que, acima de duas seções idênticas de uma peça musical, estivessem indicações que nos pedissem para *ouvi-la de um jeito* na primeira vez e *de outro* na segunda, sem que isso devesse exercer qualquer tipo de influência sobre a performance? Talvez a peça musical tivesse sido escrita para uma caixa de música, e as duas seções idênticas devessem ser tocadas com a mesma intensidade e no mesmo tempo – e apenas *apreendidas* cada vez de uma maneira.

Mesmo que um compositor ainda nunca tenha escrito uma indicação como essa, um crítico não poderia escrevê-la? Uma indicação como essa não seria comparável a um título de música programática ("Dança dos camponeses")?

546. Só que é claro que, se digo a alguém "Ouça isto *assim*", é preciso que ele agora possa dizer: "Sim, agora estou entendendo; agora isto realmente faz sentido!". (Algo tem de dar um clique.)

547. Que conceito de igualdade, de identidade, nós temos? Você conhece o emprego da palavra "igual" quando se trata de cores iguais, sons iguais, formas iguais, comprimentos iguais, sensações iguais, e agora você decide se **tal e tal caso** deve ser incluído nesta família ou não.

548. O que há de repulsivo na ideia de que estudamos o uso de uma palavra, apontamos erros na descrição desse uso e assim por diante? Pergunta-se a si mesmo sobretudo: Como *isso* poderia ser tão importante para nós? Isto depende do que chamamos de "descrição falsa"; se chamamos

assim a descrição que não concorda com o uso linguístico estabelecido – ou aquela que não concorda com a prática de quem está descrevendo. É apenas no segundo caso que surge um **conflito filosófico**.

549. Menos repulsiva é **esta ideia**: fazemos para nós mesmos *uma falsa imagem*, por exemplo, do pensar. Pois aqui o que se diz a si mesmo é: temos de, no mínimo, lidar com o pensar, não com a palavra "pensar".
Fazemo-nos, portanto, uma falsa imagem do pensar. – Mas *de que* fazemos uma falsa imagem; como sei, por exemplo, que você se faz uma falsa imagem *daquilo* de que eu também me faço uma falsa imagem?
Suponhamos que nossa imagem do pensar fosse um homem apoiando a cabeça com a mão e falando consigo mesmo. Nossa questão não é "Esta é uma imagem correta?", e sim: "Como esta imagem é empregada como imagem do *pensar*?".
Não: "Fizemo-nos uma falsa imagem"; mas: "Nós não conhecemos bem o uso de nossa imagem ou de nossas imagens"! Portanto, não conhecemos bem o uso de nossas palavras.

550. Muito bem – mas essa palavra só é interessante na medida em que ela de fato possui um uso bem determinado para nós, ou seja, já se refere a certo fenômeno! – Isto é verdade, e significa: não temos nada a ver com um aprimoramento das convenções gramaticais. – Mas o que significa isto: "Todos nós sabemos a qual fenômeno a palavra 'pensar' se refere"? Isto não significa simplesmente que todos nós podemos jogar o jogo de linguagem com a palavra "pensar"? Chamar o pensar de um "fenômeno" apenas produz obscuridade; dizer "fazemo-nos uma falsa imagem desse fenômeno", ainda mais obscuridade. (Melhor seria dizer "um falso conceito".)

551. Se lidamos com o uso da palavra "cinco", então também lidamos, em certo sentido, com aquilo que "corresponde" à palavra; só que *esta* maneira de se exprimir é primitiva, ela pressupõe uma concepção primitiva do uso de uma palavra.

552. Um "jogo de linguagem": Fazemos alguém escolher um aroma (o aroma do café, por exemplo) com base num desenho. Diz-se a ele: "O café tem este cheiro: ⟨⟩" e agora mandamos que ele traga o líquido que tem *esse* cheiro. – Suponho que ele realmente trouxesse o correto. Dessa forma,

eu teria um meio de dar ordens a uma pessoa usando expedientes *gráficos*. – Conexão com a essência da regra, da técnica, da matemática (dos números reais, por exemplo). Há também uma conexão com isto: "A galinha 'chama' os pintinhos para perto dela".

553. "Não se pode descrever o aroma do café." Mas não se poderia imaginar que se pudesse? E *o que* é preciso imaginar para tanto?
A quem diz "Não se pode descrever o aroma", pode-se perguntar: "Você quer descrevê-lo *utilizando o quê?* Com a ajuda de quais *elementos?*".

554. Não estamos de forma nenhuma *preparados* para a tarefa, por exemplo, de descrever o uso da palavra "pensar". (E por que deveríamos estar? Para que essa descrição vai ser útil?)
E a representação ingênua que nós fazemos desse uso não corresponde em nada à realidade. Esperamos um contorno suave, regular, e acabamos vendo um que está em farrapos. Aqui, sim, realmente poderíamos dizer que tínhamos feito uma falsa imagem. É quase como se houvesse um substantivo, digamos "gigante", com a ajuda do qual se **exprimisse** tudo aquilo que dizemos com o adjetivo "grande". A imagem que nos viria à mente quando disséssemos "gigante" seria a de um gigante. E agora deveríamos descrever nosso estranho uso da palavra "grande", uso que acontece com a imagem diante de nossos olhos. [Cf. Z 111.]

555. Macaulay diz que a poesia é uma "arte imitativa" e, naturalmente, enreda-se de imediato nas maiores dificuldades com este conceito. Ele quer descrever, mas toda imagem que se oferece a ele é **inadequada**,[63] por mais que ela pareça manifestamente correta à primeira vista; e por mais estranho que pareça o fato de não se poder descrever aquilo que se entende tão perfeitamente.
Aqui se diz a si mesmo: "Simplesmente *tem* de ser assim! – mesmo que eu não consiga rebater todas as objeções na mesma hora".

---

[63] TS: **não serve**.

556. No entanto, seria perfeitamente concebível que alguém soubesse se guiar muito bem numa cidade, isto é, encontrasse com segurança o caminho mais curto entre quaisquer dois lugares da cidade – e mesmo assim fosse completamente incapaz de desenhar um mapa da cidade. Que, tão logo ele tente, apenas **produza coisas completamente equivocadas**. (Nosso conceito de "instinto".) [Cf. Z 121.]

557. Àquele que tenta dar a descrição falta, sobretudo, qualquer espécie de sistema. Os sistemas que lhe vêm à mente são insuficientes, e ele subitamente parece encontrar-se numa selva em vez de no jardim bem arrumado que ele tão bem conhecia.
É claro que regras lhe vêm à mente, mas a realidade nada mostra senão exceções.

558. E as regras do primeiro plano tornam impossível que reconheçamos as regras no pano de fundo. Pois, se mantemos o pano de fundo junto ao primeiro plano, vemos apenas chocantes exceções, em outras palavras, *irregularidade*.

559. Dizemos que *todo aquele* que fala coisas com sentido pensa? Por exemplo, o construtor no jogo de linguagem n. 2?[64] Não poderíamos imaginar a construção e o proferimento das palavras etc., num ambiente em que não os colocaríamos em conexão com um pensar?
Pois "pensar" tem *afinidade* com "refletir". [Cf. Z 98.]

560. "Realizar uma multiplicação mecanicamente" (seja sobre um papel ou de cabeça), nós dizemos isto – mas "refletir sobre algo mecanicamente" é algo que, **para nós**, contém uma contradição.

561. A expressão, o comportamento da reflexão. Do que dizemos: Ele está refletindo sobre algo? De pessoas, às vezes de animais. (Não de uma árvore, ou de uma pedra.) *Um* sinal da reflexão é uma hesitação nas ações. (Köhler.) (Não *qualquer* hesitação.)

---

[64] Veja *Investigações Filosóficas*, I, §2 (N.E.).

562. Pense no que há de "reflexão" no "tentar". No "investigar"; na expressão de espanto, de fracasso e de sucesso.

563. Quanta coisa um homem não tem de fazer para que digamos que ele *pensa*!

564. Ele não pode *saber* se eu penso, mas eu sei. O que eu sei? Que isto que estou fazendo agora é *pensar*? E com que o comparo para saber disso? E eu não me posso enganar? Assim, o que resta é apenas: eu sei que estou fazendo o que estou fazendo.

565. No entanto, é claro que faz sentido dizer "Ele não sabe o que eu pensava, pois eu não disse a ele"!
Um pensamento continua a ser privado mesmo quando eu o exteriorizo em voz alta, num solilóquio, e ninguém me está ouvindo?
"Somente eu conheço meus pensamentos, e mais ninguém." Mas isto significa mais ou menos: "Eu *posso* descrevê-los, exprimi-los, *se* eu quiser".

566. "Somente eu conheço meus pensamentos, e mais ninguém." – Como você fica sabendo disso? Não foi a experiência que lhe ensinou. – O que você nos conta ao dizer isso? – Você deve estar exprimindo-se mal.
"De jeito nenhum! Estou agora pensando algo comigo mesmo; diga-me o que é!" Então aquilo era uma proposição empírica, afinal? Não; pois, se eu lhe dissesse o que você está pensando consigo mesmo, eu estaria apenas *adivinhando*. E como se decide se eu adivinhei corretamente? Por sua palavra e certas circunstâncias: Ou seja, eu comparo este jogo de linguagem com um *outro*, em que os meios de decisão (verificação) têm outra aparência.

567. "Aqui eu não posso..." – Então onde eu *posso*? Num outro jogo. (Aqui – no tênis – eu não posso marcar um gol com a bola.)

568. Mas não há uma conexão entre a "privacidade" gramatical dos pensamentos e o fato de que em geral não conseguimos adivinhar os pensamentos do outro antes que ele os profira? Só que existe uma adivinhação de pensamentos no sentido em que alguém me diz: "Eu sei o que você pensou agora" (ou "em que você pensou agora"), e eu tenho de admi-

tir que ele adivinhou corretamente meus pensamentos. Mas, de fato, isto acontece muito raramente. Muitas vezes, fico sentado em minha classe sem falar por muitos minutos, e pensamentos passam por minha cabeça; mas nenhum de meus ouvintes poderia adivinhar o que pensei comigo mesmo. No entanto, mesmo assim seria possível que alguém os adivinhasse e os anotasse num papel, tal como se eu os tivesse proferido. E, se ele me mostrasse o que escreveu, eu teria de dizer "Sim, foi bem isso o que pensei comigo mesmo". – E aqui, por exemplo, esta questão seria indecidível: se não me estou enganando; se eu realmente tinha pensado isso ou se, influenciado por sua anotação, estou apenas *imaginando* **firmemente** ter pensado exatamente isso.

E a palavra "indecidível" faz parte da descrição do jogo de linguagem.

569. E *isto* também não seria concebível: Digo a alguém "Agora você pensou consigo mesmo..." – Ele nega. Mas eu não arredo de minha afirmação, e finalmente ele diz: "Creio que você tenha razão; devo ter pensado aquilo mesmo; minha memória deve estar-me enganando?".

E agora imagine que este fosse um evento bem ordinário!

570. "Pensamentos e sentimentos são privados" quer dizer aproximadamente o mesmo que "Há fingimento" ou "Pode-se esconder seus pensamentos e sentimentos; até mesmo mentir e fingir". E a questão é o que esse "Há" e esse "Pode-se" significam.

571. Em quais circunstâncias, em quais ocasiões, será que dizemos: "Somente eu conheço meus pensamentos"? – Ao passo que também poderíamos ter dito: "Não vou contar-lhe meus pensamentos" ou "Mantenho meus pensamentos em segredo", ou "Vocês não conseguiriam adivinhar meus pensamentos".

572. Do que dizemos que o *conhecemos*? E até que ponto eu conheço meus pensamentos?

Não se diz que se conhece aquilo que se pode descrever corretamente? E alguém pode dizer isto de seus próprios pensamentos?

Se alguém quiser chamar as palavras de "descrição" do pensamento em vez de "expressão" do pensamento, ele que se pergunte como se descreve uma mesa e como se aprende a descrever os próprios pensamentos. E isto apenas quer dizer: ele assiste a como as pessoas avaliam a descrição de uma mesa como correta ou incorreta e a como fazem o mesmo com a descrição dos pensamentos; seria bom, então, que ele tivesse em vista este jogo de linguagem em todas as suas situações.

573. "Mas o fato é que o homem conhece apenas seus próprios pensamentos". ("Mas o fato é que só eu sei de meu próprio pensar.")
"Eu tampouco", alguém poderia dizer.

574. "A natureza deu ao homem o dom de pensar em segredo." Imagine que se diga: "A natureza deu ao homem o dom de falar audivelmente, mas também de falar inaudivelmente, em seu espírito". Quer dizer, portanto, que ele pode fazer a mesma coisa de duas maneiras. (Como se ele pudesse digerir visivelmente e também invisivelmente.) Só que, no caso da fala no espírito, a fala está mais bem escondida do que pode estar um processo no interior do corpo. – Mas e como seria se eu falasse e todas as outras pessoas fossem surdas? Minha fala aqui não estaria igualmente bem escondida?
"Tudo acontece no mais profundo segredo da mente."

575. Quem me *diz* o que pensou – ele realmente me disse o que *pensou*? O evento espiritual propriamente não teria de permanecer indescrito? –Não era *ele* o segredo – do qual dou apenas uma imagem quando falo com os outros?

576. Se eu *digo* a alguém o que *estou pensando* – eu aqui conheço meus pensamentos melhor do que minhas palavras os apresentam? É como se eu conhecesse um *corpo* e mostrasse aos outros apenas uma fotografia?

577. "O homem tem o dom de falar consigo mesmo em total isolamento, num isolamento muito mais completo do que o de um eremita." Como sei que N tem este dom? – Porque ele diz que tem e é confiável?
E ainda assim nós dizemos: "Eu gostaria tanto de saber o que ele está pensando consigo mesmo agora"; bem da mesma forma como poderíamos dizer: "Eu gostaria tanto de saber o que ele está escrevendo em seu diário agora". É verdade, alguém poderia dizer justamente *isto* e, por assim dizer, **ver** como algo óbvio que ele está pensando consigo mesmo o que está anotando em seu diário.

578. E pessoas que *regularmente* pudessem "ler" os pensamentos de um homem – talvez pela observação de sua laringe – estariam também elas inclinadas a falar da completa solidão do espírito consigo mesmo? – Ou: Também elas estariam inclinadas a usar *a imagem* do "total isolamento"?

579. "Eu gostaria de saber em que ele está pensando!" Mas agora faça esta – aparentemente irrelevante – pergunta: "O que há de minimamente interessante no que se passa 'dentro dele', em seu espírito – supondo que algo se passe ali?" (Para o diabo com o que se passa dentro dele!)

580. Na filosofia, a comparação do pensar com um processo que acontece em segredo é enganadora.
Tão enganosa, por exemplo, quanto a comparação da procura pela expressão adequada com os esforços de uma pessoa que tenta copiar uma **linha que somente ela pode ver**.

581. O que nos confunde é que conhecer os pensamentos de outra pessoa é, visto por *um* lado, logicamente impossível e, visto por um outro, psicológica e fisiologicamente impossível.

582. Está correto dizer que essas duas "impossibilidades" estão de tal maneira conectadas uma à outra que a impossibilidade psicológica nos fornece (**aqui**) a imagem que (depois) se torna para nós o emblema do conceito "pensar"?

583. Não se pode dizer: escrever no diário e falar num monólogo são coisas "*semelhantes*" ao pensar silencioso; pelo contrário, um processo pode, para certos propósitos, *substituir* o outro (fazer contas de cabeça pode substituir fazer contas por escrito, por exemplo).

584. Poderia haver pessoas que sempre murmurassem consigo mesmas enquanto pensassem, cujo pensar fosse, dessa forma, **acessível** aos outros? – "Sim, mas não teríamos como saber se, além disso, elas também não pensam em silêncio consigo mesmas!" – Não seria possível, contudo, que supor isto fosse algo tão sem sentido quanto supor que os cabelos dessas pessoas pensam ou que uma pedra pensa?

E isto significa que, se fosse esse o caso, nem mesmo teríamos de formar a ideia de que alguém pensava, tinha pensamentos, ocultamente em seu espírito?

585. "Eu não sei o que você está pensando consigo mesmo. Diga o que você está pensando!" – Isto significa algo como: "Fale!".

586. Então é enganador falar da alma do homem ou de seu espírito? Isto é *tão* pouco enganador que me compreendem perfeitamente quando eu digo: "Minha alma está cansada, não apenas meu intelecto". Mas mesmo assim você não diz que tudo que se pode exprimir com a palavra "alma" também se pode exprimir, de uma maneira ou de outra, com palavras para coisas corpóreas? Eu não digo isso. Mas mesmo que fosse assim – o que isso **significaria**? As palavras, assim como aquilo para o que apontamos quando as explicamos, são apenas instrumentos, e tudo depende de seu uso.

587. Nosso conhecimento de diferentes linguagens não nos deixa levar realmente a sério as filosofias que estão registradas nas formas de cada uma delas. Mas ao mesmo tempo estamos cegos para o fato de que nós (mesmos) temos fortes preconceitos tanto a favor quanto contra certas formas de expressão; de que justamente essa sobreposição de várias linguagens nos dá como resultado uma particular imagem. De que nós, por assim dizer, não cobrimos *uma* forma com uma outra a nosso bel-prazer. [Cf. Z 323.]

588. Você deve levar em conta que pode existir um jogo de linguagem, o de "continuar uma sequência de numerais", em que nenhuma regra, nenhuma expressão de regra jamais é dada, em que o aprendizado, pelo contrário, acontece *apenas* por meio de exemplos. De maneira que a ideia de que cada passo deve ser justificado por um algo – uma espécie de modelo – em nosso espírito fosse completamente estranha a essas pessoas. [Cf. Z 295.]

589. O exemplo dos nomes que só têm significado quando são acompanhados por seus portadores, isto é, que só são usados dessa maneira. Então eles servem apenas para evitar o contínuo apontar. O exemplo que sempre me vem à cabeça é a designação de linhas, pontos e ângulos em figuras geométricas com A, B, C..., a, b... etc.

590. Quando se está lendo vê-se a imagem da palavra: "Eu vi a palavra por um breve momento" – esta é uma vivência especial, que não pode ser apresentada por meio de um filme.

591. Imagine uma doença mental que faz com que apenas se possa usar e entender nomes na presença de seus portadores. [Cf. Z 714.]

592. Poderia ser feito um uso de tal espécie dos sinais, que eles se tornassem inúteis (que eles talvez fossem destruídos) assim que os portadores deixassem de existir.
Nesse jogo de linguagem, o nome teria, por assim dizer, de ter o objeto na ponta de uma corda; se o objeto deixa de existir, pode-se jogar fora o nome que trabalhou em conjunto com ele. [Cf. Z 715.]

593. "Eu pretendo ir para lá": a *descrição* ou a *manifestação* de um estado mental? – Se imaginamos um modelo da mente, a sentença poderia ser uma descrição do modelo em seu estado presente. A pessoa olha para sua mente e diz:... Este é um bom ou um mau modelo? – como se decidiria isso? A questão é: Como ele seria *empregado* como um sinal?

594. "Eu pretendo..." poderia ser usada como uma declaração: "Eu faço algo que está de acordo com esta intenção". Por exemplo: faço minhas malas para a viagem, preparo-me para a viagem desta ou daquela forma, por meio de reflexões ou ações. *Poderíamos* usar um verbo dessa maneira. Talvez correspondendo à expressão: "Estou agindo com a intenção...".

595. Descrição de meus estados mentais: a alternância entre medo e esperança, por exemplo. "Eu estava todo esperançoso de manhã; depois...". Qualquer um chamaria isto de uma descrição. Mas é característico disso que essa descrição pudesse correr paralelamente a uma descrição de meu comportamento.

596. Compare a expressão de medo e esperança com a da "crença" de que tal e tal coisa vai acontecer. – É por isso que também a esperança e o medo são chamados de "emoções", mas a crença (ou *o* crer), não.

597. Se eu digo: "A intenção de fazer aquilo ficava mais forte com o passar das horas" – vai-se chamar isto de uma descrição. Neste caso, porém, certamente também *isto*: "Eu pretendia o tempo todo...".

Agora compare "Eu acreditava o tempo todo na lei da gravidade" com "O tempo todo eu acreditava ouvir um leve sussurrar". No primeiro caso, "acreditar" é usado de maneira semelhante a "saber". ("Se me *tivessem* perguntado, eu *teria* dito...") No segundo caso, temos uma atividade, um suspeitar, escutar, duvidar etc. E mesmo que "acreditar" não *designe* essas atividades, contudo são elas que nos fazem dizer que *descrevemos* aqui um estado mental ou uma atividade mental. – Poderíamos dizer isso também desta maneira: Fazemo-nos uma imagem do homem que o tempo todo acredita ouvir um leve ruído. Mas não uma do homem que acredita na correção da lei da gravidade.

598. Eu pretendo (poderíamos dizer) não significa: "Estou engajado em pretender" ou "Estou em meio a um pretender" (como se diz que estou em meio à leitura do jornal). Pelo contrário: "Estou engajado em preparar minha viagem" etc.

Nós não temos, mas poderíamos ter, um verbo **individual** (e talvez ele realmente exista em uma língua pouco conhecida) que exprima: "agir e pensar com tal e tal intenção".

599. "Eu pretendo..." *nunca* é uma descrição, mas em certas circunstâncias uma descrição pode ser extraída dali.

600. Falar consigo mesmo. "O que acontece aí?" Questão errada! Não apenas não se pode dizer o que acontece – também não se pode dizer que não se sabe o que acontece – e nem que se sabe apenas isto e aquilo sobre o que acontece! Mas também está errado dizer isto: É simplesmente um processo específico, que não se pode descrever de qualquer outra maneira senão justamente com essas palavras. – Os conceitos "descrição" e "relato". Diz-se: Alguém relata que disse para si mesmo... Até que ponto isto é comparável ao "relato" de que ele, por exemplo, disse...? Lembremos bem claramente que *descrever* é um *jogo de linguagem* muito **especial**. – Temos de revolver esse solo duro de nossos conceitos.

601. Conceitos *podem* abrandar ou agravar um desatino; podem favorecê-lo ou inibi-lo. [VB, p. 108; C & V, p. 55.]

602. É bem certo: não se pode imaginar uma explicação de "vermelho" ou "cor". Contudo não porque o que é vivenciado é algo específico, e sim porque o jogo de linguagem o é.

603. "Não se pode explicar a alguém o que é o *vermelho*." – Se mesmo assim alguém conseguisse – então não é o que nós chamamos de "vermelho"?
Imaginemos pessoas que exprimem uma cor intermediária, por exemplo entre o vermelho e o amarelo, por meio de uma espécie de fração decimal binária *desta maneira*: D,EEDE e coisas parecidas, em que do lado direito, por exemplo, está o amarelo e, do esquerdo, o vermelho. – Estas pessoas aprendem já no jardim-de-infância a descrever tons de cores desse modo, a escolher cores segundo descrições como essas, a misturá-las etc. Elas estariam para nós mais ou menos como pessoas com ouvido absoluto estão para pessoas às quais isso falta. *Elas podem fazer* o que nós não podemos. [Cf. Z 368.]

604. E aqui gostaríamos de dizer: "E será que isso é imaginável? Tudo bem que o *comportamento* o seja! Mas também o processo interior, a vivência da cor?". E é difícil ver o que se deve dizer a uma pergunta como esta. Se nós ainda nunca tivéssemos encontrado pessoas com ouvido absoluto, a existência dessas pessoas não nos pareceria, apesar disso, muito provável? [Cf. Z 369.]

605. Se alguém dissesse "O vermelho é composto" – nós não poderíamos adivinhar a que ele está fazendo alusão, o que ele vai querer fazer com essa sentença. Mas se ele diz: "Esta cadeira é composta", embora possamos não saber de pronto sobre que tipo de composição ele está falando, podemos, contudo, pensar imediatamente em mais de um sentido para sua declaração.
E que tipo de fato é esse para o qual estou chamando a atenção?
Ele é de todo modo um fato *importante*. – Não temos familiaridade com nenhuma técnica à qual essa sentença pudesse estar fazendo alusão. [Cf. Z. 338.]

606. Nós descrevemos aqui um jogo de linguagem que *não podemos aprender*. [Z 339.]

607. "Nesse caso, é necessário que algo bem diferente esteja passando-se dentro dele, algo que nós não conhecemos." – *Isto nos mostra* sobre o que nos baseamos para determinar se o que acontece "dentro do outro" é algo distinto ou o mesmo que acontece dentro de nós. Isto nos mostra *aquilo segundo o qual* nós avaliamos os processos interiores. [Cf. Z 340.]

608. "O vermelho não é composto" – e o que é o vermelho? – Aqui gostaríamos de simplesmente apontar para algo vermelho; e esquecemos de que, se aquela declaração deve ter um sentido, é preciso que nos seja dado mais do que a definição ostensiva. Ainda estamos muito longe de entender qual é o sentido de uma sentença da forma "X não é composto", quando no lugar de X é colocada uma palavra que tem o mesmo uso de nossos nomes de cores.

609. É fato: "Vermelho" não *é* explicado a alguém por meio de palavras sem fazer referência a uma amostra da cor. Isto não deveria ser importante?

610. "Como poderíamos tentar explicar o vermelho a alguém, já que ele é uma determinada impressão sensível e apenas a conhece quem a tem (ou já teve) – e explicar só pode significar: *produzi*-la no outro!".

611. "Quem tem ouvido absoluto tem de ter uma vivência das notas diferente da que tenho." E todos que têm ouvido absoluto têm de ter a mesma? E se não têm – por que ela tem de ser uma vivência diferente da minha?

612. Imagine que, para explicar "vermelho" a alguém, nós lhe mostrássemos um marrom escuro meio avermelhado e disséssemos: "Esta cor consiste em amarelo (mostramos o amarelo puro), preto (mostramo-no) e mais uma cor, que se chama 'vermelho'". Depois disso, ele está em condições de selecionar o vermelho puro dentre um número de amostras de cor.

613. E repare bem: não se aponta para o vermelho, mas para algo vermelho. O que significa, naturalmente: o conceito "vermelho" não é de-

terminado pelo apontar, e não apenas é possível interpretar "vermelho" como, por exemplo, o nome de uma forma, mas também como o nome de um conceito que está *muito mais próximo* de um nome de uma cor.

614. O *emprego* de uma palavra não é: *designar* algo.

615. *Você* pode imaginar o que vê o daltônico? Você pode pintar um quadro do quarto tal como ele o vê? [Cf. Z 341.]

616. "Se alguém visse tudo apenas em cinza, preto e branco, algo teria de lhe ser *dado* para que ele soubesse o que é o vermelho, o verde etc." E o que teria de lhe ser dado? Ora, as cores. Logo, *isto*, *isto* e *isto*, por exemplo. (Imagine, por exemplo, que padrões coloridos tivessem de ser introduzidos no cérebro dele, em acréscimo aos meros padrões cinza e preto.) Mas isso teria de acontecer como meio para o fim da ação futura? Ou é justamente esta ação que inclui esses padrões? O que quero dizer é: "Algo teria de lhe ser dado, pois está claro que, de outro modo, ele não poderia..." – ou: Seu comportamento visual *contém* novos constituintes?
Além disso: o que *chamaríamos* de uma "explicação da visão"? Deve-se dizer: "Ora, você sabe muito bem o que "explicação" significa em outros casos; assim, empregue esse conceito também aqui!"? [Cf. Z 342, 343.]

617. Posso dizer: "Olhe! E aí você verá que isso não pode ser explicado". – Ou: "Embeba-se de tinta vermelha e aí você verá que não dá para representá-la por meio de outra coisa!" – E se agora o outro concorda comigo, isto mostra que ele se embebeu do mesmo que eu? – E qual é o significado de nossa inclinação para dizer isto? O vermelho nos parece estar ali, isolado. Por quê? Qual é *valor* dessa aparência, dessa inclinação? [Cf. Z 344.]

618. Pense na sentença "O vermelho não é uma cor secundária" e em sua função.
O jogo de linguagem com as cores é caracterizado justamente pelo que podemos fazer e pelo que não podemos fazer. [Cf. Z 345.]

619. O vermelho é algo específico; mas não vemos isto quando olhamos para algo vermelho. Pelo contrário, (**nós vemos**) os *fenômenos* que *delimitamos* por meio do jogo de linguagem com a palavra "vermelho".

620. "O vermelho é algo específico", isto teria de ser o mesmo que dizer: "*Isto* é algo específico" – enquanto se aponta para algo vermelho. Mas para que isso fosse inteligível, seria preciso que já se visasse o nosso *conceito* "vermelho", o uso daquela amostra.

621. Se essas coisas lhe admiram, admire-se primeiro com uma outra! A saber, com aquilo que a descrição e o relato realmente conseguem fazer. Se você concentrar sua admiração nisto, aqueles outros problemas vão encolher.

622. Cores primárias. Se cores que chamamos de cores secundárias desempenhassem entre outras pessoas o papel que nossas cores primárias desempenham, nós diríamos que as *suas* cores primárias são, por exemplo, este laranja, este vermelho azulado, este verde azulado etc.? Ou seja, a sentença "O vermelho é uma cor primária" quer dizer o mesmo que: O vermelho desempenha entre nós tal e tal papel; nós reagimos de tal e tal maneira ao vermelho, ao amarelo etc.? – Não é assim que se pensa na maioria das vezes: isto é, "O vermelho é uma cor pura" é uma sentença sobre a "essência" do vermelho, o tempo não entra nela; não se pode imaginar que *esta* cor pudesse *não* ser simples.

623. A roda das cores: Os intervalos idênticos entre as cores primárias são arbitrários. É verdade, talvez as transições nos dessem uma impressão mais uniforme se, por exemplo, (com relação a seus respectivos pontos) o azul puro estivesse mais próximo do verde puro do que do vermelho puro. Seria muito notável se a igualdade dos intervalos residisse na natureza das coisas.

624. "Não existe verde avermelhado" tem afinidade com as sentenças que usamos como axiomas na matemática. [Cf. Z 346.]

625. Os homens contam e calculam: Descreva o que eles fazem aí! Nessa descrição também devem aparecer sentenças como *esta*: "Agora ele entendeu como tinha de continuar a sequência" ou "Ele agora está em condições de realizar qualquer multiplicação que desejar"? E deve-se admitir *esta* sentença "Ele viu mentalmente a sequência numérica inteira diante de si"?
Essas sentenças podem aparecer na descrição; mas não podemos demandar que seu uso nos seja explicado, a fim de que não acabemos batendo de frente com representações falsas ou **irrelevantes**?

A questão aqui é para quem nós damos a descrição. De quem dizemos que ele está em condições de realizar as multiplicações que desejar? Como é que se chega a esse *conceito*? E essa descrição será importante para quem, em que circunstâncias?

626. "O vermelho é um verde degenerado." Quando se vê uma folha passando do verde para o vermelho, diz-se que o verde está adoentado e que na parte vermelha ele está bem degenerado. Talvez sempre se faça uma cara quando se vê a cor vermelha.

Não se poderia explicar o vermelho como a mais extrema degeneração do verde?

627. "Não se pode *explicar* a ninguém o que é o vermelho!" – Como é que se chega a essa ideia? Em que ocasiões se diz isso?

628. "As cores são algo específico. Não dá para explicá-las por meio de nada diferente delas." Como se usa esse instrumento? – Descreva o jogo com as cores! A nomeação das cores, a comparação das cores, a produção de cores, a conexão entre cor, luz e iluminação, a conexão da cor com o olho, das notas musicais com o ouvido, e inúmeras outras coisas. Não é aqui que se vai mostrar o "específico" das cores? Como se mostra uma cor a alguém? E como se mostra uma nota musical?

629. Quando falamos em pensamento com nós mesmos: "Acontece algo, isto é certo". Mas, na realidade, a *serventia* dessas palavras nos é tão obscura quanto a das sentenças psicológicas particulares que queremos **explicar**.

630. Em vez do não analisável, específico, indefinível: o fato de que agimos de tal e tal maneira, de que, por exemplo, *punimos* certas ações, *constatamos* o estado de coisas de tal e tal forma, *damos ordens*, oferecemos relatos, **descrevemos** cores, nós nos interessamos pelos sentimentos dos outros. O que deve ser aceito, o dado – poderíamos dizer – são fatos da vida.[65] [Cf. PU, p. 226d.]

---

[65] TS: são *formas de vida* [*Lebensformen*] (N.E.).

631. Avaliamos o motivo de um ato segundo o que a pessoa que o praticou nos diz, segundo o relato de testemunhas oculares, segundo a história prévia. É assim que *avaliamos* os motivos de uma pessoa. Mas não nos parece impressionante que haja algo como uma "avaliação de motivos". Que este seja um jogo de linguagem bem peculiar – que a mesa e a pedra não tenham motivos. Que, embora também exista a pergunta: "Essa é uma maneira confiável de avaliar os motivos de uma pessoa?" – já tenhamos de estar minimamente familiarizados com o que significa uma "avaliação de motivos". Já tem de haver uma técnica, na qual nós pensamos aqui, para que possamos falar de uma **modificação dessa técnica**, cujo resultado é o que designamos como avaliação mais confiável de um motivo. [Cf. PU, p. 224j.]

632. Avalia-se o comprimento de um bastão, e pode-se procurar e encontrar um método para avaliá-lo de maneira mais precisa, mais correta. Assim – você diz –, se *o que* avaliamos aqui independe do método de avaliação, não se pode explicar o que *é* o comprimento com a ajuda do método de determinação do comprimento. Mas quem pensa assim, comete um equívoco. Que espécie de equívoco? – Que estranho seria dizer: "A altura do Himalaia depende de como se escala-o". "Medir o comprimento de forma cada vez mais precisa", isto é, algo que se gostaria de comparar com uma aproximação cada vez maior de um objeto. Mas simplesmente não está claro em todos os casos o que significaria "chegar cada vez mais perto do comprimento do bastão". E não se pode dizer: "Mas você sabe o que é o comprimento de um bastão; e você sabe o que quer dizer 'determiná-lo', é *por isso* que você sabe o que quer dizer 'determinar o comprimento de forma cada vez mais precisa'".

Em certas circunstâncias, está claro o que significa procurar uma determinação mais precisa do comprimento do bastão; em outras circunstâncias, contudo, não está claro, e aquilo necessita de uma nova determinação. Não se aprende o que significa "determinar o comprimento" aprendendo o que é o comprimento e o que é determinar; antes, aprende-se o significado da palavra "comprimento" quando, entre outras coisas, se aprende o que é uma determinação do comprimento. "Refinar a determinação do comprimento" é uma nova técnica que modifica nosso conceito de comprimento. [Cf. PU, p. 225a.]

633. Quando alguém descreve jogos de linguagem simples a fim de ilustrar, digamos, aquilo que chamamos do "motivo" de uma ação, casos cada vez mais complicados são colocados à sua frente para mostrar que nossa teoria ainda não corresponde aos fatos. Ao passo que casos mais complicados são simplesmente casos mais complicados. Se o que está em questão é uma teoria, então certamente se pode dizer: Não há nenhuma utilidade em examinar esses casos especiais, eles não dão uma explicação exatamente dos casos mais importantes. Por outro lado, os jogos de linguagem simples **desempenham um papel bem diferente**. Eles são os polos de uma explicação, não a fundação de uma teoria.

634. "Por que me parece que esta impressão de cor que tenho agora é reconhecida por mim como o específico, não analisável?" – Pergunte, em vez disso, por que queremos dizer isso. E a resposta *a isso* não é difícil de encontrar. Ademais, ela é uma pergunta estranha: por que nos "*parece*" como... Pois já nesta expressão reside um mal-entendido.

635. Imagine que você devesse descrever como as pessoas aprendem a contar (no sistema decimal, por exemplo). Você descreve o que o professor diz e faz, e como o aluno se comporta em resposta a isso. Em meio àquilo que o professor diz e faz, vamos encontrar, por exemplo, palavras e gestos que devem estimular o aluno a continuar uma sequência, e também palavras como "Agora ele consegue contar". A descrição que dou do processo de ensino e aprendizado deve conter, além das palavras do professor, também meu próprio juízo: o aluno agora consegue contar ou o aluno entendeu o sistema dos numerais? Se não incluo um juízo como esse na descrição – neste caso ela está incompleta? E, se eu o incluo, estou ultrapassando a mera descrição? – Posso abster-me daqueles juízos dando a seguinte justificativa: "*Isto é tudo o que acontece!*"? [Cf. Z 310.]

636. Não tenho antes de perguntar: "O que é que faz a descrição? Para que ela serve?"? – Num outro contexto, nós com certeza sabemos o que é uma descrição completa e uma incompleta. Pergunte a si mesmo: Como se empregam as expressões "descrição completa" e "descrição incompleta"?
Reproduzir um discurso completamente (ou incompletamente). Também faz parte disso a reprodução da entonação, do jogo das expressões faciais, da genuinidade ou não genuinidade dos sentimentos,

das intenções do falante, da veemência da fala? Se isto ou aquilo faz para nós parte de uma descrição completa é algo que vai depender do propósito da descrição, do que quem recebe a descrição faz com ela. [Cf. Z 311.]

637. A expressão "Isto é tudo o que *acontece*" delimita o que chamamos de "acontecer". [Cf. Z 312.]

638. Eu emito meu juízo "Agora o aluno consegue contar" para certos propósitos. Depois desse juízo, talvez se dê um emprego a ele. Se você diz "Então esse juízo não é uma parte da descrição do aprendizado, mas uma predição" – eu respondo: "Você pode tomá-lo de um jeito ou de outro". Você pode dizer que descrevia o estado do aluno.

639. Imagine o vermelho visto como o cume de todas as cores. O particular papel da tríade em nossa música. Nossa falta de compreensão das antigas tonalidades eclesiásticas.

640. Em que circunstâncias se diria que essas pessoas concebem todas as cores como graus de *uma* propriedade?

641. Você consegue imaginar que sempre olhássemos para o azul e o vermelho como os polos mais extremos de uma modificação do violeta? Nesse caso, poderíamos chamar o vermelho de um violeta muito alto e o azul de um muito baixo.

642. Ou imagine um mundo onde as cores quase sempre ocorressem em transições como as do arco-íris. De maneira que se considere algo como uma superfície verde, caso ela excepcionalmente ocorra alguma vez, como **uma modificação de um arco-íris.**

643. Mas será que posso dizer que, se *esses* fossem os fatos, os homens teriam esses conceitos? Com certeza, não. Isto, todavia, sim: Não pense que nossos conceitos são os únicos possíveis ou razoáveis; se você imaginar fatos bem diferentes destes que nos cercam continuamente, então conceitos diferentes dos nossos lhe parecerão naturais. [Cf. PU, p. 230b.]

644. Mas não acredite que você mantém o conceito de cor dentro de si porque, não importa como você olhe, você sempre olha para um objeto colorido.

(Da mesma forma que você não possui o conceito de número negativo por estar com dívidas.) [Cf. Z 332.]

645. Suponha que nós conhecêssemos um povo que tivesse uma forma de atribuição de cores completamente diferente da nossa: na maioria das vezes, vamos supor que seja algo fácil ensinar a essas pessoas nossa forma de expressão. E que, se elas dominarem ambas as formas de expressão, elas vão reconhecer a diferença entre elas como algo não essencial. (O gênero de nossos substantivos.) É assim? Tem de ser assim?

Imaginemos que as pessoas tivessem dois nomes simples diferentes para dois matizes de azul e que cores que para nós não são *muito* diferentes, assim o fossem para elas. Como isto se manifestaria? E imaginemos também o inverso: que, para um povo, o vermelho e o azul fossem diferentes apenas "em grau", e não "cores completamente diferentes". E quais seriam os critérios *para isso*?

Dizemos que na escala musical a mesma nota volta a aparecer após cada sete notas. O que significa isto: "Nós a *sentimos* como a mesma"? É apenas um *acidente* linguístico que nós a chamemos de a mesma?

646. A imagem que se faz dos deficientes mentais é a do degenerado, essencialmente incompleto, como que esfarrapado. Ou seja, é a imagem da desordem em vez de a da ordem mais primitiva (que seria uma maneira muito mais produtiva de olhar para eles). [Cf. Z 372.]

647. Contar, calcular etc., num sistema fechado, assim como uma melodia é fechada. Digamos que as pessoas contem com a ajuda das notas de uma particular melodia; ao fim da melodia, a série de números chega ao fim. – Devo dizer: É claro que ainda há outros números, só que essas pessoas não os reconhecem? Ou devo dizer: Há ainda uma outra forma de contar – a que *nós* praticamos – e aquelas pessoas não a conhecem (praticam).

648. O conceito de vivência: Semelhante ao de acontecer, de processo, de estado, de algo, de fato, de descrição e de relato. Pensamos que estamos aqui sobre o inquebrantável solo originário, mais profundo que todos os

métodos e jogos de linguagem especiais. Mas essas palavras extremamente gerais têm também um significado extremamente indistinto. De fato, elas se referem a uma *enorme massa* de casos especiais, mas isto não faz delas *mais rígidas*; faz delas, isso sim, mais fluidas.

649. Fazer contas de cabeça talvez seja o único caso em que é feito um uso regular da imaginação na vida cotidiana. É por isso que ele tem um especial interesse.
"Mas eu *sei* que algo se passou dentro de mim!" E o quê? Não foi que você fez contas de cabeça? – Então, *apesar de tudo*, fazer contas de cabeça é algo específico!
Primeiro reflita: Como é que se usa a descrição "Ele está fazendo contas de cabeça", "Eu estou fazendo contas de cabeça"? A dificuldade com a qual topamos é uma vagueza nos critérios para a ocorrência do processo mental. Ela poderia ser removida?

650. Pode-se *imaginar* fazer contas de cabeça?

651. Pode-se fazer contas de forma perceptível e de cabeça: Seria também possível fazer de cabeça algo que *não* se pode fazer de forma perceptível, para o qual não há um equivalente perceptível?
Como seria se as pessoas tivessem uma designação para fazer contas de cabeça que não o colocasse entre as **atividades** e, além disso, tampouco entre as atividades de fazer contas? Talvez elas o designem como uma *capacidade*. Suponho que elas utilizem *imagens* radicalmente diferentes das que usamos.

652. Mas se agora alguém dissesse: "Então tudo o que acontece é que ele *reage*, comporta-se de tal e tal maneira" – mais uma vez há aqui um mal-entendido grosseiro. Pois então aquele que contava "Eu, em algum sentido, *realizei* a multiplicação sem escrever etc." – ele disse um *contrassenso* ou relatou algo falso? É um uso da linguagem diferente daquele da descrição de um comportamento. Mas sem dúvida poderíamos perguntar: Em que consiste a importância desse novo uso da linguagem? Em que consiste, por exemplo, a importância da manifestação da intenção?

653. "E como seria se os produtos da imaginação de alguém tivessem a mesma intensidade e clareza de imagens residuais, por exemplo; seriam elas represen-

tações ou alucinações – mesmo que ele tenha total consciência da irrealidade do que é visto?" Sobretudo: Como sei que ele vê imagens com esta clareza? Talvez ele diga. Uma diferença seria que suas imagens são "independentes" dele. O que isto significa? – Ele não poderia afastá-las por meio de pensamentos. Se estou imaginando, por exemplo, a morte de meu amigo, as pessoas podem dizer-me "Não pense nisso, pense em outra coisa"; mas ninguém me diria isto se eu estivesse vendo o evento diante de meus olhos, por exemplo, num filme. E, assim, à pessoa que, no caso que estávamos supondo, me dissesse para não pensar nisso, eu responderia: "Tanto faz que eu pense nisso ou não – eu *estou vendo*".

654. Tome o uso das palavras inglesas "this", "that", "these", "those", "will", "shall": Seria difícil dar regras para o uso destas palavras. Mas é possível *entendê-las*, de modo que então você estivesse inclinado a dizer: "Uma vez que se tenha a *sensação* correta para o sentido dessas palavras, pode-se também aplicá-las". Dessa forma, poderíamos atribuir a essas palavras um peculiar significado no interior da língua inglesa. Seu uso é sentido, por assim dizer, como *uma* fisionomia.

655. *Fazer uma conta de cabeça* atendendo a uma ordem. Não deixe a combinação de palavras conhecidas lhe dissuadir de investigar o jogo de linguagem a fundo.

Tenha em mente que se ensina alguém a fazer contas de cabeça mandando-lhe *fazer contas*! Mas teria de ser assim? Não poderia ser que, para que eu o levasse a fazer contas de cabeça, eu não devesse dizer "Faça a conta!", e sim talvez: "Faça algo *diferente*, mas encontre o resultado"? Ou: "Feche a boca e os olhos e não se mexa, e você vai chegar à resposta".

O que estou querendo dizer é que não temos de olhar para fazer contas de cabeça do ponto de vista de *fazer contas*, embora ele esteja conectado *de forma essencial* a fazer contas.

E nem mesmo do ponto de vista do "fazer", pois fazer é algo que se *demonstra* a alguém.

656. Quero dizer: Não é necessário que se interprete reações diferentes das nossas e que, por isso, talvez sejam favoráveis a outras configurações conceituais, como consequências ou manifestações de processos (interiores) que se distinguem dos nossos por sua própria natureza.

Não é necessário dizer: Trata-se aqui de processos interiores diferentes.

657. Por um lado, temos sua capacidade de comunicar etapas da conta sem fazer a conta perceptivelmente – por outro lado, as manifestações que ele está inclinado a produzir, como, por exemplo, esta: "Eu fiz a conta em meu interior". Os fenômenos do primeiro tipo *poderiam* levar-nos a uma descrição à maneira de uma imagem: "É como se ele fizesse a conta de alguma forma e em algum lugar, e nos comunicasse as etapas dessa conta". Podemos aceitar aquilo que ele está inclinado a dizer como uma forma de expressão de nossa linguagem ou não. Poderíamos, por exemplo, dizer-lhe: "Você não faz a conta 'em seu interior'! Você *não* faz a conta *verdadeiramente*". E agora é *isto* o que ele diz no futuro.

658. "Mas é claro que sei que estou *realmente* fazendo a conta – mesmo que não seja perceptível para os outros!" Isto poderia ser tomado como uma manifestação típica de um retardado mental.

659. Mas se eliminamos o processo interior dessa forma – o exterior é agora tudo o que resta? – Não resta tão somente o jogo de linguagem da descrição do processo exterior, mas também o jogo cujo ponto de partida é a manifestação. Seja qual for a forma que nossas expressões assumam; seja qual for, por exemplo, a maneira como essa forma estabeleça a relação com o fazer contas "exterior".

660. Quando um tema, uma locução, subitamente lhe diz algo, você não precisa ser capaz de explicar esse algo para si mesmo. Subitamente, também *este* gesto está acessível a você. [Cf. Z 158.]

661. Comparação de processos e estados corporais, como a digestão, a respiração etc. com processos e estados mentais, como pensar, sentir, querer etc. O que estou querendo enfatizar é precisamente a incomparabilidade. Antes, eu gostaria de dizer, os estados corporais comparáveis seriam estes: a *rapidez* da respiração, a *irregularidade* do batimento cardíaco, a *eficiência* da digestão e outros parecidos. E não há dúvida de que se poderia dizer que todos esses estados caracterizam o comportamento do corpo.

662. Imagine uma tribo de pessoas que não diz "ele está com dores", "nós estamos com dores", "passa-se dentro dele o mesmo que se passa dentro de mim", "estas pessoas têm a mesma vivência mental" etc.

Ao invés disso, embora se fale de uma mente e de processos na mente, diz-se que não se sabe absolutamente nada sobre se duas pessoas, das quais *nós* talvez disséssemos que estão com dores, têm realmente o mesmo ou algo completamente diferente; e por isso diz-se nessa tribo que as pessoas têm algo desconhecido, ao que se segue uma determinação em sua maneira de se exprimir que dá no mesmo que o nosso "eles estão com dores". Deste modo, essas pessoas tampouco vão dizer: "Se eu creio que alguém está com dores, então creio que se passa dentro dela algo determinado" e coisas parecidas.

Mas será que é preciso que se olhe para isso de tal forma que o sinal de dor e a descrição do comportamento de dor formem uma unidade conceitual?

Quero perguntar: "Onde reside aqui o conceitual e onde reside o fenomenal?". A *linguagem* tem de conter uma manifestação de dor? Imaginemos pessoas com uma linguagem manual. Ou pessoas que não falam, mas apenas escrevem. Elas teriam de possuir o conceito "dor"?

663. Mas é mais fácil imaginar que as pessoas não tenham nosso conceito de dor do que imaginar que elas não tenham o conceito de corpo físico?

664. É um fato importante que suponhamos que seja sempre possível ensinar nossa linguagem a pessoas que possuem uma linguagem diferente da nossa. É por isso que dizemos que seus conceitos são os mesmos que os nossos.

665. "Você começa uma sentença cujo verbo está em sua extremidade final; você não vai querer dizer-me que começa a falar a sentença sem nem pressentir qual será o verbo!" – E em que consiste o pressentimento? E se alguém realmente não tivesse nenhum pressentimento do verbo e mesmo assim falasse alemão fluentemente! Como se vai descobrir se ele teve esse pressentimento?

666. Até que ponto nós investigamos o uso das palavras? – Não o avaliamos também? Não dizemos também que este traço é essencial e que aquele não é?

667. Pode-se descrever a medição com o metro; como se pode fundamentá-la?

O conceito "dor" é um instrumento produzido pelo homem? E para que ele serve?

668. Sim – como se pode dar a alguém a ordem de querer dizer *isto* com tais e tais palavras? A não ser que se dê a ele a ordem para usá-las da maneira correspondente.

669. Imagine que você tivesse de tomar uma decisão e fizesse isto pressionando um de um número de botões. A decisão que você toma dessa maneira é identificada por uma palavra que está sobre o botão. Sendo assim, é claro que o que você vivencia quando olha para essa palavra é completamente indiferente. Se a palavra é, por exemplo, "muda", você pode pensá-la como um adjetivo, um substantivo ou um verbo, sem que a decisão seja alterada por isso. Da mesma forma se você *proferir* a palavra como uma decisão. Seja como for, ela comunica o mesmo à outra pessoa que está esperando pela decisão.

670. Mas o que dizer de quando a decisão é suscetível de duas interpretações e aquele que a ouve lhe dá *uma* delas? Ele pode fazer isto ou por meio de suas ações ou, por assim dizer, em pensamento. Contudo, se a decisão não pedisse uma ação imediata, ele poderia ouvi-la e provisoriamente não interpretá-la *em absoluto*. Por outro lado, porém, ele poderia responder a uma *pergunta* com uma interpretação. Esta seria uma reação provisória.

671. É perfeitamente possível proferir palavras de acordo com uma determinada situação e, portanto, com tal e tal significado, e ao mesmo tempo, no entanto, *pensar* num outro significado. De modo que as palavras tenham, sem que o outro esteja consciente disso, um particular significado para mim.

672. Se me perguntarem, talvez eu vá explicar esse significado, embora a explicação não me tivesse passado pela cabeça antes. Desta maneira, o que meu estado mental enquanto eu proferia a palavra ambígua tem a ver com as palavras da explicação? Até que ponto essas palavras podem corresponder a ele? É evidente que aqui não há algo como um ajuste da explicação ao fenômeno.

673. Pode-se também querer dizer algo com uma expressão enquanto se a pronuncia e logo depois, retrospectivamente, querer dizer algo diferente com ela.

674. Para nós, é como se ilustrações diferentes estivessem ligadas à palavra com cada um de seus dois significados; e agora se pudesse dar à palavra uma ilustração composta das outras duas, só que, neste caso, simplesmente não é nenhuma das duas que está de acordo com a palavra ou que costuma estar ligada a ela.

É claro, porém, que isso não significa que, sempre quando se faz uso da palavra, uma das duas ilustrações tem de estar presente, mas apenas que, *se* nós ilustramos a palavra, *uma* das duas, e não ambas, está ligada à palavra.

675. "Se você tivesse me perguntado, eu lhe teria dado *a* resposta." Isto designa um estado; mas não um "acompanhamento" de minhas palavras.

676. Imagine que as pessoas tivessem o costume de escrevinhar enquanto falassem; por que o que elas produzem dessa maneira enquanto falam deveria ser menos interessante que os processos acompanhadores em seu espírito, e por que o interesse *nestes* deve ser de uma outra espécie?

Por que um desses processos *parece* dar às palavras sua particular *vida*?

677. De acordo com o que ele quis dizer com a palavra, isto é, ou *isto* ou *aquilo*, ele proferiu uma ou outra intenção. Ele teve uma ou outra intenção. E não dá para dizer mais sobre a importância desse querer dizer.

E aqui novamente parece que é menos importante o que se passou no momento do proferimento da palavra individual ("banco", por exemplo), do que o que se passou no momento, e antes do proferimento da sentença inteira. Em certa medida, a alma ilustrou a sentença inteira, e não necessariamente a palavra individual. E no entanto, e isto nós temos de confessar logo a nós mesmos, nem a ilustração tem de ser importante. Por que será que tanto deve depender dela?

E como ela pode dar uma *determinada* vida à sentença, quando a linguagem não faz isso? Como ela pode ser menos equívoca que a linguagem verbal?

678. Agora, o ponto decisivo é que não é apenas de acordo com contexto que posso avaliar o significado; pelo contrário, pode-se perguntar por ele e a pessoa que responde não extrai o significado do contexto.

679. Será que é uma obviedade que quem consegue usar a linguagem seja capaz de *explicar* as palavras que entende, as palavras cujo uso ele entende? Não há dúvida de que ficaríamos muito espantados se alguém que entende a palavra "banco" não pudesse, no entanto, dar-nos uma resposta à pergunta "o que é um banco?".
Não é uma coisa entender a sentença "Vamos andar um pouquinho sob o sol" – e uma outra poder explicar a palavra "sol"? – Mas a pessoa que entende essa sentença não tem de saber qual é a aparência do sol? Da mesma forma como quem entende a sentença "Não estou com dores", por exemplo, tem de saber como se pode infligir dores a si mesmo e como se comporta alguém que está com dores etc.

680. Mais ainda: se é possível à palavra ambígua tomar *cada* "significado" por meio da repetição frequente, por que algumas pessoas que a proferem fora de qualquer contexto não deveriam ordinariamente fazer isso sem uma sensação de significado? Ou por que as pessoas não deveriam proferir uma palavra como essa com uma espécie de significado flutuante, onde nenhum contexto o **fixa**?

681. "Mas o que você faz quando segue a ordem 'Diga... e queira dizer com isso...?" – Você não faz *algo diferente*. Mas também não faz algo específico.

682. De todo modo, este não é um jogo de linguagem que se aprenda muito cedo: proferir uma palavra, isolada, com tal e tal significado. O fundamento é evidentemente que alguém diga que pode proferir a palavra... e ali visar um ou outro de seus significados. O que é fácil quando a palavra tem dois significados; mas você pode também proferir a palavra "maçã" e visar uma mesa com ela? – Todavia, eu poderia utilizar uma linguagem secreta em que ela tem esse significado.

683. "Dê-lhe esta ordem e queira dizer com isso...!" "Diga-lhe isto e queira dizer...!" Esta seria uma ordem notável, que não se tem o costume

de dar. Ou eu digo a alguém "Transmita esta mensagem" – e lhe pergunto depois "Você também quis dizer tal e tal coisa com ela?".

684. Mas então a forma passada da pergunta está justificada? É claro; pois eu contraponho uma mudança de ideia a uma situação em que ela não se altera. O que quero realmente saber não é apenas o que ele quer dizer agora, mas também o que ele quis dizer. – Alguém poderia talvez perguntar "O que você quer dizer? Você mudou de ideia?". Se a resposta a essa pergunta é não, então ele quis dizer, também anteriormente, o que a explicação relata.
Estou querendo dizer: Os critérios para acontecer no passado são aqui diferentes dos critérios para, por exemplo, a emergência de uma imagem.

685. Então como devo descrever esse fenômeno psicológico? Que se pode querer dizer tal e tal coisa com uma palavra obedecendo a uma ordem? Que se fantasia querer dizer isto ou aquilo com ela? Devo dizer que as palavras "querer dizer" são aqui usadas num outro sentido, que na verdade se deveria usar uma outra palavra? Devo propor qual seja essa palavra? – Ou o fenômeno é exatamente que aqui usamos as palavras "querer dizer", palavras que aprendemos para um outro propósito?

686. É um jogo de linguagem muito primitivo aquele em que se diz: "Ocorreu-me... quando desta palavra"? [Cf. PU, p. 218b.]

687. Em vez de "Eu quis dizer *isto* com a palavra", também poderíamos dizer "A palavra estava no lugar de...". E como será que a palavra, quando eu a proferi, podia estar no lugar disto e não daquilo? E, no entanto, é exatamente *essa* a aparência isto tem.
Então tudo isso é como uma ilusão óptica? (Tal como se a palavra *espelhasse* o objeto que a descrição correlaciona a ela.) E, se isso é uma ilusão óptica, o que perdem as pessoas que não conhecem essa ilusão? Elas deveriam perder muito pouco.

688. A particular vivência do significado é caracterizada por reagirmos com uma explicação e a forma passada: precisamente como se explicássemos o significado de uma palavra para fins práticos. [Cf. Z 178.]

689. A intenção pode alterar-se e ao mesmo tempo também um conteúdo vivencial, mas a intenção não era uma vivência.

690. Um dos princípios da observação teria de certamente ser que eu não perturbe com minha observação o fenômeno que estou observando. Isto é, minha observação tem de ser usável, tem de poder ser aplicada aos casos em que não há observação.

691. Então nenhuma vivência particular corresponde a esta iluminação súbita "Agora eu sei!"? Não. – Imagine uma pessoa que está sempre emitindo uns "Agora entendi!" quando ela não entendeu nada; – o que devemos falar dela? Que vivência ela tinha? Não é o "conteúdo vivencial" particular na ocasião da iluminação súbita que lhe dá seu especial interesse, e se alguém diz que entendeu tudo neste instante, isto não é a descrição de um conteúdo vivencial. – Mas por que não? – Quero distinguir entre uma declaração como "Eu vi a fórmula diante de mim neste instante" e outra como "Eu assimilei o método neste instante". Não, porém, como se eu quisesse dizer – "porque não se pode assimilar um método num instante". Pode-se, sim, acontece com **muita** frequência. – Quero dizer: "'Agora eu entendo' é um *sinal*, não uma descrição". E *o que* é feito quando digo isto? Ora, a atenção é dirigida agora à origem de tal sinal; a pergunta "Como alguém aprende as palavras 'Agora eu entendo' e como aprende, por exemplo, as palavras da descrição de uma representação?" passa ao primeiro plano. Pois a palavra "sinal" aponta para um processo que é sinalizado. [Cf. PU, p. 218f.]

692. É sem dúvida a incontestabilidade o que favorece a imagem: algo seria descrito aqui que apenas nós vemos e não o outro, que está assim sempre perto de nós e acessível, mas escondido do outro, algo, portanto, que está *dentro* de nós e do qual nos damos conta olhando para dentro de nós mesmos. E a psicologia é agora a teoria desse interior.

693. Dessa forma, se quero dizer que as nossas "manifestações", com as quais a psicologia lida, não são de forma nenhuma descrições de conteúdos vivenciais, então tenho de dizer que as coisas que são chamadas de descrições de conteúdos vivenciais são apenas um pequeno grupo daquelas manifestações "incontestáveis". Mas este grupo é caracterizado por quais traços gramaticais?

694. Um conteúdo vivencial é aquilo que uma imagem pode retratar; uma imagem em seu significado subjetivo, quando ela quer dizer: "É *isto* o que estou vendo – seja lá o que for o objeto que produz esta impressão", pois o conteúdo vivencial é o *objeto* privado. – Mas, sendo assim, como a dor pode formar tal conteúdo? – Mais ainda que esta, a sensação de temperatura. E a audição tem ainda mais afinidade com a visão – mas elas já são bem diferentes.

695. Para nós, é verdadeiramente como se a dor tivesse um corpo, como se ela fosse uma coisa, um corpo com forma e cor. Por quê? Ela tem a forma da parte do corpo que dói? Alguém gostaria de dizer, por exemplo: "Se eu ao menos tivesse as palavras necessárias e os significados elementares para tanto, eu poderia *descrever* a dor". Sente-se que está faltando apenas a nomenclatura necessária. (James.) Como se pudéssemos até mesmo pintar a sensação, se ao menos o outro entendesse essa linguagem. – E realmente se pode descrever a dor de maneira espacial e temporal. [Cf. Z 482.]

696. Se a manifestação de dor fosse apenas um grito cuja força dependesse apenas do fôlego disponível, mas não do machucado, neste caso, não estaríamos inclinados a considerar a dor como algo que foi observado?

697. Por que você pensa que a dor do *outro* é semelhante à sua sensação visual? – Ou posto desta forma: Por que colocamos a visão, a audição e o tato todos num mesmo grupo? Por que é por meio deles que "passamos a conhecer o mundo exterior"? Pois a dor poderia ser considerada como uma espécie de sensação tátil.

698. Mas e quanto a minha ideia de que não avaliamos as posições e os movimentos de nossos membros realmente segundo as sensações que estes movimentos nos dão? E por que deveríamos avaliar a constituição das superfícies dos corpos dessa forma, se não se pode dizer isso de nossos movimentos? – Qual é afinal o critério para dizer que nossa *sensação* nos informa disso?

699. Como se avalia se o cansaço (por exemplo) é uma sensação corporal de localização imprecisa?

700. Gostaríamos de dizer que "Eu acredito..." não pode ser *propriamente* o presente de "Eu acreditava". Ou: teríamos de poder usar um verbo de tal maneira que seu pretérito tenha o sentido de "eu acreditava", mas seu presente tenha um sentido diferente do nosso "eu acredito". Ou ainda: Teria de haver um verbo cuja terceira pessoa do presente tem o sentido de "ele acredita", mas cuja primeira pessoa tem um sentido diferente de "eu acredito".

Desse modo, porém, deve haver um verbo cuja primeira pessoa diz "eu acredito", mas cuja terceira pessoa não diz o que queremos dizer com "ele acredita"? Então a terceira pessoa teria de ser também incontestável?

701. E como seria se alguém dissesse: "Eu *sei* que não vai chover, mas *acredito* que vai"?

702. O que é comum às vivências sensoriais? – A resposta segundo a qual elas nos dão a conhecer o mundo exterior é igualmente falsa e correta. Ela é correta na medida em que deve apontar para um critério *lógico*. [Cf. Z 477.]

703. Daria para imaginar um "Eu menti" que eu inferiria da observação de meu próprio comportamento? Apenas no caso do outro também não poder fazer a *confissão* "Eu menti".

"Eu não menti" ou "Eu dei esta declaração de boa-fé" descrevem uma vivência? – Você tem de pensar que eu infiro a boa-fé dele não apenas deste e daquele comportamento, mas também aceito a palavra dele quanto a isso, palavra que ele *não* apoia na auto-observação.

704. Por que não posso extrair de minha própria declaração "Vai chover" que acredito nisso? Será que não posso tirar nenhuma conclusão interessante do fato de que eu disse isso? Se é o outro quem diz, eu talvez infira que ele vai levar consigo um guarda-chuva. E por que não no meu próprio caso?

Naturalmente, a tentação aqui é de dizer: No meu próprio caso, eu não *preciso* tirar essa conclusão de minhas palavras, porque posso tirá-la de meu estado mental, de minha própria crença.

705. Por que nunca infiro de minhas palavras minhas prováveis ações? Pela mesma razão por que não infiro de minha expressão facial meu pro-

vável comportamento. – Pois o interessante não é que eu não infira minha emoção de minha expressão da emoção, e sim que eu também não infira meu comportamento posterior daquela expressão, como fazem os outros que me observam. [Cf. Z 576.]

706. Quem filosofa, frequentemente faz o gesto errado, inadequado, em ligação com uma expressão verbal. [Cf. Z 450.]

707. Se alguém me encontra na rua e pergunta "Aonde você está indo?", e eu respondo "Não sei", ele supõe que eu não tenha uma *intenção* definida, não que eu não saiba se vou ser capaz de levar a cabo minha intenção. (Hebel.)[66] [Cf. Z 582.]

708. Meu supereu poderia dizer de meu eu: "Chove, e o eu acredita nisso", e poderia prosseguir: "Então o eu provavelmente levará consigo um guarda-chuva". E agora, como o jogo continua?

709. Considere também a declaração: "Eu provavelmente vou..." – onde o que se segue é uma ação voluntária, e não uma involuntária.

710. Diz-se, por exemplo: "*Sente*-se a convicção, não se a infere das próprias palavras ou de sua entonação".
Mas o que significa: *sente*-se a convicção? A *verdade* é: Não se infere das próprias palavras a própria convicção; ou as ações que nascem desta. [Cf. PU, p. 191g.]

711. À pergunta "Por que não infiro minhas prováveis ações de minha fala?", poderíamos dizer que aqui a situação é como esta: eu, enquanto funcionário de um ministério, não infiro as prováveis decisões do ministro das *manifestações*[67] oficiais, uma vez que eu conheço a origem, a gênese

---

[66] J. P. Hebel: *Schatzkästlein*, Zwei Erzählungen (N.E.).
[67] *Äußerungen*: a tradução mais correta desta palavra neste contexto seria "pronunciamentos". Preferimos manter o uso de "manifestações" para conservar a analogia entre esses pronunciamentos e nossas manifestações mais habituais, como as de dor ou de alegria, já que isto é evidentemente o que Wittgenstein quer ressaltar ao grifar a palavra (N.T.).

tanto dessas manifestações quanto das decisões. – Daria para comparar este caso com aquele em que conduzo solilóquios, talvez até mesmo por escrito, que me levam às minhas manifestações em voz alta numa conversa com outras pessoas; e agora eu digo: é claro que não vou inferir meu comportamento futuro dessas manifestações, mas dos documentos muito mais confiáveis de minha vida interior.

712. Pois eu sei quando estou com raiva, nunca preciso ir ao meu comportamento para me informar disso. – Mas eu infiro de minha raiva uma ação provável? Isso também poderia, creio eu, ser dito desta forma: Eu não me porto com relação a minhas *ações* como um observador.

713. Se digo a alguém "Eu sei que você vai agir assim", o melhor meio de tornar verdadeira esta predição é *persuadir* o outro à ação.

714. Se digo a alguém "Agora você vai levantar sua mão", esta predição pode ser razão suficiente para que ela não se cumpra; a não ser que ela seja uma ordem e o outro a respeite.

715. "Está chovendo e eu acredito que está chovendo." – Voltando-me para o tempo, digo que está chovendo; depois, voltando-me para mim mesmo, digo que acredito nisso. – Mas o que será que faço quando me volto para mim, o que observo? Imagine que eu diga "Está chovendo e eu acredito que vai parar daqui a pouco" – será que me volto para mim mesmo na segunda parte da declaração? – É verdade, se quero descobrir se *ele* acredita nisso, então tenho de me voltar a ele, observá-lo. E, se eu quisesse descobrir em que acredito por meio da observação, eu teria de observar minhas *ações*, da mesma forma como, no outro caso, teria de observar as dele.
Ora, por que não as observo? Elas não são interessantes para mim? Aparentemente, *não*. Eu quase nunca pergunto a uma outra pessoa que estava observando-me se ela tem a impressão de que acredito em tal e tal coisa: isto é, para dessa maneira poder inferir minhas ações no futuro. Por que será que um observador realmente bom não deveria poder predizer meu comportamento com base no que falo e em minhas ações mais corretamente do que sou capaz de fazê-lo? Mas talvez eu só vá agir da forma como ele prevê quando ele não me conta a previsão.

716. Quando digo "Eu me lembro que eu acreditava…", não se pergunte "De que fato, de que processo ele se lembrou?" (isto já foi estabelecido) – mas pergunte: "Qual é o propósito desse discurso, como ele é usado?".

717. A visão, a audição, o tato podem esvair-se, de modo que eu fique cego, surdo etc.; mas o que corresponderia a isso no domínio da intenção?
E como se comportaria uma pessoa sem imaginação? Ou uma pessoa que não pode ficar triste e alegre?

718. "A esperança está direcionada ao futuro" – mas existe uma sensação que é idêntica à esperança, mas está direcionada ao presente ou ao passado? Por assim dizer, o mesmo movimento mental, mas com um outro objeto? Pergunte a si mesmo: o que seria visto aqui como o critério de igualdade dos movimentos mentais? E ligado a isto: "O sobressalto 'Agora eu consigo' é um sobressalto especial, específico?".

719. Mesmo que eu admitisse que sei mais de minha própria crença que da crença do outro, eu ainda teria de dizer que o que posso saber de mim mesmo é *justamente aquilo* que sei do outro, embora haja ainda muito mais a saber. – Dessa forma, e mesmo que isto fosse supérfluo, eu teria de poder aplicar um verbo a mim mesmo da mesma maneira como aplico a palavra "acreditar" aos outros. O que me impede de fazer isso?

720. O conceito de mundo da consciência. Povoamos um espaço com impressões.

721. "O relógio ideal apontaria invariavelmente para o tempo 'agora'." Isto também está conectado com a linguagem que descreve apenas minhas impressões no instante presente. E relacionado com a declaração originária que é apenas um som inarticulado. (Driesch.) O nome ideal que é a palavra "isto".

722. Eu gostaria de falar de uma árvore genealógica dos conceitos psicológicos. (Há aqui alguma semelhança com uma árvore genealógica dos diferentes conceitos de número?)

723. A dificuldade de renunciar a toda teoria: É preciso que se tome aquilo que parece tão manifestamente incompleto como algo completo.

724. A angústia empresta as imagens do medo. "I have the feeling of impending doom."[68]

725. Mas qual é o conteúdo, o conteúdo de consciência da angústia? A pergunta está colocada de forma errada.

726. "Uma imagem (uma imagem mental [*Vorstellungsbild*], uma imagem de memória) da saudade." Pensamos que já fizemos tudo ao falarmos de uma "imagem"; pois a saudade é justamente um conteúdo de consciência, e sua imagem é algo que é (muito) semelhante a ele, embora seja mais indistinta que o original.
E poderíamos muito bem dizer de uma pessoa que interpreta a saudade no teatro que ela vivencia, ou tem, uma imagem da saudade: e isto não como uma *explicação* de suas ações, mas como parte de sua descrição. [Cf. Z 655.]

727. Mas mesmo assim eu não diria que o ator vivencia algo parecido com a saudade real? Pois será que não há algo nisto que James diz: que as emoções consistem em sensações do corpo e por isso podem, ao menos parcialmente, ser reproduzidas por meio de movimentos voluntários?

728. É assim tão desagradável, tão triste, abaixar os cantos da boca e tão agradável levantá-los? O que há de tão terrível no medo? O tremor, a respiração rápida, a sensação nos músculos da face? – Se você diz: "Este medo, esta incerteza é terrível!" – você poderia continuar com "Se ao menos eu não estivesse com esta sensação no estômago!"?

729. A expressão "Esta angústia é terrível!" é parecida com um gemido, um grito. Mas se nos perguntassem "Por que você está gritando?" – nós não apontaríamos para o estômago, para o peito etc., como no caso da dor; pelo contrário, talvez apontássemos para aquilo que nos dá angústia.

---

[68] Em inglês no original. Tradução: "Estou com a sensação de uma desgraça iminente".

730. Se a angústia é amedrontadora e se, quando estou angustiado, estou consciente de minha respiração e de uma tensão nos músculos da face, – isto diz que *essas sensações* me são amedrontadoras? Elas não poderiam até mesmo significar um alívio? [Cf. Z 499.]

731. Compare o medo e a angústia com o cuidado.

732. E que tipo de descrição é *esta*: "Descende uma treva perpétua..."?
Poderíamos descrever uma dor dessa forma; até mesmo pintá-la.

733. Não é com o "conteúdo" que se povoa o espaço das sensações? Aquilo que se transforma, que se passa no espaço e no tempo. Se, por exemplo, alguém está falando consigo mesmo, estes seriam os sons representados (e talvez sensações na laringe ou coisas parecidas).

734. Mentir é uma vivência determinada? Ora, será que posso dizer a alguém "Vou mentir para você agora" e então fazê-lo? [Cf. Z 189.]

735. Até que ponto estou consciente da mentira enquanto minto? Apenas até o ponto em que não tomo consciência dela só mais tarde e, ainda assim, sei mais tarde que menti. O estar-consciente-da-mentira é uma *capacidade*. Não a contradiz que haja sensações características do mentir. [Cf. Z 190.]

736. O saber não é de forma nenhuma *traduzido* em palavras quando se manifesta. As palavras não são tradução de uma outra coisa que estava ali antes delas. [Cf. Z 191.]

737. Alguém diz "Eu percebo no tom de voz dele que ele não acredita no que fala" ou suponho isso porque ele, no geral, se mostrou uma pessoa que não é digna de confiança. Como posso aplicar isso a *mim* mesmo? Posso, por exemplo, inferir de meu tom de voz que eu provavelmente não vá agir de acordo com minhas palavras? (De todo modo, é isto o que o outro faz.) Ou posso inferir isto de minha inconfiabilidade anterior? Antes a última opção. Mas eu não avalio em absoluto o tom de minha voz como avalio o tom de voz do outro. É verdade que, se eu pudesse ver-me mais tarde, por exemplo num filme falado, talvez eu dissesse "Não confio tanto assim em mim".

738. Mas sobretudo: parece que, apesar de tudo, tenho um substituto para todas essas conjecturas, um que é mais certo que elas. Eu certamente *sei* que não acredito no que digo, e isto me dá a melhor razão – eu gostaria de dizer – para supor que não vou agir de acordo com minhas palavras. Isso mesmo; o que tenho é justamente uma *intenção* relativa a minhas ações.

739. "É claro que sei que estou mentindo! Para que preciso tirar conclusões de meu tom etc.?" – Mas não é bem assim. Pois a questão é: Posso tirar daquele "saber" as mesmas conclusões, por exemplo, a respeito do futuro que tiro dos sinais observados? Posso fazer dele a mesma *aplicação* que faço desses sinais?

740. E será que a intenção está sempre *bem* clara? Eu digo, por exemplo, "Tudo vai dar certo" – *metade* porque acredito nisso, *metade* porque quero consolar os outros.

741. Segundas intenções. "Eu conheço as minhas, *suspeito* das dele." Mas que *interesse*, que importância, têm para mim suas segundas intenções? (Ora, reflita sobre isto.) E o "saber" de minhas segundas intenções desempenha para **mim** realmente o mesmo papel que a suspeita das dele desempenha para **ele**.

742. "Julgar segundo si mesmo." É claro que isto existe. E às vezes até infiro que o outro está com dores porque ele se comporta da mesma forma que eu nesse caso.

743. Poderíamos dizer: Se eu lhe digo minhas segundas intenções, estou contando-lhe precisamente aquilo de que você suspeita quando está suspeitando das segundas intenções. Isto é: se você suspeita das segundas intenções como, por assim dizer, um princípio ativo, e eu as manifesto, então você pode usar minha manifestação imediatamente na descrição daquele agente. Minha manifestação explica exatamente aquilo que ele quer explicar.

744. "Então para que devo inferir meu comportamento de minhas próprias palavras, se de todo modo eu sei em que acredito?" E como se mani-

festa que eu saiba em que acredito? Não se manifesta justamente em que eu não infira meu comportamento de minhas palavras? Este é o fato.

745. Por que não infiro de meu tom que não estou realmente convencido daquilo que estou dizendo? Ou tudo aquilo que se infere deste último caso? – E se respondem "Porque eu conheço minha *convicção*" – a pergunta é "Como isto se revela?". Devo agora dizer: "Revela-se no fato de que *não* duvido do que ela seja"?

746. O *conhecimento* do metro. Quem *conhece* o metro, de outra maneira o ouve.

747. Existem pensamentos repletos de cuidado, mas não repletos de dor de dente.

748. Estou agora assobiando uma nota, mas também agora uma melodia.

749. Não dizemos: "Estou parecendo furioso; apenas espero que eu não cometa nenhuma violência". Mas a questão não é: "Por que não dizemos?".

750. A psicologia do juízo. Pois até o juízo tem sua psicologia.
É importante que se possa imaginar que todo juízo comece com a palavra "Eu". "Eu julgo que..."
Então todo juízo é um juízo sobre quem julga? Não é, e isto na medida em que eu não quero que as principais consequências que forem tiradas sejam sobre *mim*, e sim sobre o objeto do juízo. Se eu digo "Está chovendo", em geral não quero que me respondam: "Então é *assim* que *lhe* parece". "Estamos falando do tempo", eu poderia dizer, "e não de mim".

751. "Mas por que o uso do verbo 'acreditar', a sua gramática, é composto de uma maneira tão estranha?"
Ora, ele não é composto *estranhamente*. Ele só fica estranho quando o comparamos com o uso da palavra "comer", por exemplo.

752. Digo "O que será que ele vai fazer agora?", observando-o. Eu também me observo e digo "O que será que vou fazer agora"?

753. Imagine que eu me movimentasse num quarto e tivesse uma tela diante de meus olhos, na qual eu me vejo como um observador me veria. Enquanto estou movimentando-me no quarto, eu olho continuamente apenas para a tela e nela observo o que faço. – Qual seria agora a diferença entre estes dois casos: (a) Sou guiado pelo que vejo na tela tal como sou pelo que normalmente vejo em meu arredor – (b) Movimento-me *involuntariamente* e observo a mim mesmo como um estranho.

Mas eu não sinto minha movimentação? – Essa sensação não é algo que *acontece* comigo assim como qualquer outra impressão sensível?

754. Pois bem: a sensação cinestésica é uma sensação *diferente*, especial. – Mas assim é o olfato, a audição etc. – Por que isto faz essa distinção?

"Sensação de inervação" – isto exprime o que se gostaria de dizer: Que ela é como um *impulso*. Mas uma sensação que é como um impulso? O que será que é um impulso? Uma imagem física. A imagem de um empurrão.

755. Qual é a diferença entre estas duas coisas: Seguir uma linha involuntariamente – Seguir uma linha de propósito?

Qual é a diferença entre estas duas: Copiar uma linha com cuidado e muita atenção – Observar atentamente como minha mão segue o traçado de uma linha? [Cf. Z 583.]

756. Certas diferenças são fáceis de assinalar. Uma delas reside na previsão do que a mão vai fazer. [Cf. Z 584.]

757. "Estou fazendo tudo o que posso" é a manifestação de uma vivência? – *Uma* diferença: Diz-se "Faça tudo o que você puder!". [Cf. Z 581.]

758. Diz-se: "Dê a si mesmo esta sensação muscular!"? E por que não? – "Esta"? – Qual? – Mas eu não me posso dar uma determinada sensação muscular movimentando meu braço? – Tente! Movimente seu braço – e pergunte-se qual sensação você provocou em si mesmo.

Se alguém me dissesse "Dobre seu braço e provoque em si a sensação característica" e eu dobro meu braço, então eu teria de lhe perguntar: "A qual sensação você se referiu? Uma leve tensão no bíceps ou uma sensação na pele da face interna da junta do cotovelo?". É verdade, se alguém me mandasse fazer um movimento, eu poderia fazê-lo e depois descrever as sensações que ele produz e o particular lugar delas (que quase nunca seria a junta). E frequentemente eu também teria de dizer que não senti *nada*. Só que não se pode confundir isto com a declaração de que foi como se meu braço estivesse *insensível*.

759. Você está lendo esta página voluntariamente? Em que consiste aqui o *ato*? – Alguém pode ler para atender a uma ordem, e também parar de ler. Também se pode imaginar algo em obediência a uma ordem. Pode-se, por exemplo, recitar uma poesia ou fazer uma conta na imaginação. Quando você está imaginando, você *sente* se está imaginando algo voluntária ou involuntariamente?
Pode-se evocar pensamentos, evocar representações em obediência a uma ordem – mas também, e isto é algo diferente, se pode pensar algo, imaginar algo em obediência a uma ordem.

760. Representações, poderíamos dizer, são voluntárias; imagens residuais, involuntárias.

761. É involuntário, **por exemplo**, o movimento que não se pode evitar; ou aquele do qual não se sabe nada; ou aquele que acontece quando alguém relaxa propositalmente seus músculos a fim de não influenciar o movimento.

762. Quando, por exemplo, vejo outra pessoa comendo, eu me pergunto se ela faz isso voluntária ou involuntariamente? Talvez se diga que eu simplesmente suponho que isso aconteça voluntariamente. O que suponho? Que ele sente isso? E o sente de uma determinada maneira?

763. Como sei se a criança come, bebe, anda etc. de forma voluntária ou não voluntária? Eu pergunto o que ela sente? Não; comer, assim como todos comem, *é* voluntário.

764. Se alguém agora nos dissesse que *ele* come involuntariamente – que evidência me faria acreditar nisso? [Cf. Z 578.]

765. Quando subitamente levanto minha mão para proteger meu olho – o movimento é voluntário? – E eu o *sinto* de forma diferente de um voluntário?

766. O conceito de "esforço". Você sente o esforço? É claro que você o sente. Mas você também não o *faz?* – Quais são os sinais do esforço? Eu levanto um grande peso com muito esforço. Meus músculos estão tensos, meu rosto todo contraído, minha respiração presa – mas eu faço tudo isso? Não é algo que meramente acontece comigo? Como seria se isso apenas acontecesse comigo? Como esse caso se distingue do caso do querer? Será que eu falaria de outro modo? Eu diria: "Não sei o que acontece comigo: meus músculos estão tensos, meu rosto etc."? E se eu dissesse: "Ora, então relaxe seus músculos", ele responderia "Não consigo".

Mas e se alguém me dissesse: "Eu sinto que *tenho* de fazer *seja lá o que* faço", ao mesmo tempo em que se comporta como qualquer outra pessoa?

767. Dizer que a sensação cinestésica me indica o movimento que foi feito não é algo análogo à opinião de que uma marca característica da dor me indica seu local?

768. Se alguém quisesse representar a dor por meio de uma figura colorida – ele incluiria na figura um sinal de local? E por que não?

769. A sensação não é a medida do esforço? Isto é: Se digo "Estou puxando mais forte agora", eu noto isso com base no grau da sensação? E o que há para se dizer contra isso? Diz-se a alguém "Esforce-se mais!" – não para que ele sinta mais, mas para que ele obtenha mais êxito.

770. Por que se sente que se pode descrever, pintar, uma sensação tátil (seu conteúdo), mas não uma sensação de movimento ou de posição?

771. Você pode dizer, por exemplo, que sua sensação de posição está fraca ou forte?

E, embora suas sensações possam estar mais fortes ou mais fracas (ou ausentes) quando do movimento de um membro, isto não é uma percepção do movimento.

772. Sensações de movimento – estas são sensações que são provocadas por movimentos – podem ser, por exemplo, dores.

Como se sabe que não são essas sensações de movimento que nos informam sobre como nos estamos movimentando? O que seria um sinal de que *é* assim?

773. Não é um fato importante que o teatro nos exiba cores e sons, mas não sensações táteis? Talvez se pudesse imaginar o uso de cheiros e de sensações de temperatura, mas não de sensações táteis.

774. Uma pessoa que está enfiando uma linha na agulha com manifesto cuidado e nos diz que faz isso *involuntariamente*. Como ela poderia justificar essa declaração?

775. Daquilo que se pode saber, pode-se estar convencido – e disso também se pode suspeitar. (Observação gramatical.)

776. Voluntários são certos movimentos com seus *arredores* normais de intenção, aprendizado, tentativas, ações. Movimentos dos quais faz sentido dizer que às vezes são voluntários, às vezes involuntários, são movimentos num arredor especial. [Cf. Z 577.]

777. Uma categoria de fenômenos (fatos) psicológicos seriam os "*germes*". Mas esta palavra pode ser tão facilmente a expressão de um mal-entendido quanto a locução "vivência de tendência" (James). A locução "movimento de um jogo de tabuleiro" tampouco caracteriza uma *espécie de movimento*.

778. Traduzir de uma língua para outra é uma tarefa matemática, e a tradução de uma poesia lírica, por exemplo, para uma língua estrangeira é bastante análoga a um *problema* matemático. Pois se pode muito bem colocar o problema "Como dá para traduzir esta piada (por exemplo) por uma piada na outra língua?", isto é, como dá para substituí-la; e o problema também *pode* ser resolvido; mas não havia um método, um sistema, para sua solução. [Cf. Z 698.]

779. Você sabe que está mentindo; você sabe quando está mentindo. Uma voz interior, uma sensação, diz-me isso? Essa sensação não me poderia enganar?
Uma voz sempre me diz? E quando é que ela fala? O tempo todo? – E como sei que posso confiar nela?

780. Uma mentira tem particulares arredores. Ali há, sobretudo, um motivo. Algo que a ocasiona.

781. A consciência da mentira é da categoria da consciência da intenção.

782. Não se esqueça: visão, audição, olfato, paladar etc. só são sensações porque estes conceitos têm *algo* em comum – assim como se poderia tomar em conjunto a furadeira, o cinzel, o machado e o maçarico, porque eles têm *certas* funções em comum.

783. "Uma dor, uma nota musical, um sabor, um cheiro, tem uma determinada cor." O que isto significa? (Qualidade. Adjetivo.)
Uma cor pode ser *es*verde*ada* ou azul*ada* – há um misto de cores; assim como há também um misto de odores, sons, sabores; níveis intermediários qualitativos. Como se distinguem níveis intermediários qualitativos de quantitativos, quero dizer, de níveis de "intensidade"?
Ainda dá para suportar – não dá mais para suportar: estes são, por exemplo, graus de intensidade. Imagine que alguém perguntasse: "Como posso saber que o que sinto como diferentes graus de intensidade sonora [*Lautheit*], por exemplo, não é sentido pelo outro como qualidades diferentes, comparáveis a cores diferentes?". Compare a reação a uma alteração da força com a reação a uma alteração da qualidade.

784. Eu sinto meu braço e, estranhamente, gostaria agora de dizer: eu o sinto numa determinada posição no espaço; isto é, como se a sensação corporal estivesse distribuída por um espaço com a forma de um braço, de modo que, para representar isso, eu tivesse de representar o braço, talvez com gesso, em sua posição correta. [Cf. Z 480.]

785. Imagine que a ponta de um lápis fosse colocada em contato com minha pele num lugar qualquer; eu posso dizer que sinto onde ela está. Mas eu sinto *onde* a sinto? "Como você sabe que agora a ponta está tocando sua coxa?" – "Eu sinto." Sentindo o contato, eu sei seu local; mas devo por isso falar de uma sensação do local? E se não há uma sensação do local, por que tem de haver uma sensação de posição?

786. É verdade, é estranho. Meu antebraço está agora na horizontal e eu gostaria de dizer que sinto isto; mas não como se eu tivesse uma sensação que sempre anda lado a lado com esta posição (assim como se alguém sentisse uma isquemia ou uma congestão sanguínea) – e sim como se a

própria "sensação corporal" estivesse arranjada ou distribuída horizontalmente, da mesma maneira como, por exemplo, partículas de fumaça ou poeira sobre a superfície de meu braço estão assim distribuídas no espaço. Logo, não é realmente como se eu sentisse a posição de meu braço, e sim como se eu sentisse meu *braço*, e a sensação tivesse tal e tal *posição*. O que, porém, apenas quer dizer: eu simplesmente *sei* como ele está – sem que o saiba *porque*... Como também sei onde sinto a dor – mas não o saiba *porque*... [Cf. Z 481.]

787. Considere: "Não é verdade que eu sempre acredite no que é falso. Por exemplo, agora está chovendo e eu acredito nisso".
Poderíamos dizer dele: Ele fala como *duas* pessoas.

788. Por que tenho dúvidas sobre a intenção dele, mas não tenho sobre a minha? Até que ponto conheço minha intenção de forma indubitável? Qual é, por assim dizer, a serventia de que eu *saiba* minha intenção? Isto é, qual é a serventia, a função, da manifestação de intenção? Isto é, quando ela é uma manifestação de intenção? Ora, quando o ato segue-se a ela, quando ela é uma predição. Eu faço a predição, a mesma que o outro faz com base na observação de meu comportamento, *sem* essa observação.

789. Quando se trata de uma "sensação de irrealidade", ficamos inclinados a dizer: "Tudo o que sei é que em certas circunstâncias as pessoas frequentemente dizem que sentiam que tudo ao seu redor era 'irreal'. É claro que também sabemos qual uso desta palavra as pessoas tinham aprendido[69] e mais uma ou outra coisa sobre suas outras manifestações. Mais que isso, nós não sabemos". – Por que não falamos também dessa forma quando se trata de uma manifestação de prazer, de convicção, da voluntariedade e involuntariedade dos movimentos?

790. O que eu deveria responder a alguém que me diz que *ele* sente a posição e o movimento de seus membros, que me assegura que uma *sensação lhe* informa da postura e do movimento deles? Devo dizer que ele está

---

[69] TS: de resto também sabemos como o uso desta palavra foi condicionado...

mentindo ou está enganado, ou devo acreditar nele? Eu gostaria de lhe perguntar *como* uma sensação *o* informa, por exemplo, dessa posição. Ou melhor: como ele *sabe* que sua *sensação* o informa disso.

791. (Diz-se o *habitual* – com o gesto errado.) [Cf. Z 451.]

792. Lembre-se aqui, mais uma vez, da sensação sem justificativa e, ao que tudo indica, sem razão, de que certa vila tem de ficar *naquela* direção. Se esta sensação não nos enganasse na maioria das vezes, falaríamos aqui de um *saber* baseado na sensação. E apenas se pode *suspeitar* das fontes dessa sensação ou estabelecê-las empiricamente.

793. O mais importante aqui é isto: existe uma diferença; nota-se a diferença, que "é uma diferença categorial" – sem poder dizer em que ela consiste. Este é o caso em que habitualmente se diz que reconhecemos a diferença por meio da introspecção. [Cf. Z 86.]

794. E soa demais como um apelo à introspecção, se eu quisesse dizer: "Faça o teste você mesmo – veja se você realmente determina a posição de seus membros pelas sensações neles!". E além disso estaria errado, pois a questão é esta: De que modo isso apareceria se alguém o fizesse? Pois, se após um autoexame ele me assegurasse que é assim ou que não é assim, – como sei se posso confiar nele? Quero dizer, se ele me entendeu corretamente? Ou ainda: Como verifico se eu o entendo?

795. Alguém me diz: "Eu não sei como movimento meus dedos, mas sei se os estou separando por meio da sensação em minhas membranas interdigitais". Aqui teríamos de perguntar: Então você não pode realizar facilmente a ordem "Separe seus dedos" com os olhos fechados?

796. Sentimos nossos movimentos. Sim, nós realmente os *sentimos*; a sensação não é semelhante a uma sensação gustativa ou de calor, mas a uma sensação tátil: a sensação de quando pele e músculos são apertados, puxados, deslocados. [Cf. Z 479.]

797. Como posso precisar da orientação da sensação de movimento durante meus movimentos? Pois como posso, antes que o movimento te-

nha começado, escolher entre todos os músculos aqueles que me vão dar sensação correta de movimento? Se há um problema: "Quando não estou vendo o movimento, como sei que, e até que ponto, ele ocorreu?" – por que, então, não há o problema: "Como é que sei de que forma o movimento, digamos, que foi ordenado deve ser empreendido?". (Uma vez Russell fez uma observação falsa sobre isso.)

798. Eu posso, por exemplo, dizer que neste momento sei que meu dedo está dobrado, mas que não tenho nenhum tipo de sensação nele; de todo modo nenhuma que associo particularmente a esta localização. Portanto, se me perguntassem: "Você está sentindo algo que não sentiria em posição estendida? Ou fica faltando uma sensação que estaria presente na outra posição?" – eu teria de responder com um não.

799. "O prazer é uma sensação?" (I. A. Richards). Isto significa algo parecido com: O prazer é algo como uma nota musical ou um cheiro? – Mas uma nota é algo como um cheiro? Em que medida?

800. Quem pergunta se o prazer é uma sensação provavelmente não distingue entre razão e causa, pois de outro modo lhe teria chamado a atenção o fato de que se tem prazer *em algo*, o que não quer dizer que esse algo cause uma sensação em nós. [Cf. Z 507.]

801. De todo modo, porém, o prazer anda lado a lado com uma expressão facial, e mesmo que não a vejamos em nós mesmos, nós ainda assim a sentimos.
Agora tente meditar sobre algo muito triste com uma expressão facial de alegria radiante! [Cf. Z 508.]

802. É claro que é possível que as glândulas da pessoa triste secretem de forma diferente das da pessoa feliz; e também que essa secreção seja a ou uma das causas da tristeza. Mas segue-se disso que a tristeza seja uma *sensação* provocada por essa secreção? [Cf. Z 509.]

803. Mas o pensamento aqui é: "Mesmo assim você *sente* a tristeza – logo você tem de senti-la em *algum lugar*; caso contrário, ela seria uma quimera". Mas se é assim que você quer pensar, apenas traga à memória a

diferença entre visão e dor. Eu sinto a dor na mão – e a cor no olho? Uma vez que aqui queremos usar um esquema em vez de meramente tomar nota do que realmente há em comum, fazemos uma imagem falsamente simplificada de nosso universo conceitual. É como se disséssemos que todas as plantas no jardim tivessem flores, todas tivessem pétalas – frutos – sementes. [Cf. Z 510.]

804. Um cheiro pode ser extremamente agradável. O que há de agradável nele é apenas uma sensação? Nesse caso, a sensação de agradabilidade acompanharia o cheiro. Mas como ela se *relacionaria com ele*? Não há dúvida de que a expressão de agradabilidade é de uma *espécie* semelhante à da expressão de uma sensação, em especial a de uma dor. Mas a alegria não tem um lugar; há pensamentos alegres, mas não odontálgicos.

Mas – gostaríamos de dizer – se a alegria é uma sensação ou *o que* ela é, isto é algo que é preciso notar quando se a tem! – (E por que especialmente quando se a *tem*, e não quando se *não* a *tem*?) Você também nota a *essência* do um quando come *uma* maçã, e a *essência* do zero quando não come nenhuma?

805. A voluntariedade está conectada ao caráter proposital [*Absichtlichkeit*]. E por conseguinte também à decisão. Não se decide ter um ataque de angina e então se o tem.

806. Provoca-se um espirro ou um acesso de tosse, mas não um movimento voluntário. E a vontade não provoca o espirro, tampouco o andar. [Cf. Z 579.]

807. Sensação; isto é aquilo que se toma por algo imediatamente dado e concreto, que apenas precisamos olhar para reconhecer; aquilo que está realmente ali. (A coisa [*Sache*], não seu emissário.)

808. "Eu sei se falo de acordo com minha convicção ou em oposição a ela." Então a convicção é o importante. No pano de fundo de minhas manifestações. Que imagem *forte*. Poderíamos pintar a convicção e o discurso ("do fundo do peito"). E, no entanto, quão pouco mostra essa imagem!

809. "O cheiro é maravilhoso!" Existe alguma dúvida de que é o cheiro que é maravilhoso?

Então é uma propriedade do cheiro? – Por que não? É uma propriedade do dez ser divisível por dois, bem como ser o número de meus dedos.

Poderia haver, porém, uma linguagem em que as pessoas apenas fecham os olhos e dizem "Ah, que cheiro!", e não há uma sentença sujeito-predicado equivalente à exclamação. Esta é justamente uma reação "específica". [Cf. Z 551.]

810. Aquilo que ele diz que tem e que eu digo que tenho, sem que deduzamos isso de uma observação qualquer – este aquilo é o mesmo que extraímos da observação do comportamento do outro e de sua *manifestação* de convicção? [Cf. Z 574.]

811. Pode-se dizer: Eu *infiro* que ele vai agir como *ele pretende* agir? [Cf. Z 575.]

812. Eu infiro as consequências de sua convicção da expressão de sua convicção; mas não as consequências de minha convicção da expressão dela.

813. Imagine um observador que, de forma quase automática, profere sua observação. É verdade que ele se ouve falando, mas, por assim dizer, nem liga para isso. Ele vê que o inimigo está aproximando-se e relata, descreve isso, mas como uma máquina. Como seria isto? Ora, ele não age de acordo com sua observação. Poderíamos dizer dele que ele enuncia o que vê, mas não *acredita* nisso. Isso, por assim dizer, não se infiltra nele.

814. Por que não infiro de minhas próprias palavras um estado do qual surgem palavras e ações? Sobretudo, não infiro de minhas palavras minhas prováveis ações.

815. Se me perguntam "Você vai agir assim?" – eu reflito sobre *razões para* e *razões contra*.

816. Mas considere isto: "De todo modo eu às vezes tomo a palavra do outro – então eu certamente também teria de tomar, ao menos às vezes, a minha palavra como testemunho de que tenho tal e tal convicção". Con-

tudo, se eu relato o que observo de maneira mais ou menos automática, este relato não tem absolutamente nada a ver com minha convicção. Por outro lado, eu poderia confiar em mim ou em meu eu observador da mesma forma como uma outra pessoa o faz. Eu então poderia dizer: "Digo 'está chovendo', e provavelmente é assim que vai estar". Ou: "O observador dentro de mim diz 'está chovendo', e estou inclinado a acreditar nele". – Será que não é assim – ou de forma parecida – quando uma pessoa diz que Deus falou com ela ou por meio de sua boca?

817. A percepção [*Einsicht*] *importante* é a de que existe um jogo de linguagem no qual dou *automaticamente* uma informação, que pode ser tratada pelos outros da mesma forma que uma não automática – só que aqui não se vai falar de uma "mentira" –, uma informação que eu mesmo posso receber tal como a de uma terceira pessoa. A declaração, o relatório etc. "automático" também poderia ser chamado de um "oráculo". – É claro, porém, que isto significa que o oráculo não deve servir-se das palavras "eu acredito...".

818. Onde será que está dito na lógica que uma afirmação não pode ser feita em transe?

819. "Se olho lá fora, vejo que está chovendo; se olho para dentro de mim, vejo que acredito nisso." E o que se deve fazer com esta informação?

820. "Suponha que esteja chovendo e eu não acredite nisso" – quando afirmo o que esta suposição está supondo –, minha personalidade, por assim dizer, cinde-se.
"Nesse caso minha personalidade cinde-se" quer dizer: Nesse caso eu já não jogo mais o jogo de linguagem ordinário, e sim um outro.

821. "As palavras 'Está chovendo' estão escritas em sua alma" – isto deve querer dizer o mesmo que (isto é, deve ser substituível por) "Ele acredita que está chovendo". "As palavras 'Está chovendo' estão escritas em minha alma" – querem dizer mais ou menos o mesmo que: "Não consigo me livrar da crença de que...", "A ideia de que... tomou posse de mim".
Pois tenha em mente que as palavras "Acredito que está chovendo" e "Deve estar chovendo" podem dizer *o mesmo*: isto é, *na medida em que*,

em certos contextos, não faz diferença qual das duas sentenças nós usemos. (E livre-se da ideia de que o processo mental que acompanha uma sentença é diferente do que acompanha a outra!) As duas sentenças podem dizer o mesmo, embora à primeira corresponda um "Eu acredito...", "Ele acredita..." etc., e à segunda não. A primeira é simplesmente formada com um outro *conceito*. Isto é: para dizermos que talvez esteja chovendo, *não* precisamos do conceito "acreditar", embora possamos empregá-lo para tanto. O conceito de que uma sentença está "escrita na alma" de alguém é agora um terceiro conceito, que em parte coincide com os outros na aplicação, em parte não.

O que estou querendo dizer é que não precisamos do "estranho" conceito "acreditar" para formar a declaração "Deve estar...", embora *possamos* usá-lo para tanto.

822. Também leve em conta: "Deve estar chovendo e está chovendo" não quer dizer nada, da mesma forma como "Deve estar chovendo e não está chovendo". Em contrapartida, pode-se dizer "Parece que está chovendo e está chovendo" e também "Parece... e não está chovendo". E "Parece que está chovendo" pode ter o mesmo sentido que "Deve estar chovendo".

823. Como sei que estou acreditando em: ...? Eu olho para dentro de *mim*? Será que tem para mim *qualquer* utilidade que eu me observe? Ora, eu poderia perguntar-me algo como: "Quanto eu apostaria neste caso?".

824. Fingimento, simular dores. Isto não consiste simplesmente em produzir uma manifestação de dor sem estar com dores. Tem de estar presente um motivo para a simulação, ou seja, uma situação que não é muito simples de descrever. Parecer doente e fraco para em seguida atacar quem vem ajudar. – "Mas é claro que existe aí uma diferença *interna*!". Naturalmente; só que aqui "interna" é uma metáfora perigosa. – Contudo a "prova" de que está presente uma diferença interna é justamente o fato de que posso *confessar* que estava fingindo. Confesso uma intenção. "*Segue-se*" disso que a intenção era algo interior?

825. O "infinito atual" é uma "mera palavra". Melhor seria dizer: por enquanto, essa expressão cria meramente uma imagem – que ainda paira no ar; você ainda nos deve sua aplicação. [Cf. Z 274.]

826. Uma sequência infinitamente longa de esferas, um bastão infinitamente longo. Imagine que se esteja falando sobre isto numa espécie de conto infantil. Que aplicação, mesmo que apenas fictícia, poderia ser feita desse conceito? Agora a questão não é: Pode haver algo assim? Mas: O que imaginamos? Então solte de verdade as rédeas de sua fantasia! Agora tudo pode ser como você quiser. Você só precisa *dizer* como quer. Faça então apenas uma imagem verbal; ilustre-a como quiser – com desenhos, comparações etc.! Ou seja, você pode como que aprontar um plano de trabalho. E agora resta a questão de como se pode trabalhar segundo ele. [Cf. Z 275.]

827. "Mas como o espírito[70] humano pode voar na frente da realidade e *pensar* até mesmo o inverificável?" – Por que não devemos *falar* o inverificável? Pois fomos nós mesmos quem o fizemos inverificável.

Uma falsa *aparência* é produzida? E como ela pode chegar a *aparecer* dessa forma? Será que você não quer dizer que este *dessa forma* não é nem mesmo uma descrição? Ora, nesse caso ela não é uma aparência *falsa*, mas, pelo contrário, uma que nos rouba a orientação, de maneira que simplesmente perguntemos: Como é possível? [Cf. Z 259.]

828. Tão logo a palavra foi proferida, desejei que não a tivesse dito. – Como meu desejo se relacionava com a palavra proferida?

Tão logo a proferira, eu senti que a palavra era inapropriada. Mas os *sinais* de que me lembro eram apenas leves pistas. Minúcias com base nas quais eu talvez tivesse podido *adivinhar* a intenção, o desejo etc.

Há ocasiões de vergonha – situações – e comportamento envergonhado. Da mesma forma como há ocasiões de expectativa e comportamento de expectativa.

829. Quando um gato está à espreita diante do buraco do rato – eu suponho que ele esteja pensando no rato?

Quando um ladrão espera por sua vítima – faz parte disso que ele esteja pensando nesse homem? Ele *tem* de refletir sobre isto e aquilo enquanto espera? Compare a pessoa que faz isso pela primeira vez com alguém que já o fez inúmeras vezes! (Ler.)

---

[70] TS: entendimento.

830. Poderia haver um verbo que significasse: proferir a intenção por meio de palavras ou outros sinais, em voz alta ou em pensamento. Este verbo não teria o mesmo significado do nosso "pretender".

Poderia haver um verbo que significasse: agir de acordo com uma intenção; e este verbo também não teria o mesmo significado de "pretender".

Ainda outro poderia significar: debruçar-se sobre uma intenção; ou revirá-la de todas as formas na cabeça. [Cf. Z 49.]

831. Quando preparo meu café, eu pretendo bebê-lo. Se eu agora o preparasse sem essa intenção – teria de **estar faltando** um acompanhamento dessa ação? Acontece algo durante o fazer normal que o caracteriza como fazer com esta intenção? Mas se me perguntassem se pretendo bebê-lo e eu respondesse "É claro que sim!" – eu estaria enunciando **algo** sobre meu estado presente?

É *assim* que reajo neste caso; e é *isto* que se pode extrair de minha reação.

832. Pode-se chamar uma crença, um desejo, um medo, uma esperança, uma afeição, de um estado da pessoa; nós podemos contar com esse estado em nossa conduta para com essa pessoa, podemos inferir suas reações de seu estado.

E se alguém diz "Todo esse tempo eu estava acreditando...", "Toda minha vida eu nutria o desejo..." etc., ele está relatando um estado, uma atitude. – Mas se ele diz "Acredito que ele venha" (ou simplesmente "Aí vem ele") ou "Desejo que você venha" (ou simplesmente "Por favor, venha!"), neste caso ele está agindo, falando, de acordo com **aquele** estado, e não relatando que o estado se encontra dentro dele.

Mas se isto estivesse correto, então deveria haver uma forma presente daquele relato, ou seja, de um lado, por exemplo, a *manifestação* "Acredito...", e de outro um *relato* "Estou acreditando...". E algo semelhante vale para o desejo, a intenção, o medo etc.

833. Alguém poderia contar: "Eu me lembro com muita precisão de meu estado naqueles anos; sempre que me perguntavam..., eu respondia...; essa era minha atitude".

834. Há uma **reação** de asco em mim e nos outros; há também *sensações de asco*. E nisto se assemelham o asco, o medo, a afeição, entre outros; mas não a esperança, a crença etc.

835. O *pesar* reitera incessantemente os pensamentos tristes. Um pensamento pode ser triste, asqueroso, deleitante etc.; mas como a expressão mostra que é a este pensamento que reagimos assim? Como se evita um pensamento?

836. Devo chamar todo o domínio do psicológico de domínio das "*vivências*"? Ou seja, talvez chamar todos os verbos psicológicos de "verbos vivenciais" ("conceitos vivenciais")? Sua característica é que sua terceira pessoa é proferida com base em observações, mas não a primeira. Aquela observação é a observação do comportamento. Uma subclasse de conceitos vivenciais são os "conceitos experienciais". "Experiências" têm duração, um curso; elas podem transcorrer de maneira uniforme ou não uniforme. Elas têm intensidade. Elas não são caracteres de pensamentos. Uma representação é uma experiência. Uma subclasse de "experiências" são as "impressões". Impressões têm relações espaciais e temporais umas com as outras. Há impressões mistas. Há, por exemplo, mistos de odores, cores, sons. "Emoções" são "vivências", mas não são "experiências". (Exemplos: tristeza, alegria, pesar, deleite.) E poderíamos distinguir entre "emoções direcionadas" e "emoções não direcionadas". A emoção tem duração; ela não tem um lugar; ela tem experiências e pensamentos característicos; ela tem uma expressão *mímica* característica. Pensar é falar em determinadas circunstâncias e o que mais corresponde a esse falar. Emoções colorem pensamentos. Uma subclasse de "vivências" são as formas de "convicção". (Crença, certeza, dúvida etc.) Sua expressão é uma expressão de pensamentos. Elas não são "colorações" de pensamentos. Também poderíamos chamar as emoções direcionadas de "tomadas de posição". Também a surpresa e o pavor são tomadas de posição e, além disso, a admiração e a fruição.

837. Mas qual é o lugar da *memória* e qual é o da *atenção*? Podemos lembrar-nos num *instante* de uma situação ou acontecimento. Nesta medida, portanto, o conceito de lembrar-se é parecido com o de compreender, decidir-se, instantaneamente.

838. Às vezes meu comportamento é o objeto de minha observação, mas apenas *raramente*. E isto está conectado ao fato de que eu tenciono meu comportamento. Mesmo quando o ator observa suas próprias caras no espelho ou o músico repara precisamente em cada nota de sua execução

e a avalia, de todo modo isto acontece para que ele oriente sua ação da maneira correspondente. [Cf. Z 591.]

839. O que significa, por exemplo, dizer que a auto-observação torna minhas ações, meus movimentos, incertas?
Não posso observar-me sem estar sendo observado. E, quando me observo, eu não tenho o mesmo propósito que têm os outros quando me observam. [Cf. Z 592.]

840. Se uma criança sapateia e urra de raiva – quem diria que ela faz isso involuntariamente? E por quê? Por que se supõe que ela não faria isso involuntariamente? Quais são os *sinais* da ação voluntária? Existem tais sinais? – Quais são então os sinais do movimento involuntário? Ele não segue ordens como a ação voluntária. Existe um "Venha cá!", "Vá até lá!", "Faça este movimento com o braço!"; mas não um "Faça seu coração bater rápido!". [Cf. Z 593.]

841. Existe um determinado jogo conjunto de movimentos, palavras, caras, como as manifestações de relutância ou prontidão que caracterizam os movimentos voluntários do homem normal. Quando chamamos a criança, ela não vem automaticamente: Há ali, por exemplo, o gesto "Não quero!". Ou há a vinda alegre, a decisão de vir, a fuga com sinais de medo, os efeitos da persuasão, todas as reações do jogo, os sinais de reflexão e seus efeitos. [Cf. Z 594.]

842. Uma melodia me passou pela cabeça. Foi voluntário ou involuntário? Uma resposta seria: Eu também teria sido capaz de fazê-la ser cantada para mim interiormente. E como sei disso? Ora, porque ordinariamente posso interromper-me se eu quiser.

843. Como eu poderia provar a mim mesmo que posso movimentar meu braço voluntariamente? Talvez dizendo a mim mesmo "Agora vou movimentá-lo", e agora ele se move? Ou devo dizer "Simplesmente movimentando-o"? Mas como sei que fui eu quem fiz isso e que ele não se movimentou por acaso? Eu sinto, afinal de contas? E se minha memória das sensações anteriores me enganasse e elas não fossem de modo nenhum as sensações corretas para decidir a questão? (E quais são as corretas?) E

como será que o outro sabe se *eu* movimentei o braço voluntariamente? Talvez eu vá lhe dizer "Mande-me fazer o movimento que você quiser, que eu o farei para lhe convencer". – E o que será que você sente em seu braço? "Ora, o habitual." Não há nada de inabitual nas sensações, o braço não está, por exemplo, insensível (como se ele tivesse "caído no sono"). [Cf. Z 595.]

844. Um movimento de meu corpo, que não sei que está ocorrendo ou que já ocorreu, vai ser chamado de involuntário. – Mas o que dizer de quando eu meramente *tento* levantar um peso, e assim um movimento não ocorre? Como seria se alguém se esforçasse involuntariamente para levantar um peso? Em que circunstâncias se chamaria *este* comportamento de "involuntário"? [Cf. Z 596.]

845. O repouso não pode ser tão voluntário quanto o movimento? Abster-se de um movimento não pode ser algo voluntário? Existe melhor argumento contra uma sensação de inervação? [Cf. Z 597.]

846. "Este olhar não foi intencional" às vezes quer dizer: "Eu não sabia que tinha olhado desse jeito" ou "Eu não queria dizer nada com isso".

847. Não nos deveria parecer tão óbvio que a memória nos mostre tanto o processo passado interior quanto o processo passado exterior.

848. A imaginação é voluntária e a memória involuntária, mas evocar algo na memória é voluntário.

849. Que conceito notável é "tentar", "buscar"; quanta coisa se pode "buscar fazer"! (Lembrar-se, levantar um peso, prestar atenção, não pensar em nada.) Mas, sendo assim, também poderíamos dizer: Que conceito notável é "fazer"! Quais são as relações de afinidade entre "falar" e "pensar", entre "falar" e "falar consigo mesmo". (Compare as relações de afinidade entre os tipos de números.) [Cf. Z 598.]

850. Tiram-se dos movimentos involuntários conclusões bem diferentes das que se tiram dos voluntários: isto *caracteriza* o movimento voluntário. [Cf. Z 599.]

851. Mas como sei que este movimento foi voluntário? – Eu não sei, eu manifesto. [Cf. Z 600.]

852. "Estou puxando tão forte quanto posso." Como sei disso? Minha sensação muscular me diz? As palavras são um sinal; e elas têm uma *função*.

Será, contudo, que não *vivencio* nada? Será que não vivencio algo? Algo específico? Uma sensação específica do esforço e do não-poder-mais, da chegada ao limite? É claro que sim, mas estas expressões não dizem mais que "Estou puxando tão forte quanto posso". [Cf. Z 601.]

853. Mas não deixa de ser importante que existam todas essas paráfrases! Que se possa descrever o cuidado com as palavras "Descende uma treva perpétua". Talvez eu nunca tenha enfatizado suficientemente a importância dessas paráfrases.

Retrata-se a alegria por meio de um rosto banhado em luz, por meio de raios que partem dele. É claro que isto não quer dizer que a alegria e a luz sejam *semelhantes*; mas nós associamos – *pouco importa* porquê – a alegria com a luz. *Poderia* até ser que essa associação seja ensinada à criança quando ela está aprendendo a falar, que ela não seja *mais natural* que o som das próprias palavras – basta que ela exista. ("Beethoven" e a obra de Beethoven.) [Cf. Z 517.]

854. A tristeza é parecida com o céu lívido? E como se pode descobrir isto? Examinando uma pessoa triste e o céu? Ou é a pessoa triste que o diz? Neste caso, isso é verdadeiro apenas para *sua* tristeza ou para a tristeza de qualquer um?

855. Mas se agora alguém diz que *sua* tristeza se assemelha a uma nuvem cinza – devo acreditar nisso ou não? – Poderíamos perguntar-lhe se elas se assemelham *em algo*, sob um determinado ponto de vista. (Como, por exemplo, dois rostos; ou como uma súbita dor forte e o súbito aparecimento de chamas.) Podemos citar relações – relações internas e *conexões* – entre o que chamamos de "intensidades" para diferentes impressões.

856. "a está entre b e c, e mais próximo de b do que de c", esta é uma relação característica entre sensações de mesma espécie. Isto é,

existe, por exemplo, um jogo de linguagem com a ordem "Produza uma sensação entre *esta* e *esta*, e mais próxima da primeira que da segunda!". E também: "Cite duas sensações entre as quais está *esta*". [Cf. Z 360.]

857. E aqui é importante, por exemplo, que para o **cinza** se receba a resposta "preto e branco"; para o **violeta**, "azul e vermelho"; para o **rosa**, "vermelho e branco" etc.; mas *não* "vermelho e verde" para o **verde-oliva**. [Cf. Z 361.]

858. O que permite reconhecer que a expressão de alegria não é a expressão de uma dor corporal? (Uma questão *importante*.)

859. Com base em que se sabe que a expressão de fruição não é a de uma sensação?

860 *Abordar* uma figura como isto ou aquilo. Você sempre aborda a figura como isto ou aquilo enquanto a vê? Sem dúvida: se me perguntassem o que esta figura representa, eu sempre diria: lebre";[71] mas não estou continuamente consciente tanto disso quanto de que isto aqui é uma mesa real. Pois, se sempre abordo uma figura como a figura *deste* objeto, neste caso também abordo qualquer objeto como uma coisa que tem este determinado uso etc.

861. Se alguém pela primeira vez repara que a figura é ambígua, ele poderia reagir com uma exclamação como esta: "Ah, uma lebre!" etc.; mas apesar disso, quando ele agora vê a figura permanentemente com um aspecto, ele não quereria exclamar "Ah, um(a)...!".

862. Estou querendo dizer que a expressão natural, primitiva, da vivência do aspecto seria uma exclamação como essa, e também poderia ser um brilho nos olhos. (Algo está chamando-me a atenção!)

---

[71] Veja a figura do pato-lebre, PU, p. 194 (N.E.).

863. Se digo que vejo esta figura continuamente vermelha, isto quer dizer que a descrição de que ela é vermelha – a descrição em palavras ou por meio de um quadro – está continuamente correta, sem alteração; em oposição, portanto, *ao* caso em que a figura se altera. – A tentação é justamente de descrever o aspecto com as palavras "Vejo *assim*" *sem* apontar para algo. E, quando se descreve um rosto com uma seta como a direção de seu olhar, quer-se dizer: "Vejo isto: ⟶ e não isto: ⟵ ".

864. Desse modo, o que corresponde à visão contínua como ⟶ é que esta descrição é sem alteração, a correta, e *isto* apenas significa que o aspecto não mudou.

865. *Talk of hallucination!*[72] – O que poderia haver de mais estranho que o *ponto*, o olho, pareça-nos ter uma direção!

866. Quando medito sobre a expressão facial desta figura – como faço para meditar sobre a expressão de ⟵ e não de ⟶?

867. Quando medito sobre a expressão facial desta figura, quando a examino – como faço isto: examinar a expressão de ⟵ e não a de ⟶?
E este simbolismo, creio eu, já tem tudo em si.

868. É como se alguém visse a figura uma hora junto com *um* grupo de figuras, noutra hora com um *outro*. O que significa aqui: "É como se alguém visse"? Isto significa algo parecido com: *este* processo poderia representar [*vertreten*] o processo atual se tivesse a "multiplicidade" correta.

869. O que vejo é – em oposição a Köhler – precisamente um *significado*.

870. Poderíamos dizer que se vivencia a *prontidão* para um determinado grupo de pensamentos. (O *germe* deles.)

---

[72] Em inglês no original. Tradução: "Falando de alucinações!".

871. É como se a figura chegasse *ao repouso* numa posição (ou em outra). Como se ela pudesse de fato flutuar e, em seguida, chegar ao repouso com *determinados* acentos.

Diz-se: "Agora (ou na maioria das vezes) vejo-a como *isto*". Para nós é realmente como se agora os traços tivessem confluído *nesta* forma e não numa outra. Ou como se eles tivessem caído *neste* molde e não no outro.

E, no entanto, para nós é preciso que se trate apenas *disto*: de descrever a expressão atual de nossa vivência, expressão que apenas parafraseio com todas essas imagens; de dizer o que é o *essencial* nessa expressão.

872. Alguém poderia ver a figura *deste jeito* ou *daquele*, se ele não pudesse progredir dela a explicações etc.? Alguém poderia, portanto, vê-la *deste* ou *daquele jeito*, se ele não soubesse qual é a aparência da cabeça de um animal, o que é um olho etc.? E, com isto, é claro que não estou querendo dizer: "Se tal pessoa estivesse em condições de fazer isso, ela teria sucesso?". Mas: "*Estes conceitos* não são necessários para isso?".

873. Vejo o quadro de um cavalo: não apenas sei que é um cavalo, mas também que o cavalo está correndo. Ou seja, não apenas posso *entender* o quadro *espacialmente*, mas também *sei* o que o cavalo está prestes a fazer agora. Imagine que alguém visse um quadro de um assalto de cavalaria, mas não soubesse que os cavalos não ficam parados em suas diversas posições!

Não se trata aqui, porém, de uma *explicação* dessa compreensão, talvez afirmando que quem examina o quadro faz pequenos movimentos de corrida ou sente inervações de corrida. Que razão se tem para fazer suposições dessa espécie, exceto *a* de que "tem" de ser assim?

874. Contudo, e se alguém diz "*Vê*-se este cavalo na pintura correndo!"? – Com isto, não quero apenas dizer "Eu sei que isto representa um cavalo correndo". Quer-se dizer *outra* coisa com isso. Imagine que alguém reagisse a um quadro como esse com um movimento de mão e a exclamação "Zás!". Isto não diz aproximadamente o mesmo que: ele *vê* o cavalo correr? Esta pessoa também poderia *exclamar* "Ele está correndo!", e isto não seria a constatação de que ele corre nem a de que ele *parece* correr. Da mesma forma como se diz: "Olhe como ele corre!" – não para passar uma informação ao outro; não, **isto é** antes uma reação na qual as pessoas se *reúnem*.

875. Entender é semelhante a saber como prosseguir, e assim a uma capacidade: mas "Eu entendo", assim como "Sei como prosseguir", é uma *manifestação*, um *sinal*.

876. Posso vivenciar uma palavra de maneira adjetiva ou substantiva. Eu sei se todas as pessoas com quem falo, ou muitas delas, têm essa vivência? Isto seria importante para saber o que elas querem dizer?

877. Não me chamou a atenção que o mesmo contorno aparecia em ambas as figuras, pois numa figura eu o tomei *deste jeito* ⟶ e na outra *deste* ⟵. Só pelo caminho indireto de uma reflexão foi que eu percebi que era o mesmo contorno. – Isto é uma prova de que eu vi algo *diferente* a cada vez? – É importante que os dois aspectos sejam *incompatíveis* um com o outro.

878. Será que a expressão facial é algo óptico? Eu poderia imaginar uma figura cuja *expressão* fosse ambígua. E que talvez por isso eu não voltasse a reconhecer em **outros** arredores. Neste caso digo algo como: "Ah, é verdade, são as mesmas linhas; mas aqui a aparência delas é bem diferente".
E eu realmente *vejo* que a figura ⟶ e a figura ⟵ são a mesma. Não reconheço isto apenas, digamos, por meio de medições!

879. Você diz que vejo dois objetos visuais diferentes, que apenas têm algo em comum um com o outro. Pois com isto você está apenas enfatizando certas analogias às custas de outras. Essa ênfase, porém, ainda tem de ser justificada gramaticalmente.

880. Como é possível que o olho, este *ponto*, olhe para uma *direção*? – "*Veja como ele olha!*" (Ao mesmo tempo que a própria pessoa "olha".) Mas isto não é algo que se diz e se faz continuamente enquanto se examina a figura. E o que é este "Veja como ele olha!" – é a expressão de uma sensação? [Cf. PU, p. 205i.]

881. Eu nunca teria pensado em sobrepor uma figura à outra *desse jeito*, em compará-las *assim*. Pois elas sugerem um outro modo de comparação.
A figura ⟵ não tem a menor semelhança com a figura ⟶, alguém gostaria de dizer – embora elas sejam congruentes.

882. "Agora sei como prosseguir" – eu vejo que *isto* é uma testa e *isto*, um bico. Esta linha tem jeito de testa, e este ponto jeito de olho. Mas como a *impressão visual* de uma linha pode ter jeito de testa? E o que me faz dizer que é a própria impressão visual o que tem essa propriedade? – Ora, o fato de que esse quê não é um pensamento, uma interpretação, de que ele tem duração tal como a impressão visual.

883. Tentemos descrever que os homens têm intenções! Qual seria a aparência de uma descrição como essa? *Para quem* ela seria uma descrição? Pergunte a si mesmo isto: Ela deve servir a que propósito?

884. Pode-se falar consigo mesmo muito "claramente" na imaginação, se ao mesmo tempo vai-se reproduzindo a informação da fala por meio de um murmúrio (com os lábios cerrados). Movimentos de laringe também ajudam. Mas o que é notável é justamente que neste caso *ouve*-se a fala na imaginação, e não apenas se *sente* seu esqueleto, por assim dizer, na laringe. [Cf. PU, p. 220e.]

885. É *essencial* ao "imaginar" que os conceitos da percepção sensível sejam empregados em sua manifestação. (A sentença "Eu ouço e não ouço..." poderia ser usada como expressão da representação auditiva. Um emprego para a forma da contradição.) Uma marca característica capital que distingue a representação da impressão sensível e da alucinação é a de que quem imagina não se comporta como um observador com relação à representação, ou seja, de que a representação é voluntária.[73]

---

[73] Este parágrafo deixa muito claras algumas opções que fizemos nesta tradução. "Representação" e palavras correlatas são conceitos filosóficos absolutamente fundamentais e cujo peso na história da disciplina é até mesmo difícil de avaliar com justeza. Todavia, a palavra alemã para representação, "Vorstellung", e o verbo correspondente, *sich vorstellen*, são, diferentemente do que acontece no português, também usados nos mais diversos contextos da vida cotidiana. Estas ocasiões de uso correspondem de maneira quase perfeita às ocasiões no português em que falamos da imaginação ou sobre imaginar alguma coisa. Isto é, embora nossa palavra "imaginar" esteja etimologicamente relacionada à palavra "imagem", o uso que fazemos dela não se restringe apenas às ocasiões em que pretendemos falar de algo visual; dizemos que imaginamos cheiros, sons, dores etc., sem que isso cause nenhum espanto em nossos interlocutores, o que coincide exatamente com o uso que se faz de "sich vorstellen" em alemão. Dessa forma, na grande maioria das vezes, traduzimos o verbo alemão *sich vors-*

886. Imagine uma conversa na qual uma das partes seja você mesmo, e isto de maneira que você mesmo esteja falando na imaginação. O que você mesmo está falando, provavelmente você vai sentir em seu corpo (laringe, peito). Mas isto apenas descreve, e não define a atividade de falar na imaginação.

887. A sensação de inquietação. Como ela se revela? Qual a *duração* de tal "sensação"? Como, por exemplo, parece uma interrupção da sensação? Seria possível, por exemplo, alternadamente tê-la por um segundo e depois não tê-la de novo? Entre suas marcas características não está também um tipo característico de curso (começo e fim), que, por exemplo, a distingue de uma percepção sensível?

888. A fala da música. Não se esqueça de que uma poesia, ainda que verbalizada em linguagem informativa, não é empregada no jogo de linguagem da informação.

Não poderíamos imaginar que uma pessoa que nunca conheceu música viesse a nós e ouvisse alguém tocar uma peça reflexiva de Chopin, e ela estivesse convencida de que isso é uma linguagem e que os outros apenas querem manter-lhe o sentido um segredo?

Há um forte elemento musical na linguagem verbal. (Um suspiro, a entonação da pergunta, do anúncio, do anseio, todos os inúmeros *gestos* da entonação.) [Cf. Z 160, 161.]

---

tellen por "imaginar". Só que um problema aparece quando queremos falar sobre aquilo que imaginamos, sobre os, por assim dizer, "produtos da imaginação". No alemão, a palavra que cumpre este papel é "Vorstellung", ao passo que no português não existe uma palavra corriqueira que tenha esse significado; o que habitualmente fazemos é referir-nos aos produtos de nossa imaginação com o epíteto "o que imaginamos" ou, no caso de imaginarmos algo de natureza visual, com a palavra "imagem". Haja vista essa dificuldade, optamos por traduzir as ocorrências de "Vorstellung" por "representação", de modo que, no texto, representações sejam aquilo que imaginamos ou produzimos na imaginação. Embora a solução possa causar alguma estranheza ao leitor, acreditamos que ela seja a que provoca menos problemas: ao mesmo tempo em que preservamos a indicação de que estamos lidando com o conceito de *Vorstellung*, o problema aparece quando queremos falar dos produtos da imaginação, sons, dores etc., sem que isso cause nenhum espanto, não fazemos tanta violência ao texto de Wittgenstein no que diz respeito à sua forma. Por último, temos de sempre nos lembrar de que não se trata, nos textos de Wittgenstein, de um uso técnico de *Vorstellung*, mas, na absoluta maioria das vezes, de uma desmistificação do conceito, o que é feito quando prestamos atenção ao uso que ordinariamente fazemos da palavra (N.T.).

889. "Nada procuremos detrás dos fenômenos; eles próprios são a teoria." (Goethe.)

890. Observo o rosto dele minuciosamente. Por quê? O que ele me informa? Se ele está triste ou feliz, por exemplo. Mas por que isso me interessa? Ora, se eu passo a conhecer seu humor, é como se eu passasse a conhecer o estado de um corpo (sua temperatura, por exemplo); posso tirar muitos tipos de conclusão disso. E é por isso que, no mesmo caso, não observo meu próprio rosto. Se eu me observasse, meu rosto já não seria mais um índice confiável; e mesmo que ele o fosse para uma outra pessoa, eu ainda não poderia tirar conclusões dele.

891. Envergonhar-se de um pensamento. Alguém se envergonha de ter falado tal e tal sentença para si mesmo na imaginação?
A questão é que a linguagem tem uma raiz múltipla; ela tem raízes, e não *uma* raiz. [Cf. Z 656.]

892. "O pensamento estava diante de minha mente neste momento." – E como? – "Eu tinha esta imagem." – Então a imagem era o pensamento? Não; pois, se eu tivesse comunicado a alguém meramente a imagem, ele não teria obtido o pensamento. [Cf. Z 239.]

893. A imagem era a chave. Ou de todo modo ela *parecia* a chave. [Cf. Z 240.]

894. Como as impressões visuais se distinguem das impressões auditivas? – Devo responder: "Isso, não dá para dizer; mas quem vê e ouve, sabe que elas são *totalmente* diferentes"? Poderíamos imaginar que para alguma pessoa *uma* determinada impressão visual fosse o mesmo que *uma* determinada impressão auditiva? De modo que ela pudesse obter esta impressão tanto pelo olho quanto pelo ouvido? Esta pessoa, por exemplo, apontaria para uma figura e tocaria uma nota ao piano, e nos diria que *estas* duas são idênticas? E acreditaríamos nela com relação a isso? E por que não? Acreditaríamos nela quando dissesse que a "afecção da alma" é a mesma nos dois casos? E, se acreditássemos, como poderíamos usar o fato?

895. A árvore genealógica dos fenômenos psicológicos: *Não* estou buscando *exatidão*, mas uma visão clara do todo [*Übersichtlichkeit*]. [Cf. Z 464.]

896. O que amarra o feixe de "impressões sensíveis" são suas relações umas com as outras. Aquilo que é "vermelho" é também "doce", "duro" e "frio", e "soa" quando alguém bate nele. No jogo de linguagem com estas palavras, originariamente não se diz "Isto *parece* vermelho", mas "Isto *é* vermelho" (duro etc.). O consenso entre nós é essencial ao jogo de linguagem. Mas é diferente com "agradável", "desagradável", "belo", "feio".

A dor é em algumas maneiras análoga ao restante das impressões sensíveis, mas em algumas outras é diferente. Existe uma expressão facial, exclamações, gestos de dor (como de alegria), sinais de *rejeição*, uma recepção que é característica da dor, mas não uma que seja característica da sensação vermelha. Nisto o amargor tem afinidade com a dor.

Poderíamos imaginar uma impressão[74] sem nenhum órgão sensível. Alguém poderia ouvir, e assim aprender razoavelmente bem todos os jogos de linguagem com palavras para impressões auditivas, sem ter ouvidos e sem que se saiba *"com o que"* ele ouve. Que se ouça com os ouvidos é algo que se revela de maneira relativamente muito rara. Poderia até ser que alguém ouvisse como todos nós, e só mais tarde se descobrisse que seus *ouvidos* são surdos.

O *conteúdo* das vivências. Gostaríamos de dizer "Vejo o vermelho *assim*", "Ouço *assim* a nota que você toca", "Sinto o prazer *assim*", "Sinto a tristeza *assim*", ou também "É *isto* que se sente quando se está triste; *isto*, quando se está alegre" etc. Gostaríamos de povoar um mundo, análogo ao físico, com estes *assins* e *istos*. Mas isso apenas faz sentido onde há uma imagem do *vivido* para a qual se pode apontar quando dessas **declarações**.

897. Se apenas *uma pessoa, uma só vez*, tivesse feito um movimento corporal – poderia haver a questão sobre se ele foi voluntário ou involuntário?

---

[74] No TS, provavelmente errado: "uma pressão" (N.E.).

898. "É claro que *faço* algo quando me esforço, eu não tenho meramente uma sensação." E também é assim; pois se dá a alguém a ordem: "Esforce-se!" e ele pode manifestar a intenção "Agora eu vou esforçar-me". E se ele diz "Não posso mais!" – isto não quer dizer "Não posso suportar a sensação – a dor, por exemplo – em meus membros por mais tempo". – Por outro lado, porém, *sofre-se* com o esforço tal como com as dores. "Estou absolutamente exausto" – se alguém dissesse isto, mas se movimentasse mais velozmente que nunca, não o entenderíamos. [Cf. Z 589.]

899. O aspecto está sujeito à vontade. Não posso ver algo vermelho se ele me parece azul, e não faz sentido dizer "Veja isto vermelho"; pelo contrário, o que faz sentido é "Veja isto como...". E parece ser essencial ao aspecto que ele seja (ao menos até certo grau) voluntário, assim como é para a imaginação que ela também o seja. Quero dizer: a voluntariedade não me parece (mas por quê?) ser apenas um adendo; como se alguém dissesse "A experiência mostra que este movimento também pode ser produzido *assim*". Isto é: É essencial que se possa dizer "Agora o veja *assim*" e "Imagine...!", pois isto está conectado com o fato de o aspecto não nos "informar" nada sobre o "mundo exterior". Pode-se ensinar as palavras "vermelho" e "azul" dizendo "Isto é vermelho, e não azul"; mas não se pode ensinar a alguém o significado de "figura" e "razão" ["*Grund*"] apontando para uma figura ambígua. [Cf. PU, p. 213e.]

900. Nós não tomamos conhecimento das representações e só mais tarde aprendemos a dirigi-las com nossa vontade. E é claro que é absolutamente falso pensar que nós as dirigíamos, por assim dizer, por meio de nossa vontade. Como se a vontade as regesse assim como ordens podem reger as pessoas. Logo, como se a vontade fosse uma influência, uma força ou ainda: uma *ação* primária, que passa a ser a causa das ações exteriores perceptíveis.

901. Está correto dizer: o que torna uma ação voluntária são os fenômenos psíquicos nos quais ela se encontra inserida? (Os arredores psicológicos.)

Meus movimentos normais ao andar, por exemplo, são "voluntários" num sentido *não potencial*?

902. Uma criança bate os pés de raiva: isso não é voluntário? E eu sei seja lá o que for de suas sensações de movimento quando ela faz isso? **Sapatear de raiva é voluntário.** Vir quando se é chamado é, nos arredores habituais, voluntário. Andar, sair para uma volta, comer, falar e cantar involuntariamente seriam andar, comer, falar etc. em arredores anormais. Por exemplo, quando *não se está consciente*: quando de resto a pessoa age como se estivesse sob narcose; ou quando o movimento acontece, e passa-se a não se saber nada sobre ele tão logo se feche os olhos; ou quando não se pode ajustar o movimento por mais que se tente fazê-lo etc.

903. Nenhuma suposição me parece mais natural que a de que não existe nenhum processo no cérebro correlacionado ao associar ou pensar; de forma que então seria impossível ler processos de pensamento em processos cerebrais. Eis o que quero dizer: Quando falo ou escrevo, eu suponho que haja, saindo de meu cérebro, um sistema de impulsos coordenado a meus pensamentos falados ou escritos. Mas por que o *sistema* deveria continuar adiante na direção do centro? Por que essa ordenação não deve, por assim dizer, surgir do caos? O caso seria semelhante a este: – certas espécies de plantas se multiplicam por meio de sementes, de modo que uma semente sempre produz uma planta da mesma espécie que a planta da qual ela foi produzida – mas *nada* na semente corresponde à planta que brota dela; de forma que é impossível inferir das propriedades ou da estrutura da semente as propriedades e a estrutura da planta que dela brota – apenas se pode fazer isso com base em sua *história*. Dessa forma, portanto, um organismo poderia sair, sem uma causa, por assim dizer, de algo bastante amorfo; e não há razão por que não deveria **realmente** se passar da mesma forma com nossos pensamentos e, por conseguinte, com nossa leitura ou escrita etc. [Cf. Z 608.]

904. Então é perfeitamente possível que certos fenômenos psicológicos não *possam* ser investigados fisiologicamente, porque nada de fisiológico corresponde a eles. [Cf. Z 609.]

905. Eu vi este homem anos atrás; agora o vejo de novo, reconheço-o, lembro-me de seu nome. E por que tem de haver para esta lembrança uma causa em meu sistema nervoso? Por que alguma coisa, seja lá o que ela for, tem de estar ali armazenada **numa forma qualquer**? Por que ele

tem de ter deixado um vestígio? Por que não deve haver uma legalidade [*Gesetzmäßigkeit*] psicológica que não corresponde a *nenhuma* legalidade fisiológica? Se isto põe por terra nossos conceitos relativos à causalidade, então já era tempo que eles fossem postos por terra. [Cf. Z 610.]

906. O preconceito em favor do paralelismo psicofísico é também fruto de uma concepção primitiva da gramática. Pois, se admitimos uma causalidade entre os fenômenos psicológicos que não é mediada fisiologicamente, pensamos estar assim afiançando a existência de uma alma *ao lado* do corpo, de uma entidade mental fantasmagórica. [Cf. Z 611.]

907. O verbo "eu creio" tem de ter uma forma passada? Ora, se em vez de "Eu creio que ele vem" sempre disséssemos "Ele deve vir" (ou coisas parecidas) e, apesar disso, porém, disséssemos "Eu cri..." – então o verbo "crer" não teria *presente*. É característico da maneira como estamos acostumados a considerar a linguagem que acreditamos que, no cômputo final, é de todo modo preciso que exista uniformidade, simetria; em vez de, inversamente, sustentarmos que elas *podem* não existir.

908. Imagine este fenômeno: Se quero que alguém retenha um texto que lhe estou ditando, de maneira que ele possa repeti-lo a mim mais tarde, eu tenho de dar-lhe papel e um lápis; e enquanto falo ele escreve traços e sinais sobre o papel; se tiver de reproduzir o texto mais tarde, ele vai seguir aqueles traços com os olhos e recitar o texto. Suponho, entretanto, que suas anotações não sejam uma *escrita*, que elas não estejam conectadas às palavras do texto por meio de regras; e no entanto ele não consegue reproduzir o texto sem essas anotações; se algo nelas é alterado, se elas são parcialmente destruídas, ele empaca na "leitura" ou profere o texto inseguro, ou vacilante, ou nem mesmo consegue encontrar as palavras. – Isto pode, sim, ser imaginado! – O que eu chamava de "anotações" não seria, então, uma *versão* do texto, não seria uma tradução, por assim dizer, num outro simbolismo. O texto não estaria *registrado* nas anotações. E por que ele deveria estar registrado em nosso sistema nervoso? [Cf. Z 612.]

909. Por que uma lei natural não deve vincular um estado inicial a um estado final de um sistema, pulando, no entanto, o estado entre esses dois? (Apenas não se pense em *eficácia*!) [Cf. Z 613.]

910. O que se chama de uma alteração nos conceitos não é, naturalmente, apenas uma alteração no que se fala, mas também no que se faz.

911. Vê-se a terminologia, mas não a técnica de **sua aplicação**.

912. Diz-se "Ele parece estar com dores terríveis" mesmo quando não se tem a menor dúvida de que a aparência não é enganadora. Por que não se diz "Eu pareço estar com dores terríveis", já que isto também teria de ao menos fazer *sentido*? Eu poderia dizer isso numa audição de teatro; e igualmente "Pareço ter a intenção de..." etc. Todos vão dizer: "É claro que não digo isso; porque eu *sei* se estou com dores". Habitualmente não me *interessa* se pareço estar com dores; pois, as conclusões que tiro dessa impressão a respeito dos outros, eu não tiro **no meu próprio caso**. Não digo: "Estou gemendo terrivelmente, tenho de ir ao médico"; digo, pelo contrário, "Ele está gemendo terrivelmente, ele tem de...".

913. Se isto não faz sentido: "Eu sei que estou com dores" – e nem isto: "Eu sinto minhas dores" – então também não faz sentido dizer: "Não me preocupo com meus próprios gemidos porque *eu sei* que estou com dores" – ou "porque *sinto* minhas dores".
Todavia é verdade: "Não me preocupo com meus gemidos." [Cf. Z 538.]

914. Eu infiro da observação de seu comportamento que ele tem de ir ao médico; mas, no meu caso, *não* é da observação de meu comportamento que tiro essa conclusão. Ou, melhor dizendo: também faço isso às vezes, mas *não* em casos análogos. [Cf. Z 539.]

915. Ajuda aqui ter em mente que cuidar, tratar, do lugar onde o outro sente dores, e não apenas do lugar onde nós mesmos as sentimos, é uma reação primitiva[75] – ou seja, que é uma reação primitiva atentar ao comportamento de dor do outro, assim como *não* atentar ao próprio comportamento de dor. [Cf. Z 540.]

---

[75] TS: um comportamento primitivo.

916. Mas o que quer dizer aqui a palavra "primitiva"? Muito provavelmente que a maneira de se comportar seja *pré-linguística*: que um jogo de linguagem se baseia *nela*, que ela é o protótipo de uma maneira de pensar e não o resultado do pensar. [Cf. Z 541.]

917. "Colocaram o carro na frente dos bois" é o que se pode dizer de uma explicação como esta: cuidamos do outro porque, de acordo com uma analogia com nosso próprio caso, acreditávamos que ele também tinha uma vivência de dor. – Em vez de dizer: Use, então, esse particular capítulo de nosso **comportamento** – esse jogo de linguagem – para aprender que função têm **nele** "analogia" e "acreditar". [Cf. Z 542.]

918. "Como acontece que eu veja uma árvore em posição vertical mesmo quando estou inclinando a cabeça para o lado e, portanto, a imagem na retina é a de uma árvore inclinada?" Ou seja, como acontece que eu aborde a árvore, mesmo nessas circunstâncias, como uma árvore que está na vertical? – "Ora, eu tenho consciência da inclinação de minha cabeça, e assim realizo a correção necessária na apreensão de minhas impressões visuais." – Mas isto não é confundir o primário com o secundário? Imagine que não soubéssemos *absolutamente nada* sobre a constituição interna do olho – será que esse problema chegaria até mesmo a **aparecer**? **Aqui**, verdadeiramente, não realizamos nenhuma correção; falar dela é meramente uma explicação.
Muito bem – mas uma vez que a estrutura do olho seja agora conhecida – *como acontece* que ajamos assim, reajamos assim? Mas é preciso que haja aqui uma explicação psicológica? E se a deixássemos para lá? – Só que você nunca falaria assim se estivesse testando o comportamento de uma máquina! – Ora, quem está dizendo que nesse sentido o ser vivo, o corpo animal, é uma máquina? [Cf. Z 614.]

919. Pode-se reparar numa alteração de um rosto e descrevê-la dizendo que o rosto assumiu uma expressão mais severa – e, no entanto, não ser capaz de descrever a alteração com conceitos espaciais. Isto é enormemente importante. – Talvez agora alguém diga: quem faz isso, simplesmente não descreve a alteração do rosto, mas apenas o efeito dela sobre si mesmo; mas então por que uma descrição por meio de conceitos de forma e cor não deveria ser **também isso**?

920. Pode-se também dizer "Ele fez *esta* cara" ou "Seu rosto se alterou *deste jeito*", imitando o que aconteceu – e mais uma vez não se é capaz de descrever a alteração de outra forma. (Pois existem muito mais jogos de linguagem do que Carnap e outros atreveram-se sonhar.)

921. A consciência de que... pode atrapalhar-me no trabalho; o saber, não.

922. Como sei que um cachorro ouve algo continuamente, recebe continuamente uma impressão visual, sente alegria, medo, dor?
O que sei dos "conteúdos vivenciais" de um cachorro?

923. As *cores* são realmente irmanadas? Elas são diferentes apenas em cor, e não também em espécie? A visão, a audição, o paladar são realmente irmanados?
Para justificar um conceito, não procure apenas por semelhanças, mas também por conexões. O pai transmite seu nome ao filho mesmo quando este é bem pouco parecido com ele.

924. Compare um terrível susto com uma súbita dor violenta. É a sensação de dor que é terrível – ou é a sensação de susto que é? Quando alguém se estatela no chão em minha presença – isto é apenas a causa de uma sensação momentânea extremamente desagradável **em mim**? E como esta questão pode ser respondida? Aquele que relata o episódio terrível reclama das sensações, da respiração presa etc.? Quando queremos ajudar alguém a superar o susto – tratamos de seu corpo? O que se faz não é antes tranquilizar o assustado sobre o evento, sobre o que ocasionou o susto?

925. Quem, num estúdio, demonstra para si mesmo a tristeza, vai certamente se dar conta com facilidade das tensões em sua face. Mas fique realmente triste ou acompanhe uma ação triste num filme, e pergunte a si mesmo se você estava consciente da cara que fazia. [Cf. Z 503.]

926. Uma conexão que existe entre os humores e as impressões sensíveis é que utilizamos os conceitos de humor para descrever impressões sensíveis e representações. Dizemos de um tema, de uma paisagem, que

ela é triste, feliz etc. Naturalmente, contudo, é muito mais importante que descrevamos o rosto, a ação e o comportamento humanos usando todos os conceitos de humor. [Cf. Z 505.]

927. A consciência no rosto do outro. Olhe no rosto do outro e veja a consciência nele e um determinado *tom* de consciência. Você vê na superfície dele, dentro dele, alegria, indiferença, interesse, agitação, apatia e assim por diante. A luz no rosto do outro.

Você olha dentro de *si mesmo* para reconhecer a fúria no rosto *dele*? Ela está ali tão claramente quanto em seu próprio peito.

(E o que se quer dizer agora? Que o rosto do outro apenas me estimula a imitá-lo, e que desse modo sinto pequenos movimentos e tensões musculares em meu próprio rosto e *viso* a soma destes? Um disparate. Disparate – pois você faz suposições ao invés de meramente descrever. Quem é aqui assombrado por explicações em sua cabeça, acaba descuidando-se de meditar sobre os fatos mais importantes.) [Cf. Z 220.]

928. O saber, a opinião[76] não têm uma expressão facial. Tudo bem que exista um tom, um gesto de convicção, mas apenas quando algo é dito nesse tom ou com esse gesto.

929. "A consciência está tão claramente em seu rosto e comportamento quanto em mim mesmo." [Cf. Z 221.]

930. O que significaria dizer que estou enganado quanto a ele ter uma mente, uma consciência? E o que significaria dizer que estou enganado e eu mesmo não a tenho? O que significaria dizer "Não estou consciente"? – Mas eu não sei mesmo assim que a consciência está dentro de mim? – Então eu sei e, apesar disso, a declaração de que é assim não tem um propósito?

E como é notável que as pessoas possam aprender a se entender umas com as outras nesse assunto! [Cf. Z 394.]

---

[76] TS: a crença.

931. Uma pessoa pode fingir estar inconsciente; mas também *consciente*? [Cf. Z 395.]

932. Como seria se alguém dissesse com toda a seriedade que ele realmente não sabe se está sonhando ou acordado?
Pode existir esta situação: Alguém diz "Creio que agora estou sonhando"; ele efetivamente acorda logo em seguida, lembra-se daquela manifestação feita em sonho e diz "Então eu realmente tinha razão!"? – Esta narrativa só pode **significar**: Alguém sonhou que tinha dito que estava sonhando.
Imagine que uma pessoa inconsciente dissesse (talvez sob narcose) "Estou consciente" – nós diríamos "Ele tem de sabê-lo"?
E se alguém, enquanto estivesse dormindo, falasse "Estou dormindo", – diríamos "Ele tem toda a razão"?
Alguém está falando uma inverdade se ele me diz: "Não estou consciente"? (E falando a verdade se ele diz isso quando está inconsciente? E se um papagaio dissesse "Não entendo nenhuma palavra", ou um gramofone dissesse "Sou apenas uma máquina"?) [Cf. Z 396.]

933. Imagine que, sonhando acordado, eu me fizesse falar "Estou meramente fantasiando"; isto seria *verdade*? Imagine que eu escreva uma fantasia ou narrativa como essa, um diálogo imaginário, e que nela eu diga "Estou fantasiando" – mas se escrevo isto – o que vai mostrar que estas palavras pertencem à fantasia e que não estou fora da fantasia?
Não seria realmente possível que aquele que sonha, como que escapando do sonho, dissesse dormindo "Estou sonhando"? Seria perfeitamente concebível que existisse um jogo de linguagem como esse.
Isso está conectado com o problema do "querer dizer". Pois eu posso escrever no diálogo "Estou saudável" e não *querer dizer* isto, embora seja verdade. As palavras fazem parte deste, e não daquele jogo de linguagem. [Cf. Z 397.]

934. "Verdadeiro" e "falso" num sonho. Sonho que está chovendo e que eu digo "Está chovendo" – por outro lado: Sonho que digo "Estou sonhando". [Cf. Z 398.]

935. O verbo "sonhar" tem uma forma presente? Como uma pessoa aprende a usá-la? [Cf. Z 399.]

936. Um jogo de linguagem análogo a um fragmento de um outro. Um espaço projetado em pedaços limitados de um espaço. [Cf. Z 648.]

937. Supondo que eu tivesse uma experiência **parecida** com um despertar e que, em seguida, eu me encontrasse num ambiente bastante diferente, junto a pessoas que me asseguram que estive dormindo. Supondo, além disso, que eu insistisse que não estive sonhando, e sim, de uma maneira qualquer, vivendo fora de meu corpo dormente. Que função tem esta afirmação? [Cf. Z 400.]

938. "'Eu tenho consciência', esta é uma declaração sobre a qual não há dúvida possível." Por que isto não deve dizer o mesmo que: "'Eu tenho consciência' não é uma sentença"?
Poderíamos também dizer: Qual é o problema em alguém dizer que "Eu tenho consciência" é uma sentença que não admite dúvida? Como entro em contradição com ele? Suponha que alguém me dissesse isso – por que não devo acostumar-me a não lhe responder nada ao invés de começar uma discussão? Por que não devo tratar suas palavras como um de seus assobios ou murmúrios? [Cf. Z 401.]

939. "Nada é mais certo do que o fato de que possuo consciência." Se é assim, por que não devo deixar tudo como está? Essa certeza é como uma grande força cujo ponto de aplicação não se move e que, portanto, não realiza trabalho. [Cf. Z 402.]

940. Alguém tira um 5 no jogo de dados, depois um 4 e diz "Se eu ao menos tivesse tirado um 4 ao invés do 5, eu teria vencido"! A condicionalidade não é física, mas apenas matemática, pois poderíamos responder: "Se você tivesse tirado primeiramente um 4 – quem poderia saber o que você teria tirado em seguida?". [Cf. Z 678.]

941. Se agora você diz "O uso do subjuntivo se baseia na crença numa lei natural" – pode-se replicar: "Ele não se *baseia* nessa crença; ela e essa crença estão no mesmo nível." [Cf. Z 679.]

942. O destino está em conflito com a lei natural. Quer-se buscar o fundamento da lei natural e empregá-la, ao passo que não é assim com o destino. [Cf. Z 680; VB, p. 119; C & V, p. 61.]

943. O conceito de "fragmento". Não é fácil descrever o uso desta palavra, *mesmo que apenas aproximadamente*.

944. Quando queremos descrever o uso de uma palavra – isto não é parecido com querer fazer o retrato de um rosto? Vejo-o claramente; conheço *muito bem* a expressão destes traços; e se eu devesse pintá-lo, não saberia por onde começar. E se realmente faço um quadro, ele é **completamente insuficiente**.[77] – Se eu tivesse diante de mim uma descrição, eu a reconheceria; talvez até notaria erros nela. Mas o fato de que posso fazer isso não significa que eu mesmo teria sido capaz de dar a descrição.

945. Dois objetos "convêm um ao outro". Ensina-se uma criança a "organizar" coisas, acompanha-se a atividade com as palavras "Estas convêm umas às outras". A criança também aprende esta expressão. Ela também poderia organizar as coisas *com a ajuda* dessas palavras e certos gestos. As palavras, contudo, podem ser além disso um mero acompanhamento do fazer. Um jogo de linguagem.
Imagine um jogo de linguagem como esse sem palavras, mas com o acompanhamento de uma música apropriada às ações.

946. "Coloque-a *aqui*" – ao mesmo tempo em que designo o lugar com o dedo – esta é uma especificação de lugar *absoluta*. E eis o que quem diz que o espaço é absoluto gostaria de expor como argumento em favor disto: "De todo modo há um *lugar: aqui*". [Cf. Z 713.]

947. A "vivência da semelhança". Pense no jogo de linguagem "reconhecer semelhanças" ou "citar semelhanças", ou "organizar coisas segundo as semelhanças entre elas". Onde está aqui a vivência especial? O particular conteúdo vivencial que se está perseguindo?

948. A duração da sensação. Compare a duração de uma sensação sonora com a duração de uma sensação tátil que lhe informa que você está segurando uma esfera em sua mão; e com a "sensação" que lhe informa

---

[77] TS: inadequado.

que seus joelhos estão dobrados. E aqui temos, mais uma vez, uma razão por que gostaríamos de dizer, da sensação de postura, que ela não tem conteúdo. [Cf. Z 478.]

949. Investigações filosóficas: investigações conceituais. O que é essencial à metafísica: que para ela não esteja clara a distinção entre investigações factuais e conceituais. A questão metafísica sempre tem toda a aparência de uma questão factual, embora o problema seja conceitual. [Cf. Z 458.]

950. Mas o que faz uma investigação conceitual? Ela é uma investigação da história natural dos conceitos humanos? – Ora, a história natural descreve, digamos, plantas e animais. Mas não poderia ser que as plantas tivessem sido descritas em todos os seus detalhes, e que só agora alguém chegasse a ver as analogias entre suas estruturas, analogias que não tinham sido vistas anteriormente? Que ele, portanto, estabelecesse uma nova ordenação dessas descrições? Ele diz, por exemplo: "Não compare esta parte com esta; pelo contrário, compare com aquela!". (Goethe queria fazer algo desse tipo.) Ao dizer isso, ele não está necessariamente falando de *derivação*; mas mesmo assim o novo arranjo também *poderia* dar uma nova direção à investigação científica. Ele diz "Olhe-o *desta maneira!*" – e isto pode ter vantagens e consequências de diferentes tipos.

951. Por que contamos? Comprovou-se que contar é algo prático? Temos os conceitos que temos, os psicológicos por exemplo, porque se comprovou que é vantajoso tê-los? – E, no entanto, temos *certos* conceitos justamente por causa disso, nós os introduzimos por isso. [Cf. Z 700.]

952. Não se deveria acreditar que é uma simplificação tomar em consideração a visão com um olho em vez da visão com os dois olhos; isto é, se temos clareza sobre o fato de que não se sente a visão nos olhos. É muito mais difícil implementar a ideia do objeto visual para a visão binocular. Pois o que é a "imagem visual" binocular?
"O retrato daquilo que realmente se *vê*", "da própria impressão visual".

953. Eis o que fica parecendo a alguém: Se eu pelo menos tivesse à disposição as cores e as coisas corretas, eu poderia representar *exatamente* o que estou vendo. E até certo ponto é realmente assim. E aquele relato do

que tenho diante de mim e a descrição do que estou vendo têm a mesma forma. – Mas elas **deixam** bem de fora, por exemplo, o vaguear do olhar. E também deixam de fora, por exemplo, a leitura de uma escrita no campo visual e todo aspecto do que é visto.

954 Agora, se aquilo para que você está olhando é uma grande lousa ou uma parede plana com uma figura sobre ela, então uma imagem dessa figura poderá valer como uma descrição exata. Se a figura é, por exemplo, um ℱ, o que mais se pode querer a não ser que ela seja copiada exatamente? E, no entanto, há ainda uma outra descrição bem diferente que não está presente na cópia. E da mesma forma se a figura é um rosto.

955. O que, *num* sentido, é uma imprecisão mínima da descrição, em outro é uma grande imprecisão.

956. Ativo e passivo. Pode-se dar essas ordens ou não? Esta talvez pareça ser uma distinção implausível, mas não é. Ela é semelhante a: "É possível (possibilidade *lógica*) decidir-se a fazê-lo ou não?". – E isso quer dizer: De que forma ele está rodeado de pensamentos, sentimentos etc.? [Cf. Z 588.]

957. Que aparência teria uma sociedade composta unicamente de pessoas surdas? E qual seria a de uma sociedade de "deficientes mentais"? *Importante questão*! E que aparência teria, então, uma sociedade que nunca jogasse muitos de nossos jogos de linguagem ordinários? [Cf. Z 371.]

958. Estar consciente de uma igualdade de cores num quadro ou de que *esta* cor é mais escura que aquela.
Enquanto estou ouvindo esta peça, estou o tempo todo consciente de que ela é de...?
Quando se está *consciente* de um fato?

959. O amor não é uma sensação. O amor é posto à prova, dores não. [Cf. Z 504.]

960. Eu vejo algo *em diferentes contextos.*
(Isto não tem mais afinidade com imaginar do que com ver?)

961. É como se tivéssemos trazido um conceito para perto do que é visto, e agora víssemos os dois simultaneamente. Muito embora o conceito em si mesmo seja praticamente invisível, ele **estende um véu organizador sobre os objetos.**

962. "O que você vê?" (Jogo de linguagem.) – "O que você *realmente* vê?"

963. Representemo-nos a visão como algo enigmático! Sem qualquer tipo de explicação fisiológica.

964. A pergunta "O que você vê?" recebe diferentes tipos de descrição como resposta. – Se agora alguém diz: "É claro que vejo o aspecto, a organização; vejo-as tão bem quanto as formas e as cores" – o que isto deve significar? Que se conta tudo isso como parte do "ver"? Ou que aqui, de todo modo, existe a maior semelhança? – E o que posso dizer quanto a isso? Posso apontar semelhanças e dessemelhanças.

965. Se uma pessoa reconhece um desenho como o retrato de N.N. e exclama "Este é o Sr. N.N.!", não se poderia tomar isto por loucura? – "Ele deve estar maluco!", dizem, "Ele vê um pedaço de papel coberto com traços pretos e toma isso por um homem!".

966. O "ver a figura *como...*" tem algo de oculto, de incompreensível. Gostaríamos de dizer: "Algo se alterou e nada se alterou". – Mas não tente explicar! Faça melhor, considere o restante da visão também como algo oculto.

967. A expressão daquela experiência é e permanece sendo: "Vejo-o como uma montanha", "Vejo-o como uma cunha", "Vejo-o com esta base e este ápice, mas tombado" etc. E as palavras "montanha", "cunha", "base", "tombado" continuam a ser apenas traços ou sons – *com um uso.*

968. Pense numa representação [*Darstellung*] de um rosto simultaneamente de frente e de perfil, como em alguns quadros modernos. Uma representação em que está envolvido um movimento, uma alteração, um vagar do olhar. Um quadro como esse *não* representa *propriamente* o que se vê?

969. "Eu perdoo você." Pode-se dizer "Estou ocupado em perdoá-lo"? Não. Mas isto não quer dizer que não haja um processo que se poderia chamar de "perdoar" – mas não se chama –, quero dizer, a resolução de um conflito interior que pode levar ao perdão.

970. Eu gostaria de dizer: Há aspectos que são determinados **principalmente** por pensamentos e associações, e outros que são "puramente ópticos", que entram em cena e variam automaticamente, quase como imagens residuais.

971.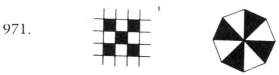

Aquilo de que Köhler[78] não trata é o fato de que se pode *olhar para* a figura 2 deste ou daquele jeito, de que o aspecto, ao menos até certo grau, está submetido à vontade.

972. Eu posso prestar atenção no curso de minhas dores; mas não, da mesma maneira, no de minhas crenças ou no de meu saber. [Cf. Z 75.]

973. A observação da duração pode ser ininterrupta ou interrupta.
Como você observa seu saber, suas opiniões? E, por outro lado, uma imagem residual, uma dor? Existe algo como uma observação ininterrupta de minha capacidade de realizar a multiplicação...? [Cf. Z 76, 77.]

974. (Sobre o parágrafo 971) *Poderíamos* explicar isso apelando ao fato de que o aspecto está conectado ao movimento dos olhos.

975. Analogia com a oposição entre "valor" e "valor limite" de uma função. (importante)

976. Que o aspecto esteja submetido à vontade não é um fato que não entra em contato com sua própria essência. Pois como seria se pudéssemos

---

[78] *Gestalt Psychology*, New York, 1929, p. 198 (N.E.).

ver voluntariamente as coisas vermelhas ou verdes? E neste caso como se aprenderia a aplicar as palavras "vermelho" e "verde"? Neste caso, não haveria principalmente um "objeto vermelho", mas no máximo um objeto que se vê mais facilmente vermelho do que verde.

977. O que Köhler diz não é mais ou menos isto: "Não poderíamos *tomar* algo por isto ou aquilo se não pudéssemos *vê*-lo como isto ou aquilo"? Uma criança começa vendo algo como isto ou aquilo antes de aprender a tomá-lo por isto ou aquilo? Ela aprende primeiramente a responder à pergunta "Como você vê isto?" e só depois à "O que *é* isto?".

978. Pode-se dizer que ela tem de ser capaz de apreender a cadeira visualmente como um todo, para poder reconhecê-la como uma coisa? – Eu apreendo a poltrona visualmente como uma coisa? E quais de minhas reações revelam isso? Quais reações de uma pessoa mostram que ela reconhece algo como uma coisa? E quais mostram que ela *vê* algo como um todo, como uma coisa?

979. Poderíamos imaginá-lo deste jeito: Testa-se de que maneira uma criança reproduz figuras planas, quando ninguém lhe ensinou um método de reprodução e quando ela ainda nunca viu objetos espaciais.

980. Aprendo a descrever o que vejo; e aí aprendo *todos* os jogos de linguagem *possíveis*.

981. Não "Como posso descrever o que vejo?" – mas: "O que *chamamos* de 'descrição do que é visto'?".
E a resposta a *esta* pergunta é: "Coisas muito diferentes".

982. Köhler[79] diz que apenas muito poucas pessoas veriam por si mesmas o numeral 4 no desenho ⌒⌒, e isto é certamente verdade. Como se distinguiria das pessoas normais uma pessoa que se afastasse

---

[79] *Gestalt Psychology*, p. 200ss. As figuras se parecem um pouco diferentes no livro de Köhler (N.E.).

radicalmente da norma em suas descrições de figuras planas ou quando as copiasse, que empregasse outras *"unidades"* ao descrever ou copiá-las? Isto é, como essa pessoa vai distinguir-se em ainda outras coisas das pessoas normais?

983. Uma pessoa poderia ter um grande talento para desenhar, quero dizer, o talento para retratar de maneira bastante precisa objetos, um quarto por exemplo, e enquanto fizesse isso, no entanto, poderia não parar de cometer pequenos erros contra o *sentido*; de maneira que se pudesse dizer "Ela não apreende um objeto como objeto". Ela nunca cometeria, por exemplo, um erro como o do pintor Klecksel, que pinta dois olhos num rosto de perfil. Seu *saber* nunca a desencaminharia.

984. O conceito desencaminhador é: "a descrição *completa* daquilo que se vê".

985. Elimine sempre para si o objeto privado, ao supor: Que ele se altera continuamente; porém você não nota isto porque sua memória o engana continuamente. [Cf. PU, p. 207e.]

986. "Quem vê algo, vê qualquer coisa de determinado" – mas isto simplesmente não quer dizer nada.
É como se quiséssemos dizer: Mesmo que nenhuma representação [*Darstellung*] se assemelhe à impressão visual, ela de todo modo se assemelha a si mesma.

987. Seria bem possível que alguém, em resposta à pergunta "O que você está vendo aqui?", copiasse corretamente a figura, mas respondesse com um não à pergunta "Você está vendo um 4?", embora ele mesmo tivesse formado o numeral ao copiar a figura.

988. O que estou contando a alguém quando lhe informo que agora estou vendo o ornamento *deste jeito*? (Questão estranha.) – Eis o que isso quer dizer: "Em que jogos de linguagem essa sentença encontra um uso?" – "O que fazemos com essa sentença?".

989. Suponhamos que certos aspectos pudessem ser explicados pelo movimento dos olhos: Neste caso gostaríamos de dizer que eles seriam de

natureza puramente óptica, e que assim seria preciso que houvesse para eles uma descrição que não tivesse de se servir de analogias tiradas de outros domínios. Ou seja, teria então de ser possível substituir a ordem "Veja isto como...!" por esta: "Faça o olhar vagar de tal e tal maneira" ou uma parecida.

990. Mas simplesmente não é verdade que uma experiência que está comprovadamente conectada ao movimento dos olhos, que pode ser produzida por esse movimento, possa por isso ser descrita por uma sequência de imagens visuais.
(Por exemplo, do mesmo modo como quem imagina uma nota musical não imagina uma sequência de deslocamentos de ar.)

991. Segure o desenho de um rosto de ponta-cabeça e você já não pode reconhecer a *expressão* do rosto. Talvez você ainda possa ver que ele está sorrindo, mas não exatamente *como* ele sorri. Você não poderia imitar o sorriso ou descrever seu caráter mais precisamente.
E, no entanto, a imagem de ponta-cabeça pode apresentar o objeto de maneira extremamente precisa. [Cf. PU, p. 198f.]

992. Temos de ter em mente que o ver-*assim* pode ter um efeito semelhante ao de uma alteração do que é visto, como, por exemplo, por meio da colocação de parênteses, de um sublinhado, de um agrupamento desta ou daquela espécie etc., e que dessa maneira, mais uma vez, o ver-*assim* mantém semelhanças com o imaginar.
É claro que ninguém vai negar que um sublinhado, a colocação de parênteses, pode favorecer o reconhecimento de uma semelhança.

993. No entanto, está claro que apenas quem vê a figura ambígua como lebre vai ser capaz de imitar a expressão facial da lebre. Ou seja, se ele vê a figura *desta* maneira, isto vai possibilitar-lhe avaliar certa semelhança.

994. Além disso, apenas se vai estimar corretamente certas dimensões quando se vê a figura *desta* maneira.

995. Tenha em mente que se pode dizer: "Você tem de ouvir esta melodia *assim* e em seguida ainda *tocá-la* de maneira correspondente".

996. Não poderia haver pessoas que não fizessem contas de cabeça nem conseguissem aprender a ler em voz baixa, mas que de resto fossem pessoas inteligentes e em nenhum sentido "deficientes mentais"?

997. Não há dúvida de que frequentemente se provoca um aspecto por meio de um movimento dos olhos, por meio de um movimento do olhar.

998. Mas que estranho! É o que se gostaria de dizer – se podemos descobrir uma espécie de agrupamento – como é possível também *vê*-lo? – Como é possível instantaneamente saber o que se quer dizer? Isto não é igualmente notável?

999. Será que o aparecimento do aspecto é mais estranho que minha lembrança de uma determinada pessoa real, pessoa de que tenho uma imagem de memória? É verdade, há até mesmo uma semelhança entre os dois eventos. Pois aqui também se pergunta a si mesmo: Como é *possível* que eu *dele* tenha uma imagem de memória e não haja dúvida de que é uma imagem *dele*?

1000. A filosofia frequentemente resolve um problema apenas dizendo: *Aqui* não há mais dificuldade que *ali*.
Portanto, apenas suscitando um problema onde anteriormente não havia nenhum.
Ela diz: "Não é igualmente notável que..." e se dá por satisfeita com isso.

1001. Como se obedece à ordem "Imagine o Sr. N.!"? Como se sabe que a ordem foi obedecida? Como alguém sabe que a obedeceu? Qual é aqui a utilidade do *estado* da imaginação? – Quero dizer que com a visão de um aspecto a situação é parecida.

1002. Eu agora o vejo (o tabuleiro de xadrez) assim. É como se você me tivesse dado este desenho esquemático. Por exemplo, 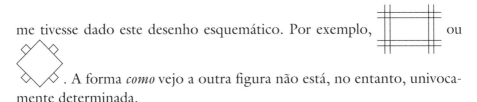 ou . A forma *como* vejo a outra figura não está, no entanto, univocamente determinada.

1003. Imagine, num filme, a exibição de um triângulo △ balançando em torno do ponto e em seguida ficando parado. E agora poderia ser como se esse entorno temporal tivesse um efeito ainda na imagem do triângulo que chegou ao repouso.
"Pendurado", eu gostaria de dizer. Mas nada corresponde a isso? Com certeza, sim! Mas isto apenas significa que não estou mentindo e que a **expressão** do aspecto tem um uso. "*Que* aplicação?" é o que você sempre tem de se perguntar.

1004. Poderíamos considerar o desenho do tabuleiro de xadrez como um plano de trabalho de acordo com o qual devem ser fabricadas peças que resultam no tabuleiro de xadrez. Pode-se agora empregar esse desenho de diferentes maneiras; e também pode-se *vê*-lo de diferentes maneiras, correspondentes a esses usos.

1005. Imagine que se explicasse isso dizendo que o aspecto surge por meio de diferentes representações e lembranças superpostas à imagem visual. Naturalmente, essa explicação não me interessa como explicação, mas como possibilidade lógica, logo, conceitualmente (matematicamente).

1006. "O verde que vejo ali tem *jeito de folha*. Essas coisas ali têm *jeito de olhos*." (Que coisas?)

1007. O objeto da visão parece ser aqui o que não pode ser objeto da visão. Como se disséssemos que vemos notas musicais. (Contudo, realmente se diz que se vê uma vogal amarela ou marrom.)

1008. Pois como poderia a associação ser um estado duradouro? Como será que eu poderia associar, por cinco minutos, este tipo de objeto com estas linhas?

1009. O que será que me convence de que o outro vê uma figura ordinária tridimensionalmente? – Que ele o diga? Bobagem – como será que sei o que ele quer dizer ao assegurar isso?
Ora, o que me convence é que ele saiba se guiar pela figura; que ele empregue para a figura as expressões que ele aplica ao espaço; que, diante

do quadro de uma paisagem, ele se comporte tal como diante de uma paisagem etc.

1010. Eu nunca posso saber se ele realmente vê. Ora, neste caso, naturalmente, também não posso sabê-lo de mim. Pois como sei que é o mesmo aquilo que agora chamo tal como anteriormente, e que chamo o mesmo de "mesmo"?

1011. Bem, como tudo isso fica parecendo na terceira pessoa? E o que vale para a terceira pessoa, então vale, por mais estranho que isso possa parecer, também para a primeira.

1012. Imagine uma explicação fisiológica para o fato de que vejo *uma coisa* (A) como variação de *outra* (B). Poderia ser revelado que, quando vejo A como B, têm lugar em minha retina certos processos que aliás aparecem quando realmente vejo B. E isto poderia explicar algumas coisas em meu comportamento. Por exemplo, poderíamos dizer que é por isso que me comporto como se visse B ao olhar para A, o que habitualmente não faço quando não vejo A como B. Mas, para nós, esta explicação de meu comportamento é supérflua. Eu aceito o comportamento justamente como aceito um processo na retina ou no cérebro.
Estou querendo dizer: Num primeiro momento, a explicação fisiológica é aparentemente uma ajuda, mas em seguida ela se revela um mero catalisador de pensamentos. Apenas introduzo-a para imediatamente livrar-me dela de novo.

1013. Apenas não vá pensar que você saberia de antemão o que significa nesse caso "estado da visão"![80] Faça com que o significado lhe seja **ensinado** pelo uso.

1014. Eu teria podido explicar a mim mesmo o fenômeno da imaginação, se me tivesse sido dito: "Alguém vê, com os olhos abertos, algo que não está diante dele, e ao mesmo tempo também o que está diante dele, e os dois objetos visuais não ficam um no caminho do outro".

---
[80] TS: "estado de consciência".

1015. E naturalmente estaria bem errado dizer: "E mesmo assim coisas estranhas acontecem" ou "coisas inacreditáveis". Pelo contrário, o que acontece *não* é de forma alguma estranho, é apenas visto equivocadamente como estranho.

1016. A velha opinião sobre o papel da *intuição* na matemática. Essa intuição é justamente a visão dos complexos em diferentes aspectos?

1017. Não é preciso distinguir, entre os aspectos, os puramente ópticos dos outros?
Está claro que eles são muito diferentes uns dos outros: Em sua **descrição**, por exemplo, às vezes entra a dimensão da profundidade, às vezes não; às vezes o aspecto é um determinado "agrupamento", mas, quando se vê traços como um rosto, não se os reuniu num grupo apenas visualmente; pode-se ver o desenho esquemático de um cubo como uma caixa aberta ou como um corpo sólido, como algo deitado de lado, ou em pé; a figura pode ser vista não apenas de duas, mas de um grande número de diferentes maneiras.

1018. Penduramos quadros, fotografias de paisagens, de interiores, de pessoas, e não as consideramos como planos de trabalho. Gostamos de olhar para elas tal como para os objetos mesmos; sorrimos ao ver a fotografia tal como ao ver as pessoas que ela mostra. Não aprendemos a entender uma fotografia tal como aprendemos a entender uma cópia azul. – Seria possível, sem dúvida, que primeiro tivéssemos de aprender com alguma dificuldade a entender um método de representação gráfica [*Abbildungsart*], a fim de posteriormente poder usá-lo como uma imagem natural. Esse complicado aprendizado seria mais tarde apenas *história*, e nós consideraríamos a imagem da mesma forma como agora consideramos nossas fotografias.

1019. Só que também poderia haver pessoas que não entendessem, não vissem fotografias como nós as entendemos e vemos; que, embora entendessem que uma pessoa pode ser representada dessa maneira e também pudessem avaliar de maneira aproximada as formas dela com base numa fotografia, não *vissem* de forma alguma o retrato como retrato. *Como* isso se manifestaria? O que consideraríamos como uma manifestação disso? Talvez não seja fácil de dizer.

Talvez essas pessoas não se alegrassem com fotografias assim como nós. Elas não diriam "Olhe como ele está sorrindo!" e coisas similares; seria frequente que elas não reconhecessem imediatamente uma pessoa na foto; elas teriam de *aprender a ler* a fotografia e *lê*-la; elas teriam dificuldades para reconhecer duas boas tomadas do mesmo rosto como fotos de posições algo diferentes.

1020. Se alguém me dissesse que viu a figura como um F ao contrário durante meia hora, sem interrupções, eu teria de supor que ele *pensou* continuamente nessa interpretação, que ele se *ocupou* com ela.

1021. É como se o aspecto fosse algo que apenas resplandecesse, mas não permanecesse; e, no entanto, esta tem de ser uma observação *conceitual*, e não psicológica.

1022. Quando da súbita virada do aspecto, vivencia-se a segunda fase de maneira aguda (correspondendo talvez à exclamação "Ah, é um ...!") e aqui é claro que nos *ocupamos* do aspecto. No sentido crônico, o aspecto é apenas a maneira como nunca cessamos de lidar com a figura.

1023. "Coisa" e "pano de fundo" são conceitos visuais, como vermelho e redondo – Köhler vai dizer. A descrição do *que é visto* inclui a especificação do que sejam coisa e pano de fundo não menos que a especificação da cor e da forma. E a descrição é tão incompleta quando não é dito o que é coisa e o que é fundo como quando a cor ou a forma não foram especificadas. Vejo um tão imediatamente quanto o outro – é o que se quer dizer. E o que se deve objetar a isso? Primeiramente: como isso pode ser reconhecido – se por meio da introspecção e se todos têm de estar de acordo quanto a isso. Pois se trata evidentemente da descrição do *que é visto subjetivamente*. Mas como é que se aprende a reproduzir o subjetivo com palavras? E o que essas palavras podem significar para nós?

Imagine que, em vez de palavras, se tratasse de uma versão desenhada; e, às palavras "coisa!" e outras similares, correspondesse nessa versão a sequência, a ordem, em que **preparamos** o desenho. (Estou supondo que pudéssemos desenhar de maneira extraordinariamente rápida.) E se alguém dissesse: "A sequência faz parte da representação do que é visto tanto quanto as cores e as formas". – O que isto significaria?

Pode-se perfeitamente dizer: Há razões para contar como parte da descrição desenhada do que é visto não apenas a figura desenhada, mas também o frasear que acontece enquanto se faz o desenho. De alguma maneira, essas reações de quem faz a descrição convinham umas às outras. Em certos aspectos, elas convêm umas às outras, em outros não.

1024. Se pensamos nas correntes na retina (ou algo do tipo), gostaríamos de dizer: "Então o aspecto é tão bem 'visto' quanto a forma e a cor". Mas como será que uma hipótese como essa podia ajudar-nos a formar essa convicção? Bem, ela corrobora a **tendência** para aqui dizer que *víamos* duas formações distintas. Mas se a questão é fundamentar essa tendência, ela deve ter seu fundamento em outro lugar.

1025. A expressão do aspecto é a expressão de uma apreensão (portanto, de uma maneira de lidar, de uma técnica); mas é usada como descrição de um estado.

1026. Quando parece que não haveria lugar para uma tal **forma lógica**, você tem de buscá-lo numa outra dimensão. Se não há lugar aqui, então ele está justamente em outra dimensão. [Cf. PU, p. 200f.]

1027. Nesse sentido, também não há lugar para os números imaginários na linha dos números. E eis o que isto significa: A aplicação do conceito de número imaginário é *fundamentalmente* diferente da aplicação do conceito de número cardinal, por exemplo; é mais diferente do que **revelam** as operações matemáticas tão somente. Portanto, para conquistar um lugar para esses números, é preciso que se desça até sua aplicação, e é nesse momento que eles encontram um lugar diferente e, por assim dizer, *inesperado*. [Cf. PU, p. 201a.]

1028. Se para mim esta constelação é sempre e continuamente um rosto, neste caso não designei com isso nenhum aspecto. Pois *isso* significaria que sempre me *deparo* com ela como um rosto, sempre a trato como um rosto; ao passo que a peculiaridade do aspecto é que eu perceba algo numa figura. De maneira que se poderia dizer: vejo algo que absolutamente não está ali, que não reside na figura, de modo que me deixa surpreso que eu possa vê-lo (ao menos quando reflito sobre isso posteriormente).

1029. Se a visão de um aspecto corresponde a um pensamento, então é só num *mundo* de pensamentos que pode existir um aspecto.

1030. Quando descrevo um aspecto, a descrição pressupõe conceitos que não fazem parte da descrição da própria figura.

1031. Não é notável que seja excepcionalmente rara a inclusão do vagar do olhar na descrição de uma impressão visual? Ele quase nunca é incluído quando o objeto é pequeno, quando é um rosto, por exemplo; muito embora o olhar esteja, também ali, continuamente em movimento.

1032. O aspecto pode mudar de repente, e então se segue à mudança uma nova maneira de examiná-lo. Estamos conscientes, por exemplo, da expressão facial, nós a *contemplamos*.

1033. Eu posso, por exemplo, olhar para uma fotografia e me ocupar com a expressão do rosto, posso levá-la a sério, por assim dizer, do fundo do meu coração, sem nada dizer a mim mesmo ou a outrem ao fazer isso.
Faço os olhos na fotografia falarem comigo. Talvez seja a primeira vez que vejo a imagem como um rosto de verdade. "Envolva-se na expressão." Não pergunte "O que acontece nesse momento?", mas "O que se faz com essa manifestação?".

1034. É apenas na mudança que nos tornamos conscientes do aspecto. Como quando alguém está consciente apenas da mudança de tonalidade, mas não tem ouvido absoluto.

1035. Quando se deixa de reconhecer o mar Mediterrâneo num mapa que está colorido de maneira diferente, *isso* não mostra que aqui esteja *realmente* dado um outro objeto visual. (O exemplo de Köhler.)[81] Isso poderia, no máximo, fornecer uma razão plausível para um determinado *modo de expressão*. Não é de forma alguma o mesmo dizer "Isso mostra que aqui ele é realmente visto de duas maneiras" – e "Nessas circunstâncias seria melhor falar de 'dois objetos visuais diferentes'".

---

[81] *Gestalt Psychology*, p. 195ss. (N.E.).

1036. É extremamente importante que se possa provocar um aspecto por meio de pensamentos, embora isto não resolva o problema principal.

É verdade, é como se o aspecto fosse uma reverberação inarticulada de um pensamento.

1037. Ouço duas pessoas falando e, embora não entenda o que elas estão dizendo, ouço a palavra "banco". Passo a supor que elas estejam falando de dinheiro. (Isto pode revelar-se correto ou incorreto.) Quer dizer, então, que eu *ouvi* a palavra "banco" com *este* significado?

Por outro lado: Alguém fala, numa espécie de jogo, palavras ambíguas na ausência de contexto; ouço "banco" e ouço-a com aquele significado. É quase como se este último fosse um vestígio desprezível do primeiro processo.

1038. Por que não deve existir uma **inclinação** esmagadora para usar certa palavra em nossa manifestação? E por que essa palavra não deveria ser mesmo assim enganadora, caso estejamos ponderando sobre nossa vivência?

Quero dizer: Por que não devemos querer dizer "ver", embora a comparação com a visão não bata de várias maneiras? Por que não devemos ficar impressionados por uma analogia, em prejuízo de todas as diferenças? Mas é justamente por isso que não se pode apelar para as palavras da manifestação.

Aqui, uma consideração fisiológica apenas causa confusão. Porque ela nos distrai do problema lógico, conceitual.

1039. A confusão na psicologia não deve ser explicada dizendo que ela é uma "ciência jovem". Seu estado não deve de forma alguma ser comparado com o da física, por exemplo, em seus primórdios. Antes ele deve ser comparado com o de certos ramos da matemática. (Teoria dos conjuntos.) Isto é, por um lado ali existe um certo método experimental e, por outro, confusão conceitual, assim como em algumas partes da matemática há confusão conceitual e métodos de prova. Contudo, ao passo que na matemática pode-se estar **razoavelmente** certo de que uma prova terá importância, mesmo que ela ainda não esteja sendo entendida[82] direito,

---

[82] TS: interpretada.

na psicologia não se está nem um pouco certo da fecundidade dos experimentos. Pelo contrário, há nela o que é problemático e experimentos que são vistos como métodos para a solução dos problemas, mesmo quando eles passam bem ao largo daquilo que nos inquieta. [Cf. PU, p. 232a.]

1040. Poderíamos ficar tentados a acreditar que há uma determinada maneira de pronunciar datas, uma determinada entonação ou algo parecido. Pois para mim um número, por exemplo o número de uma casa, como 1854, pode ter em si algo de um jeito de data. Poderíamos acreditar que nossa vivência é a de uma determinada atitude do espírito que o deixa pronto para uma determinada atividade; comparável, portanto, à postura do corpo antes de um salto. Aqui há um erro muito sedutor. É um fato de experiência que *esta* postura seja uma preparação frequente ou oportuna para *esta* atividade. Não aprendemos, porém, que esta sensação, esta experiência, é uma preparação conveniente para tal e tal aplicação da figura, do número etc. Expressões como "É como se a aplicação futura já estivesse vibrando na vivência", "É como se já estivéssemos inervando os músculos para esta determinada atividade" etc., são apenas *manifestações* parafraseadas da vivência. (Como se disséssemos "Meu coração está em brasa com o amor por ...") – De resto, temos aqui uma indicação da origem da sensação de inervação que deve constituir a consciência do ato de vontade.

1041. Ao reconhecer uma pessoa, eu digo: "Agora eu vejo – são os mesmos traços, apenas..." – e segue-se uma descrição das alterações presentes de fato. – Imagine que eu dissesse "O rosto está mais redondo do que era" – devo dizer que é uma peculiaridade da imagem visual, da impressão visual, que me mostra isso? Não há dúvida de que vão dizer: "Não; aqui confluem uma imagem visual e uma lembrança". Mas como elas confluem? É verdade – é *como se* aqui duas imagens fossem comparadas. Mas não há duas imagens sendo comparadas; e se houvesse, ainda assim seria preciso reconhecer uma delas como a imagem do rosto passado.

1042. Entretanto, posso dizer: Eu vejo que esta figura está contida naquela, mas não consigo vê-la dentro daquela. Esta descrição é bem apropriada para essa figura, mas apesar disso não consigo *ver* a figura de acordo com a descrição.

Além disso, aqui, "ver" não significa "reconhecer instantaneamente". Pois poderia bem ser que, num primeiro olhar, alguém não fosse capaz de ver uma figura dentro da outra, mas pudesse fazer isso *depois* que tivesse reconhecido, passo a passo, por assim dizer, que uma está contida na outra.

1043. Se eu lhe conto, usando os dois quadros, que uma figura está contida na outra ou que reconheço que é assim, não estou com isso contando-lhe que vejo uma dentro da outra. Em que reside a diferença entre as duas informações? (A expressão verbal delas não precisa diferir.)

1044. Não consigo ver a figura ⊞ como a união de ◩ e ◨, que são empurradas uma contra a outra até que se sobreponham pela metade, de modo que a região preta do meio, digamos assim, conte como dobrada. Se alguém agora dissesse que consegue ver a figura dessa maneira, eu poderia não entender isso? Eu poderia acreditar nisso? Eu deveria dizer que isso é possível – mesmo que algo parecido nunca tenha acontecido comigo? Eu teria de dizer "Você simplesmente quer dizer com 'ver assim' algo diferente do que eu quero dizer"? – E se eu aceitasse que ele consegue ver, o que eu passaria a saber, o que eu poderia fazer com isso? (É claro que, mais uma vez, é imaginável um uso psicológico.)

1045. É aqui que entra a pergunta "O que alguém estaria contando-me se dissesse que consegue *ver* um polígono regular de 50 lados enquanto tal?". Como testaríamos sua declaração? O que admitiríamos como um teste?
Parece-me que seria possível que *absolutamente nada* fosse aceito como confirmação dessa declaração.

1046. "Para mim, ele é agora *este* ornamento." O "este" tem de ser explicado por uma remissão a uma *classe* de ornamentos. Pode-se dizer algo como "São listras brancas sobre algo preto". Sim – não dá para explicar de outro jeito. Apesar de que se gostaria de dizer: "Mas é preciso que haja uma expressão mais simples para aquilo que vejo!". E talvez também exista. Pois poderíamos utilizar sobretudo a expressão "destacar-se". Pode-se dizer "Estas partes se destacam". E agora pode-se imaginar uma reação primitiva de uma pessoa que não exprime isto com palavras, mas talvez apontando para as partes "que se destacam" usando o dedo e fazendo

um gesto particular. Contudo, isso não tornaria essa expressão primitiva *equivalente* à expressão verbal "ornamento listrado branco".

1047. Mas também *isto* seria possível: que uma grande quantidade de expressões, conceitos, fossem bem equivalentes em significado para alguém nesse caso. E *nesse* caso deveríamos dizer que o aspecto descrito é puramente óptico?

1048. Todavia, a questão é: por que a reação primitiva de apontar com o dedo deve ser chamada de uma expressão do ver-assim? É claro que não se vai poder chamá-la assim muito facilmente. Apenas se ela se unir a outras expressões.

1049. Imagine que alguém sempre exprimisse o ver-assim por meio de uma lembrança! Que ele dissesse, por exemplo, que ora a figura o lembra disso, ora daquilo que ele viu uma vez. O que eu poderia fazer com *essa* informação?
Algo pode lembrar-me desse objeto por meia hora? A não ser que eu esteja ocupando-me dessa lembrança.

1050. Se a situação é tal que, embora haja uma vivência de significado, ela de todo modo é algo de menor importância – como, então, ela pode parecer tão importante? Isso tem sua origem no fato de que esse fenômeno consente com certa interpretação primitiva de nossa gramática (lógica da linguagem)? Da mesma maneira como frequentemente se imagina que a lembrança de um evento tem de ser uma imagem interior, e como às vezes essa imagem realmente **existe**.[83]

1051. Por mais indistinta que possa ser minha imagem visual, ela certamente tem de ter *uma determinada* indistinção, ela de todo modo tem de ser uma imagem visual determinada. O que provavelmente significa que ela tem de ser

---

[83] Aqui, Wittgenstein faz alusão a uma determinada interpretação que a palavra alemã para lembrança ("Erinnerung") poderia sugerir. Entendida ao pé da letra, ela equivaleria à nossa palavra "interiorização", e a sugestão seria portanto que toda lembrança tem de ser algo interior (N.T.).

suscetível de uma descrição que lhe convém exatamente, caso no qual a descrição tem de ter precisamente a mesma vagueza do que é descrito. – Mas agora dê uma olhada na imagem e ofereça uma descrição que seja apropriada nesse sentido! Essa descrição deveria ser propriamente uma *imagem*, um desenho! Porém aqui não se trata de maneira alguma de uma cópia indistinta de uma imagem indistinta. A falta de clareza do que vemos é de um sentido bem diferente. E creio que a sede de falar de um objeto visual privado poderia desaparecer para a pessoa se ela pensasse com mais frequência nessa imagem visual.

O método de projeção que é possível em outros casos simplesmente não é possível aqui.

1052. Quando digo "Ele se sentou no banco da praça", é sem dúvida difícil pensar num banco de dinheiro ou imaginá-lo; mas isso não prova que se teria imaginado um outro banco naquele momento.

Poderia ser fácil para nós, por exemplo, desenhar, enquanto falamos, certas figuras que correspondem ao que estamos falando, e muito difícil desenhar figuras que contrariam a intenção ou o contexto do que falamos. Mas isso não provaria que sempre desenhamos enquanto falamos.

1053. Se, agora, enquanto reflito sobre esta questão, profiro tão somente a sentença "Você tem de depositar o dinheiro no banco" e a penso [*meine*] de tal e tal maneira – isso significa que dentro de mim, ao proferir a sentença, acontece o mesmo que quando digo a alguém a sentença com esse significado numa ocasião real? O que poderia justificar uma suposição como esta? No máximo, que em seguida eu diga "Agora eu quis dizer a palavra... com o significado...". E aqui certamente se trata de uma espécie de ilusão óptica! Pois, no uso prático, o que me autoriza a emitir essa constatação decerto não é um processo que acompanha a fala. Mesmo que processos que apontam para esse significado possam acompanhar a fala. (A direção do olhar, por exemplo.)

1054. A dificuldade é saber guiar-se em meio aos conceitos dos "fenômenos psicológicos".

É se movimentar por entre eles sem ficar a todo momento trombando com um obstáculo.

Isto é, é preciso que se *domine* as afinidades e diferenças entre os conceitos. Tal como alguém domina a transição de qualquer tonalidade a qualquer outra, modula de uma para a outra.

1055. "Agora pronunciei a palavra... com o significado..." – Como você sabe que o fez? E se você se enganou? Como será que você aprendeu a pronunciá-la com esse significado?

Quem diz "Agora falei a palavra isoladamente com *este* significado" é alguém que joga um jogo de linguagem completamente diferente daquele de quem me conta que, naquele relato ou ordem, quis dizer *isto* com a palavra.

E agora, portanto, ou é essencial ou é acidental que ele use as palavras "querer dizer" também no primeiro caso. Se é essencial, então esse primeiro jogo de linguagem é, por assim dizer, um reflexo do segundo.

Talvez da mesma forma como uma partida de xadrez sobre o palco poderia ser chamada de um reflexo de uma verdadeira partida de xadrez.

1056. Jogar xadrez imaginário com outra pessoa: Os dois jogadores jogam imaginariamente e estão de acordo sobre que *este* venceu e este perdeu. Dessa maneira eles podem reproduzir a partida de memória e concordando um com o outro; eles podem pô-la no papel, narrá-la. – Imagine o tênis sendo jogado dessa forma. Seria possível. Só que é claro que ele deixaria de ser um exercício para os músculos. (Embora até isso possa ser imaginado.) O importante é que também no "tênis imaginário" se vai poder dizer "*Eu tive êxito* em... a bola".

1057. Eu poderia sonhar com uma partida de xadrez, e o sonho, no entanto, talvez apenas me mostrasse um movimento do jogo. Apesar disso, eu teria sonhado: eu joguei uma partida de xadrez. Assim sendo, vão dizer "Você não a jogou realmente, você sonhou". Por que não se deveria também dizer "Você não quis dizer isso com a palavra realmente, você apenas sonhou"?

1058. Num tribunal, por exemplo, poderia ser discutida a questão sobre o que *alguém* quis dizer com uma palavra, e também pode ser inferido de certos fatos que ele quis dizer *isto* com ela. É uma questão de *intenção*. Mas aquele outro *querer dizer* no sonho também poderia ter essa importância? [Cf. PU, p. 214e.]

1059. Mas e quanto a isto: Quando leio uma poesia ou uma prosa expressiva, especialmente quando a leio em voz alta, certamente acontece algo durante a leitura que não acontece quando passo os olhos pelas sentenças apenas para me informar delas. No entanto, posso ler, por exemplo, uma sentença mais ou menos intensamente. Esforço-me para acertar o tom preciso. Nesse momento, frequentemente vejo uma imagem diante de mim, como que uma ilustração. É verdade, eu ainda posso dar à *palavra* um tom que faz seu significado se destacar, quase como se a palavra fosse uma imagem. Poderíamos imaginar até mesmo um modo de escrever em que certas palavras fossem substituídas por sinais desenhados e assim fossem enfatizadas. Isto às vezes realmente acontece quando sublinhamos uma palavra ou a colocamos na sentença como sobre um verdadeiro pedestal. ("... there lay a something...")[84] [Cf. PU, p. 214g.]

1060. Quando, ao ler expressivamente, pronuncio essa palavra, ela fica, por assim dizer, *cheia* de seu significado. E agora poderíamos perguntar: "Como *pode* ser assim?". [Cf. PU, p. 215a.]

1061. "Como pode ser assim, se o significado é aquilo em que você acredita?" O uso de uma palavra não pode acompanhá-la ou fazê-la transbordar. E agora posso responder: Minha expressão foi usada de maneira figurada. – Mas a imagem *se impunha a mim. Quero dizer*: A palavra estava preenchida com seu significado. Talvez possa ser explicado como chego a querer dizer isso.
Mas, nesse caso, por que não devo também *"querer dizer"*: pronunciei a palavra (isolada) como *este* significado? [Cf. PU, p. 215a.]

1062. Por que uma determinada técnica de uso das palavras "significado", "querer dizer" e outras não deve levar-me a usar essas palavras num sentido, por assim dizer, figurado, impróprio? (Assim como digo que o som *e* é amarelo.) Mas não quero dizer: é um *erro* – não pronunciei a palavra *realmente* com esse significado, e sim apenas fantasiei isso. Não é assim. Pois tampouco meramente fantasio que xadrez está sendo jogado em "Nathan".[85]

---

[84] Em inglês no original. Tradução: "... estava ali deitada alguma coisa...".
[85] Lessing: *Nathan der Weise* (N.E.).

1063. Pensar usando conceitos de processos fisiológicos é extremamente perigoso para o esclarecimento dos problemas conceituais na psicologia. Pensar em hipóteses fisiológicas às vezes nos ilude com falsas dificuldades, às vezes com falsas soluções. O melhor remédio contra isso é o pensamento de que absolutamente não sei se as pessoas que conheço realmente têm um sistema nervoso.

1064. O caso do "significado vivenciado" tem *afinidade* com o da visão de uma figura como isto ou aquilo. Temos de descrever essa afinidade conceitual; não estamos dizendo que, na verdade, em ambos os casos o mesmo está diante de nós.

1065. Se você escreve seu F assim 𝓕, você o pensa como um F "que escorregou" ou como um F no espelho? – Você *quer* que ele olhe para a direita ou para a esquerda? – A segunda pergunta *evidentemente* não se refere a um processo que acompanha a escrita. Na primeira pergunta, *poderíamos* pensar nesse processo.

1066. "Vejo que a criança quer pôr a mão no cachorro, mas não ousa fazê-lo." Como posso ver isso? – Esta descrição do que é visto está no mesmo nível de uma descrição de formas e cores em movimento? Temos aqui uma *interpretação*? Ora, tenha em mente que você também pode *imitar* uma pessoa que gostaria de tocar em algo, mas não ousa fazê-lo! E o que você imita é de todo modo um comportamento. Mas talvez você só vá poder imitar esse comportamento de forma *característica* num contexto mais amplo.

1067. Vai-se também poder dizer: O que essa descrição diz vai exprimir-se de alguma maneira na movimentação e no restante do comportamento da criança, mas também no entorno espacial e temporal.

1068. Devo dizer, porém, que "vejo" propriamente o receio nesse comportamento – ou que "vejo" propriamente a **expressão** facial? Por que não? Mas com isso não se está negando a diferença entre os dois conceitos do que é percebido. Um retrato de um rosto poderia reproduzir os traços da face com muita precisão, e no entanto não reproduzir a expressão de maneira correta; mas ele também poderia ser semelhante à expressão e não mostrar os traços direito. "Expressão semelhante" agrupa os rostos de maneira bem diferente que "anatomia semelhante".

1069. A questão, naturalmente, não é: "Está correto dizer 'eu *vejo* sua piscadela matreira'?". O que deveria estar certo ou errado nisso, além do uso da língua portuguesa? Nós também não vamos dizer: "A pessoa ingênua tem toda razão quando diz que *vê* a expressão facial"!

1070. Mas, por outro lado, gostaríamos de dizer: Nós certamente **não** podemos "ver" a expressão, a timidez do comportamento etc. **no mesmo sentido** em que "vemos" o movimento, as formas e as cores. O que há nisto? (É claro que a questão não deve ser respondida fisiologicamente.) Bem, diz-se que se vê tanto o movimento quanto a alegria do cachorro. Fechando os olhos, não se pode ver nem um nem outro. Mas se dizemos que alguém viu tudo o que há para *ver* quando ele poderia de alguma maneira reproduzir o movimento do cachorro num quadro, neste caso, *essa pessoa* não teria de reconhecer a alegria do cachorro. Ou seja, se a representação ideal do que é visto é a reprodução fotográfica (métrica) exata num retrato, então poderíamos querer dizer: "Eu vejo o movimento e, de alguma forma, *noto* a alegria".
Mas tenha em mente com que significado aprendemos a usar a palavra "ver". Nós com toda a certeza dizemos que vemos esta pessoa, esta flor, enquanto nossa imagem visual – as cores e as formas – não param de se alterar, e isto no interior dos limites mais afastados. Ora, é justamente assim que usamos a palavra "ver". (Não acredite que você possa encontrar um uso melhor para ela – um uso fenomenológico!)

1071. Eu aprendo o significado da palavra "triste" – aplicada a um rosto – da mesma forma como aprendo o significado de "redondo" ou "vermelho"? Não, não é bem da mesma forma, mas é certamente de forma similar. (Além disso, reajo de maneiras diferentes à tristeza **de um rosto** e a seu rubor.)

1072. Olhe para uma fotografia; pergunte a si mesmo se você vê apenas a distribuição de manchas mais escuras e mais claras ou também a expressão facial! Pergunte a si mesmo o que você vê: seria mais fácil representá-lo por meio de uma descrição daquela distribuição das manchas, ou por meio da descrição de uma cabeça humana? E se agora você diz que um rosto está sorrindo – é mais fácil descrever as **respectivas** posições e formas das partes do rosto ou sorrir você mesmo?

1073. "Aquilo que *vejo* não pode ser a expressão, porque o reconhecimento da expressão depende de meu saber, de meu conhecimento do comportamento humano em geral." Mas esta não é meramente uma constatação histórica?

1074. **Aqui** é como se eu percebesse uma "quarta dimensão"? Bem, sim e não. Mas estranho é que não é. Donde você deve aprender que aquilo que parece estranho a alguém quando ele está filosofando, na verdade não é estranho. Supomos que a palavra... teria de ser usada propriamente *assim* (*esse* uso nos ocorre como um protótipo) e em seguida passamos a achar que o uso normal é extremamente estranho.

1075. "O que *vejo* propriamente tem de certamente ser o que acontece dentro de mim por influência do objeto." – Nesse caso, aquilo que acontece dentro de mim é algo como uma cópia, algo que a própria pessoa poderia, por sua vez, *olhar para*, ter diante de si. Quase que algo como uma *materialização*.
E essa materialização é algo espacial e tem de poder ser descrita totalmente com conceitos espaciais. Assim sendo, embora ela possa sorrir, o conceito de ser amigável não faz parte de sua representação, e sim é *estranha* a essa representação (mesmo que o conceito possa servir a ela). [Cf. PU, p. 199g.]

1076. Quem, por exemplo, fosse capaz de copiar este retrato de maneira exata – eu *não* deveria dizer dessa pessoa que ela vê tudo o que vejo? E ela não teria, em absoluto, de abordar a cabeça como cabeça ou como algo espacial; e mesmo que fizesse isso, a expressão não precisava dizer-lhe nada. E se a expressão fala comigo – eu deveria dizer que vejo mais que o outro?
Eu *poderia* dizê-lo.

1077. Mas um pintor pode pintar um olho de maneira que este olhe fixamente; portanto, seu olhar fixo tem de poder ser descrito por meio da distribuição das cores sobre a tela. Não é preciso, porém, que quem o pinta seja capaz de descrever essa distribuição.

1078. Entender uma peça musical – entender uma sentença.

Diz-se que entendo uma maneira de falar como um nativo se conheço seu sentido, embora, por exemplo, não saiba que classe de pessoas a usariam. Num caso como esse, diz-se que não conheço as nuances exatas do significado. Mas se agora pensássemos que, quando se conhece essas nuances, sente-se algo diferente no momento em que se profere a palavra, isto novamente estaria incorreto. Contudo eu posso, por exemplo, fazer inúmeras passagens que o outro não pode fazer.

1079. Eis o que se gostaria de dizer: "A vida mental do homem não pode de forma alguma ser descrita; ela é tão excepcionalmente complicada e cheia de vivências que mal se podem capturar. Em grande parte, ela se assemelha a uma mescla de nuvens coloridas em que toda forma é apenas a transição para outras formas, para outras transições. – É verdade, basta tomar a vivência visual! Seu olhar vaga quase que **incessantemente**; como você poderia descrevê-lo?". – E mesmo assim eu o descrevo! – "Mas esta é apenas uma descrição bem tosca, ela na verdade descreve sua vivência somente em seus traços mais grosseiros." – Mas não é justamente isso que *chamo* de descrição de minha vivência? Como será que chego ao conceito de um tipo de descrição que é impossível que eu dê?

1080. Imagine que você esteja olhando para a água corrente. A imagem da superfície se altera continuamente. Lugares claros e escuros aparecem por toda parte e desaparecem. O que eu chamaria de uma "descrição precisa" dessa imagem visual? Eu não chamaria nada disso. Se alguém diz que ela não pode ser descrita, pode-se responder: Você não sabe o que deveria ser chamado de descrição. Pois você não reconheceria como uma representação *precisa* de sua vivência nem a fotografia mais precisa. Não há precisão nesse jogo de linguagem. (A saber, assim como não há cavalo no jogo de damas.)

1081. A descrição da vivência não descreve um objeto. Ela pode servir-se da descrição de um objeto. E esse objeto às vezes é aquilo para que se olha, às vezes (fotografia) não.

A impressão – eu gostaria de dizer – não é um objeto.

1082. Nós aprendemos a descrever objetos e, ao aprender a descrevê-los, aprendemos, mas em outro sentido, a descrever nossas sensações.

1083. Eu olho na ocular de um instrumento e desenho ou pinto um quadro daquilo que vejo. Quem olha para ele, pode dizer: "Então é *esta* a aparência" – mas também "Então é *assim* que lhe parece".
Eu poderia chamar o quadro de uma descrição daquilo para que olhei, mas também de uma descrição de minha impressão visual.

1084. "A impressão está indistinta" – portanto, o objeto em minha consciência está indistinto.

1085. Não se pode observar a impressão, e por isso ela não é um objeto (gramaticalmente) – pois não se observa o objeto a fim de alterá-lo. Isto é propriamente o que as pessoas querem dizer com: os objetos existem "independentemente de nós". [Cf. Z 427.]

1086. "A cadeira é a mesma, quer eu a esteja observando, quer não" – isto não *teria* de ser verdade. As pessoas frequentemente ficam constrangidas quando se olha para elas. "A cadeira continua existindo, quer eu esteja olhando para ela, quer não." Esta poderia ser uma proposição empírica ou poderia ser uma que deve ser tomada gramaticalmente. Pode-se, contudo, também estar pensando ali simplesmente na diferença conceitual entre impressão sensível e objeto. [Cf. Z 427.]

1087. Substantivos alemães começando com letras minúsculas em certos poetas modernos. Um substantivo alemão começando com letra minúscula tem uma aparência exótica, é preciso lê-lo com atenção para reconhecê-lo. Ele deve parecer-nos *novo*, como se agora o tivéssemos visto pela primeira vez. – Mas o que me interessa nisso? Interessa-me que, num primeiro momento, a impressão não possa ser descrita mais precisamente do que por meio de palavras como "estranha", "incomum". É só depois que se seguem, por assim dizer, as análises da impressão. (A reação de recuar assustado diante da palavra escrita de forma estranha.)

1088. Ensinamos a alguém o significado da palavra "inquietante" colocando-a em conexão com certo comportamento em certas situações (mas não chamando o comportamento dessa forma). Nessas situações, ele agora diz que algo lhe inquieta; e até mesmo que a palavra "ghost" tem algo de inquietante. – Até que ponto a palavra "inquietante" era originalmente a designação de uma sensação? Se alguém fica ressabiado de entrar num quarto escuro, por que devo chamar isso e coisas semelhantes de manifestação de uma sensação? Pois "sensação" [*Gefühl*] certamente nos faz pensar em dado sensível [*Empfindung*] e impressão sensível, e estes são, por sua vez, objetos que nossa mente tem diante de si de forma imediata. (Quero aqui dar um passo lógico que me é muito difícil de conseguir.)

1089. "O que sei das sensações do outro e o que *sei* das minhas próprias?" significam que a experiência, concebida como um *objeto*, está fora de consideração.

1090. Será que algo pode ser mais notável que o fato de que o *ritmo* da sentença deve ter importância para sua compreensão exata?

1091. É como se quem profere a sentença como uma informação nos contasse algo, e isso também acontecesse, contudo, quando ela é proferida como mero *exemplo*.

1092. Está claro, pois, que as descrições de impressões têm a forma de uma descrição de objetos *"exteriores"* – com certas disparidades. (**Uma certa vagueza**, por exemplo.)
Ou também: Na medida em que a descrição da impressão tem a mesma aparência da descrição de um objeto, ela é uma descrição de um objeto da percepção. (É por isso que a consideração da visão binocular deveria em alguma medida ser incômoda àquele que fala do objeto visual.)

1093. "O pensar é um processo enigmático, de cuja completa compreensão ainda estamos muito distantes." E começam os experimentos. Evidentemente, sem que se esteja consciente de *onde* reside para nós o que o pensar tem de enigmático.
O método experimental faz *algo*; que ele não resolva o problema é culpa, dizem, do fato de que ele ainda está em seus primórdios. É como se quiséssemos estabelecer o que é matéria e o que é espírito por meio de experimentos químicos.

1094. Aquele que descreve a impressão visual não descreve as margens do campo visual. Esta é uma incompletude de nossas descrições?

Se fecho meu olho esquerdo e em seguida viro os olhos tanto quanto posso para o lado direito, ainda vejo, "pelo canto de meu olho", um objeto brilhando. É verdade, eu poderia dar uma descrição aproximada dessa impressão. Eu também poderia produzir um desenho dela, e este talvez mostrasse partes escuras e uma margem escura que se vai dissipando; mas apenas poderia entender corretamente, empregar essa imagem, *aquele* que sabe em qual situação ela deve ser empregada. Isto é: ele agora também poderia fechar um olho, olhar tanto quanto possível para a direita e dizer que também tem essa impressão, ou: que sua impressão difere de minha imagem desta ou daquela maneira.

1095. O fato de que *fazemos contas* com certos conceitos, e não com outros, apenas mostra quão diferentes em tipo são as ferramentas conceituais (quão pouca razão temos nós para supor aqui qualquer uniformidade.) [Cf. Z 347.]

1096. As "máquinas" de Turing. Essas máquinas são, na verdade, as *pessoas* que calculam. E poderíamos exprimir o que ele diz também na forma de *jogos*. E os jogos interessantes seriam aqueles em que chegássemos, de acordo com certas regras, a instruções absurdas. Penso em jogos parecidos com o "jogo de corrida". Recebeu-se, por exemplo, a ordem "Continue do mesmo jeito" quando isso não fazia sentido, talvez porque se tivesse chegado a um círculo. Pois aquela ordem só faz sentido em certos lugares. (Watson.)

1097. Uma variante da prova diagonal de Cantor:
Seja $N = F(K, n)$ a forma da lei para a expansão de frações decimais. N é a enésima casa decimal da K-ésima expansão. Neste caso, a lei da diagonal é: $N = F(n, n) =_{Def.} F'(n)$.

Deve ser provado que $F'(n)$ não pode ser uma das regras $F(k, n)$. Supondo que seja a centésima. Então a regra para a formação

de $\begin{matrix} F'(1) \\ F'(2) \end{matrix}$ diz $\begin{matrix} F(1, 1) \\ F(2, 2) \end{matrix}$ etc.

mas a regra para a formação da centésima casa de $F'(n)$ será $F(100, 100)$; isto é, ela apenas nos diz que a centésima casa deve ser a igual a si mesma, e assim *não* é uma regra para $n = 100$.

A regra do jogo diz "Faça o mesmo que...!" – e num caso especial ela se torna "Faça o mesmo que você está fazendo!". [Cf. Z 694.]

1098. O conceito de "ordenação" dos números racionais, por exemplo, e a "impossibilidade" de ordenar os irracionais dessa forma. Compare isso com o que chamamos de "ordenação" de dígitos. Igualmente, a diferença entre a "coordenação" de um dígito (ou noz) a outro e a "coordenação" de todos os números inteiros aos números pares etc. Deslizamentos conceituais à vontade. [Cf. Z 707.]

1099. A descrição do que é visto subjetivamente tem uma afinidade estreita ou remota com a descrição de um objeto, mas não funciona como descrição de um objeto. Como se comparam sensações visuais? Como comparo minhas sensações visuais com as de outra pessoa? [Cf. Z 435.]

1100. Não vemos o olho humano como um receptor, ele não parece deixar entrar algo, e sim mandá-lo para fora. O ouvido recebe, o olho olha. (Ele lança olhares, fulgura, irradia, brilha.) Podemos assustar com os olhos, mas não com o ouvido, com o nariz. Quando você vê o olho, você vê algo saindo dele. Você vê o olhar do olho. [Cf. Z 222.]

1101. "Se você se livrar de seus preconceitos fisiológicos, você não vai achar absolutamente nada do fato de que o olhar do olho também pode ser visto." Eu digo até mesmo que vejo o olhar que você lança sobre o outro. E se alguém me quisesse corrigir, dizendo que eu não o *vejo* propriamente, eu consideraria isso uma estupidez.
Por outro lado, não *admiti* nada com minha maneira de falar, e contradigo qualquer um que me diga que vejo o olhar "da mesma maneira" como vejo o formato e a cor do olho.
Pois o "linguajar ingênuo", isto é, nosso modo de expressão ingênuo, normal, não contém nenhuma teoria da visão – não mostra a você *teoria* nenhuma, mas apenas um *conceito* de visão. [Cf. Z 223.]

1102. E se alguém diz "Não vejo propriamente o olhar, mas apenas formas e cores" – ele está contradizendo o modo de expressão ingênuo? Ele está dizendo que alguém estaria errado se dissesse que viu muito bem meu olhar, que viu que os olhos dessa pessoa estão olhando fixamente, olhando para o nada etc.? Com toda a certeza, não. Então o que o purista queria fazer?
Ele quer dizer que aqui é mais correto usar uma outra palavra em vez da palavra "ver"? Creio que ele apenas queria chamar a atenção para uma divisão

entre conceitos. Como será que a palavra "ver" **junta** as percepções? Quero dizer: ela pode **tomá-las** em conjunto enquanto percepções *com o olho*; pois não sentimos a visão *no* olho. Mas, propriamente, o que quem insiste na *correção* de nosso modo de expressão normal parece dizer é: que tudo isso está contido na **impressão** visual; que o *olho subjetivo* tem tanto forma quanto cor, tanto movimento quanto expressão e olhar (uma direção para fora). Que não se sente o olhar, por assim dizer, *em algum outro lugar*. Porém isso não quer dizer: "em algum outro lugar que não nos olhos", mas: em algum outro lugar que não na imagem visual. Mas como seria se fosse diferente? Talvez fosse de tal forma que eu dissesse: "Vejo neste olho tais e tais formas, cores e movimentos – isto é, ele agora está olhando amigavelmente", ou seja, como se eu tirasse uma conclusão. – Então poderíamos dizer: O lugar do olhar **percebido** é o olho *subjetivo*, a própria imagem visual do olho.

1103. Sobretudo, posso muito bem imaginar alguém que, embora veja um rosto de maneira extremamente precisa e possa, por exemplo, fazer um retrato exato dele, não reconhece sua expressão sorridente como um sorriso. Eu acharia absurdo dizer que sua visão é defeituosa. E igualmente absurdo dizer que seu objeto visual subjetivo simplesmente não sorri, embora tenha todas as cores e formas que meu objeto tem.

1104. Isto é: traçamos aqui um limite conceitual (e ele não tem nada a ver com opiniões fisiológicas).

1105. O brilho ou o reflexo: Quando uma criança pinta, ela nunca vai pintar estes. É até mesmo quase que **surpreendente** que eles possam ser representados por meio das tintas a óleo ou à base d'água ordinárias. [Cf. Z 370.]

1106. Quem vê que alguém está estendendo a mão para tocar em algo, mas com medo de fazê-lo, certamente está vendo, em certo sentido, o mesmo que uma pessoa que imita o movimento da mão em todos os seus detalhes ou que pode representá-lo por meio de desenhos, mas não é capaz de interpretá-lo daquela maneira.

1107. Se alguém diz: A forma, a cor, a organização, a expressão, todas estas são, evidentemente, (para qualquer pessoa imparcial) propriedades, traços, do que é visto subjetivamente, do objeto visual imediato – o que o trai aqui é a palavra "evidentemente". É "evidente" porque qualquer um o admite; e o admite apenas por meio do uso da linguagem. Logo, o que se faz aqui é fundamentar uma sentença usando uma *imagem*.

Se alguém diz: A forma, a cor, a organização, a expressão, todas estas são, *evidentemente*, propriedades do que é visto imediatamente (*meu* objeto visual) – ele está apoiando sua opinião numa *imagem*. – Pois, se alguém "admite" que tudo isso é uma propriedade de seu objeto visual imediato, – o que ele está nos contando? Se, por exemplo, ele diz a uma outra pessoa "É assim comigo também", o que posso inferir disso? (E se esse total acordo se baseasse num mal-entendido?)[86]

1108. Aquela imagem não é nada mais que apenas uma *ilustração* para a metodologia de nossa linguagem. Se todos nós estamos realmente inclinados a achar essa imagem adequada, então isso talvez tenha um interesse psicológico, mas não substitui uma investigação conceitual.

1109. Pode-se chamar de "metodologia" *duas coisas diferentes*. Uma descrição das atividades que chamamos, por exemplo, de "medir", um ramo da história natural humana que vai tornar compreensível para nós os conceitos de medição, de exatidão etc. em suas variantes; ou, por outro lado, um ramo da física aplicada, a teoria sobre qual é a melhor forma (a forma mais exata, mais conveniente etc.) de medir tal e tal coisa em tais e tais circunstâncias. [Cf. PU, p. 225a.]

1110. Digo a ele: "Mude sua atitude deste jeito: ..." – ele o faz; e agora *algo* mudou dentro dele. "Algo"? Sua atitude mudou; e pode-se descrever essa mudança. Chamar a atitude de "algo dentro dele" é enganador. É como se agora pudéssemos ver de forma obscura, ou sentir, um algo que mudou e que é chamado de "a atitude". Ao passo que tudo está sob a luz do dia – mas as palavras "uma nova atitude" não designam de forma alguma uma sensação.

1111. Que aparência tem a descrição de uma "atitude"?
Diz-se, por exemplo: "Deixe de lado estas manchas e esta pequena irregularidade, e veja-o como a imagem de um ...!".

---

[86] Esta alínea aparece no MS como uma alternativa à anterior (N.E.).

"Imagine-o sem isso! Seria desagradável para você mesmo sem esse...?" Certamente vão dizer que estou alterando minha imagem visual – como se faz ao piscar os olhos ou ao obstruir um detalhe. Esse "Deixando de lado..." desempenha, no entanto, um papel bastante semelhante ao da confecção de uma nova imagem. [Cf. Z 204.]

1112. Pois bem – e essas são boas razões para dizer que alteramos nossa impressão visual por meio de nossa atitude. Isto é, (essas) são boas razões para delimitar dessa forma o conceito "impressão visual". [Cf. Z 205.]

1113. A palavra "organização" se dá muito bem com o conceito "convir uns aos outros". Parece que aqui existe uma série de modificações simples da impressão visual, que são todas propriamente *ópticas*. Com diferentes aspectos, no entanto, pode-se ainda fazer coisas bem diferentes que separar partes e tomá-las em conjunto ou suprimi-las e enfatizá-las.

1114. Posso, contudo, *chamar* algo determinado, uma **determinada peculiaridade** do processo de cópia de um desenho, de "agrupar". Neste caso, posso dizer que, numa reprodução desenhada – ou numa descrição –, alguém agrupa a figura *deste jeito*, assim a organiza. (É claro que isso apresentaria dificuldades em alguns casos; como, por exemplo, no caso do pato-lebre.)

1115. Agora se diz: Posso tomar traços em conjunto ao copiá-los, mas também posso fazer isso meramente por meio da *atenção*. Similarmente, posso fazer contas de cabeça, assim como sobre o papel.

1116. A psicologia da Gestalt pode classificar as diferentes organizações que se podem introduzir na imagem visual desorganizada? Ela pode especificar de uma vez por todas os *tipos* possíveis de modificação que a capacidade formatadora de nosso sistema nervoso pode provocar? Quando vejo o ponto como um olho que está olhando *nesta* direção – em que sistema de modificações entra este aspecto? (Sistema de formas e cores.)

1117. Por exemplo, é enganador, eu creio, quando Köhler[87] descreve os aspectos espontâneos da figura ⊘ dizendo: os traços que, num aspecto, fazem parte do mesmo braço, agora fazem parte de braços diferentes. Isto soa como se aqui se tratasse novamente de tomar esses raios em conjunto. Ao passo que os raios que anteriormente convinham uns aos outros, também agora convêm uns aos outros; só que ora eles circunscrevem um "braço", ora um intervalo.

1118. De fato, você pode dizer: Não faz parte da descrição do que você vê, de sua impressão visual, meramente o que a cópia mostra, mas também a especificação de que, por exemplo, você vê isto "sólido" e esta outra parte "como intervalo". Aqui, tudo depende *do que queremos saber* quando perguntamos a alguém o que ele vê.

1119. "Mas mesmo assim é evidente que, quando vejo, posso *tomar* elementos (traços, por exemplo) *em conjunto*!" Porém por que se o chama de "tomar em conjunto"? Por que se precisa aqui de uma palavra – *essencialmente* – que já tem um outro significado? (Naturalmente, o caso aqui é como o das palavras "**fazer contas** de cabeça".) [Cf. Z 206.]

1120. Quando digo a alguém: "Tome estes traços (ou outra coisa) em conjunto!", o que ele vai fazer? Bem, uma variedade de coisas, de acordo com as circunstâncias. Talvez ele vá contá-los de dois em dois ou colocá-los numa gaveta, ou olhar para eles etc. [Cf. Z 207.]

1121. Será que o desenho para o qual você olha organiza-se por si mesmo? E quando você o vê 'organizado' de tal e tal maneira, você está vendo mais do que o que está presente?

1122. "Organize estas coisas!" – O que isto significa? Talvez: "ordene-as". Poderia significar: ponha ordem nelas – ou ainda: aprenda a se guiar

---

[87] *Op. cit.*, p. 185 (N.E.).

entre elas, aprenda a descrevê-las; aprenda a descrevê-las por meio de um sistema, por meio de uma regra.

1123. Mais uma vez, a questão é: O que conto a alguém com as palavras "Agora estou tomando estas linhas em conjunto *desta maneira* com o olhar"? Pode-se também colocar esta questão assim: Com que propósito digo a alguém "Tome estas linhas em conjunto *desta maneira* com o olhar!"? – Aqui há novamente uma semelhança com o pedido "Imagine *isto*!".

1124. As cascas de ovo de sua origem ficam coladas em todo pensar.[88]
É isto que dá a conhecer *com o que* você lutou enquanto crescia. Que concepções criaram as suas; de quais você teve de se livrar posteriormente.

1125. A figura ✳ não se organiza sob nosso olhar.

1126. Talvez seja importante ter em mente que posso hoje ver ou tomar uma figura desta maneira, e amanhã vê-la ou tomá-la diferentemente, sem que não tenha de ter acontecido nenhuma "virada súbita". Eu poderia, por exemplo, hoje tomar e usar uma ilustração num livro *desta maneira*, e amanhã me deparar com a mesma ilustração numa página mais à frente, onde ela deve ser tomada de outra maneira, sem que eu note que é de novo a mesma figura.

1127. Alguém poderia demonstrar que é confiável dizendo: "É verdade; veja, eu acredito!"?

1128. Poderíamos dizer que uma maneira de apreender, uma técnica, reflete-se na vivência? O que, no entanto, significa apenas: Nós empregamos na expressão de uma vivência a expressão que aprendemos para uma técnica (*não*: como *designação* de uma vivência).

1129. Por que será que um modo de falar não deve ser responsável por uma vivência?

---

[88] TS: pensador.

1130. Faria algum sentido perguntar a um compositor se devemos ouvir uma figura *desta* ou *daquela maneira*, se isto não quer dizer também se devemos *tocá-la* desta ou daquela maneira?

1131. Lembrança: "Ainda vejo-nos sentados àquela mesa". – Mas tenho realmente a mesma imagem visual – ou uma daquelas que tive naquele momento? Também vejo certamente a mesa e meus amigos do mesmo ponto de vista daquela vez, ou seja, não vejo a mim mesmo? – Minha imagem de memória não é evidência daquela situação passada; como o seria uma fotografia que, tirada naquela época, agora me atesta que era assim naquela vez. A imagem de memória e as palavras de memória estão no *mesmo* nível. [Cf. Z 650.]

1132. Por que não deveríamos excluir as sentenças autocontraditórias: não porque elas se autocontradizem, mas porque elas são inúteis?
Ou colocado desta forma: Não precisamos afastar-nos delas como de algo imundo porque elas se autocontradizem; excluímo-nas porque não se precisa delas para nada.

1133. Você tem de levar a sério a **representação** de que realmente poderia existir numa linguagem uma palavra que designasse o comportamento de dor, e *não* a dor.

1134. Ele pergunta "O que você quis dizer com a palavra?". Respondo à pergunta e complemento: "Se você tivesse antes me perguntado, eu teria respondido o mesmo; minha resposta não era uma *interpretação* que acabou de me ocorrer". Então ela já tinha antes me ocorrido? Não. – Então como eu podia dizer: "Se você tivesse antes me perguntado, eu teria…"? De que inferi isso? De absolutamente nada. O que conto a ele quando pronuncio esse condicional? Algo que às vezes pode ter alguma importância.

1135. Ele agora sabe, por exemplo, que não aconteceu nenhuma mudança de ideia dentro de mim. Também faz diferença se respondo que disse as palavras "apenas para mim mesmo", sem querer dizer nada com elas, ou que quis dizer tal e tal coisa com elas. Muita coisa depende disso.
E tampouco é indiferente que alguém me diga "Eu a amo", porque as palavras de um poema estão passeando em sua cabeça, ou se ele o diz para confessar seu amor para mim.

1136. Mas não é esquisito que haja uma reação como essa, uma confissão de intenção como essa? Não é um instrumento linguístico extremamente notável? O que há de propriamente notável nisso? Ora – é difícil imaginar como o homem aprende esse uso das palavras. Ele é sutil demais. [Cf. Z 39.]

1137. Mas ele é realmente mais sutil que o das palavras "Eu o imaginei", por exemplo? Sim, todo uso da linguagem como esse é notável, esquisito, quando se está orientado apenas para a consideração de descrições de objetos físicos. [Cf. Z 40.]

Índice do Primeiro Volume

Os números referem-se aos números das observações.

"a mesma palavra", 92
ação (*veja também* comportamento, involuntário, voluntário), 1, 124, 137, 176, 178, 218, 225, 244, 309, 561, 594, 598, 616, 630, 634, 670, 705, 709, 710, 711, 712, 713, 714, 715, 726, 737, 738, 776, 811, 814, 815, 830, 831, 833, 838, 839, 840, 900, 901, 902, 918, 926, 945
adivinhar, 309, 330, 375, 566, 568, 571, 605, 828
afeição, 832, 834
afirmação, 269, 271, 273, 472, 480, 484, 488, 490, 493, 499, 501, 502, 503, 504, 569, 818, 820, 936
agora, 721
"*agora eu posso*", 224, 254, 691, 718
alegria, 129, 449, 450, 451, 455, 457, 801, 804, 836, 853, 858, 890, 896, 922, 926, 927, 1070
alma, mente, 96, 97, 133, 265, 267, 275, 276, 279, 281, 438, 439, 440, 441, 460, 471, 586, 593, 597, 662, 906, 930
– cheio de a., 267, 324
alucinação, 513, 653, 865, 885
amor, 115, 347, 438, 959, 1135
angústia, 724, 729, 730, 731
apreensão (apreender) (*veja também* tomar por algo), 27, 204, 219, 239, 518, 519, 520, 524, 545, 918, 983, 1025
– a. visual, 29, 978

aprender, 93, 95, 97, 101, 125, 131, 135, 142, 163, 346, 354, 375, 376, 401, 412, 455, 478, 479, 511, 520, 541, 543, 544, 572, 588, 606, 632, 635, 638, 682, 685, 691, 697, 7763, 789, 853, 890, 896, 900, 930, 935, 945, 976, 977, 980, 996, 1018, 1019, 1023, 1055, 1122, 1128, 1136
aqui (*veja também* lugar, localização), 946
aroma, 22, 243, 552, 553
arte, 1, 555
"árvore genealógica dos conceitos psicológicos", 722
"árvore genealógica dos fenômenos psicológicos", 895
asco, 834
aspecto, 2, 28, 32, 33, 70, 93, 411, 412, 415, 422, 424, 429, 506, 507, 514, 518, 528, 861, 862, 863, 864, 877, 899, 953, 964, 970, 971, 974, 976, 989, 997, 999, 1001, 1003, 1005, 1016, 1017, 1021, 1022, 1024, 1025, 1028, 1029, 1030, 1032, 1034, 1036, 1047, 1113, 1116, 1117
– mudança de a., 28, 415, 506, 520, 523, 524, 539, 541, 1032, 1034
associação, 32, 50, 100, 146, 337, 356, 401, 542, 798, 853, 903, 970, 1008
atenção, 405, 755, 837, 849, 1115
atitude, 832, 833, 1040, 1110, 1111, 1112
ativo, 956
atmosfera (de uma palavra), 243, 335, 337, 339
audição (*veja* ouvir)
autômato (automático), 96, 97, 98, 137, 178, 198, 813, 816, 817, 841, 970

Beethoven, 338, 853
Berkeley, 66
bonito, belo, 37, 39, 896

caráter (de uma palavra), 243, 285, 286, 322, 381, 419, 484, 505, 836, 991
cálculo, 134, 158, 410
campo visual, 443, 515, 953, 1094
capacidade (*veja também "agora eu posso"*), 254, 603, 618, 651, 652, 735, 875
Carnap, 920
causa, 46, 217, 335, 439, 441, 800, 802, 905, 924
causalidade (*veja também* causa), 905, 906

cegueira para formas, 170, 189
certeza (segurança), 67, 836, 939
chamar a atenção, 71, 526, 527, 537, 540
cheiro, olfato, 259, 754, 773, 782, 783, 799, 804, 809, 836
ciência natural, 46, 283
com uma finalidade, 49
comparação, 317, 318
comportamento (*veja também* ação), 91, 93, 127, 129, 131, 143, 144, 146,
    151, 154, 159, 222, 286, 287, 288, 290, 292, 304, 312, 313, 314,
    324, 377, 425, 450, 460, 468, 479, 561, 595, 604, 616, 652, 662,
    679, 703, 705, 712, 717, 742, 766, 810, 828, 836, 838, 914, 915,
    926, 929, 1009, 1012, 1066, 1067, 1068, 1070, 1073, 1088, 133
conceito (conceitual) (*veja também* formação conceitual), 42, 47, 48, 155,
    156, 413, 431, 445, 472, 543, 550, 555, 600, 601, 613, 616, 620,
    625, 632, 643, 644, 648, 662, 663, 664, 667, 722, 782, 803, 821,
    826, 836, 849, 872, 910, 923, 926, 949, 950, 951, 1005, 1021,
    1023, 1027, 1030, 1038, 1039, 1054, 1063, 1064, 1068, 1075,
    1079, 1086, 1095, 1098, 1101, 1102, 1104, 1108, 1109, 1112
conceitos experienciais, 836
conceitos vivenciais, 836
confissão (confessar), 703, 824, 1135, 1136
consciência (consciente), 21, 221, 230, 403, 443, 456, 720, 735, 781,
    918, 921, 925, 927, 929, 930, 932, 938, 939, 958, 1032, 1034,
    1040, 1084
– sem c., 902, 931, 932
– conteúdo de c., 248, 725, 726, 773
contradição, 37, 44, 246, 503, 560, 885, 938, 1132
convicção, 347, 394, 710, 745, 775, 789, 808, 810, 812, 816, 836, 928
cor, 16, 47, 85, 91, 100, 168, 170, 200, 219, 2463, 257, 267, 328, 379,
    416, 418, 422, 442, 534, 547, 602, 603, 604, 605, 608, 609, 610,
    612, 613, 615, 616, 617, 618, 619, 620, 622, 623, 624, 626, 627,
    628, 630, 634, 639, 640, 641, 642, 644, 645, 695, 768, 773, 783,
    803, 836, 854, 855, 857, 863, 896, 899, 919, 923, 953, 958, 964,
    976, 1006, 1007, 1023, 1024, 1046, 1047, 1062, 1066, 1070,
    1071, 1077, 1101, 1102, 1103, 1105, 1107, 1116
crença (crer), 62, 64, 79, 87, 107, 120, 142, 148, 151, 160, 191, 200,
    204, 212, 235, 268, 280, 470, 472, 473, 476, 477, 478, 480, 481,

482, 483, 485, 486, 487, 488, 489, 491, 493, 494, 495, 496, 501,
502, 503, 504, 569, 5963, 597, 662, 700, 701, 703, 704, 708,
715, 716, 719, 737, 738, 740, 744, 751, 764, 787, 790, 813, 816,
817, 819, 820, 821, 823, 832, 834, 836, 855, 894, 907, 917, 932,
941, 972, 1044, 1127
critério, 137, 245, 302, 444, 530, 645, 649, 684, 698, 702
cuidado, 69, 731, 747, 853

dado sensível, 109, 390, 392, 426, 440
definição (*veja também* indefinível), 212, 272, 374
– d. ostensiva, 207, 264, 608
– d. ostensiva privada, 200, 393, 397
descrição, 3, 7, 9, 20, 21, 22, 46, 53, 57, 73, 85, 89, 90, 93, 105, 110,
112, 113, 120, 132, 156, 160, 186, 188, 195, 211, 222, 226, 243,
247, 248, 256, 257, 282, 285, 286, 287, 289, 290, 299, 324, 352,
360, 374, 377, 396, 424, 429, 442, 444, 460, 463, 464, 469, 470,
481, 522, 523, 536, 548, 553, 554, 555, 556, 557, 565, 568, 572,
593, 595, 597, 599, 600, 603, 606, 621, 625, 628, 630, 633, 635,
636, 638, 657, 659, 662, 667, 685, 691, 692, 693, 695, 703, 721,
726, 732, 743, 758, 770, 813, 824, 827, 853, 863, 864, 871, 83,
886, 919, 920, 926, 927, 943, 944, 950, 953, 954, 955, 964, 980,
981, 982, 984, 989, 990, 991, 1017, 1023, 1025, 1030, 1031,
1041, 1042, 4051, 1066, 1067, 1072, 1075, 1077, 1079, 1080,
1081, 1082, 1083, 1087, 1092, 1094, 1099, 1109, 1110, 1111,
1114, 1117, 1118, 1122, 1137
– d. indireta, 3, 9, 20, 481
desejo, 275, 276, 463, 464, 469, 472, 477, 478, 492, 494, 495, 828, 832
destino, 942
Deus, 139, 198, 213, 475, 492, 816
diferença categorial, 793
diferença de essência, 282, 283
doença (*veja também* doença mental), 137, 221
doença mental (deficiente mental), 125, 179, 189, 197, 198, 216, 224,
591, 646, 957, 996
dor, 91, 93, 96, 108, 11, 129, 133, 137, 138, 140, 141, 142, 143, 144,
145, 146, 148, 149, 150, 151, 152, 153, 154, 159, 161, 162, 165,
200, 207, 222, 259, 291, 304, 305, 307, 308, 310, 313, 382, 386,

400, 407, 437, 440, 454, 470, 479, 662, 663, 667, 679, 694, 695, 696, 697, 729, 732, 742, 747, 767, 768, 772, 783, 786, 803, 804, 824, 855, 858, 896, 898, 912, 913, 914, 915, 917, 922, 924, 959, 972, 973, 1133

Driesch, 721

duração, 115, 527, 528, 836, 861, 863, 864, 882, 887, 922, 948, 973, 1008

dúvida, 137, 138, 150, 151, 152, 153, 154, 191, 295, 382, 519, 547, 745, 788, 809, 836, 912, 938, 999

emoção, 596, 705, 727, 836
– e. direcionada, 836

enigma gráfico (*jigsaw puzzle*), 43, 99, 316

entender, compreender, 12, 16, 24, 25, 28, 34, 38, 74, 101, 145, 155, 163, 166, 168, 184, 197, 204, 212, 213, 214, 215, 216, 218, 235, 243, 245, 247, 249, 250, 251, 257, 264, 265, 301, 302, 304, 311, 315, 319, 320, 323, 328, 342, 344, 345, 366, 377, 412, 433, 461, 477, 478, 543, 546, 555, 591, 608, 635, 639, 654, 679, 691, 695, 794, 837, 873, 875, 898, 932, 1018, 1019, 1037, 1039, 1044, 1078, 1090, 1093, 1094

esforço, 766, 769, 844, 852, 898

esperança (ter esperança), 314, 460, 461, 462, 463, 464, 465, 466, 467, 468, 494, 595, 596, 718, 749, 832, 834

esquecer, 118, 174, 180, 263

estado físico, 130, 312, 890, 909

estado (estado de ânimo, estado mental), 1, 61, 79, 126, 144, 157, 163, 262, 275, 287, 288, 290, 295, 382, 446, 455, 460, 463, 464, 469, 470, 481, 484, 501, 502, 503, 593, 595, 597, 638, 648, 661, 672, 675, 704, 814, 831, 832, 833, 1001, 1008, 1013, 1025

estar no lugar de (a palavra no lugar da coisa), 207

eu, 708, 750, 816

exatidão, 895, 1080, 1109

expectativa, 828

experiência, 3, 9, 10, 11, 12, 15, 20, 22, 100, 105, 115, 118, 119, 173, 212, 294, 304, 307, 322, 368, 415, 437, 452, 503, 505, 566, 792, 836, 937, 967, 990, 1040, 1086, 1089

experimento (e. físico), 445

explicação (explicar), 22, 34, 36, 54, 56, 82, 91, 119, 146, 147, 155, 165,
    180, 184, 200, 204, 217, 218, 227, 230, 248, 254, 256, 261, 315,
    319, 320, 330, 362, 432, 444, 477, 500, 509, 511, 514, 586, 602,
    603, 609, 610, 612, 616, 617, 625, 626, 627, 628, 629, 633, 660,
    672, 679, 684, 687, 688, 726, 743, 872, 873, 917, 918, 927, 963,
    966, 989, 1005, 1012, 1014, 1046
expressão (expressão verbal etc.) (*veja também* manifestação), 12, 13, 19,
    20, 21, 34, 35, 36, 68, 90, 93, 94, 97, 99, 101, 105, 112, 113, 114,
    119, 122, 124, 125, 126, 127, 129, 133, 135, 137, 144, 145, 163,
    177, 178, 186, 222, 223, 238, 276, 308, 309, 310, 313, 317, 318,
    328, 332, 340, 349, 350, 358, 360, 368, 374, 379, 381, 414, 451,
    461, 463, 464, 500, 507, 519, 535, 561, 562, 565, 572, 586, 587,
    588, 594, 596, 598, 603, 634, 636, 637, 645, 657, 659, 662, 673,
    705, 729, 804, 825, 828, 835, 836, 852, 858, 859, 862, 866, 867,
    871, 880, 885, 945, 967, 1003, 1009, 1025, 1035, 1043, 1046,
    1047, 1048, 1061, 1070, 1073, 1076, 1101, 1102, 1107, 1128
– e. de sensação, 68, 90, 120, 122, 124, 125, 126, 127, 133, 135, 137,
    146, 147, 161, 221, 244, 328, 350, 351
– e. facial (*veja também "uma expressão bem definida"*), 71, 80, 81, 82,
    129, 170, 267, 381, 432, 434, 705, 801, 866, 867, 878, 882, 884,
    896, 919, 928, 991, 993, 1032, 1033, 1068, 1069, 1072, 1103

familiaridade (grande familiaridade), 120, 121, 122, 123, 124, 300, 433
– sensação de f., 120, 121, 122
fato natural, 45, 46, 48
fazer, 655, 831, 849, 898, 910, 945
fazer contas, 97, 98, 137, 158, 330, 349, 560, 583, 588, 625, 635, 638,
    647, 649, 650, 651, 652, 655, 657, 658, 659, 759, 951, 973, 996,
    1095, 1115, 1119
– f. c. de cabeça, 97, 349, 583, 649, 650, 655, 996, 1119
figura do pato-lebre, 70, 74, 75, 76, 77, 80, 81, 82, 84, 860, 861, 872,
    993, 994, 1114
fingimento, 137, 142, 143, 144, 145, 149, 570, 824, 931
filosofia, 51, 52, 115, 147, 379, 580, 587, 706, 949, 1000, 1074
fisiológico (explicação fisiológica etc.), 399, 431, 904, 905, 906, 918,
    963, 1012, 1038, 1044, 1063, 1070, 1101, 1104
fisionomia, 654

forma, 47, 85, 260, 267, 341, 343, 379, 411, 418, 422, 519, 534, 547,
    587, 613, 695, 784, 871, 919, 964, 1019, 1023, 1024, 1066, 1070,
    1072, 1079, 1102, 1103, 1107, 1116
forma de vida, 630
formação conceitual, 45, 46, 48, 656
fragmento, 943
futuro, 288, 715, 718, 739

geometria, 47
gesto, 19, 34, 39, 85, 90, 129, 247, 275, 284, 341, 345, 360, 435, 635,
    660, 706, 791, 841, 888, 896, 928, 945, 1046
Goethe, 326, 336, 338, 889, 950
gramática (gramatical), 1, 46, 432, 472, 494, 550, 568, 693, 879, 906,
    1050, 1085, 1086

hábito, costume, 343, 676
Hebel, 707
hesitar, 561
hipótese, 8, 48, 430, 1063
história, 381, 631, 903, 1018, 1073
– h. natural, 46, 78, 950, 1109
humor, 890, 926
– conceitos de h., 926

identidade (*veja* igualdade)
igualdade, 547
– critério (critérios) de i., 391, 393, 395, 396, 718
imagem, figura, 6, 26, 58, 74, 75, 76, 80, 97, 109, 111, 115, 132, 139,
    143, 159, 170, 172, 178, 183, 193, 197, 203, 205, 207, 219, 229,
    231, 242, 243, 248, 262, 265, 275, 278, 279, 280, 293, 336, 338,
    339, 345, 360, 368, 369, 385, 389, 390, 409, 411, 417, 422, 426,
    430, 437, 443, 480, 498, 519, 549, 554, 555, 575, 578, 582, 587,
    590, 597, 646, 651, 653, 674, 684, 692, 694, 724, 726, 754, 768,
    803, 808, 825, 826, 860, 861, 863, 868, 871, 873, 874, 877, 878,
    880, 881, 892, 893, 894, 896, 944, 954, 958, 968, 970, 973, 991,
    993, 999, 1005, 1009, 1018, 1019, 1023, 1028, 1033, 1041,
    1043, 1050, 1051, 1052, 1059, 1061, 1068, 1070, 1076, 1077,
    1083, 1094, 1105, 1107, 1108, 1111, 1125, 1131

– falsa i., 549, 550, 554
– i. correta, 549, 554
– i. de memória, 160, 726, 999, 1050, 1131
– i. mental, 248, 249, 251, 263, 653, 726, 999
– i. visual (*veja também* impressão visual), 22, 27, 31, 33, 169, 261, 382, 384, 389, 391, 420, 426, 44, 534, 535, 536, 952, 990, 1041, 1051, 1070, 1080, 1102, 1111, 1116, 1131
imitação (imitar), 163, 411, 920, 927, 991, 993, 1066, 1106
impossibilidade, 397, 581, 582
– i. psicológica, 581, 582
impressão (impressão sensível), 5, 220, 259, 267, 287, 289, 325, 433, 482, 610, 623, 634, 694, 715, 720, 721, 753, 836, 855, 894, 896, 912, 926, 1081, 1085, 1086, 1087, 1088, 1092
– i. visual, 3, 27, 28, 420, 442, 443, 918, 922, 952, 986, 1031, 1041, 1083, 1084, 1094, 1102, 1112, 1113, 1118
– tridimensionalidade da i. visual, 420, 425
impulso, 754, 903
incerteza (insegurança), 137, 138, 141, 150, 152, 728
"*incerteza constitutiva*", 141
incomparabilidade (entre processos e estados corporais e mentais), 661
inconsciente, 225, 262
indefinível, 160, 630
infinito, 825, 826
informe, relatório, 487, 488, 489, 817
inquietante
– sensação de inquietação, 887, 1088
instinto, 556
intenção, 4, 129, 163, 165, 173, 178, 185, 186, 188, 200, 215, 24, 225, 262, 293, 494, 593, 594, 597, 598, 630, 652, 677, 689, 707, 717, 738, 740, 755, 776, 781, 788, 805, 811, 824, 828, 830, 831, 838, 846, 883, 898, 912, 1052, 1058, 1136
interpretação (interpretar), 1, 2, 3, 7, 8, 9, 10, 20, 2, 24, 33, 58, 195, 656, 670, 861, 878, 882, 899, 993, 1066, 1106, 1134
introspecção, 2, 8, 212, 793, 794, 1023
intuição (na matemática), 1016
involuntário, 709, 753, 755, 759, 760, 761, 762, 763, 764, 774, 776, 789, 840, 842, 844, 848, 850, 897, 902

irrealidade
– sensação de i., 125, 126, 156, 535, 789

James, 173, 193, 219, 254, 335, 451, 695, 727, 777
jigsaw puzzle (*veja* enigma gráfico)
jogo de linguagem, 65, 137, 142, 151, 163, 164, 179, 184, 266, 289,
    317, 328, 368, 371, 412, 433, 488, 495, 540, 550, 552, 559, 566,
    568, 572, 588, 592, 600, 602, 606, 618, 619, 628, 631, 633, 648,
    655, 659, 682, 686, 817, 820, 856, 888, 896, 916, 917, 920, 933,
    936, 945, 947, 957, 962, 980, 988, 1055, 1080
juízo, 750

Klecksel, 983
Köhler, 561, 869, 971, 977, 982, 1023, 1035, 1117

lei do terceiro excluído, 270, 274
lei natural, 909, 941, 942
lembrança (lembrar-se), 105, 106, 107, 108, 110, 111, 112, 114, 118,
    119, 129, 159, 160, 161, 162, 165, 200, 220, 225, 230, 231, 382,
    387, 467, 468, 716, 726, 833, 837, 843, 848, 849, 905, 932, 999,
    1005, 1041, 1049, 1050, 1131
ler, 511, 544, 590, 598, 759, 829, 908, 953, 996, 1019, 1059, 1060,
    1087
– l. pensamentos, 578
Lessing, 492, 493
linguagem, 6, 40, 44, 45, 57, 65, 93, 96, 99, 151, 158, 165, 178, 323,
    374, 433, 435, 436, 462, 587, 598, 657, 662, 664, 666, 677, 679,
    682, 695, 721, 778, 809, 888, 891, 907, 1050, 1108, 1133
local (localizada) (*veja* lugar, localização)
lógica, 38, 488, 818, 1050
– l. russelliana, 38, 271
loucura, 148, 965
lugar, localização (das sensações, da dor etc.), 349, 352, 388, 391, 438,
    439, 440, 456, 699, 758, 767, 784, 785, 786, 790, 792, 794, 798,
    803, 804, 836, 946, 1102

Macaulay, 555

manifestação, 12, 13, 14, 41, 101, 105, 132, 137, 150, 157, 177, 178, 225, 313, 328, 341, 348, 350, 357, 399, 478, 479, 534, 565, 593, 652, 656, 657, 658, 659, 662, 693, 696, 711, 743, 757, 788, 789, 808, 810, 824, 832, 841, 851, 875, 885, 898, 932, 1019, 1033, 1038, 1040, 1088

máquina (maquinal), 262, 324, 397, 813, 918, 932

– m. de ler (m. de ler humana), 262

"máquinas" de Turing, 1096

matemática (*veja também* fazer contas), 410, 552, 624, 1016, 1039, 1097

medir (medida), 445, 447, 484, 632, 667, 878, 1109

medo, 129, 284, 595, 596, 724, 728, 730, 731, 832, 841, 922, 924, 1068

melodia, 647, 748, 842, 995

memória, 47, 220, 262, 368, 369, 393, 521, 569, 847, 848, 985, 1056

mentir, 570, 703, 734, 735, 739, 757, 777, 779, 780, 781, 790, 817, 1003

metafísica, 949

metodologia, 1108, 1109

metro, 746

mostrar, apontar, 37, 39, 87, 112, 200, 207, 242, 248, 305, 398, 438, 439, 589, 608, 612, 613, 620, 729, 863, 899, 1046, 1048

motivo, 631, 633, 780, 824

– avaliação de m, 631

movimento (*veja também* involuntário, voluntário), 19, 51, 208, 217, 221, 382, 383, 384, 385, 386, 387, 388, 389, 390, 391, 392, 393, 394, 395, 398, 399, 400, 452, 698, 714, 727, 753, 758, 761, 765, 767, 770, 771, 772, 776, 777, 789, 790, 795, 796, 797, 806, 839, 840, 841, 843, 844, 845, 850, 851, 874, 897, 899, 901, 902, 927, 968, 974, 1067, 1070, 1102, 1106

– sensação de m., 386, 388, 393, 394, 395, 396, 398, 39, 400, 758, 770, 771, 772, 796, 902

música (*veja também* melodia, tema), 1, 22, 35, 36, 90, 243, 247, 392, 435, 507, 517, 530, 545, 639, 645, 647, 660, 838, 888, 894, 945, 995, 1054, 1078, 1130

natureza interna, 103, 104

nome, 39, 40, 41, 57, 180, 181, 182, 183, 231, 243, 326, 336, 341, 488, 589, 591, 592, 615, 645, 721, 905, 924

número, 65, 98, 410, 552, 644, 722, 809, 849, 1027, 1040, 1098

objeto, 50, 109, 154, 207, 275, 289, 300, 423, 479, 488, 592, 687, 694, 718, 860, 945, 952, 976, 979, 983, 1008, 1018, 1031, 1035, 1081, 1082, 1084, 1085, 1088, 1089, 1092, 1099, 1103, 1137
observação (observar), 63, 64, 112, 117, 225, 286, 287, 312, 346, 347, 446, 466, 467, 507, 578, 690, 696, 703, 705, 712, 715, 753, 755, 788, 810, 813, 816, 823, 836, 838, 839, 885, 890, 914, 973
ordem, ordenação, 646, 950, 1122
ordem, prescrição, 163, 204, 214, 353, 384, 385, 552, 630, 655, 668, 681, 683, 685, 714, 758, 759, 797, 843, 856, 898, 899, 900, 956, 989, 1001, 1055, 1096, 1097, 1123
ouvir, 1, 94, 101, 105, 168, 171, 175, 184, 202, 212, 247, 293, 301, 316, 317, 319, 320, 508, 530, 538, 540, 545, 546, 603, 604, 611, 670, 694, 697, 746, 754, 782, 884, 885, 894, 896, 922, 923, 958, 995, 1034, 1037, 1130

palavra apropriada, 72, 73, 90, 125, 377, 580
paradoxo, 65, 490
– p. de Moore, 471, 478, 501
– p. do mentiroso de Creta, 65
paralelismo psicofísico, 906
passado, 241, 462, 476, 684, 688, 718, 847, 907
passivo, 189, 956
pensamento (*veja também* pensar, privado), 43, 87, 173, 178, 180, 210, 217, 218, 230, 237, 246, 265, 278, 279, 352, 388, 468, 473, 516, 531, 544, 565, 566, 568, 570, 571, 572, 573, 576, 578, 581, 585, 653, 670, 759, 804, 830, 835, 836, 870, 882, 891, 892, 956, 970, 1029, 1036
– pensamentos privados, 565, 566, 568, 570, 571, 573, 574
pensar (*veja também* pensamento), 43, 47, 97, 105, 129, 157, 172, 178, 180, 192, 193, 197, 216, 217, 218, 229, 230, 235, 237, 238, 240, 241, 246, 349, 350, 352, 353, 354, 378, 435, 437, 474, 549, 550, 554, 559, 563, 564, 565, 566, 569, 573, 574, 575, 576, 577, 580, 582, 583, 584, 585, 598, 653, 661, 671, 759, 827, 829, 836, 849, 903, 916, 1020, 1052, 1063, 1093, 1124
percepção (perceptível), 9, 21, 259, 260, 316, 442, 444, 657, 658, 771, 885, 887, 900, 1068, 1092, 1102
Platão, 180
precisão (*veja* exatidão)

presente, 155, 288, 368, 476, 700, 718, 721, 832, 907, 935
procurar, 60, 139, 362
pesar, 69, 835, 836
ponto no tempo, 175, 176
possibilidade (*veja também* impossibilidade, impossibilidade psicológica), 70, 272, 274, 293, 409
– p. lógica, 956, 1005
pragmatismo, 266
prazer, 799, 800, 801, 896
pré-linguístico, 916
predição, 409, 503, 638, 713, 714, 715, 788
pretender (*veja* intenção)
privado, 985
problema matemático, 778
profundidade (*veja* ver, ver a profundidade)
provável (ação provável), 705, 708, 709, 711, 712, 737, 814
psicologia (*veja também* James, Köhler), 287, 290, 292, 351, 379, 692, 693, 750, 836, 1039, 1063
– p. da Gestalt, 1116
psicológico
– arredores psicológicos, 901
– conceitos psicológicos, 722, 951
– declaração psicológica (expressão p., manifestação p.), 45, 93, 96, 102, 156, 173, 212, 364, 629
– experimento p., 287, 288, 289, 290, 1039, 1093
– fenômeno p., 129, 165, 200, 282, 358, 379, 380, 431, 509, 685, 777, 895, 901, 904, 906, 1054

qualitativo, 783
quantitativo, 783
querer (*veja também* vontade), 51, 78, 217, 255, 661, 766
querer dizer, querer se referir, visar [meinen], 105, 117, 130, 133, 172, 180, 181, 182, 192, 193, 197, 200, 204, 216, 218, 222, 226, 230, 235, 240, 240, 246, 248, 271, 319, 320, 345, 358, 359, 369, 374, 396, 456, 475, 498, 514, 668, 669, 673, 677, 681, 682, 683, 684, 685, 687, 700, 758, 876, 927, 933, 1044, 1053, 1055, 1057, 1058, 1062, 1065, 1134, 1135

raiva, 127, 128, 129, 136, 137, 314, 840, 902
razão, fundamento, 17, 75, 85, 137, 224, 486, 511, 738, 800, 815, 1023, 1024, 1035
regra, 238, 266, 409, 410, 552, 557, 558, 588, 654, 908, 1096
representação, imaginação (imaginar), 47, 48, 119, 162, 172, 183, 197, 200, 210, 221, 230, 243, 248, 249, 251, 262, 263, 265, 275, 315, 338, 359, 360, 383, 390, 409, 440, 466, 553, 602, 604, 615, 625, 643, 649, 650, 653, 663, 691, 717, 726, 732, 759, 760, 773, 826, 836, 848, 884, 885, 886, 891, 899, 900, 926, 960, 963, 990, 992, 999, 1001, 1005, 1014, 1052, 1056, 1123, 1133, 1136, 1137
Richards, 799
rosto, face, 16, 45, 80, 82, 120, 247, 267, 287, 292, 316, 336, 338, 340, 381, 390, 422, 434, 451, 452, 453, 454, 505, 526, 528, 532, 541, 542, 626, 694, 697, 728, 730, 766, 782, 853, 855, 863, 890, 919, 920, 923, 925, 926, 927, 929, 944, 954, 968, 991, 1017, 1019, 1028, 1031, 1033, 1041, 1068, 1071, 1072, 1099, 1103
– r. de uma palavra, 6, 322, 323, 328
Russell, 38, 271, 797

saber, 5, 8, 12, 21, 23, 31, 60, 73, 74, 81, 87, 88, 91, 104, 106, 112, 113, 117, 124, 125, 138, 139, 140, 145, 146, 152, 154, 156, 162, 163, 174, 197, 198, 210, 222, 223, 231, 242, 245, 247, 249, 254, 263, 264, 269, 363, 364, 390, 396, 405, 420, 425, 428, 440, 495, 505, 513, 534, 537, 549, 550, 564, 565, 566, 568, 573, 577, 579, 585, 597, 616, 632, 649, 653, 658, 662, 679, 691, 701, 707, 712, 713, 719, 735, 736, 738, 739, 741, 744, 763, 766, 772, 775, 779, 783, 785, 786, 788, 789, 790, 792, 794, 795, 797, 798, 808, 823, 843, 844, 846, 851, 852, 873, 874, 875, 876, 882, 896, 912, 913, 921, 922, 928, 930, 932, 940, 944, 972, 973, 983, 998, 1001, 1009, 1010, 1013, 1044, 1055, 1089, 1118, 1135
saber guiar-se, 295, 297, 303, 556
sabor, 22, 259, 362, 381, 782, 783, 796, 923
Schumann, 250
segundas intenções, 741, 743, 747
segurança (*veja* certeza)
semelhança, 947, 964

sensação [Empfindung] (*veja também* sensação de movimento), 6, 45, 113, 114, 137, 189, 286, 305, 306, 308, 309, 311, 313, 331, 335, 351, 378, 382, 383, 386, 388, 389, 393, 394, 395, 396, 398, 399, 400, 404, 406, 407, 408, 421, 435, 451, 455, 645, 694, 695, 697, 733, 758, 769, 770, 771, 772, 773, 782, 796, 799, 800, 802, 804, 807, 856, 859, 880, 896, 898, 902, 922, 924, 927, 948, 1078, 1082, 1088, 1099, 1110
– s. de posição, 770, 771
– s. tátil, 697, 770, 773, 796, 948
sensação, sentimento [Gefühl], 68, 69, 90, 108, 112, 114, 115, 120, 121, 122, 123, 124, 125, 126, 127, 133, 135, 136, 137, 138, 146, 147, 152, 154, 155, 156, 161, 188, 208, 212, 221, 237, 244, 328, 329, 332 ,334, 346, 348, 350, 351, 352, 368, 377, 382, 384, 385, 387, 388, 390, 391, 393, 400, 405, 440, 446, 448, 452, 453, 454, 455, 456, 458, 459, 473, 547, 570, 630, 636, 654, 680, 698, 699, 718, 727, 728, 730, 733, 735, 753, 754, 758, 759, 762, 763, 765, 766, 767, 770, 779, 784, 785, 786, 789, 790, 792, 794, 795, 796, 797, 798, 803, 834, 843, 845, 852, 873, 884, 887, 898, 913, 948, 956, 959, 1040, 1088, 1089
– s. corporal, 133, 135, 699, 727, 784, 786
– s. de inervação, 754, 845
sentença, proposição, 8, 38, 39, 40, 42, 43, 57, 58, 65, 136, 156, 157, 173, 184, 192, 199, 203, 207, 226, 230, 235, 239, 247, 265, 266, 269, 270, 272, 273, 277, 334, 366, 367, 477, 488, 490, 499, 525, 540, 593, 605, 608, 618, 622, 624, 625, 665, 677, 679, 809, 821, 891, 938, 1053, 1059, 1078, 1090, 1091, 1107
– s. temporal, 30
– s. atemporal, 379, 622
sentido (da sentença etc.), 43, 59, 97, 117, 123, 132, 152, 156, 161, 201, 202, 204, 246, 257, 327, 368, 369, 370, 371, 469, 473, 488, 496, 498, 499, 500, 539, 544, 546, 565, 605, 608, 654, 685, 700, 776, 822, 888, 899, 912, 913, 1078, 1096
sentido (órgão sensível), 717, 896
significado (de uma palavra etc.), 6, 16, 37, 39, 42, 43, 45, 51, 53, 54, 55, 56, 58, 59, 77, 82, 91, 94, 101, 105, 119, 125, 132, 152, 155, 167, 175, 182, 184, 189, 191, 194, 198, 200, 202, 205, 207, 232, 239, 240, 242, 243, 246, 248, 251, 254, 256, 258, 259, 261, 263,

314, 316, 327, 331, 332, 333, 342, 344, 346, 348, 349, 350, 354, 355, 358, 359, 372, 373, 398, 462, 476, 479, 488, 498, 500, 570, 589, 632, 648, 654, 671, 672, 674, 678, 680, 682, 688, 694, 695, 830, 869, 899, 1012, 1023, 1037, 1047, 1050, 1053, 1055, 1059, 1060, 1061, 1062, 1064, 1070, 1071, 1078, 1088, 1119
– "cegueira para significados", 175, 182, 1789, 198, 202, 205, 206, 225, 232, 242, 243, 247, 250, 342, 344
– corpo de s., 42, 349
– sensação de s., 346, 348, 350
– s. na primeira pessoa, 45
– s. na terceira pessoa, 45
– vivência de s. (*veja também* vivência), 354, 355, 358, 359
simbolismo, 134, 248, 480, 867, 908
simular (*veja* fingimento)
sinal, 691, 852, 875
sonho (sonhar), 101, 201, 223, 232, 233, 234, 235, 249, 363, 364, 365, 366, 368, 369, 371, 374, 375, 378, 513, 932, 933, 934, 935, 937, 1057, 1058
Strachey, 366
subjetivo, 107, 110
suposição, 490, 493, 500, 503
– s. fregeana, 500
suspeita, 741, 743, 775, 792

tangível (capturável), 379, 380, 1079
tautologia, 44, 489
teatro (encenar), 290, 726, 727, 773, 838, 912
tema, 433, 434, 435, 436, 517, 660, 926
tendência, 219, 256, 777
tentar, 51, 185, 344, 562, 776, 844, 849
terminologia, 911
tomar, t. por algo, 24, 26, 27, 28, 76, 169, 196, 209, 411, 426, 512, 517, 551, 638, 640, 658, 696, 723, 877, 906, 965, 977, 1086, 1089, 1126, 1128
Tractatus Logico-Philosophicus, 38
tradução, 247, 736, 778, 908
tristeza (triste), 284, 452, 455, 457, 470, 717, 728, 801, 802, 803, 835,

836, 854, 855, 890, 896, 925, 1071

"uma expressão bem definida", 340, 381
útil, 225, 266, 951

ver (*veja também* ver como, visto subjetivamente), 1, 2, 4, 5, 7, 8, 9, 11, 12, 17, 20, 22, 24, 28, 31, 33, 47, 66, 77, 79, 80, 82, 83, 85, 89, 91, 99, 120, 153, 157, 159, 170, 196, 229, 231, 249, 257, 260, 267, 287, 315, 316, 366, 368, 390, 391, 411, 415, 417, 420, 422, 423, 424, 425, 429, 430, 432, 442, 508, 510, 514, 526, 528, 529, 531, 542, 590, 615, 616, 617, 619, 653, 692, 694, 753, 797, 803, 813, 819, 861, 863, 868, 869, 873, 874, 877, 878, 879, 882, 894, 896, 899, 905, 918, 944, 952, 953, 960, 961, 962, 963, 964, 965, 966, 967, 968, 976, 977, 979, 980, 981, 982, 984, 986, 987, 991, 992, 994, 998, 1001, 1004, 1006, 1007, 1009, 1010, 1012, 1013, 1014, 1016, 1017, 1019, 1023, 1024, 1028, 1029, 1035, 1038, 1041, 1042, 1046, 1051, 1059, 1066, 1068, 1069, 1070, 1072, 1073, 1075, 1076, 1083, 1092, 1094, 1100, 1101, 1102, 1103, 1106, 1110, 1118, 1119, 1121, 1131
– v. a profundidade, 66, 85, 86
ver como (ver também assim), 1, 3, 4, 5, 8, 9, 11, 12, 15, 16, 17, 18, 21, 22, 23, 24, 25, 26, 27, 28, 30, 31, 66, 70, 74, 75, 77, 80, 91, 99, 156, 168, 315, 317, 344, 379, 411, 412, 414, 422, 423, 426, 427, 429, 508, 510, 511, 512, 514, 519, 520, 521, 522, 524, 525, 532, 533, 537, 539, 541, 860, 863, 864, 871, 872, 896, 899, 966, 967, 977, 978, 988, 989, 992, 993, 1002, 1012, 1017, 1020, 1044, 1045, 1048, 1049, 1064, 1111, 1116, 1126
verdade, 30, 65, 266, 269, 270, 271, 272, 273, 290, 854, 932, 933, 932, 1086, 1127
verificação, 8, 566, 827
visão do todo, perspicuidade, 895
visto subjetivamente, 1023, 1099, 1102, 1103, 1107
vivência (vivenciar), 13, 14, 21, 22, 31, 66, 80, 91, 94, 99, 108, 112, 120, 128, 155, 156, 157, 171, 172, 181, 184, 185, 186, 187, 188, 192, 193, 194, 195, 202, 204, 205, 209, 212, 219, 222, 227, 228, 230, 236, 237, 244, 248, 254, 259, 261, 263, 278, 293, 297, 299, 317, 318, 319, 352, 354, 355, 358, 359, 363, 364, 379, 444, 449 ,

458, 534, 543, 590, 602, 604, 611, 648, 662, 669, 688, 689, 691, 702, 703, 726, 727, 734, 735, 757, 777, 836, 852, 862, 870, 871, 8763, 896, 917, 947, 1022, 1038, 1040, 1050, 1064, 1079, 1080, 1081, 1128, 1129
– conteúdo vivencial (conteúdo experiencial), 91, 105, 109, 110, 11, 689, 691, 693, 694, 896, 922, 947
voluntário, 51, 709, 727, 759, 760, 762, 763, 765, 776, 789, 805, 806, 840, 841, 842, 843, 845, 848, 850, 851, 885, 897, 899, 901, 902, 976
vontade, 899, 900, 971, 976, 1040

Watson, 1096

xadrez, jogo de x., 58, 155, 302, 459, 1055, 1059, 1057, 1062

LIVRO II

Prefácio do Segundo Livro

A fonte deste segundo volume das *Observações sobre a Filosofia da Psicologia* é o datiloscrito n. 232. Ele foi ditado por Wittgenstein provavelmente em setembro ou outubro de 1948. Os registros que formam a base desse ditado datam do período de 19 de novembro de 1947 a 25 de agosto de 1948 (MSS 135-137). Tentamos corrigir as partes do texto que estavam incorretas ou confusas com base numa comparação cuidadosa com as fontes manuscritas. Durante esse trabalho, recebemos valiosas sugestões da parte dos tradutores do texto alemão para o inglês, Srs. C. G. Luckhardt e M. A. E. Aue. Nós os agradecemos por sua prontidão em nos ajudar.

Helsinki

Georg Henrik von Wright
Heikki Nyman

II

1. "Surpresa" e a *sensação* de puxar o ar com os pulmões rapidamente.

2. "Não me canso de esperar..." em oposição a "Espero que você venha!". Isto quer dizer mais ou menos o mesmo que: "Venha, mesmo!".

3. Sem dúvida, normalmente não se diz "Eu desejo..." com base numa auto-observação – isto é justamente a manifestação do desejo –, mas ainda assim pode acontecer de alguém reconhecer, descobrir um desejo por meio da observação de suas próprias reações. Se você agora pergunta "Num caso como esse, você reconhece *o mesmo* que exprime por meio da **manifestação** num outro caso?" –, há um equívoco na questão. (Como se alguém perguntasse: A cadeira que posso ver e a cadeira sobre a qual posso sentar-me são a mesma cadeira?)

4. Digo "Espero que você venha", mas não "Creio que espero que você venha". Entretanto, seria possível dizer: "Creio que até hoje fico esperando que ele venha". [Z 79.]

5. "Mas não se *vivencia* o significado?" "Mas não se ouve o piano?" Cada uma destas perguntas pode ser feita tanto no sentido factual quanto no conceitual, isto é, pode ser usada dessas maneiras. (Temporalmente ou atemporalmente.)

6. Ele diz "Quero ir embora agora"; de repente diz "Não" e faz outra coisa. Enquanto ele dizia "Não", ocorreu-lhe subitamente que ele queria, em primeiro lugar... – Ele dizia "Não"; mas também *pensava* "Não"? Ele não estava pensando justamente naquela outra coisa? Pode-se dizer que ele estava

pensando nela. Mas para isso ele não precisava proferir um pensamento, fosse em voz alta ou em silêncio. – É claro que, mais tarde, ele poderia vestir a intenção com uma sentença. No momento da mudança, uma imagem podia ter-lhe passado pela cabeça, ou, pelo contrário, ele não apenas disse "Não", mas *uma* palavra qualquer, o equivalente de uma imagem. Se o que ele queria primeiramente fosse fechar o armário, talvez ele dissesse "O armário!"; se ele quisesse primeiro lavar as mãos, poderia ser que ele olhasse para elas e fizesse uma cara. "Mas isto é pensar?" – Não sei. Será que numa situação como essa não se diz que alguém "refletiu" sobre algo, que ele "mudou de ideia"?

Mas é estritamente necessário que ele, para ser capaz *desse* pensar, aprenda a dominar uma linguagem? Um animal "inteligente" não poderia agir assim? Ele foi treinado para pegar um objeto de certos lugares e levá-lo para um outro. Ele então anda, sem o objeto, em direção à meta, vira-se de repente (*como se tivesse dito* "Ah, esqueci o...!") e pega o objeto etc. Se víssemos algo assim, nós diríamos: naquele momento, algo aconteceu dentro dele, em seu espírito. E o que será que acontece dentro *de mim* quando ajo dessa forma? "Não muita coisa", eu gostaria de dizer. E o que acontece interiormente não é mais importante do que o que pode acontecer exteriormente, por meio da fala, de desenhos etc. (Com isso você pode aprender como a palavra "pensar" é usada.)

7. Agora imagine que alguém tenha de construir algo, com pedras ou com "Meccano".[1] Ele testa diferentes peças, tenta encaixá-las, talvez faça um esboço etc. E agora se diz que ele *pensou* durante essa atividade! – Certamente, dessa forma se distingue esse fazer de um outro de tipo bem diferente. Mas é uma boa descrição dessa diferença dizer que num dos casos há ainda uma outra coisa acompanhando o fazer manual? Será que poderíamos isolar essa outra coisa e fazê-la acontecer sem o restante da atividade?

Não é verdade que pensar é uma espécie de fala, como eu um dia disse.[2] O conceito "pensar" é **categorialmente** distinto do conceito "falar".

---

[1] Marca de brinquedos de origem inglesa bastante popular na época em que Wittgenstein escrevia estas observações. Esses brinquedos consistiam em peças metálicas com múltiplos orifícios que, com a ajuda de parafusos e porcas, serviam para montar miniaturas de uma variedade de objetos, desde automóveis, trens e aviões até construções famosas e animais (N. T.).

[2] Cf. *Tagebücher* 12.9.1916 (N.E.).

Mas é claro que o pensar não é um acompanhamento da fala nem de qualquer outro processo.

Isto significa: não se pode, por exemplo, fazer o "processo de pensamento" acontecer desacompanhado. Ele tampouco tem porções que correspondem a porções da outra atividade (de falar, por exemplo). Isto é, quando se fala de um "processo de pensamento", ele é algo como uma operação (escrita ou falada) com sinais. Poderíamos chamar inferir e calcular de um "processo de pensamento".

8. Também não estaria de todo errado chamar a fala de "instrumento do pensar". Só que não se pode dizer que o processo da fala seja um instrumento do processo de pensamento; ou que a linguagem seja como que a portadora do pensamento, tal como as notas de uma canção podem ser chamadas de portadoras das palavras.

9. Pode-se usar a palavra "pensar" de modo que ela, em termos aproximados, designe um falar com um propósito, isto é, um falar ou escrever, um falar na imaginação, um "falar na cabeça", por assim dizer.

10. Diz-se "Antes de falar, reflita sobre o que você quer dizer". *Uma* forma de fazer isso é esta: a pessoa recita o discurso em voz baixa ou o escreve num papel e faz correções. Alguém poderia recitar uma sentença, balançar a cabeça, dizendo "Está muito comprida" etc., e então dizer a sentença de novo numa outra forma.

11. Talvez pudéssemos descrever o que é pensar descrevendo a diferença entre um deficiente mental e uma criança normal que está começando a pensar. Se quiséssemos citar as atividades que a pessoa normal aprende e que o deficiente mental não consegue aprender, não poderíamos colhê-las de seu comportamento.

12. De certa maneira, a palavra "pensar" é usada de modo bem diferente de, por exemplo, "estar com dores", "estar triste" etc.: Não se diz "Eu penso" como a manifestação de um estado mental. No máximo se diz "Estou pensando". "Deixe-me em paz; estou pensando sobre....". E é claro que com isso não se quer dizer "Deixe-me em paz; agora estou comportando-me de tal e tal maneira". Assim sendo, "pensar" não é um comportamento.

13. "Eu pensei 'o bastão é comprido demais, preciso testar um outro'." – Enquanto pensava isso, talvez eu não estivesse dizendo absolutamente nada para mim mesmo –, talvez uma ou duas palavras. E ainda assim o relato não é falso (ou bem pode ser verdadeiro). Ele tem um uso. Diz-se, por exemplo, "É, eu lhe observei e imaginei que você tinha pensado isso".

14. "O homem pensa, sente, deseja, crê, quer, sabe." Isto soa como uma sentença razoável. Assim como: "O homem desenha, pinta, modela". Ou: "O homem conhece instrumentos de corda, de sopro...". A primeira sentença é uma enumeração de tudo aquilo que o homem faz com seu espírito. Mas da mesma forma como se pode fazer a pergunta "E o homem não conhece também instrumentos feitos com ratos chiando?" relativamente à sentença sobre os instrumentos musicais, e a resposta a isto seria "Não" –, também teria de existir, com relação à enumeração das atividades do espírito, uma pergunta desta espécie: "E os homens não podem também...?".

15. Alguém diz: "O homem tem esperança". Como se teria de descrever esse fenômeno da história natural? – Poderíamos observar uma criança e esperar até que um dia ela manifestasse esperança; e então poderíamos dizer: "Hoje ela teve esperança pela primeira vez". Mas como isso soa estranho! Embora fosse bastante natural dizer "Hoje ela disse 'tenho esperança' pela primeira vez". E por que estranho? É certo que não se diz de um recém-nascido que ele tem esperança, mas se diz isso de um adulto. – Bem, a **vida cotidiana** vai pouco a pouco se transformando em algo que encerra um lugar para a esperança. [Z 469a.]

16. Nesse caso, eu usei a expressão "inserida", disse que a esperança, a fé etc. estão inseridas na vida humana, em todas as situações e reações que constituem a vida humana. O crocodilo não tem esperança, o homem tem. Ou: Não se pode dizer do crocodilo que ele tem esperança; mas, do homem, sim.

Entretanto, como precisaria portar-se uma pessoa de quem diríamos que nunca tem esperança? – A primeira resposta é: Não sei. Mas eu poderia facilmente dizer como teria de se comportar uma pessoa que nunca anseia por nada; ou que nunca se alegra com nada; ou que nunca se assusta ou não fica com medo de nada.

17. Comportamento de medo em ocasiões de medo (etc.) é um fenômeno de nossa vida. Mas medo? – Bem, em vez de "Estou com medo", poderíamos dizer o seguinte: "O fenômeno do medo está presente dentro de mim", e aqui não se pensa no próprio *comportamento*. Assim sendo, contudo, seria possível dizer no mesmo sentido: "O fenômeno do medo está presente dentro dele"?

18. Se digo a alguém: "Os homens pensam, sentem...", parece que lhe estou passando uma informação de *história natural*. Talvez ela deva mostrar-lhe a diferença entre o homem e as outras espécies animais. Só que ele pode exemplificá-la dizendo "É verdade; eu mesmo, por exemplo, estou vendo agora"? Será que "Estou vendo..." é uma informação de história natural sobre mim? Não daria exatamente na mesma se eu dissesse "Não estou vendo"?

19. "O homem pensa, fica com medo etc.": talvez pudéssemos responder isto a alguém que tivesse perguntado quais capítulos um livro sobre psicologia deve conter. [Z 468.]

20. De onde tiramos o conceito "pensar" que queremos aqui examinar? Da linguagem cotidiana. O que dirige nossa atenção num primeiro momento é a palavra "pensar". Mas o uso desta palavra é confuso. Nem podemos esperar algo diferente. Naturalmente, isso pode ser dito de todos os verbos psicológicos. O emprego deles não é tão claro e tão fácil de abarcar [*übersehen*] como o dos termos da mecânica, por exemplo. [Z 113.]

21. O caso dos termos psicológicos é parecido com o das palavras que passam da linguagem cotidiana para a linguagem médica. ("Choque")

22. Eu digo a alguém: "Os homens pensam". Ele me pergunta: "O que é pensar?". – Então eu passo a lhe explicar o uso desta palavra. Depois dessa explicação, porém, aquela primeira sentença continua a ser uma informação?
(Uma formiga não poderia falar dessa forma com uma formiga?)

23. "Os homens pensam, os gafanhotos não." Isto quer dizer algo como: O conceito "pensar" refere-se à vida dos homens, não à dos gafa-

nhotos. E essa informação poderia ser passada a alguém que não entende a palavra portuguesa "pensar" e talvez acredite erroneamente que ela se refere a algo que os gafanhotos fazem.

24. "Gafanhotos não pensam." Qual é o lugar disto? – É um artigo de fé ou faz parte da história natural? Se é esta última opção, ela deveria ser uma sentença como: "Gafanhotos não podem ler nem escrever". Esta sentença tem um sentido claro e, mesmo que porventura ela nunca seja usada, é de qualquer forma fácil imaginar um emprego para ela.

25. "Uma máquina a vapor possui uma cruzeta, uma turbina a vapor não." A quem e em que contexto falaríamos isso?

26. "Pode uma pessoa entender o que é 'ler', a não ser que ela mesma consiga ler? Pode ela entender o que é 'ficar com medo' sem conhecer o medo e assim por diante?" Bem, sem dúvida um analfabeto pode dizer que não consegue ler, mas que seu filho aprendeu a fazê-lo. Um cego pode dizer que é cego e que as pessoas ao seu redor veem. "Certo, mas será que ele não quer dizer outra coisa com as palavras 'cego' e 'veem', algo diferente daquilo que as pessoas que veem querem dizer com essas palavras?". Qual é a razão de se querer dizer isso? Ora, mesmo que alguém não soubesse qual é a aparência de um leopardo, ele poderia dizer e entender "Este lugar é muito perigoso, há leopardos ali". Mas o que talvez se viesse a dizer é que ele não sabe o que é um leopardo e, portanto, não sabe ou sabe apenas de forma incompleta, o que a palavra "leopardo" significa, até que lhe seja mostrado tal animal. Agora nos parece que algo semelhante a isso acontece no caso dos cegos. Eles não sabem, por assim dizer, como é ver. – E "não conhecer o medo" é análogo a "nunca ter visto um leopardo"? É claro que quero negar isso. [Z 618, começando em "Um cego pode dizer".]

27. A questão é: Que tipo de jogos de linguagem aquele que não conhece o medo não pode, *ipso facto*, jogar?
Poderíamos dizer, por exemplo, que ele assistiria a uma tragédia sem compreendê-la. E poderíamos explicar isso desta forma: Quando vejo o outro numa situação terrível, mesmo quando eu mesmo não tenho absolutamente nada a temer, posso ter calafrios, tê-los por empatia. Quem não

conhecesse o medo, porém, não faria isso. *Nós* ficamos com medo *junto com ele*, mesmo quando não temos nada a temer; e é *isto* o que aquela pessoa não consegue fazer. Assim como eu faço uma cara de dor quando alguém inflige dor a outra pessoa.

28. Muito bem; contudo, não seria concebível que alguém que nunca sentiu dor ainda assim a sentisse na forma de compaixão? Dessa forma, ele não gemeria, não importa o que lhe acontecesse, mas gemeria, antes, quando as dores fossem infligidas a outra pessoa.
Todavia, será que nós diríamos dessa pessoa que ela tem compaixão? Será que não diríamos: "Não é propriamente compaixão, porque ele não conhece nenhuma dor que seja própria dele"? Ou, num caso como este, poderíamos imaginar que as pessoas dissessem que Deus deu a essa pessoa um senso para o sofrimento, para o medo alheio. Talvez algo dessa espécie fosse chamado de uma intuição.

29. "Às vezes os homens pensam." Como aprendi o que quer dizer "pensar"? – Parece que só posso ter aprendido isso vivendo com humanos. – É claro que poderíamos imaginar que a vida humana fosse exibida a alguém num filme ou que lhe fosse possível apenas observar a vida, sem participar dela. Fazendo isso, talvez esta pessoa entendesse a vida humana tal como nós entendemos a vida dos peixes ou mesmo das plantas. Não podemos falar do prazer e do sofrimento etc., dos peixes.

30. É claro, todavia, que não estou querendo dizer que, empiricamente, ele não pode entender a vida se não toma parte nela (como se dissessem: não se pode aprender a remar apenas assistindo aos outros remarem) – quero dizer, isto sim: Eu não diria de mim (nem de outros) que nós entenderíamos manifestações de vida que nos são estranhas. E aqui, naturalmente, existem graus.

31. Não se pode chamar o pensar de um fenômeno. Por outro lado, pode-se falar de "fenômenos do pensar", e todo mundo vai saber quais tipos de fenômenos estão sendo visados ali.

32. É evidente que se pode dizer: "Pense em ocasiões de raiva e fenômenos da raiva (comportamentos de raiva)".

Entretanto, se chamo a *raiva* de um fenômeno, então tenho de chamar a *minha* raiva, a minha experiência da raiva, de um fenômeno. (Um fenômeno de minha vida interior, por exemplo.)

33. Olhe para isto de maneira puramente behaviorista: Alguém diz "O homem pensa, deseja, está alegre, está com raiva etc.". Imagine que aqui se esteja falando apenas sobre certas formas de comportamento em certas ocasiões. Poderíamos imaginar que quem fala assim do homem observou essas maneiras de se comportar primeiramente em outros seres e agora diz que esses fenômenos também podem ser observados nos homens. A situação, portanto, seria a mesma de quando disséssemos isso de uma outra espécie de animais.

34. De repente, eu sorrio e digo "...". Enquanto eu sorria, o pensamento veio a mim.
Em que ele consistia? Ele não consistia em absolutamente nada; pois a imagem ou a palavra etc. que talvez estivesse vindo à tona não era o pensamento.

35. Eu adoraria dizer: A psicologia lida com determinados *aspectos* da vida humana.
Ou ainda: com certos fenômenos – mas as palavras "pensar", "ter medo" etc. *não* designam esses fenômenos.

36. "Mas como é possível que se *veja* uma coisa de acordo com uma *interpretação*?" – A pergunta apresenta isto como um fato estranho; como se aqui algo estivesse sendo forçado numa forma em que ele na realidade não cabe. Só que aqui não ocorreu nenhuma pressão, nenhuma forçação. [PU II, xi, p. 200e.]

37. E o notável é que, por assim dizer, não sabemos o que estamos fazendo quando olhamos para a figura ou a vemos ora como *isto*, ora como *aquilo*. Isto é, ficamos tentados[3] a perguntar "Como é que eu faço isso?",

---
[3] TS: inclinados.

"O que estou realmente vendo de diferente?". – E não recebemos uma explicação relevante como resposta a isso.

38. Pois a questão não é o que faço quando... (isto só poderia ser uma questão psicológica) – e sim que significado tem a manifestação, o que pode ser extraído dela, **que consequências ela tem**.

39. Quem não sentisse a mudança de aspecto não ficaria inclinado a dizer: "Agora isso parece totalmente diferente!" ou "É como se a figura tivesse se alterado, e no entanto ela não se alterou!", ou "A forma permaneceu a mesma e ainda assim algo se alterou; algo que eu gostaria de chamar de apreensão, algo que se vê!".

40. Ver algo ora como *isto*, ora como *aquilo* poderia ser um mero *jogo*. Até mesmo fala-se dessa maneira com uma criança – por exemplo: "Agora isto é...! Agora...!" – e ela reage; quero dizer, ela ri, passa a fazer diferentes exercícios dessa espécie (tal como se tivéssemos chamado sua atenção para o fato de que as vogais têm cores). Já uma outra criança não percebe essas cores nem entende o que é visado com aquela mudança de aspecto.

41. Contudo, como seria se déssemos a *esta* criança a tarefa de localizar a forma 4 na figura ⊖⊖?[4] (Esta poderia ser uma das tarefas dadas na primeira aula das crianças.) Ela não poderá cumprir a tarefa (ou uma outra, a de encontrar uma série de formas diferentes naquela figura) se não se der conta de uma mudança de aspecto, se não ficar com vontade de dizer que a figura está de alguma maneira se alterando, assumindo um outro formato ou algo do tipo?

42. Você diz que o homem normal vê a figura ⊖⊖[5] como dois círculos atravessados por uma reta. Mas o que indica que é assim? Se ele copia a figura, por exemplo, devo dizer que a indicação está em *como* ele faz a cópia? Se ele descreve a figura com palavras, a indicação está em qual

---

[4] O datiloscrito não contém nenhuma figura. Nós as extraímos do manuscrito correspondente (N.E.).
[5] Extraímos a figura do manuscrito correspondente (N.E.).

descrição ele escolhe? Essa escolha poderia ser **determinada** pela comodidade da exposição. Ora, se a criança acabasse usando diferentes espécies de reproduções desenhadas (sequências de traços), seria *este* nosso critério para a mudança de aspecto? – Mas se ela diz "Agora isto é... – agora...", se ela fala como se *visse* um objeto diferente a cada vez, neste caso nós vamos dizer que ela vê a figura **de diferentes maneiras**.

43. O essencial na visão é que ela é um *estado*, e tal estado pode subitamente se transformar num outro. Mas como sei que uma pessoa está em tal estado? Ou seja, que ela não está num estado comparável a uma disposição, como o saber, o entender ou uma apreensão? Qual é a característica lógica de um estado como esse?

44. Pois dizer que o reconhecemos como um estado quando o *temos* é um disparate. Pois *em que* o reconhecemos?
(O critério de identidade.)

45. Quero falar de um "estado de consciência", e chamar assim a visão de uma determinada figura, a audição de uma nota musical, uma sensação de dor, uma sensação de sabor etc. Quero dizer: acreditar, entender, saber, pretender e outros não são estados de consciência. Se **por um instante** chamo estes últimos de "disposições", então uma importante diferença entre disposições e estados de consciência é que uma disposição não é interrompida por uma interrupção da consciência ou um desvio da atenção. (Naturalmente, esta não é uma observação causal.) Realmente, quase nunca se diz que se acreditou ou se entendeu algo "ininterruptamente" desde ontem. Uma interrupção da crença seria, porém, um período de descrença, e não, por exemplo, o abandono por parte da atenção daquilo em que se acredita, ou, por exemplo, o sono.
(A diferença entre "knowing" e "being aware of".)[6] [Z 85, começando em "Realmente, quase nunca".]

46. Este deve ser o ponto em que se diz que só se pode comunicar ao *outro* a forma, mas não o conteúdo. – Então, fala-se *sobre o conteúdo* de si

---

[6] Em inglês no original.

para si! E o que isto quer dizer? (Como minhas palavras se "referem" ao conteúdo de que estou consciente? E com que propósito?) [Z 87.]

47. Ao fazermos estas considerações, nós frequentemente traçamos aquilo que se pode chamar de "linhas auxiliares". Fazemos construções como aquela da "tribo dos sem-mente" – construções que, no final, ficam fora de consideração. Tinha de ser mostrado que estavam fora de consideração.

48. "A dor é um estado de consciência, compreender não." – "Ora, eu simplesmente não *sinto* a compreensão." – Mas esta explicação não leva a lugar nenhum. Também não seria uma explicação dizer: O que, em um ou outro sentido, se *sente* é um estado de consciência. Pois isto apenas significaria: estado de consciência = sensação. (Teríamos apenas substituído uma palavra por outra.) [Z 84.]

49. Observe a si mesmo escrevendo e observe como a mão forma as letras sem que você esteja **propriamente** ocasionando isso. Tudo bem que você sinta algo em sua mão, toda espécie de tensões e pressões, mas que *essas coisas* sejam necessárias para a produção dessas letras, isso, você não sabe.

50. Onde há duração genuína, é ali que se pode dizer a alguém: "Preste atenção e dê-me um sinal quando a imagem, o barulho etc. se alterar".
Ali há mesmo algo como prestar atenção. Ao passo que não se pode seguir com a atenção o esquecimento do que se sabia e os eventos parecidos. [Z 81.]

51. Pense neste jogo de linguagem: Determine com o cronômetro quanto tempo dura uma impressão. Não poderíamos determinar dessa forma a duração do saber, do poder, do entender. [Z 82.]

52. "Mas ainda assim a diferença entre saber e ouvir não reside simplesmente num sinal característico como a espécie de suas durações. Eles são absoluta e radicalmente diferentes!" É claro que sim. Mas não se pode de forma alguma dizer: "*Saiba* e *ouça*, e aí você vai notar a diferença!". [Z 83.]

53. Não se pode examinar o saber e o ouvir, e ver como eles são diferentes. Da mesma forma como não se pode examinar um pedaço de pinho e uma mesa para obter uma impressão da diferença entre eles.

54. Se aplico, por exemplo, o jogo de linguagem com o cronômetro a fim de demonstrar a mim mesmo a diferença entre os *conceitos* de saber e de ver, isto certamente dá a impressão de que eu mostrava uma distinção extremamente fina, ao passo que a real, no entanto, é **enorme**.

Todavia, essa enorme diferença reside justamente no fato de que (como eu sempre gosto de dizer) os dois conceitos estão inseridos de formas bem diferentes em nossos jogos de linguagem. E a distinção para a qual eu chamei a atenção era tão somente uma alusão a essa recorrente diferença.

55. A criança aprende "Agora eu sei isto" e "Agora eu ouço isto". Mas, meu Deus! Como são diferentes as ocasiões, a aplicação, tudo! Como é que se pode chegar a comparar o uso? É difícil ver como se deve arranjá-las a fim de especificar as diferenças.

Onde a diferença é tão grande, fica difícil apontar para uma distinção.

56. Eu posso dizer "Esta palavra é usada desta forma e de outras parecidas; aquela, desta e parecidas".

É difícil ver a comparabilidade; mas não a diferença.

57. O traço comum a todos os estados de consciência que os distingue das disposições me parece ser o de que não é preciso fazer um exame por meio de amostragens para se certificar de que eles ainda estão acontecendo. [Z 72.]

58. Temos de pensar que pode existir (e deve ter existido) um estado da linguagem em que ela não possui o conceito geral de sensação, mas mesmo assim possui palavras correspondentes às nossas "ver", "ouvir", "degustar". [Z 473.]

59. Chamamos ver, ouvir... de percepções sensíveis. Entre estes conceitos existem analogias e conexões, e estas são as nossas justificativas para assim agrupá-los. [Z 474.]

60. Dessa forma, pode-se perguntar: Que tipo de conexões e analogias existem entre ver e ouvir? E entre ver e pegar? E entre ver e cheirar? [Z 475.]

61. E, ao perguntarmos isso, na mesma hora os sentidos ficam, por assim dizer, muito mais afastados uns dos outros do que pareciam estar **à primeira vista**. [Z 476.]

62. Os conceitos da psicologia são simplesmente conceitos do dia-a-dia. Não são conceitos reformados pela ciência para seus próprios propósitos, como os da física e da química. Os conceitos psicológicos estão para os das ciências estritas mais ou menos como os conceitos da medicina científica estão para os das velhas mulheres que se dedicam a cuidar dos doentes.

63. Plano para o tratamento dos conceitos psicológicos.

Os verbos psicológicos se caracterizam pelo fato de que a terceira pessoa do presente é identificável pela observação, e a primeira pessoa não.

Sentença na terceira pessoa do presente: informação. Na primeira pessoa do presente: manifestação. (Não é bem assim.)

Sensações: suas conexões internas e analogias.

Todas têm duração genuína. Possibilidade de especificação do início e do término. Possibilidade de simultaneidade, de ocorrência simultânea.

Todas têm graus e misturas qualitativas. Grau: mal se nota – não se conserva.

Nesse sentido, não há sensação de posição nem de movimento.

Lugar da sensação no corpo: distingue a visão e a audição das sensações de pressão, temperatura, sabor e dor.

(Se as sensações caracterizam a posição dos membros e os movimentos, o lugar delas, de qualquer modo, não é a junta.)

Sabe-se a posição dos membros e seus movimentos. Podemos, por exemplo, citá-los, caso nos seja perguntado. Tal como também se sabe o lugar de uma sensação (uma dor) no corpo.

A reação de tocar o lugar dolorido.

Não há, na sensação, um sinal característico referente ao seu local. Tal como não há um que diga respeito ao tempo na imagem da lembrança. (Sinais característicos temporais na fotografia.)

A dor se distingue das outras sensações pela expressão característica. Por isso ela tem afinidade com a alegria (que não é uma sensação [*Sinnesempfindung*]).

"As sensações nos dão a conhecer o mundo exterior."

Imaginação:

Representações auditivas, representações visuais – como elas se distinguem das sensações? Não é pela "vivacidade".

As representações não nos instruem sobre o mundo exterior nem correta nem incorretamente. (Representações não são alucinações, tampouco fantasias.)

Não posso imaginar um objeto enquanto o estou vendo.

A diferença entre os jogos de linguagem: "Olhe para a figura!" e "Imagine a figura!".

A imaginação está sujeita à vontade.

Representações não são imagens. Eu não infiro qual objeto estou imaginando com base na semelhança entre ele e a imagem mental.

Pode-se responder à pergunta "O que você está imaginando?" com uma figura. [Z 472, 483, 621.]

64. Gostaríamos de dizer: O som imaginado está num *espaço* diferente do som ouvido. (Pergunta – Por quê?) [Z 622, começo de a.]

65. Estou lendo um livro e, enquanto leio (ou seja, enquanto olho com atenção), vou imaginando todo tipo de coisas. [Z 623.]

66. Poderia haver pessoas que nunca usassem a expressão "ver algo com o olho interior" ou uma outra parecida; e mesmo assim elas poderiam ser capazes de desenhar, de modelar 'com base na imaginação' ou na lembrança, de imitar o comportamento característico de uma outra pessoa etc. Também poderia ser que elas, antes de desenharem algo com base na lembrança, fechassem os olhos ou ficassem olhando para o nada como cegos. E ainda assim elas poderiam negar que, fazendo isso, elas *veem* diante de si o que desenham num momento posterior. [Z 624, começo.]

67. "Você está vendo como ela está entrando pela porta?" – e então imitamos.

68. Pois "ver" está indissociavelmente vinculado a "olhar". (Isto é, esta é *uma* espécie de determinação conceitual que resulta numa fisionomia.)

As palavras que descrevem o que se vê são propriedades das coisas; não se aprende o significado delas em conexão com o conceito de "visão interior".

69. Mas se perguntarmos "Qual é a diferença entre uma imagem visual e uma imagem mental?" – a resposta poderia ser: A mesma descrição pode apresentar tanto o que vejo quanto o que imagino.

Dizer que há uma diferença entre imagens visuais e imagens mentais quer dizer que não imaginamos algo do mesmo modo como ele aparece.

70. Anteriormente, eu também teria podido dizer: A *conexão* entre imaginar e ver é estreita; mas não existe uma *semelhança*. [Z 625a.]

71. Os jogos de linguagem com esses dois conceitos são radicalmente diferentes – mas estão conectados. [Z 625b.]

72. Diferença: "tente ver algo" – "tente imaginar algo". No primeiro caso, talvez se diga "Olhe direito!", no segundo "Feche os olhos!". [Z 626.]

73. De resto, então, você não sabe se o que é visto (uma imagem residual, por exemplo) e o que é imaginado não parecem ser exatamente iguais? (Ou devo dizer: *são?*) – Esta pergunta poderia ser apenas uma questão empírica e significar algo como: "Chega a acontecer, ou é mesmo frequente, de alguém manter uma representação diante de sua mente por um longo tempo e sem distúrbios, e assim poder descrevê-la em cada detalhe, tal como se faz, por exemplo, com uma imagem residual?".

74. "Você ainda consegue ver o pássaro?" – "Estou fantasiando que ainda posso vê-lo." Isto não significa: Talvez eu o esteja imaginando.

75. "Ver e imaginar são fenômenos diferentes." – As palavras "ver" e "imaginar" são usadas de formas distintas. "Eu vejo" é usada diferentemente de "Eu imagino"; "Veja!" é usada de maneira diferente de "Imagine!"; "Estou tentando ver isso" diferentemente de "Estou tentando imaginar isso". – "Mas os fenômenos são justamente estes: os homens veem e nós imaginamos coisas". Um fenômeno é algo que se pode observar: Agora, como se observa que os homens veem?

Eu posso, por exemplo, observar que os pássaros voam ou põem ovos. Posso dizer a alguém: "Veja, estas criaturas voam. Olhe como elas batem as asas e alçam voo". E também posso dizer: "Veja, esta criança não é cega; ela vê. Olhe como ela segue a chama da vela". Mas eu posso, por assim dizer, convencer-me de **que os homens veem?**

"Os homens veem." – Em oposição *a quê*? Talvez a que todos sejam cegos?

76. Posso imaginar o caso em que eu dissesse: "Sim, você tem razão: os homens veem"? – Ou: "Sim, você tem razão: os homens veem, tal como eu também"?

77. "Ver e entender[7] são fenômenos diferentes." – As palavras "ver" e "entender" têm significados diferentes! Seus significados referem-se a uma multidão de importantes tipos de comportamentos humanos, a fenômenos da vida humana.
Fechar os olhos para imaginar algo é um fenômeno; olhar obstinadamente, apertando os olhos, é um outro; seguir com os olhos uma coisa em movimento, ainda outro.
Imagine que alguém dissesse: "O homem pode ver ou ser cego"! Alguém poderia dizer que "ver", "imaginar", "ter esperança" simplesmente não são nomes de fenômenos. Mas isto naturalmente não significa que o psicólogo não observe fenômenos. [a: Z 629.]

78. A expressão que diz que a imaginação está sujeita à vontade pode levar a enganos, porque ela traz à baila a aparência de que a vontade seria uma espécie de motor e as representações estariam conectadas a ela, e isto de maneira que ela poderia evocá-las, colocá-las em movimento e estacioná-las.

79. Contudo, não seria concebível que existisse uma pessoa cuja visão ordinária estivesse submetida à vontade? – Neste caso, a visão a instruiria sobre o mundo exterior? Será que as coisas teriam cores se pudéssemos vê-las como quiséssemos?

80. É justamente porque a imaginação está submetida à vontade que ela não nos instrui sobre o mundo exterior.

---

[7] No manuscrito, Wittgenstein riscou a palavra "entender" e a substituiu por "imaginar". Também em *Zettel* aparece o par de palavras "ver" – "imaginar" (N.E.).

Nesta medida – mas não de outra maneira –, ela tem afinidades com uma atividade como a de desenhar.

E ainda assim não é fácil dizer que imaginar seja uma atividade. [a: Cf. Z 627.]

81. Entretanto, e se eu lhe digo: "Imagine uma melodia"? Tenho de "cantá-la interiormente" para mim. Isto será chamado de uma atividade da mesma forma que o calcular de cabeça.

82. Pense ainda que se pode ordenar a alguém "Desenhe N.N. conforme você o imagina", e que não se vai decidir se ele faz isso ou não pelo grau de semelhança do retrato. Algo análogo a isso é o fato de que imagino N.N. mesmo quando o imagino de forma equivocada.

83. Quando digo que a imaginação está sujeita à vontade, isto não quer dizer que ela é como que um movimento voluntário por oposição a um involuntário. Pois o mesmo movimento (do braço, por exemplo) que agora é voluntário também poderia ser involuntário. – Quero dizer, faz *sentido* dar uma ordem como esta: "Imagine isto" ou ainda "Não imagine isso".

84.[8] Mas a vinculação com a vontade não diz respeito apenas, por assim dizer, à maquinaria por meio da qual a representação (a imagem mental) é produzida, modificada? – Aqui, não há a produção de imagem nenhuma; a não ser que alguém fabrique uma figura, uma imagem real.

85. A adaga que Macbeth vê à sua frente não é uma adaga imaginada. Não se pode tomar uma representação pela realidade nem o que é visto por algo que é imaginado. Mas não porque essas coisas sejam tão dessemelhantes assim.

86. Pode-se dizer contra a voluntariedade da imaginação que muitas vezes as representações se impõem a nós contra a nossa vontade e permanecem, resistindo a serem afastadas.

---

[8] Esta observação também traz, por engano, o número 83. Nós corrigimos a numeração (N.E.).

Por outro lado, porém, a vontade pode lutar contra elas. Mas chamá-las de voluntárias não é como se eu chamasse de voluntário um movimento que, **contra a minha vontade**, uma outra pessoa força meu braço a fazer?

87. Se alguém insistir que o que ele chama de "representação visual" é semelhante a uma impressão visual, repita para si mesmo que talvez ele esteja *enganando-se*! Ou: Como seria se ele estivesse enganado quanto a isso? Isto é: o que você sabe da semelhança entre a impressão visual e a representação visual dele? (Estou falando de outra pessoa porque o que vale para ela também vale para mim.)

Ora, o que você sabe dessa semelhança? Ela se manifesta apenas nas expressões que ele está inclinado a usar, não no que ele diz com essas expressões.

"Não há absolutamente nenhuma dúvida: representações visuais e impressões visuais são da mesma espécie!" Isto é algo que você tem de saber com base em sua própria experiência; assim sendo, isto é algo que pode estar certo para você e não para os outros. (E é claro que isso também vale para mim se *eu* o digo.)

Nada é mais difícil do que confrontar conceitos *sem preconceitos*. (E esta é a dificuldade capital da filosofia.) [a, b: Z 630; c: Z 631.]

88. Imaginar algo é comparável a uma atividade. (Nadar.)
Quando estamos imaginando algo, não estamos observando. Imagens ficarem vindo e passando não é algo que *acontece* conosco. Não ficamos surpresos com essas imagens e dizemos "Olhe lá!...". [b: Z 632.]

89. Nós não afastamos impressões visuais, mas representações. [Z 633, começo.]

90. Se pudéssemos afastar impressões e chamá-las às nossas mentes, elas não nos poderiam informar sobre a realidade. – Então as impressões se distinguem das representações apenas porque, estas, nós podemos afetar, e aquelas, não? Então a diferença é empírica! Não, de jeito nenhum.

91. Todavia, será que é inconcebível que as impressões visuais pudessem ser afastadas ou chamadas de volta? Mais ainda, isto não é realmente possível? Se olho para minha mão e em seguida a movimento

para fora de meu campo visual, não dei fim, voluntariamente, à impressão visual dela? – Vão dizer-me, no entanto, que não é isto o que chamamos de "afastar a imagem da mão"! É claro que não; mas onde está a diferença? Eis o que se gostaria de dizer: a vontade afeta as representações de maneira imediata.

Pois, se eu modifico minha impressão visual de forma voluntária, então as *coisas* obedecem à minha vontade.

92. E se, entretanto, as impressões visuais pudessem ser regidas diretamente? Devo dizer: "Aí não haveria impressões, mas apenas representações"? E como seria isso? Como eu descobriria, por exemplo, que o outro está tendo uma determinada representação? Ele me diria isso. – Mas como ele aprenderia as palavras necessárias para isso – digamos, "vermelho" e "redondo"? Pois eu nunca poderia ensiná-las a ele apontando para algo vermelho e redondo. Eu apenas poderia provocar em mim a representação de que estou apontando para algo desse tipo. E eu tampouco poderia fazer um teste para ver se ele está me entendendo. Naturalmente, eu nem mesmo poderia *vê-lo*, mas apenas imaginá-lo.

Será que esta suposição não é justamente como aquela segundo a qual no mundo *só* haveria poesia e não verdade?

93. E é claro que eu mesmo também não poderia aprender nem mesmo inventar nenhuma descrição de minhas representações. Pois o que significaria, por exemplo, que estou imaginando uma cruz vermelha sobre um fundo branco? Qual é a aparência de uma cruz vermelha? *Esta?* – Todavia, será que um ser mais elevado não poderia, por meio de uma intuição, saber *o que* estou imaginando e descrevê-lo em sua linguagem, mesmo que ela fosse incompreensível *para mim*? – Supondo que esse ser mais elevado dissesse "Eu sei o que este homem está imaginando agora; é o seguinte: ...". Mas como eu podia chamar isto de "saber"? Ora, isto é algo bem diferente daquilo que *nós* chamamos de "saber o que o outro está imaginando". Como o caso ordinário é comparado com aquele inventado?

Se eu me imaginasse, neste caso, como uma terceira pessoa, eu nunca saberia o que o ser mais elevado está querendo dizer quando diz, com relação à pessoa que não tem impressões, mas apenas representações, que sabe qual representação ela está tendo.

94. "Mas eu não posso, mesmo assim, imaginar um caso como esse?" Você pode, sobretudo, *falar* sobre ele. Mas isso não mostra que você o pensou em todos os seus detalhes. (Cinco horas no sol.)[9]

95. Gostaríamos de falar sobre quais são as *aparências* de uma impressão visual e de uma representação. E perguntar algo como: "Algo não poderia ter, por exemplo, a aparência de minha impressão visual presente, mas de resto se *comportar* como uma representação?". E está claro que há um equívoco aqui.

96. Mas imagine isto: Fazemos alguém olhar por um buraco numa espécie de cineminha, em cujo interior movimentamos diferentes objetos e figuras, e isto de forma que, por acaso ou propositalmente, o movimento seja exatamente aquele que nosso observador queria e de forma que ele fantasie que o que vê obedece à sua vontade. – Esta pessoa poderia enganar-se e acreditar que suas impressões visuais são representações? Isto soa bem absurdo. Eu nem mesmo preciso do cineminha; tenho apenas de observar minha mão e movimentá-la, como dito acima. Mas mesmo que eu pudesse movimentar voluntariamente aquela cortina ali, ou fazê-la desaparecer,[10] eu ainda assim não interpretaria isso como um processo em minha fantasia. (?)

97. Eu simplesmente não posso sair tomando uma impressão por uma representação. Mas o que isto significa? Será que eu poderia imaginar um caso em que uma *outra pessoa* fizesse isso? Por que isso não é concebível?

98. Se alguém efetivamente dissesse "Eu não sei se agora estou vendo uma árvore ou se estou imaginando uma", eu, de início, acreditaria que ele quer dizer: "ou se estou apenas fantasiando que há uma ali". Se não é isto o que ele quer dizer, eu não poderia entendê-lo de jeito nenhum. – Mas se alguém quisesse explicar-me esse caso e dissesse "É que suas representações são tão extraordinariamente vívidas que ele pode tomá-las por impressões sensíveis" – agora eu entenderia? [Z 634.]

---

[9] Cf. *Philosophische Untersuchungen* I, §§ 350-351 (N.E.).
[10] TS: Mas mesmo que aquela cortina ali obedecesse à minha vontade, de forma que ela se movimentasse ou desaparecesse.

99. Mesmo assim, agora imagine uma pessoa que dissesse "Hoje minhas representações estão tão vívidas quanto impressões visuais efetivas", – teria ela de estar mentindo ou falando uma bobagem? Não, com certeza não. É claro que primeiro eu teria de fazê-la me contar o que mostra que é assim.

Mas, se ela me dissesse "Muitas vezes eu nem sei se estou vendo algo ou apenas imaginando", eu não chamaria isso de um caso de imaginação supervívida.[11]

100. Entretanto, aqui não é preciso distinguir entre: imaginar, digamos, o rosto de um amigo, mas não no espaço que me cerca – e, por outro lado, imaginar um quadro ali naquela parede?

Por exemplo, ao ouvir o pedido "Imagine uma mancha redonda logo ali", alguém poderia fantasiar que realmente vê uma mancha ali. [Z 635.]

101. É claro que, se digo "Não há realmente uma mancha ali?" e assim talvez olhe mais de perto, o que chamo aqui de representação *não* obedece à minha vontade. E uma *fantasia* não obedece mesmo à minha vontade.

102. Não se pode esquecer que a implicação material também tem de fato seu uso, seu uso prático; mesmo que ele não aconteça com frequência.

103. Quem nega a sentença "Se p, então q", nega uma conexão. Ele diz: "Não tem de ser assim". E a palavra "tem" aponta para a conexão.

104. De "não p & não q" *não* se segue "Se p, então q". *Não* dá para deduzir isso de "não p & não q". O sentido de "Se p, então q" é **radicalmente** diferente do da sentença "p implica q", e isto mesmo que haja uma *conexão*, que é esta: "p & q", aquilo que torna a implicação verdadeira, também faz isso para a sentença "Se…, então…", ou ao menos é favorável a sua verdade. "P & não q" contradiz a implicação e também a sentença "se-então", ou não é favorável a sua verdade. "Não p & q" e "não p & não q" verificam a implicação e não decidem nada sobre a verdade de "Se…, então…".

---

[11] TS: *isso* não seria a consequência de uma imaginação supervívida.

105. "Se *isto* acontece, então *aquilo* vai acontecer. Se tenho razão, você me paga um xelim; se não tenho razão, eu lhe pago um; se ficar indeciso, ninguém faz nada." Poderíamos exprimir isso também desta forma: O caso em que o antecedente *não* acontece não nos interessa, nós não falamos dele. Ou ainda: aqui não nos é natural usar as palavras "sim" e "não" como no caso (e existem tais casos) em que a implicação material nos interessa. Com "não", queremos aqui dizer "p & não q", com "sim" apenas "p & q". [Cf. Z 677.]

106. É, por exemplo, bastante comum *apostar* na verdade de uma predição. Se apostarmos na afirmação "Se p acontecer, então q vai acontecer", alguém vai dizer "Se você tem razão, eu lhe pago...; se não tem..."; mas, quando p não acontece, a aposta é cancelada. Trata-se aqui de duas espécies diferentes de emprego da negação de uma sentença. E, do mesmo modo que "não não p" é não p se a negação dupla significa um reforço da negação, "p V não p" também não é, assim como *nós* usamos a negação, **incondicionalmente** uma tautologia. No caso acima, a afirmação de que a sentença condicional é verdadeira ou falsa deveria afirmar, na verdade, a ocorrência incondicional do evento.[12] Pois o que aquela afirmação diz é que a sentença condicional não vai ficar indecidida.

107. A sentença "A imaginação está sujeita à vontade" não é uma sentença da psicologia.

108. Eu aprendo o conceito "ver" em conexão com "olhar". O uso de uma palavra está vinculado ao da outra.

109. Se alguém diz "O conteúdo vivencial da visão e da imaginação é essencialmente o mesmo", o que há de verdadeiro nisso é *isto*: uma figura pintada pode reproduzir tanto o que se vê quanto o que se imagina. Apenas não podemos deixar que o mito da *imagem interior* nos engane.

---

[12] TS: No caso acima, a afirmação de que aquela sentença condicional é verdadeira ou falsa deveria ser equivalente à afirmação de que p vai ocorrer.

110. A "imagem mental" não entra no jogo de linguagem no lugar onde se gostaria de suspeitar sua presença. [Z 636.]

111. Eu aprendo o conceito "ver" juntamente com a descrição daquilo que vejo. Aprendo a observar e a descrever o que observo. Aprendo o conceito "imaginar" numa combinação completamente diferente. As descrições do que é visto e do que é imaginado são certamente da mesma espécie, e uma determinada descrição poderia ser tanto uma quanto a outra; mas, fora isso, os conceitos são inteiramente diferentes. O conceito de imaginar é antes como o de um fazer que como o de um receber. Imaginar poderia ser chamado de um ato criativo. (E é assim mesmo que o chamamos.) [Z 637.]

112. "Certo, mas a representação mesma, assim como a impressão visual, é ainda assim a imagem interior,[13] e *você* está falando apenas das diferenças na produção, no surgimento, no tratamento da imagem." A representação não é uma imagem, e nem a impressão visual é uma. Nem "representação" nem "impressão" são conceitos relativos a imagens, embora em ambos os casos haja uma conexão com uma imagem, e em cada caso com uma diferente. [Z 638.]

113. "Mas eu não poderia imaginar [*mir nicht (...) denken*] um conteúdo vivencial da mesma espécie das representações visuais, que todavia não estivesse sujeito à vontade e fosse, a esse respeito, como as impressões visuais?" O que é enganador aqui é a falação sobre conteúdos vivenciais. Se falamos de um conteúdo vivencial típico para a representação visual, é preciso que o conteúdo dentro de mim possa ser comparado com o conteúdo dentro de você. E, por mais estranho que isto possa soar, seria preciso dizer, creio eu, que o conteúdo vivencial – se é que queremos usar este conceito aqui – é *o mesmo* para a representação e a impressão visuais. E isto soa paradoxal porque qualquer um gostaria de exclamar: Mas você não está querendo dizer-me que poderíamos chegar a confundir essas duas coisas – representação e impressão! – Eu poderia responder que isso é

---

[13] TS: a imagem diante do olho interior.

tão pouco provável quanto confundir, por exemplo, desenhar e ver. Mas o que é desenhado e o que é visto pode ser o mesmo. A questão é que a representação e a impressão não "têm aparências" diferentes. [Primeira sentença: Z 640.]

114. Entretanto, também poderíamos dizer que "conteúdo vivencial" não tem o mesmo significado quando é usado para uma representação e para uma impressão, e sim apenas significados aparentados. Se imagino, por exemplo, um rosto com bastante precisão, então, quando o vejo mais tarde, minha impressão e minha representação têm o mesmo conteúdo vivencial. *Não* se pode dizer que ele não é o mesmo porque a representação e a impressão nunca teriam a mesma aparência.
Assim sendo, o conteúdo de ambas é *este* – (aqui eu talvez aponte para uma figura). Mas eu não *teria* de chamá-lo de "o conteúdo" em ambas as vezes.

115. Imaginação e intenção. Também dá para comparar a imaginação com a *criação* de uma imagem nesta medida: não imagino a pessoa que é semelhante à minha imagem mental, mas aquela que quero imaginar.

116. Acredito que, se compararmos o imaginar com um movimento corporal como a respiração, que às vezes acontece voluntariamente, às vezes involuntariamente, ficaremos *absolutamente* desautorizados a comparar uma impressão sensível com um movimento. A diferença não pode ser captada dizendo que um acontece, queiramos ou não, ao passo que controlamos o outro. Pelo contrário, o que acontece é que um conceito é semelhante ao de uma ação, e o outro não. A diferença é antes como a que existe entre ver que minha mão está movendo-se – e saber (sem vê-la) que a estou movendo.

117. "Se fecho os olhos, cá está ele diante de mim." – Poderíamos imaginar que expressões como estas não são aprendidas, mas formadas à maneira de uma poesia espontânea. Que elas "pareçam adequadas" a alguém e, assim sendo, também a outra pessoa.[14]

---

[14] TS: Que elas, assim, nos "pareçam adequadas".

118. "Estou vendo-o claramente diante de mim!" – Bem, talvez ele realmente esteja à sua frente. – "Não, minha imagem não é vívida o bastante para tanto."

119. Não poderíamos *imaginar este* fenômeno: Ao olharmos para uma tela, somos capazes de, voluntariamente, "por meio da mera vontade", produzir imagens sobre ela, movimentá-las, fazê-las desaparecer etc. Imagens que não apenas quem as produz vê, mas também os outros. – O que vejo sobre essa tela seria algo como uma representação? Ou talvez colocando a questão de forma mais correta: "estou vendo... sobre a tela" significaria algo semelhante a "estou imaginando..."? – Ou devo dizer que a sentença "Agora está aparecendo... sobre a tela" corresponde a "Estou imaginando..."? – Não, não é *assim*. A dificuldade aqui é que não tenho um conceito claro do que seja "produzir imagens por meio da vontade" etc. Pois, na realidade, o caso nem é de todo fantástico: Eu realmente posso imaginar todo tipo de coisas sobre uma parede manchada; e se o outro, quando olhasse para a parede, sempre soubesse o que estou imaginando, o caso passaria a ser semelhante ao **que foi descrito acima**. (Mas não poderíamos também dizer que quem desenha sobre a parede produz imagens sobre ela por meio da mera vontade?)

"Movimentar por meio da mera vontade", o que isto significa? Será que significa que as imagens sempre seguem minha vontade exatamente, ao passo que, quando estou desenhando, minha mão, meu lápis, não faz isso? De qualquer modo, neste caso certamente seria possível dizer: "Eu normalmente imagino o que quero de forma bem precisa; hoje isto está diferente". Será que existe algo como um "malogro da imaginação"? [b: Z 643.]

120. Se não existe, talvez se queira explicar isso dizendo que a imagem mental não tem massa e não oferece nenhuma resistência à vontade, nem por inércia nem por outro meio.

Não, "estou vendo... sobre a tela" não pode corresponder ao meu imaginar. Tampouco "estou projetando...[15] sobre a tela" – pois, se assim fosse, se poderia ter sucesso ou fracassar. O melhor seria isto: "Para mim, o que está sobre esta tela é agora a imagem de um...".[16]

---

[15] Palavra presente no manuscrito; no datiloscrito, aparece "produzo" em seu lugar.
[16] TS: "Para mim, o que está sobre esta tela agora representa isto [*stellt jetzt das dar*]".

121. É claro que existe um jogo de linguagem com a ordem "Imagine...!" – mas será que é realmente assim tão fácil assimilá-lo ao jogo com "Vire sua cabeça para a direita!"? Ou ainda: Será que faz sentido simplesmente dizer que imagens visuais, imagens interiores, seguiam minha vontade? (Mas note bem: *não* "meu desejo".)

122. Pois aquilo de que **normalmente** se diz que segue ou não segue a vontade não são "imagens interiores". Não está claro, portanto, que se pode aplicar **tão facilmente** o conceito desse seguir a outra categoria.

123. (Que não se pode comparar a "voluntariedade" da imaginação com a do movimento dos corpos, isto está claro; pois as outras pessoas também estão habilitadas a avaliar se o movimento aconteceu, ao passo que, com relação ao movimento de minhas representações, tudo sempre dependeria apenas do que afirmo estar vendo –, seja lá o que alguma outra pessoa esteja vendo. Logo, os objetos reais em movimento estariam fora de consideração, já que eles não teriam a menor importância.) [Z 641.]

124. Portanto, se alguém dissesse: "Representações são imagens interiores, parecidas ou exatamente como minhas impressões visuais, só que subordinadas à minha vontade" – por enquanto, isto ainda não faria sentido.
Pois, se alguém aprendeu a relatar o que vê ali ou o que lhe *parece* estar ali, ainda não está claro o que significa a ordem de que ele agora deve ver *isto* ali ou de que *isto* deve parecer-lhe estar ali. [Z 642.]

125. É claro que há certa afinidade entre o imaginar e uma ação, afinidade que se exprime justamente na possibilidade da ordem; mas o *grau* dessa afinidade ainda está por ser investigada.

126. "Movimente sua imagem interior!" poderia querer dizer: movimente o objeto.

127. "Movimente o que você está vendo."
Isto também poderia significar: Tome algo que influencie suas impressões visuais.

128. Que fenômeno notável, que uma criança possa efetivamente aprender a linguagem humana! Que uma criança possa começar sem saber qualquer coisa e aprender, por caminhos seguros, essa técnica enormemente complicada.

Este pensamento veio a mim quando, numa determinada ocasião, eu me dei conta de como a criança começa *sem nada* e um dia usa a negação tal como nós usamos!

129. Com a sentença "Representações são voluntárias, sensações não" não se distingue as sensações das representações, mas os jogos de linguagem nos quais nós lidamos com esses conceitos.

130. Há o que se pode chamar de fenômenos da visão e de fenômenos da imaginação; e existem o conceito de visão e o conceito de imaginação. Pode-se falar de *"diferenças"* no interior destes pares.

131. Quando alguém diz "A imaginação tem a ver com a vontade", ele está visando a mesma espécie de conexão que é visada com a sentença "A imaginação não tem a ver com a observação".

132. Eu dizia que há fenômenos da visão – a que eu me referia com isso? Bem, talvez a tudo que pode ser apresentado com figuras e que seria descrito com "ver". A observação cuidadosa; olhar uma paisagem; uma pessoa cegada pela luz; o olhar que se segue a uma alegre surpresa; virar-se para não ter de ver algo. Todas as espécies de comportamento que distinguem os homens que veem dos cegos. (É certo que há uma razão por que aqui me ocorrem exatamente *estas* imagens da vida humana.)

133. Fenômenos da visão – isto é o que o psicólogo observa.

134. Alguém diz: "Estou vendo uma casa com venezianas verdes". E você: "Ele não *está vendo* isso, mas apenas imaginando. Ele nem mesmo está olhando; você está vendo como ele olha fixamente para frente?". – *Muito grosso modo*, também seria possível se exprimir desta forma: "Esta não é a aparência de quando alguém vê algo; pelo contrário, é a aparência de quando alguém imagina algo". Comparamos aqui fenômenos da visão com fenômenos da imaginação. Da mesma forma como se observássemos

duas pessoas de uma tribo estrangeira que usassem, durante uma determinada atividade, uma palavra que tínhamos reconhecido como equivalente à nossa palavra "ver". E, ao acompanharmos o uso que elas fazem daquela palavra nessa ocasião, acabamos por concluir que aqui seria preciso que ela significasse "ver com o olho interior". (Igualmente, também seria possível chegar à conclusão de que aqui a palavra teria de significar *entender*.)

135. O que significa dizer, por exemplo, que "ver" está conectado com "observar"? – Quando aprendemos a usar a palavra "ver", aprendemos a usá-la ao mesmo tempo e em ligação com "olhar", "observar" etc.

136. Tal como aprendemos a usar o rei no xadrez em combinação com os peões, e a palavra "rei" juntamente com a palavra "xeque-mate".

137. Um jogo de linguagem compreende, é claro, o uso de *várias* palavras. [Z 644.]

138. Nada poderia estar mais errado do que dizer que ver e imaginar são atividades diferentes. Isto é como se alguém dissesse que, no xadrez, movimentar peças e perder são atividades diferentes. [Z 645.]

139. As palavras "Imaginar é algo voluntário, ver não", ou semelhantes, podem levar uma pessoa a enganos.
Quando aprendemos, enquanto crianças, a usar as palavras "ver", "olhar", "imaginar", ações voluntárias e ordens entram em jogo nisso. Mas de maneira diferente para cada uma dessas três palavras. O jogo de linguagem com a ordem "Olhe!" e o jogo com a ordem "Imagine...!" – como é que devo compará-los? – Se quisermos treinar alguém para que reaja à ordem "Olhe...!" e se quisermos treiná-lo para entender a ordem "Imagine...!", é manifesto que teremos de ensinar-lhe coisas bem diferentes. Reações que fazem parte deste jogo não fazem parte daquele. Tudo bem que haja uma estreita conexão entre os jogos de linguagem, mas uma semelhança? – Porções de um são semelhantes a porções do outro, mas as porções semelhantes não são homólogas. [b: Z 646.]

140. Eu poderia pensar em algo parecido para jogos reais. Talvez pudesse aparecer, em dois jogos essencialmente diferentes –, jogos que, em

importantes respeitos, fossem muito mais dessemelhantes do que são o jogo de damas e o xadrez – um e o mesmo tabuleiro, com os mesmos movimentos, apenas, se posso colocar deste jeito, numa outra posição. Num jogo, a tarefa poderia ser, por exemplo, dar um xeque-mate[17] no outro jogador; no outro jogo, todo o desenrolar do xeque-mate já estaria dado de antemão e, com referência a ele, os dois jogadores teriam uma tarefa de espécie bem diferente. Por exemplo, dois caminhos para o xeque-mate seriam dados aos jogadores e eles teriam de compará-los segundo o ponto de vista psicológico. Da mesma maneira, há o jogo de resolver palavras cruzadas e também um outro: são-me dadas várias soluções de palavras cruzadas para que eu teste, num sentido qualquer, a qualidade delas. [Primeira sentença: Z 647.]

141. A visão está sujeita à vontade *de uma outra maneira* que o imaginar.
Ou: "ver" e "imaginar" têm relações diferentes com "querer".

142. Contudo, o que fica parecendo agora é que as representações seriam reflexos pálidos de impressões sensíveis. Quando parece ser assim, e a quem? É claro que há algo como clareza e falta de clareza nas representações. E, se eu digo "Minha imagem mental dele é muito mais indeterminada que a impressão visual que tenho quando o vejo", isto é verdade, pois, com base na imaginação, eu não consigo descrevê-lo nem de perto com a mesma exatidão com que o descrevo quando ele está diante de mim.[18] Ainda assim, pode acontecer que a visão de uma pessoa se deteriore tanto que ela passe a ver uma outra pessoa muito menos distintamente do que consegue imaginá-la.

143. Se eu posso, e outra pessoa também pode, imaginar uma dor, ou ao menos dizemos que podemos –, como se pode averiguar se nós a estamos imaginando corretamente e quão precisamente a imaginamos? [Z 535.]

---

[17] No TS, "perseguir"; no MS, "dar um xeque-mate". Esta última opção parece ser a mais natural aqui (N.E.).
[18] TS: quando ele me serve de modelo.

144. Não poderia haver pessoas que conseguissem descrever de memória os traços de um homem de maneira extremamente precisa, pessoas que também dissessem que de repente sabiam, agora, qual é a aparência dele –, mas que invariavelmente respondessem com uma negativa à pergunta sobre se elas, em um sentido qualquer, "estavam vendo" o homem "diante delas" (ou algo do tipo) naquele instante? Ou seja, pessoas às quais a expressão "eu o vejo diante de mim" **parecesse totalmente inadequada?**

Esta me parece ser uma questão muito importante. Ou ainda: a questão importante é se essa questão faz sentido. – Pois que tipo de razão tenho eu para acreditar que isso não é o caso para todos nós? Ou como posso decidir a questão sobre se o outro (estou excluindo-me por enquanto) está realmente "imaginando visualmente" alguém ou apenas é capaz de descrevê-lo visualmente (de desenhá-lo etc.)? – E ainda por cima há o fato de que ele, se é que posso colocar desta maneira, está familiarizado com algo como uma "iluminação" ou um estado de iluminação semelhante ao "Agora eu sei". (Duração genuína).

145. A imaginação *visual* simplesmente *não* é caracterizada apenas pelo poder-desenhar e coisas parecidas, mas também pelas delicadas nuances do comportamento.

De qualquer maneira, a *descrição* da representação faz parte do jogo de linguagem com "imaginar". (Isto não significa que em casos limites não possa ocorrer uma manifestação assim: "Eu consigo imaginá-lo de maneira precisa, mas não consigo, em absoluto, descrevê-lo". Um jogo admite casos limites – uma exceção à regra. Mas exceção e regra não poderiam trocar seus papéis sem aniquilar o jogo. A "passagem da quantidade à qualidade"?)

146. "Se exceção e regra trocam seus papéis, então simplesmente não é mais o mesmo!" – Mas o que isto significa? Talvez que, se isso acontecer, nossa atitude com relação ao **jogo** vai alterar-se subitamente? É como se, depois de um aumento gradual do peso num dos lados da balança e uma diminuição gradual no outro, a balança pendesse de forma *não* gradual para o lado mais pesado?

147. Qual poderia ser a aparência de uma descrição da representação de uma sensação motora?

148. Continuação da classificação dos conceitos psicológicos.

Emoções. Elas têm em comum a duração genuína, um curso. (A raiva se inflama, acalma, desaparece; e igualmente a alegria, a depressão, o medo.)

Diferença com relação às sensações: elas não são localizadas (tampouco são difusas!).

Comum a elas: elas têm um comportamento expressivo característico. (Expressão facial.) E disto já se segue que elas também têm sensações características. Dessa forma, a tristeza é frequentemente acompanhada pelo choro e por sensações características que vêm com ele. (A voz chorosa.) Mas as sensações não são as emoções. (No mesmo sentido em que o numeral 2 não é o número 2.)

Entre as emoções, poderíamos distinguir as dirigidas e as não dirigidas. Medo *de* algo, alegria *por* algo.

Este algo é o objeto, não a causa da emoção.

O jogo de linguagem "Estou com medo" já contém o objeto.

Poderíamos chamar a angústia de medo não direcionado na medida em que suas manifestações têm **afinidade** com as do medo.

O *conteúdo* de uma emoção – sob essa designação, imagina-se algo como uma *imagem* ou algo de que pode ser feita uma imagem. (A escuridão da depressão que desce sobre uma pessoa, as chamas da raiva.)

Também poderíamos chamar o rosto humano de tal imagem e apresentar, por meio de suas alterações, o *curso* de uma paixão.

Para distingui-las das sensações: elas não nos informam sobre o mundo exterior. (Observação gramatical.)

Poderíamos chamar o amor e o ódio de disposições de espírito, e também o medo, num determinado sentido.

Uma coisa é sentir um medo agudo, uma outra é ter um medo "crônico" de alguém. Mas o medo não é uma sensação.

"Medo terrível": são as *sensações* que são terríveis assim?

De um lado, causas típicas de dor, do outro, de depressão, tristeza, alegria. A causa destas é ao mesmo tempo seu objeto.

O comportamento de dor e o comportamento de tristeza. – Só se pode descrevê-los em conjunto com suas **ocasiões** exteriores. (Se a mãe deixa o filho sozinho, pode ser que ele chore de tristeza; se ele cai, de dor.) Comportamento e tipo de ocasião estão ligados. [a-f: Z 488; g-i: Z 489; j: Z 490; k-l: Z 491; m-p: Z 492.]

149. Talvez alguém vá dizer: Como se pode caracterizar o conceito "dor" por meio das ocasiões de dor? A dor é sempre o que ela é – seja lá o que a ocasione! – Mesmo assim, pergunte: Como se identifica a dor?
A ocasião determina a utilidade do sinal de dor.

150. O conceito de dor está simplesmente inserido em nossa vida de uma determinada maneira. Ele é caracterizado por contextos bem determinados.
Assim como só existe um movimento com o rei do xadrez num determinado contexto. Ele não pode ser retirado desse contexto. – Pois uma técnica corresponde ao conceito. (O olho[19] sorri apenas num rosto.) [a: cf. Z 532, 533.]

151. Apenas em meio a certas manifestações **normais** de vida existe algo como uma manifestação de dor. Apenas em meio a determinadas manifestações de vida de alcance ainda muito mais longo, algo como a expressão de tristeza ou de afeição. E assim por diante. [Z 534.]

152. Podem-se testar atitudes de espírito (o amor, por exemplo), mas não emoções. [Cf. Z 504.]

153. Eu gostaria de dizer: emoções podem *colorir* os pensamentos; a dor corporal, não. E é por isso que se fala de pensamentos tristes, mas não, de maneira análoga, de pensamentos odontálgicos. É como se pudéssemos dizer: o medo, ou mesmo a esperança, pode consistir pura e simplesmente em pensamentos; a dor, porém, nunca pode. Ora, a dor tem sobretudo os sinais característicos de uma sensação, o medo não. O medo está conectado com temores, e temores são pensamentos.

154. Pode-se chamar a esperança de uma emoção. Isto é, pode-se colocá-la ao lado do medo, da raiva, da alegria. Ela tem afinidade com a crença, que *não* é *uma* emoção. Não há expressão corporal típica da crença.

---

[19] TS: A boca. Cf. PU I, § 583.

Compare o significado de "dor ininterrupta" com "raiva ininterrupta", júbilo, tristeza, alegria, medo ininterruptos, e, por outro lado, com "crença ininterrupta" ou "esperança ininterrupta".

Entretanto, também é difícil comparar o medo, a esperança, o anseio, a expectativa. O anseio é um ocupar-se em pensamento com um determinado objeto. O medo de um *evento* (apreensão) parece ser da mesma espécie; mas não o medo que tenho do cachorro que late para mim. Duas palavras diferentes poderiam ser usadas aqui. Da mesma maneira, "ter expectativa" pode significar: acreditar que tal e tal coisa vai acontecer – mas também pode significar: passar o tempo com pensamentos e atividades de expectativa, logo, *aguardar*.

155. A fé não é um ocupar-se com o objeto da crença. O medo, o anseio, a esperança, porém, ocupam-se com seus objetos.

Numa investigação científica, dizemos todo tipo de coisas, formulamos vários enunciados, cujo papel na investigação nós não entendemos. Pois não dizemos tudo o que dizemos com um propósito consciente; pelo contrário, nossa boca simplesmente vai falando. Nós seguimos por linhas de pensamento convencionais, fazemos, automaticamente, transições entre os pensamentos de acordo com a forma que aprendemos. E é necessário que ainda sondemos o que dissemos. Fizemos toda uma multidão de movimentos inúteis, até mesmo contraproducentes, e agora temos de esclarecer filosoficamente nossos movimentos de pensamento. [b: VB p. 125; C & V, p. 64.]

156. Se eu relato "Fiquei com medo de sua vinda o dia todo" – eu ainda poderia entrar em detalhes: Logo quando acordei, eu pensei... Em seguida, refleti... Eu sempre ficava olhando pela janela etc. Poderíamos chamar isto de um relato sobre o medo. Mas, se naquele momento eu falasse para alguém "Estou com medo..." – isto seria como que um gemido de medo ou uma consideração sobre meu estado? – Poderia ser tanto um quanto o outro: Pode ser simplesmente um gemido de medo; pode também ser, no entanto, que eu queira relatar ao outro como passei o dia. Se eu agora lhe dissesse: "Passei o dia todo com medo (aqui talvez se sigam detalhes) e mesmo agora ainda estou angustiado" – o que devemos dizer sobre esta mistura de relato e manifestação? – O que devemos dizer, senão que temos aqui, à nossa frente, o uso da palavra "medo"?

157. Se houvesse pessoas que sentissem uma dor lancinante no lado esquerdo naqueles casos em que nós enunciamos temores com sentimentos de angústia – essa pontada tomaria, entre eles, o lugar de nossa sensação de medo? – Ou seja, se nós observássemos essas pessoas e elas se sobressaltassem e segurassem o lado esquerdo toda vez que enunciassem um temor, isto é, toda vez que dissessem algo que, entre nós, certamente seria um temor –, nós diríamos que essas pessoas sentem seu medo como uma dor lancinante? Evidentemente, não.

158. Entretanto, por que se usa a palavra "sofrimento" tanto para o medo quanto para a dor? Ora, existem uma porção de ligações. – [Z 500.]

159. Imagine que se dissesse: A alegria é um sentimento e a tristeza consiste em que *não* se está alegre. – Será que a ausência de um sentimento é um sentimento? [Z 512.]

160. Se eu digo "Sempre pensei nisso com medo" – o medo *acompanhou* meus pensamentos? – Como se imagina aquilo que é acompanhado sendo separado do acompanhamento?
Poderíamos perguntar: Como o medo penetra nos pensamentos? Pois não parece que ele apenas os acompanhe. Se eu digo "Penso nisso com aflição", certamente poderia parecer como se o pensamento, as palavras, por exemplo, fosse acompanhado por uma particular sensação no peito e que fosse a *isto* que se estava aludindo. Todavia, o uso dessa sentença é justamente outro.
Também se diz: "Pensar nisso me sufoca" e apenas se quer dizer que, empiricamente, tal e tal sensação e tal e tal reação acompanham esse pensamento.

161. À manifestação "Não consigo pensar sem medo em...", responde-se com algo assim: "Isso não é razão para ter medo, pois...". De qualquer maneira, este é *um* meio de remover o medo, e isto por oposição às dores.
O asco é uma sensação? – Ele tem um lugar? – E ele tem um objeto, tal como o medo. E aqui há sensações características. [a: Z 501.]

162. De fato, você tem sempre de se perguntar: O que é comunicado ao outro por meio dessas sentenças?[20] E isto significa: que uso ele pode fazer delas?

163. Eu *constato* que estou com medo. – Para isso eu me lembro de meus pensamentos na última meia hora ou faço passar rapidamente pela minha cabeça um pensamento sobre o dentista, a fim de ver como ele me afeta. Ou será que eu podia ficar em dúvida sobre se isso é realmente medo do dentista e não um outro desconforto físico?

164. Ou a constatação de que estou com medo é como um gemido de medo extremamente suave? Não; pois, com o gemido, não estou necessariamente querendo contar a alguém que estou com medo. A constatação é, por assim dizer, parte de uma *conversa*.

165. Pode-se dizer: "Só fico com medo da operação quando estou pensando nela"? E isto significa: quando estou ponderando sobre ela? Não posso apavorar-me com algo mesmo quando não estou, por assim dizer, ponderando expressamente sobre ele? Não posso dizer a alguém "Esse encontro me apavora", embora eu esteja vendo o evento, por assim dizer, apenas pelo canto do olho?

166. Esqueçamos de vez que estamos interessados no estado mental de quem está com medo. É certo que também podemos ficar interessados em seu comportamento em certas circunstâncias como indício de como ele vai portar-se no futuro. Por que então não deveríamos ter uma palavra para isso? Ela pode ser tanto um verbo quanto um adjetivo.
Poderíamos agora perguntar se essa palavra de fato se referiria simplesmente ao comportamento, simplesmente às alterações corporais. E é isto o que queremos negar. Simplificar o uso da palavra dessa maneira não nos leva a nada. Ela se refere ao comportamento em meio a certas circunstâncias exteriores. Quando observamos essas circunstâncias e aquele comportamento, dizemos que alguém está…

---

[20] TS: dessa constatação.

Se a palavra é usada na *primeira* pessoa, a analogia com o uso na terceira pessoa é a mesma que há entre "eu envesgo" e "ele envesga". [a, b, – exceto a última sentença de a e as duas últimas palavras de b: Z 523.]

167. O que vou dizer é que pessoas que usam um conceito como esse *não* precisariam ser capazes de descrever seu uso. E, caso elas devessem tentar fazê-lo, poderiam dar uma descrição bastante inadequada. (Como faria a maioria das pessoas, se elas quisessem tentar descrever corretamente o uso de cédulas de dinheiro.) [Cf. Z 525.]

168. É possível, por exemplo, que elas façam essa declaração sobre um homem, sem, no entanto, poder dizer direito *qual* dos comportamentos dele deu a ocasião para tanto. Elas poderiam dizer "Estou vendo, mas não sei exatamente *o que* vejo". Assim como nós dizemos: "Algo se alterou nele, mas não sei exatamente o quê". Pode ser que a experiência futura dê razão a elas.

169. Poderia ser que as pessoas tivessem um verbo cuja terceira pessoa coincidisse *exatamente* com o nosso "Ele está com medo"; cuja primeira pessoa, porém, não coincidisse com o nosso "Eu estou com medo". Pois a afirmação na primeira pessoa se apoiaria na auto-observação. Ela não seria uma **manifestação** de medo, e haveria um "Creio que eu...", "Parece-me que eu...". Esta primeira pessoa, ao que me parece, não teria um uso, ou teria um uso muito raro. Se meu comportamento numa determinada situação fosse filmado, eu poderia dizer o seguinte quando o filme me fosse exibido: "Meu comportamento dá a impressão...".

170. Aqui ainda não há um "Creio que ele está sentindo o que eu sinto em tais circunstâncias": A interpretação segundo a qual eu vejo dentro de mim o que suspeito estar dentro dele.
Pois, para dizer a verdade, esta é uma interpretação grosseira. Em geral, eu não suspeito do medo dentro dele – eu o *vejo*. Para mim, não é como se eu inferisse de um algo exterior à provável existência de um algo interior, e sim como se o rosto humano fosse praticamente translúcido, e eu o visse não por meio de uma luz refletida, mas por meio de sua luz própria.

171. "Eu fico apavorado com isso." – Isto não é uma ilustração de algo que vejo. Na verdade, tão logo eu *olhe*, eu não vejo nada ou não vejo propriamente aquilo que eu visava. Desta forma, é como se isso fosse um véu tão fino que nós pudéssemos saber dele, mas não propriamente ver. Como se o pavor fosse um barulho bem sutil e abafado ao lado da balbúrdia do dia-a-dia, barulho que eu pudesse apenas *notar*, e não propriamente ouvir.

Imagine que uma criança, que por muito tempo não conseguiu aprender a falar direito, de repente use a expressão que ela ouviu os adultos usando, "Eu fico apavorado com...". E que seu rosto, as circunstâncias e o que se segue nos permitam dizer: Ela realmente quis dizer isso. (Pois sempre poderíamos dizer: "Um belo dia, a criança passa a usar a palavra".) Escolhi o caso da criança porque, aqui, o que acontece dentro dela nos parece ainda mais fora de lugar do que nos adultos. O que sei – assim eu gostaria de dizer – de um *pano de fundo* das palavras "Eu fico apavorado..."? A criança de repente me deixa olhar dentro dela?

172. Este assunto também lembra aquilo de ouvir um barulho **vindo de uma determinada direção**. É quase como se sentíssemos o **incômodo** na região do estômago vindo da direção do medo. O que significa propriamente que "Estou doente de medo" não especifica uma *causa* do medo. [Cf. Z 496.]

173. Existem conglomerados psicológicos; esperar é um deles? Talvez aguardar, mas não esperar.

174. Que haja, por exemplo, um conglomerado do medo não significa que o medo seja um conglomerado. [Cf. Z 502.]

175. Se eu digo "Estou esperando sua vinda ansiosamente", isto significa: estou me *ocupando* com sua vinda (em pensamento, e pode-se também dizer: em pensamento e ações). Portanto, pode-se chamar o estado de expectativa ansiosa de um conglomerado. Mas não há, por assim dizer, um conglomerado de ações de uma determinada espécie; tudo gira em torno, ao contrário, da intenção das ações, logo, de um *motivo*, não de uma *causa*.

176. Se eu digo que uso as palavras "Estou com dores", "Estou com saudade dele" etc. como uma informação e não como um som natural,[21] então isto caracteriza minha intenção. Quero, por exemplo, que o outro reaja de determinada maneira ao que digo.

Contudo, ainda devo aqui a explicação do conceito de intenção, e a intenção não é de forma nenhuma uma espécie de sensação à qual quero reduzir tudo; na qual, por assim dizer, eu coloco a culpa de tudo. (Pois a intenção *não* é *uma* sensação.)

177. Se nós chamamos o medo, a tristeza, a alegria, a raiva etc. de estados mentais, então isto significa que o medroso, o triste etc. pode fazer o comunicado: "Estou em estado de medo" etc. e dizer que este comunicado – bem da mesma forma como a manifestação primitiva – não se baseia numa observação.

178. O desígnio, a intenção, não é nem uma emoção, um humor, nem uma sensação ou uma representação. Ela não é um estado de consciência. Ela não tem duração genuína. Pode-se chamar a intenção de uma disposição mental. Esta expressão é enganadora na medida em que não se percebe, por meio da experiência, tal disposição dentro de si. A *inclinação* para o ciúme, em contrapartida, é uma disposição em sentido próprio. A experiência me diz que a tenho. [As três primeiras sentenças: Z 45.]

179. "Eu pretendo" não é a manifestação de uma vivência.
Não existe um brado de intenção, assim como também não há um do saber ou da crença.
Entretanto, poderíamos chamar de uma vivência a *decisão* com a qual uma intenção frequentemente se inicia.

180. A decisão é um pensamento? Ela pode ser o término de uma sequência de pensamentos.

181. Alguém me diz algo; olho para ele espantado; ele explica... Meu olhar questionador tinha o mesmo significado que a pergunta: "Como

---

[21] TS: não como um som natural, mas para informar algo, para relatar algo.

assim?" ou "O que você quer dizer?" ou "Por quê?" ou "É *isso* que você vai fazer? Você que sempre...?". – O pensamento repentino.

182. Intencional – não intencional. Voluntário – involuntário.

Qual é a diferença entre um movimento de mão sem nenhuma intenção particular e o mesmo movimento de mão pretendido [*gemeint*] como um sinal?

183. Imaginemos que alguém esteja realizando um trabalho que envolve comparações, tentativas e escolhas. Digamos que ele esteja produzindo algum utensílio a partir de certos pedaços de material e usando um conjunto de ferramentas. Sempre fica surgindo o problema "Devo usar *este* pedaço para isto?". – O pedaço é rejeitado e ele procura um outro. À maneira de tentativas, pedaços são montados e desmontados; ele procura por um que se encaixa etc. Agora imagino todo esse procedimento sendo filmado. Talvez o trabalhador até produza sons, como "Hm" ou "Ha!". Por assim dizer, sons de raiva, de um achado repentino, de decisão, de satisfação, de insatisfação. Mas nenhuma palavra é falada. Pode ser que aqueles sons sejam registrados no filme. O filme me é exibido; eu agora invento um solilóquio para o trabalhador, solilóquio esse que se ajusta à sua maneira de trabalhar, ao ritmo de seu trabalho, ao jogo de suas caras, a seus gestos e sons naturais, enfim, que corresponde a tudo isso. Dessa forma, às vezes eu o faço dizer "Não, este pedaço é comprido demais, talvez um outro se ajuste melhor". – Ou "O que devo fazer agora? – Já sei!" ou "Isto não está nada mau" etc.

Se o trabalhador pudesse falar – seria uma adulteração do processo efetivo se ele o descrevesse exatamente e dissesse, por exemplo: "E então eu pensei: Não, assim não vai dar; preciso tentar de outro jeito" e assim por diante – embora ele não tenha falado nem imaginado essas palavras durante o trabalho?

Estou querendo dizer: Ele não pode, mais tarde, traduzir seus pensamentos não verbais em palavras? E isto de tal maneira que nós, que víamos o trabalho acontecendo, pudéssemos estar de acordo com a tradução? – E ainda mais se nós tivéssemos assistido ao homem trabalhando não apenas uma vez, mas várias vezes? [Z 100.]

184. Naturalmente, nós não poderíamos separar o seu "pensar" da atividade. Pois o pensar não é de forma nenhuma um acompanhamento do trabalho, assim como também não é da fala pensante. [Z 101.]

185. Imagine que, numa situação em que colocaríamos uma questão a nós mesmos, em que cogitaríamos possibilidades, alguém faça uma pausa no trabalho e olhe para o nada como se estivesse ponderando sobre algo – nós invariavelmente diríamos que ele está refletindo? Para isso, não é também necessário que ele *domine* uma linguagem, ou seja, que ele também pudesse proferir a reflexão, caso fosse necessário?

186. Bem, se nós víssemos seres trabalhando, cujo **ritmo** de trabalho, cujo jogo de expressões faciais etc. fossem semelhantes ao nosso, com a diferença de apenas não *falarem*, neste caso nós talvez disséssemos que elas estavam pensando, refletindo, tomando decisões. O que significa: num caso como esse, *muita* coisa seria semelhante ao que faz o homem ordinário. E não está claro *quanta coisa* tem de ser semelhante para que nós tivéssemos o direito de aplicar o conceito "pensar", que está em casa, em *nossa* vida, também para eles.[22] [Cf. Z 102.]

187. Aliás, para que devemos chegar a essa decisão?
Nós vamos fazer uma importante distinção entre seres que podem aprender a realizar um trabalho, mesmo um trabalho complicado, "mecanicamente", e seres que fazem testes e comparações no trabalho. – Mas o que deve ser chamado de "testar" e "comparar", por sua vez, eu só posso explicar com exemplos, e esses exemplos serão extraídos de nossa vida ou de uma que seja semelhante à nossa. [Z 103.]

188. Se agora os testes tomassem a forma da produção de uma espécie de modelo (ou mesmo de um desenho), nós diríamos, sem hesitar, que esses seres pensam. É claro que aqui também se poderia falar de uma operação com sinais.

189. "Mas a operação com sinais não poderia também ser mecânica?" – É claro que sim; isto é, também isso tem de estar num determinado entorno para que se possa dizer que ele não é mecânico.

---

[22] TS: E como se deve decidir quão exata tem de ser a analogia para que nós tenhamos o direito de usar o conceito "pensar" para essas pessoas, conceito que tem seu lar em *nossa* vida?

190. Então é como se nossos conceitos, o uso de nossas palavras, fossem condicionados por uma armação de elementos factuais. Mas como *pode* ser assim? Como será que poderíamos descrever a armação se não admitíssemos a possibilidade de algo diferente dela? – O que você está fazendo, gostariam de dizer, é tornar toda a lógica um disparate!

191. O problema que nos inquieta aqui é o mesmo que está presente na consideração: "Os homens não poderiam aprender a contar se todos os objetos ao seu redor estivessem surgindo e desaparecendo rapidamente".

192. Mas você ainda pode dizer: "Se você não tiver pauzinhos, pedrinhas, etc. à disposição, você não consegue ensinar alguém a fazer contas". Da mesma maneira que: "Se você não tiver nem superfície para escrever nem material de escrita à disposição, você não consegue ensinar-lhe o cálculo diferencial" (ou: você não consegue fazer a divisão 76570 ÷ 319).
Não se diz de mesas e cadeiras que elas pensam; tampouco de plantas, peixes, e dificilmente de cachorros; mas de homens. E tampouco de todos os homens.
Contudo, se eu digo "Uma mesa não pensa", isto não é uma declaração semelhante a "Uma mesa não cresce". Pois eu nunca saberia "como seria se" uma mesa pensasse. E aqui há evidentemente uma transição gradual ao caso dos homens. [b, c: cf. Z 129.]

193. "Pensar é uma atividade espiritual." – Pensar *não* é *uma* atividade corporal. Pensar é uma atividade? Ora, pode-se ordenar a alguém "Pense sobre isso!". Mas, se alguém, obedecendo a essa ordem, passa a falar com si mesmo ou mesmo com outra pessoa, ele realiza aí *duas* atividades? Logo, não dá mesmo para comparar o pensamento com uma atividade. Pois também não se pode dizer que pensar é falar na imaginação. Isto é algo que se pode fazer também sem pensar. [Z 123, até "Logo, não dá...".]

194. Não se pode nunca esquecer que "pensar" é uma **palavra da linguagem cotidiana**, assim como todas as outras designações psicológicas.
Não dá para esperar que esta palavra tenha um uso unificado; pelo contrário, é de se esperar que ela não o tenha. [a: cf. Z 113; b: Z 112.]

195. Se alguém está meditando sobre um problema e eu de repente lhe mostro certo desenho, talvez ele vá exclamar "Ah, então é *assim*!" ou "Agora eu sei". E, se lhe perguntarem sobre o que aconteceu dentro dele naquele momento, nesse caso é provável que ele simplesmente diga "Eu vi o desenho". Descrevo este caso para substituir um processo na imaginação por um da visão. Ele agora dirá: "No instante em que vi o desenho, toda a solução apareceu diante de meus olhos"? Quando chego com o desenho para ajudar-lhe, ele também poderia dizer: "É, agora ficou fácil!".

196. "Veio-me à mente a utilização da palavra" – vai-se dizer isto até no caso em que, junto com a palavra, é mostrada a alguém uma figura que caracteriza seu significado?
(Aqui a vivência do significado parece ser suplantada pelo que é visto.)

197. Dizemos: A grama é verde, o giz branco, o carvão preto, o sangue vermelho etc. – E num mundo em que isso fosse impossível, ou seja, em que as propriedades restantes de uma coisa não estivessem conectadas à sua cor,[23] como seria? Esta é uma questão importante, tenha ela sido colocada de maneira correta ou incorreta, e é apenas um exemplo de inúmeras outras questões parecidas.

198. Imagine que eu chegasse a uma terra onde as cores das coisas – como eu diria – mudassem incessantemente, talvez por causa de uma peculiaridade da atmosfera. Os habitantes nunca veem cores estáveis. A grama deles ora parece verde, ora vermelha etc. Essas pessoas poderiam ensinar os nomes de cores a suas crianças? – Poderia até ser, sobretudo, que à sua linguagem *faltassem* nomes de cores. E, se nós descobríssemos isso, talvez o explicássemos dizendo que elas tinham pouco ou nenhum uso para certos jogos de linguagem.

199. Como será que as pessoas poderiam aprender o uso dos nomes de cores numa terra onde tudo tivesse apenas *uma* cor?
Posso, entretanto, dizer: "Apenas porque em nosso ambiente existem coisas de diferentes cores e porque..., é que podemos usar nomes de co-

---

[23] TS: ... não pudessem ser deduzidas de sua cor...

res"? Aqui não é vista a diferença entre possibilidade lógica e física. – O que nos interessa não é isto: em que circunstâncias o jogo de linguagem com nomes de cores não é fisicamente possível – ou seja, falando propriamente, não é provável.

Não se pode jogar xadrez sem peças de xadrez – esta é a impossibilidade que nos interessa.

200. Aprende-se a palavra "pensar", isto é, seu uso, em certas circunstâncias, as quais, no entanto, não se aprende a descrever. [Z 114.]

201. Talvez se aprenda a dizê-la apenas de pessoas, a afirmá-la delas ou negá-la. A pergunta "Peixes pensam?" não existe entre suas aplicações da linguagem, **ela não é feita**. (O que poderia ser mais natural que tal situação, que tal uso da linguagem!) [Z 117.]

202. "Ninguém pensou *nesse* caso", pode-se dizer. Decerto não posso enumerar as condições sob as quais a palavra "pensar" deve ser usada, – mas, se uma circunstância torna o uso duvidoso, eu posso dizê-lo, e também *como* a situação se afasta das ordinárias. [Z 118.]

203. E aqui precisaríamos dizer algo sobre meu jogo de linguagem n. 2.[24] – **Em que circunstâncias** realmente chamaríamos os sons do construtor etc. de uma linguagem? Em *todas*? Com certeza, não! – Então estava errado isolar um rudimento de linguagem e chamá-lo de linguagem? Deve-se porventura dizer que esse rudimento é um jogo de linguagem apenas nas cercanias do todo que estamos acostumados a chamar de nossa linguagem? [Cf. Z 98.]

204. Bem, sobretudo as *cercanias* não são o acompanhamento espiritual da fala, não são o "querer dizer" e o "entender" que se está inclinado a conceber como essencial à linguagem.

205. Para mim, apenas seria perigoso se alguém dissesse: "O que você faz é pressupor tacitamente que esses homens *pensam*; que a *esse* respeito eles

---

[24] *Investigações Filosóficas*, I, §2.

se assemelham aos homens que conhecemos; que eles não conduzem aquele jogo de linguagem de maneira puramente mecânica. Pois, se você imaginasse que eles o fizessem, você mesmo não chamaria aquilo de falar".

O que devo responder a essa pessoa? É naturalmente verdade que a vida daqueles homens tem de se assemelhar à nossa em muitos respeitos, e que eu não disse nada sobre essas semelhanças. Mas o importante é justamente que eu possa imaginar sua linguagem, assim como seu pensar, como primitivos;[25] que haja um "pensar primitivo" que deve ser descrito por meio de um **comportamento** primitivo. [Cf. Z 99.]

206. Eu digo de alguém: ele está comparando dois objetos. Sei qual é a aparência disso, como se faz isso. Posso demonstrá-lo a alguém. Apesar disso, porém, eu não chamaria o que demonstro de uma "comparação" em **todas** as circunstâncias.

Talvez eu possa imaginar casos nos quais eu não estaria inclinado a dizer que há uma comparação; mas descrever as circunstâncias nas quais isso é uma comparação, isto eu não poderia. – **Posso**, porém, **ensinar** a uma pessoa o uso da palavra! Pois para isto não é necessária a descrição daquelas circunstâncias. [Última sentença: Z 115.]

207. Eu justamente lhe ensino a palavra **em determinadas circunstâncias**.[4] [Z 116.]

208. Às vezes é realmente como se um pensar corresse lado a lado com a fala (com a leitura, por exemplo). Mas não que depois se pudesse isolá-lo da leitura. Pelo contrário, o que acompanha as palavras é como uma série de pequenos movimentos marginais. É como se fôssemos levados ao longo de uma rua, mas lançássemos olhares à direita e à esquerda em todas as vielas laterais.

209. Imagine que eu mostrasse a alguém uma lista das viagens, missões, que ele deve realizar para mim. Nós nos conhecemos bem e ele precisa apenas de indicações para saber o que tem de fazer. A lista não contém nada além dessas indicações. Ele a percorre e depois de cada uma dessas

---

[25] TS: rudimentares.
[26] TS: Ele justamente aprende o uso da palavra **em determinadas circunstâncias**.

indicações diz "Entendi". E ele entende; se lhe perguntassem, ele poderia explicar cada um desses itens.

Em seguida, eu poderia perguntar-lhe: "Você entendeu tudo?". Ou: "Repasse a lista com atenção e veja se você entendeu tudo". Ou: "Você sabe o que você tem de fazer aqui?". – O que ele tinha de fazer para se convencer de que entendeu as indicações? É como se aqui ele tivesse de fazer uma conta de cabeça para cada item? Se isto fosse necessário, ele mais tarde poderia prestar contas do cálculo em voz alta, e aí veríamos se ele calculou corretamente. – Em geral, porém, isso *não* é necessário. Não estipulamos, portanto, o que o outro tem de fazer ao percorrer a lista com compreensão; e, se ele realmente entendeu, isto é algo que vamos inferir do que ele faz depois ou da explicação que porventura solicitemos dele.

210. Poderíamos agora dizer: Aquele que checa sua compreensão dessa forma sempre percorre um pedaço do caminho na via que deve seguir mais tarde. E poderia ser assim mesmo. Embora não exista razão para supor que seja assim. Pois, se ele percorre apenas um pedaço do caminho, – então por que ele não deve ser capaz de reconhecer, sem percorrê-lo, que sabe qual caminho tem de seguir? Mas com isso não se diz que os caminhos não são em parte efetivamente percorridos. Só que também acontece de aquilo que mais tarde olhamos como o *"germe"* do pensamento ou da ação não sê-lo por sua própria natureza.

211. Se alguém dissesse: Isso quer dizer tão somente que "pensar" significa aquilo que tem um determinado resultado final, que cumpre um determinado propósito. *Como* cada um o leva a efeito, e se hoje do mesmo modo como na última vez, é indiferente. – Então eu poderia responder: E, se não fazer absolutamente nada leva ao resultado final correto, aqui o pensar consistiria em alguém não fazer nada.

Diz-se: "Certifique-se de que você entendeu cada item!".

Se eu agora perguntasse: "Como devo me certificar?", que dica as pessoas me dariam? Elas me diriam: "Pergunte a si mesmo se...".

212. Aqui não é como no caso de um prodígio para contas? – Ele fez a conta corretamente se chegou ao resultado correto. Talvez ele mesmo não possa dizer o que aconteceu dentro dele. E se ouvíssemos o que aconteceu, isto talvez parecesse uma estranha **caricatura** de uma conta. [Cf. Z 89b.]

213. Se alguém diz "Pode-se pensar também sem palavras", isto é desencaminhador. Aqui não se trata de ser capaz de fazer uma determinada coisa sem, ao mesmo tempo, fazer tal e tal outra coisa; como, por exemplo, "Também se pode ler sem movimentar os lábios".

214. Por exemplo, se houvesse apenas muito poucas pessoas que pudessem, sem falar nem escrever, encontrar a resposta para um exercício de somar, não se poderia citá-las como testemunho de que também se pode fazer contas sem o uso de sinais. E isto porque não estaria claro sequer que essas pessoas "fazem contas". Igualmente, o testemunho de Ballard[27] (em James) não pode convencer alguém de que se pode pensar sem linguagem.
É verdade, por que se deve falar de "pensar" onde não há uso de linguagem? Se alguém o faz, isso mostra justamente algo sobre o **conceito** de pensar. [Z 109.]

215. Poderíamos, por exemplo, possuir duas (ou mais de duas) palavras diferentes: uma para o "pensar em voz alta", uma para a fala pensante na imaginação, uma para a pausa durante a qual um algo qualquer nos passa pela cabeça (ou não) e que, no entanto, nos torna capazes de dar uma resposta com segurança.
Poderíamos ter duas palavras: uma para o pensamento que é expresso na sentença, e uma para a tempestade de pensamento que mais tarde posso "vestir com palavras". [Cf. Z 122.]

216. Se incluirmos em nossa consideração também o trabalho pensativo, sem falar nada, então veremos que nosso conceito "pensar" é amplamente ramificado. Como uma rede de transportes amplamente ramificada que liga uns com os outros uma porção de lugares remotos.
Em todos esses casos muito afastados, nós falamos de um "pensar".

217. Em todos esses casos nós dizemos que o espírito não está inativo, que algo acontece dentro dele; e dizendo isso distinguimos esses casos de um estado de estupor ou de um estado em que se faz tudo mecanicamente.

---

[27] No datiloscrito, bem como no manuscrito, consta erroneamente "Barnard". Cf. *PU* I, 342 (N.E.).

218. "Pensar", um conceito amplamente ramificado. Não poderíamos dizer o mesmo também de "acreditar", "fazer", "ficar alegre"?

E onde entra propriamente a observação de que esse conceito é amplamente ramificado? – Ora, vamos dizê-la à pessoa que está começando a refletir sobre as ramificações desse conceito.

219. É realmente muito notável que não se tenha nenhum tipo de dificuldade para ver um rosto numa figura como esta ,[28] muito embora a dessemelhança de um dos ângulos com um nariz, do outro com uma testa etc. seja inacreditavelmente grande, ou mal exista uma semelhança. Não se tem – como já foi dito – nenhum tipo de dificuldade para ver um rosto humano nesses traços; gostaríamos de dizer: "*Existe* um rosto como esse." Ou ainda: "Isso é certamente a caricatura de um rosto humano, mas é justamente de um que pode existir na realidade". – Bem da mesma forma como não se tem nenhuma dificuldade para ver o rosto humano numa fotografia em cinza e branco. – E o que isso significa? Bem, nós **assistimos** a um filme, por exemplo, e acompanhamos tudo o que acontece com genuíno interesse; como se tivéssemos pessoas reais diante de nós.

220. "Pensar", um conceito amplamente ramificado. Um conceito que compreende muitas manifestações de vida. Os **fenômenos** do pensar estão muito distantes uns dos outros. [Z 110.]

221. E você não quer dizer que vê **um** rosto em todos esses usos verbais, **um** conceito unitário, genuíno? – Mas o que isto quer dizer? O hábito não pode soldar tudo isso?

222. Se alguém me narra um episódio qualquer ou me dirige uma pergunta ordinária (que horas são, por exemplo), não vou perguntar-lhe se ele pensou ao fazer isso. Ou ainda: Não estaria imediatamente claro em que circunstâncias teríamos dito que ele fizera isso sem pensar – embora essas circunstâncias possam ser imaginadas. (Existe aqui uma afinidade com a pergunta sobre o que deve ser chamado de uma ação "voluntária".)

---

[28] Extraímos o desenho do manuscrito (N.E.).

223. A expressão facial pensativa, a expressão facial do idiota. O franzir de testa da ponderação, da atenção.

224. Agora imagine uma pessoa ou um dos macacos de Köhler, que quer pegar uma banana do teto, não consegue alcançá-la, pensa em meios e caminhos e finalmente encaixa dois pedaços de pau etc. Imagine que se perguntasse "O que tem de acontecer dentro dele para tanto?". – A pergunta parece fazer algum tipo de sentido. E talvez alguém pudesse responder que o macaco, se ele não agia por acaso ou por um instinto, tinha de ter visto o processo com seu olho mental. Mas isto não bastaria, e mais uma vez, por outro lado, seria demais. Quero que o macaco **reflita** sobre algo. Num primeiro momento, ele pula e tenta em vão alcançar a banana, depois desiste e fica como que abatido – mas esta fase pode não chegar. Como é que pegar um pedaço de pau pode ser algo a que ele chega **interiormente**? É verdade que lhe poderia ser mostrada uma figura que representa algo como isso, e ele consequentemente poderia agir dessa forma; ou uma imagem como essa poderia simplesmente lhe passar pela cabeça. Porém, isso seria de novo mero acaso. Ele não teria conquistado essa imagem por meio de uma ponderação. E nos ajudará se dissermos que ele apenas precisa ter visto seu braço e o pedaço de pau de alguma maneira como uma unidade? Mas vamos supor ao menos um acaso favorável! Nesse caso, a questão é: como ele pode **aprender** com base no acaso? Assim, talvez ele por acaso tivesse o pedaço de pau em sua mão e por acaso tocasse a banana com ele. – E o que mais tem de acontecer dentro dele? Ele diz a si mesmo algo como "É assim!" e agora o faz com sinais de total consciência. – Se ele montou uma combinação sem nenhum esforço e agora a emprega como um método para fazer isto e aquilo, nós vamos dizer que ele pensa. – Com a **reflexão**, ele passaria em revista meios e caminhos com seu olho mental. Mas para isso ele já tem de ter alguns em estoque. O pensar lhe dá a possibilidade de **aperfeiçoar** seus métodos. Ou melhor: Ele "pensa" se aperfeiçoa seus métodos de uma determinada maneira. [Z 104 – começando em "Se ele montou uma…".]

225. Também poderia ser dito: ele pensa se *aprende* de determinada maneira. [Z 105.]

226. E também isto poderia ser dito: Quem *pensa* enquanto trabalha, vai intercalar *atividades auxiliares* no trabalho. A palavra "pensar"

não passa a designar essas atividades auxiliares, assim como pensar tampouco é falar. Embora o conceito "pensar" seja formado à maneira de uma atividade auxiliar imaginária. (Tal como poderíamos dizer que o conceito de quociente diferencial é formado à maneira de um quociente imaginário.) [Z 106.]

227. Essas atividades auxiliares não são o pensar; porém imagina-se o pensar como aquilo que tem de fluir por sob a superfície desses expedientes, se é que eles não devam ser apenas ações mecânicas. [Z 107.]

228. Pensar é a atividade auxiliar imaginária; o fluxo invisível que carrega e vincula todos esses tipos de ações. – A gramática de "pensar", contudo, assemelha-se à de "falar".

229. Poderíamos, portanto, distinguir dois chimpanzés com referência a suas maneiras de trabalhar, e dizer de um deles que ele pensa e, do outro, que ele não pensa.

230. Todavia, é claro que não teríamos aqui todo o uso de "pensar". A palavra se referiria a um comportamento. Ela só recebe o significado de atividade mental mediante seu particular emprego na primeira pessoa.

231. É importante, eu creio, notar que a palavra não tem uma primeira pessoa do presente (com o significado que importa para nós). Ou devo dizer que seu uso no presente não corre paralelamente, por exemplo, ao do verbo "sentir dor"?

232. Pode-se dizer "Eu pensava..." se realmente se usou a expressão dos pensamentos; mas também se essas palavras são como que o desenvolvimento de um germe de pensamento.

233. Apenas em circunstâncias bem especiais aparece a questão[29] sobre se alguém falou **pensando** ou não. [Z 95.]

---

[29] TS: faz sentido a questão.

234. O emprego de uma palavra como "pensando" é justamente muito mais errático do que parece à primeira vista.

Isto também pode ser colocado assim: a expressão serve a um propósito muito mais especial do que aquele que se reconhece em sua forma. Pois a forma é uma construção simples, regular: Se frequentemente, ou na maioria das vezes, o pensar anda lado a lado com a fala, está naturalmente dada a possibilidade de que alguma vez ele não ande com ela.[30]

235. Estou aprendendo uma língua estrangeira e leio exemplos de sentenças num manual. "Minha tia tem um jardim bonito." Esta sentença cheira a manual. Eu a leio e pergunto a mim mesmo "Como se diz 'bonito' em...?", e então penso no caso do adjetivo. – Ora, se estou contando a alguém que minha tia tem..., não penso nessas coisas. O contexto em que a sentença estava era bem diferente. – Mas eu não podia ler aquela sentença no manual e ainda assim pensar no jardim de minha tia enquanto a lesse? Com certeza. E devo agora dizer que o acompanhamento pensado é diferente a cada vez, conforme eu ora veja a sentença puramente como um exercício, ora como um exercício ao lado de pensamentos sobre um jardim, ora simplesmente a diga a alguém como uma informação? – E é impossível que alguém me dê essa informação no meio de uma conversa e ocorra dentro dele exatamente o mesmo que ocorre quando ele trata a sentença como um exercício linguístico? Será que me importa o que acontece dentro dele? Será que chego a saber o que acontece?

E como será que posso até mesmo escrever sobre isso com qualquer tipo de segurança? Pois, enquanto faço isso, não estou aprendendo uma língua nem estou passando aquela informação a ninguém. Sendo assim, como é que posso saber o que acontece dentro de alguém num caso como esse? Será que agora estou lembrando-me do que aconteceu dentro de mim nesses casos? Não é nada desse tipo. Eu apenas acreditava que era capaz de me colocar, agora, nessas situações. Mas aqui pode ser que eu esteja completamente enganado.

E esse é justamente o método que **sempre** se aplica nesses casos! O que se experimenta em si mesmo aqui é característico apenas da situação do filosofar.

---

[30] TS: de que alguma vez ele não constitua o acompanhamento.

236. O que sei dos processos interiores de alguém que está lendo uma sentença com atenção? E ele pode descrevê-los para mim depois de ter lido a sentença? E o que ele porventura descreva será precisamente o processo característico da atenção? [Z 90.]

237. Que efeito estou querendo atingir quando digo a alguém "Leia com atenção!"? Talvez que isto ou aquilo lhe chame a atenção, que ele possa fazer um relato disso. – Novamente poderíamos dizer, eu creio, que quem lê uma sentença com muita atenção, vai em geral ser capaz, depois, de fazer relatos sobre processos em seu espírito, representações, por exemplo. Isso não significa, porém, que esses processos constituem a atenção. [Z 91.]

238. O que faço com a informação de que ele pensou em algo completamente diferente ao ler a sentença? Quais conclusões interessantes para mim posso tirar dessa informação? Bem, talvez que aquele assunto o absorve; que não devo esperar que ele saiba de que tratava o que foi lido; que o que foi lido não lhe causou nenhuma impressão de qualquer espécie; e coisas parecidas.

Por isso também não faria nenhum sentido se alguém com quem eu tivesse uma agradável conversa[31] em seguida me assegurasse que falou completamente sem pensar. E isto, para ser mais preciso, não porque contradiz toda a experiência que alguém capaz de falar dessa maneira o faça sem os processos de pensamento que acompanham a fala. Pelo contrário, é porque aqui se revela que os processos que a acompanham não nos interessam nem um pouco e não **constituem** o pensar. Não damos a mínima para seus processos acompanhadores se ele conduz uma conversa conosco de maneira normal.

239. "Passou como um raio por minha mente:..." Ora, as pessoas aprendem a usar esta expressão. Quase nunca se pergunta a alguém "**Como** passou como um raio por sua mente? Você disse certas palavras para si mesmo? Você viu algo diante de si na imaginação? Você pode dizer, **seja lá como for**, o que acontecia dentro de você?".

---

[31] No manuscrito: "animada conversa" (N.E.).

240. Se quisermos reconhecer quantas diferentes coisas "pensamento" significa, precisaremos apenas comparar um pensamento da matemática pura com um não matemático. Apenas pense em quanta coisa não é chamada de "sentença"!

241. A criança não *tem* de primeiramente usar uma expressão primitiva, que depois substituímos pela usual. Por que ela não deveria usar imediatamente a expressão dos adultos, a qual ela já ouviu tantas vezes? Pois tanto faz como ela "adivinha" que essa é a expressão correta ou como ela passa a usá-la. O mais importante é: ela a usa – seja lá quais forem os preliminares a isso – da mesma forma como os adultos a usam: isto é, nas mesmas ocasiões, no mesmo entorno. Ela também diz:[32] "o outro pensou...".

242. Quão importante é a vivência do significado na circulação linguística? O importante é que nós intentamos algo ao proferir uma palavra. Digo, por exemplo, "Banco!" e quero com isso lembrar a alguém que ele deve ir ao banco; e ali quero dizer a palavra com um significado e não com o outro. – Mas a intenção não é de forma alguma uma vivência.

243. Porém, o que a distingue de uma vivência? – Ora, ela não tem conteúdo vivencial. Pois os conteúdos (representações, por exemplo), que frequentemente andam de mãos dadas com ela, não são a intenção mesma.[33] – E no entanto ela também não é uma disposição, como o saber. Pois a intenção estava presente enquanto eu dizia a palavra; agora ela não está mais presente; mas eu não a esqueci.

244. É verdade: eu podia ter-me ocupado do que eu dizia, mais ou menos intensamente. E evidentemente não se trata aqui de determinadas vivências que tive durante o proferimento das palavras. Isto é, não se poderia dizer "Com o proferimento da palavra 'banco', tal e tal coisa tinha de acontecer se ela realmente queria dizer *isto*".

---

[32] TS: adivinha.
[33] TS: que frequentemente como que a ilustram, não são a intenção mesma.

245. O fato de que, apesar de tudo, a palavra isolada, afastada de qualquer intenção, pode ser "proferida ora com um ora com outro significado" é um fenômeno que não repercute na essência do significado; de modo que se poderia dizer "Veja, também *isto* pode ser feito com um significado". – Tampouco se poderia dizer: "Olhe quanta coisa se pode fazer com uma maçã: pode-se comê-la, vê-la, desejar tê-la, tentar imaginá-la". Dessa mesma forma, também não é característico dos **conceitos** "agulha" e "alma" que possamos perguntar quantas almas cabem na ponta de uma agulha. – Trata-se aqui, por assim dizer, de uma **excrescência** do conceito.

246. Em vez de "excrescência do conceito", eu também poderia ter dito "anexo do conceito". – No sentido em que também não faz parte da essência dos nomes de pessoas que eles pareçam ter as propriedades de seu portador (citação de Grillparzer).[34]

247. Como se pode distinguir o estado mental de alguém que dá uma ordem semiautomaticamente do estado em que a ordem é dada com **ênfase**, insistentemente? "Acontece algo diferente na mente dessa pessoa." Pense no propósito da distinção. Quais são os sinais de ênfase?

248. Se uma pessoa bastante normal está levando uma conversa normal em tais e tais circunstâncias normais, e me fosse perguntado como, num caso como esse, se distingue quem está pensando de quem não está pensando, – eu não saberia responder. E eu **certamente não** poderia dizer que a diferença reside em algo que acontece ou não acontece durante a fala. [Z 93.]

249. A fronteira que se traçaria aqui entre "pensar" e "não pensar" correria entre dois estados que não se distinguem por nada nem sequer parecido com um jogo de representações. Pois o jogo de representações continua sempre a ser aquilo que se pensa como o característico do pensar. [Cf. Z 94.]

---

[34] Neste ponto no manuscrito: "Schubert me chamo, Schubert eu sou" (N.E.).

250. "Eu disse essas palavras, mas não pensei em **absolutamente nada** ao dizê-las": esta é uma manifestação interessante, porque as consequências são interessantes. Você sempre pode imaginar que quem disse isso se enganou na introspecção, mas isso não faria a menor diferença.

251. Só que o que devo dizer agora: Ficou faltando uma vivência àquele que falou sem pensar? Eram representações, por exemplo? – Mas, se elas lhe ficaram faltando, isso teria para nós o **mesmo interesse** que o fato de que ele falou sem pensar? O que nos interessa nesse caso são as representações? Não temos em sua manifestação um tipo de sinal com um significado bem diferente?

252. Devo dizer: "Se você não falou automaticamente (seja lá o que isso possa querer dizer) e se você não obteve sua intenção só mais tarde ou a alterou, então você a tinha enquanto falava?".

253. "Eu não quis dizer nada com a sentença, eu a disse apenas por dizer." Como é notável que com isso eu não faça alusão a nenhuma vivência concomitante à fala e que, apesar disso, não esteja emitindo nada que seja passível de dúvida.
É muito notável que *os processos* que acontecem com o pensar praticamente nunca nos interessem. (É claro, porém, que eu não deveria dizer que é notável.) [b: cf. Z 88.]

254. A pergunta "O que você quis dizer?" e outras parecidas podem ser usadas de duas maneiras. Em um dos casos, é solicitada simplesmente uma explicação do sentido ou do significado para que se possa prosseguir com o jogo de linguagem. No outro caso, interessa-nos algo que acontecia no momento em que a sentença foi proferida. No primeiro caso, um relato psicológico como "Primeiramente eu o dizia apenas para mim mesmo, depois me dirigia a você e lhe queria lembrar…" não nos interessaria.

255. Você quis dizer *isso*? Sim, era o começo desse movimento.

256. Imaginemos este caso: Ao meio-dia devo lembrar a alguém de ir ao banco tirar dinheiro. Ao meio-dia meu olhar incide sobre meu relógio e digo "Banco!" (voltado para a pessoa ou não); talvez eu faça o gesto que

às vezes fazemos quando subitamente nos lembramos de uma coisa que devemos fazer. – Se me perguntarem "Você quer dizer o... banco?", vou responder com um sim. – Se me perguntarem "Você pensou no... banco enquanto falava?", também. – E se eu respondesse a última pergunta com um não? O que isso informaria ao outro? Talvez que eu queria dizer outra coisa enquanto falava a sentença, mas apesar disso acabei querendo usá-la para **esse** propósito. Ora, isso pode acontecer. Também poderia ser que, assim que meu olhar incidisse sobre o relógio, eu proferisse a palavra "banco" de uma maneira estranhamente automática, de modo que eu então relatasse "De repente me ouvia dizer a palavra sem vincular qualquer tipo de significado a ela. Só depois de alguns segundos me lembrei de que você devia ir ao banco". – A resposta segundo a qual eu primeiramente quis dizer outra coisa com a palavra evidentemente se referia ao momento da fala; e eu também teria podido exprimir-me assim: "Eu pensei *neste* banco enquanto falava, não em...". – A questão agora é: esse "pensar em..." é uma vivência? O que se gostaria de dizer é que ele frequentemente, talvez sempre, anda junto com uma vivência. Dizer que naquele momento se pensou *nesta* coisa, para a qual agora se aponta, a qual se pode descrever etc., é na verdade como se disséssemos: Esta palavra, esta sentença, era o início dessa sequência de pensamentos, desse movimento. Mas não é como se eu soubesse disso pela experiência subsequente; ao contrário, a manifestação "Pensei em... ao dizer essas palavras" liga-se por si mesma àquele ponto no tempo. E se eu a proferisse no presente em vez de no passado, **ela significaria algo diferente**.

257. Por que, no entanto, quero dizer que aquele pensar não é uma vivência? – Pode-se pensar na "duração". Se eu tivesse falado uma sentença inteira em vez de uma só palavra, eu não poderia dizer que um ponto no tempo de minha fala havia sido o início do pensar nem também o instante em que ele aconteceu. Ou, se chamarmos o início e o fim da sentença de o início e o fim do pensamento, neste caso não estará claro se devemos dizer que a vivência do pensar é uniforme durante esse tempo ou que ela é um processo como o proferimento da própria sentença.

É verdade, quando se fala de uma **experiência** do pensar, a experiência do falar é tão boa quanto qualquer outra. Mas o conceito "pensar" não é um conceito experiencial. Pois não se comparam pensamentos como se comparam experiências. [b: Z 96.]

258. Pode-se atrapalhar alguém que está pensando – mas que está pretendendo? – Planejando, no entanto, tudo bem. E também que está persistindo numa intenção, a saber, pensando ou agindo. [Z 50.]

259. "Diga 'a b c d e' e queira dizer: O tempo está bom." Devo então dizer que a vivência do proferimento de uma sentença numa língua que nos é familiar é bem diferente da vivência do proferimento de sinais familiares, mas não com determinados significados? Assim, se eu aprendesse aquela linguagem na qual "a b c d e" tem o sentido..., eu iria pouco a pouco conquistar a nossa conhecida vivência de quando proferimos uma sentença? Ou devo dizer, como estou inclinado a fazer, que a principal diferença entre os dois casos está em que não posso movimentar-me num deles? É como se uma de minhas juntas estivesse numa tala e eu ainda não estivesse acostumado com ela, e por isso não tivesse o domínio de seus movimentos possíveis, de modo que eu ficasse, por assim dizer, topando nas coisas. (A sensação de algo macio.) [Cf. Z 6.]

260. Imagine que eu estivesse junto de uma pessoa que fala essa linguagem e me fosse dito que "a b c d e" significava tal e tal coisa, e que eu devia dizer isso porque é cortês fazê-lo. Sendo assim, eu o diria com um sorriso amigável, com um olhar despretensioso. Isso, e nada mais, não bastaria para que eu tivesse uma melhor compreensão desses sinais?

261. Poderíamos falar de **"participação"**. E em que consiste minha participação numa sentença que falo? No que acontece ali dentro de mim, é o que vão dizer. *Eu* gostaria de dizer: Nas ligações, nas conexões que faço. Pois a questão é: Seja lá o que aconteça dentro de mim com a participação – o que torna isso uma participação no conteúdo dessa sentença? Por que ele não é, por exemplo, uma agitação patológica dentro de mim que acompanha a fala? [Cf. Z 124.]

262. Posso realmente dizer que, quando leio a sentença no manual "sem pensar", acontece dentro de mim algo bem diferente, ou simplesmente algo diferente, de quando leio a sentença com entendimento num outro contexto? Sim – existem diferenças. Em certo contexto, por exemplo, em resposta à mesma sentença, vou dizer "É mesmo, era *assim*?", vou ficar surpreso, desapontado, tenso, satisfeito etc.

263. "Você leu a sentença pensando?" – "Sim, eu a li pensando; cada uma das palavras era importante para mim."
"Eu estava pensando muito concentrado." Um sinal.
Não aconteceu nada ali? É claro que sim, todo tipo de coisas. Mas o sinal não se referia *a isso*.
E não obstante o sinal se referia ao tempo em que se falava. [a: Z 92a.]

264. James talvez pudesse dizer: "Leio cada palavra com o sentimento correspondente a ela". "Mas" com o sentimento de mas e assim por diante. E mesmo que isso seja verdade – o que isso significa propriamente? Qual é a gramática do conceito "sentimento de mas"? Pois algo não se torna um sentimento só por eu chamá-lo de "sentimento". [Cf. Z 188.]

265. Que estranho que algo aconteça enquanto falo e, no entanto, eu não possa dizer *o quê*! – É melhor que eu diga que foi uma ilusão e que nada aconteceu; passo agora a investigar a serventia da manifestação.
E mais uma questão será sobre a serventia da referência ao ponto passado do tempo.

266. Sim, "Enquanto falava essas palavras, eu pensei..." certamente se refere ao momento da fala; mas se devo agora **caracterizar** o "processo", não posso descrevê-lo como um acontecimento nesse espaço de tempo, não posso dizer, por exemplo, que tal e tal fase do processo ocorreu *nesta* porção de tempo. Ou seja, *não* posso descrevê-lo como posso descrever, por exemplo, a própria fala. Esta é a razão pela qual não se pode chamar tranquilamente o pensar de um processo. (Nem de um acompanhamento da fala.)

267. Com "falar pensando" eu teria de propriamente querer dizer: falar e entender o que se diz, e não entender só posteriormente.
Escrever é com certeza um movimento voluntário, e apesar disso é automático. E naturalmente não se está falando sobre sentir os movimentos da escrita. Isto é, sente-se algo, mas seria totalmente impossível analisar o sentimento. A mão escreve; ela não escreve porque queremos, e sim porque queremos que ela escreva.
Enquanto escrevemos, não a observamos espantados ou com interesse; não pensamos "O que ela vai escrever agora?". Mas não *porque* justamente

se desejava que ela escrevesse *isso*. Tanto mais quanto poderia deixar-me assombrado o fato de que ela escreve o que desejo. [b, c: Z 586.]

268. Como testamos se alguém entende o que significa relaxar os músculos do braço, deixá-los frouxos? Ora, testando se eles estão relaxados quando ele diz que os relaxou (talvez à nossa ordem). O que diríamos agora a alguém que nos conta que não tensiona seus músculos enquanto seu braço levanta um peso, algo que ele faz com todos os indícios habituais de um movimento proposital? Falaríamos aqui de mentira ou de uma notável ilusão. Não sei se existem loucos que afirmam que seus movimentos normais são não propositais. Mas se alguém o fizer, vou esperar que ele siga o movimento de seu braço com a atenção de maneira bem diferente da normal; a saber, talvez como se segue o movimento do ponteiro de um instrumento.

269. A criança aprende a andar, engatinhar, jogar. Ela não aprende a jogar voluntária e involuntariamente. Mas o que torna os movimentos do jogo movimentos voluntários? Bem, como seria se eles fossem involuntários? – Eu também poderia perguntar: O que será que faz desses movimentos um jogo? – O fato de que eles são reações a certos movimentos, sons etc. dos adultos, de que eles se seguem *desta forma* uns aos outros, andam lado a lado com *estas* caras e sons (a risada, por exemplo). [Cf. Z 587.]

270. Em suma, se ela faz os movimentos **assim**, dizemos que eles são voluntários. Movimentos em tais síndromes chamam-se "voluntários".

271. Faço a alguém um sinal com os olhos. Posso mais tarde explicar o que ele significou. Se eu digo "Eu ali tinha *esta* intenção", isso é como se eu designasse na expressão o início de um movimento. Não a explico com a ajuda de regras **preestabelecidas**, nem por meio de uma definição que deve regular o uso futuro do sinal. Não digo nem "Entre nós esse sinal significa *isto*" nem "No futuro ele deve significar *isto*". Ou seja, *não* dou *uma* definição.

272. Todavia, agora pense na diferença que faz se solto aquela exclamação em seu contexto determinado, não por conta própria, mas lendo-a numa história ou numa peça. Estou supondo que a leio com **entendimen-**

to. Será que mesmo assim vou continuar inclinado a falar de uma intenção (quero dizer, de *minha* intenção) ligada a essa palavra?

273. Posso dizer, no entanto, que quando a leio acontece dentro de mim algo diferente do que acontece quando a exclamo espontaneamente? Não. Não sei *nada* de tal diferença dos processos; embora a maneira como me exprimo permita inferir algo desse tipo.

Mas se alguém entrasse na sala bem no momento em que eu estivesse lendo a exclamação e me perguntasse se eu queria tal e tal coisa, eu lhe diria que não quis dizer isso com a exclamação, que estava apenas lendo.

274. Eu dizia anteriormente que a intenção não tem conteúdo. Bem, pode-se chamar de seu conteúdo aquilo que explica sua expressão verbal. Mas é justamente disso que não se pode nem dizer que é um estado uniforme, que dura deste ponto no tempo até aquele – do começo da primeira palavra até o final da última, por exemplo –, nem distinguir fases nele e correlacioná-las ao desdobramento da expressão verbal. Por outro lado, se a sentença fosse acompanhada por um jogo de representações, poderíamos fazer precisamente isso.

275. Diferença entre "ter a intenção" e "pensar na intenção".

Se eu digo a mim mesmo "Quero dar um fim a esta conversa", isto é certamente a expressão de uma intenção, e mais precisamente no momento de seu surgimento; é na verdade a expressão da **decisão**. E à decisão enquanto afirmação da intenção corresponde também uma vacilação entre decisões, uma luta com a decisão.

276. Se penso comigo mesmo "Já não aguento mais; quero ir embora!", estou certamente pensando numa intenção. Mas é o pensar da irrupção de uma intenção. Ao passo que também se pode dizer, de quem conta "Pretendo no próximo ano…", que ele está pensando numa intenção, mas num sentido bem diferente.

277. Não se diz "Eu sei que está chovendo" simplesmente para informar que está chovendo; e sim talvez quando essa declaração foi colocada em dúvida; ou em resposta à pergunta sobre se estou seguro que está chovendo. Neste caso, contudo, eu também poderia dizer: "Com toda a certeza: está chovendo".

278. Posso jogar uma série de jogos de linguagem com um comunicado. Um deles, por exemplo, é: agir de acordo com ele; um outro: usá-lo para testar quem o produziu.

Só que o primeiro não é, por assim dizer, o jogo de linguagem mais originário, aquele para o qual um comunicado propriamente existe?

279. É preciso dizer a si mesmo que a primeira pessoa "eu creio" poderia muito bem existir mesmo sem a terceira.

Por que não deveria ter sido formado na linguagem um verbo que só tem a primeira pessoa do presente? É indiferente o que ou quais representações levaram a isso.

280. Mas o que isto significa: "Está chovendo e não acredito nisso"? Faz sentido quando **quero dizê-lo** como uma suposição, e não faz quando quero dizê-lo como uma afirmação ou um comunicado?

O que se imagina aqui é que, quando a sentença é intentada da primeira maneira, algo emana dela, algo resplandece, ao passo que tudo permanece escuro quando se a intenta da segunda maneira. E há algo de verdadeiro nisso, pois, se alguém me diz essas palavras e eu as compreendo como uma suposição, talvez a compreensão resplandeça em meu rosto; mas, se interpreto a sentença como um comunicado, então vou ficar inseguro quanto ao sentido dela e a compreensão me escapa.

"Está chovendo e não acredito nisso" é uma suposição, mas não um comunicado.

281. Também gostaríamos de dizer: A suposição de que acredito nisso é a suposição de que estou *assim* disposto. Ao passo que eu não gostaria de dizer do comunicado "Eu acredito…", que ele dá um relato de minha disposição. Ele é antes a manifestação dessa disposição.

282. Tudo isso está conectado ao fato de que se pode dizer "Acredito que ele acredita…", "Acredito que acreditei…", mas não "Acredito que acredito…".

283. No caso de um "Acredito" obrigatório no início de toda asserção, "Acredito que é assim" significaria o mesmo que "É assim", mas "Supondo que eu acreditasse que é assim" *não* significaria o mesmo que "Supondo que seja assim".

284. Certifiquei-me de algo, agora eu o sei. Não se diz "Sei que o globo terrestre existiu nos últimos 10 minutos"; diz-se, no entanto, "Sabe-se que a Terra existe há muitos milhares de anos". E isto porque é desnecessário assegurar algo desse tipo.

285. "Eu sei que este caminho leva até lá."
"Eu sei aonde este caminho leva."
No segundo caso, digo que possuo algo; no primeiro, asseguro um fato. *Neste*, a palavra "saber" poderia até mesmo ficar de fora. Naquele, seria possível continuar com "mas não vou dizer".

286. À declaração "Sei que é assim", segue-se a pergunta "Como você sabe isso?", a pergunta pela evidência.

287. No jogo de linguagem do comunicado, há o caso em que o comunicado é posto em dúvida, em que se supõe que quem o produziu apenas suspeita do que comunica, que ele não se certificou. Aqui ele diz algo como: "Eu **sei**". Isto é: Não é uma mera suspeita. – Devo neste caso dizer que ele me informa a segurança que sente em seu comunicado? Eu não gostaria de dizer isto. Ele simplesmente joga o jogo de linguagem do comunicado, e "Eu sei" é a forma de um comunicado.

288. Pode-se ao menos saber o que é verdade? Ora, também se diz "Creio que sei", e aqui nenhum tipo de incerteza pode aderir à crença. Isso não significa: "Não estou certo: eu sei ou não sei?".

289. Alguns vão dizer que o que falo sobre o conceito de saber é irrelevante, uma vez que este conceito, tal como os filósofos o concebem, embora sem dúvida não concorde com o da fala cotidiana, não deixa de ser um conceito importante e interessante, formado por uma espécie de sublimação com base no conceito corrente e não muito interessante. Mas o conceito filosófico foi conquistado com base no conceito corrente por meio de todos os tipos de mal-entendidos, e ele reforça esses mal-entendidos. Ele não tem nada de interessante; a não ser enquanto um aviso.[35]

---

[35] TS: exceto como um exemplo que serve para demonstrar mal-entendidos.

290. Mais uma vez, você não pode esquecer que "Uma contradição não faz sentido" não significa: o sentido da contradição é um contrassenso. Excluímos a contradição da linguagem; não temos um emprego claro para ela e não queremos usá-la. E se "Está chovendo e não acredito nisso" não faz sentido, novamente é porque um prolongamento de certas linhas conduz a essa técnica. Contudo, aquela sentença poderia receber um sentido claro em circunstâncias diferentes das normais.

291. Se houvesse algo como uma fala "automática", não poderíamos, por exemplo, contestar tal manifestação, não poderíamos querer mostrar que quem a profere comete um erro. Nós, portanto, não jogaríamos com a fala automática o mesmo jogo de linguagem que jogamos com a fala normal.

292. Quando chamo uma fala de "automática", imagina-se algo desprovido de inflexões, maquinal. Mas isto não é de forma alguma essencial para nós. Precisamos apenas supor que *duas* pessoas falem pela mesma boca. Temos nesse caso que tratar o que foi dito como a manifestação de duas pessoas. Ambas as sentenças poderiam ser faladas com a intenção de informar algo. E a única questão seria como eu deveria reagir a essas informações.

293. Por um lado, pode-se dizer que o preto e o branco podem coexistir no cinza; e por outro lado vai-se dizer: "Mas onde há cinza, naturalmente não há branco nem preto. É claro que o que é cinza não é realmente branco".

294. Mas o que dizer do "vermelho claro" e do "vermelho escuro"? Também vamos querer dizer que estes estão ao mesmo tempo em algum lugar? Ou o lilás e o violeta? – Bem, imagine o caso em que estivéssemos constantemente cercados pelo azul claro e pelo azul escuro, e mesmo por tons bem determinados deles, e não pudéssemos (como de fato acontece) facilmente produzir os tons de cor que desejamos. Em certas circunstâncias, porém, seria possível misturar a substância azul claro com a azul escuro, e então obteríamos um tom de cor raro, que interpretaríamos como uma mistura de azul claro e azul escuro.

295. "Mas nesse caso nossos conceitos cromáticos seriam os mesmos que temos hoje?" Eles seriam muito parecidos com estes. Mais ou menos como os conceitos numéricos de povos que só conseguem contar até cinco são parecidos com os nossos.

296. Pode-se dizer: Aquele para quem uma palavra é explicada apontando para uma mancha colorida só sabe *o que* é visado à medida que sabe *como* a palavra deve ser aplicada. Isto quer dizer: Aqui não há uma captação, uma apreensão do objeto, salvo mediante a captação de uma técnica.

Por outro lado, poderíamos certamente dizer que é possível captar, apanhar um objeto *ante*s de captar qualquer técnica, pois nós podemos simplesmente dar a alguém a ordem "Copie *isto*!", e então ele pode, por exemplo, copiar a cor ou o formato e o tamanho, ou apenas o formato, ou a cor, mas não o tom exato etc. E, aqui, copiar faz o que, no caso de um corpo, tomá-lo na mão faz. Para nós, é como se ali pudéssemos apreender o que é visado, a cor talvez, com uma pinça de metal particularmente fina, sem ao mesmo tempo pegar nada de diferente dele.

297. O entendimento, eu digo, apanha **o objeto uno**; e então falamos *dele* e de suas propriedades de acordo com sua natureza.

298. Mas como sei que seu espírito apanha o mesmo objeto que o meu? Ora, sei disso justamente, por exemplo, pelo modo como você reage à minha ordem "Copie a cor", por exemplo. Mas aqui, você vai dizer, nós só podemos reconhecer o essencial dessa reação pedindo-lhe que copie mais e mais cores. Isto provavelmente significa que, depois de algumas dessas reações, vou poder prever outras; e explico isto dizendo: agora eu sei *"o que"* ele copia propriamente. A cor ou a forma, por exemplo – mas aqui há mais desses *quês* do que estamos inclinados a supor habitualmente; isto é, também se podem formar conceitos que são bem inusuais para nós.

Também pode ser que, depois de algumas reações de cópia, embora eu possa prever outras corretamente e possa agora contra com elas – ou seja, diga que nós agora nos entendemos –, eu vivencie uma surpresa numa situação algo diferente. E o que devo dizer agora? Que eu não o tinha entendido o tempo todo? Ou que eu parcialmente não o entendi? Se você pensa no apanhamento de um objeto, talvez você vá dizer a primeira opção, de acordo com a imagem de que ele simplesmente *não* apanhou o objeto que eu acreditava que ele tinha apanhado. Mas se pensamos em métodos de uso de palavras, vamos dizer que aqui há métodos distintos, mas parecidos.

299. É claro que aqui é importante que uma técnica tenha para nós uma fisionomia. Que possamos, por exemplo, falar de um emprego unificado e de um não unificado.

300. Em um sentido, saber é ter aprendido e não ter esquecido. Ele assim está conectado à memória. Posso, portanto, dizer: "Eu sei quanto dá 97 x 78" ou "Eu sei que 97 x 78 dé 7566". No primeiro caso, assim eu queria dizer, informo a alguém de que sou capaz de algo, que tenho uma certa posse; no segundo, simplesmente asseguro ao outro que 97 x 78 é igual a 7566. Pois "97 x 78 definitivamente dá 7566" não quer dizer que **eu sei** que é assim? Também se pode dizer: A primeira sentença seguramente não é aritmética nem pode ser de alguma forma substituída por uma tal sentença; mas em vez da segunda poderíamos usar uma sentença aritmética. [Cf. Z 406.]

301. A diferença é esta: Na sentença "Eu sei como é", o "Eu sei" não pode ficar de fora. A sentença "Eu sei que é assim" pode ser substituída por "É assim".

302. "Vai chover." – "Você acredita que vai chover?" – "Eu sei que vai chover." A terceira sentença diz mais que a primeira? Ela é a repetição da primeira e uma rejeição da segunda.

303. Mas não existe um fenômeno do saber, por assim dizer bem de parte do sentido das palavras "Eu sei"? Não é notável que uma pessoa possa *saber* algo, que ela possa ter o fato como que dentro de si mesma? Porém esta é uma imagem equivocada. Pois se diz que só há saber quando as coisas estão como ela diz. Mas isto não basta. As coisas não podem estar assim apenas por acaso. Isto é, ela precisa saber que sabe; pois o saber é um estado de sua própria mente; ela não pode ficar em dúvida ou estar errada sobre isso, exceto por conta de uma particular cegueira mental. Portanto, se o saber que as coisas estão assim só é um saber se elas realmente estão assim; e se o saber está dentro dela, de modo que ela seja infalível quanto

a ele ser um saber; neste caso, portanto, ela também é infalível quanto às coisas estarem como o saber as sabe; logo, o fato que ela sabe, bem como o saber, têm de estar dentro dela.

Desse modo: se eu digo, sem mentir, "Eu sei que é assim", só posso estar errado por conta de uma particular cegueira mental. [Z 408a, c.]

304. Não ver a figura *"assim"* quer dizer: **vê-la de outro jeito?**

305. Imagine este caso: Mostram-me um enigma gráfico; vejo nele árvores, pessoas etc. Eu o examino e de repente vejo uma forma na copa das árvores. Quando olho para ele depois disso, não vejo mais aqueles traços como galhos, mas como partes da forma. Agora penduro a figura em meu quarto, onde a vejo diariamente, e ali na maioria das vezes esqueço a segunda interpretação e ela passa a ser simplesmente uma floresta. Eu a vejo, portanto, tal como qualquer outra imagem de uma floresta. (Você vê a dificuldade.) E, um dia, eis o que digo daquela figura: "Já fazia muito tempo que não a via como enigma gráfico, estava quase esquecendo que ela era um". Ao que se pode naturalmente perguntar "Como você a via, então?", e eu vou dizer "Ora, como árvores…", o que está bastante correto; só que então eu não apenas via a figura e sabia o que ela representava, mas também sempre a percebia de acordo com uma determinada interpretação? Eu preferiria dizer: Até agora elas simplesmente sempre foram árvores para mim, eu nunca pensei na figura em outro sentido.

306. Quem se arrepende de algo, decerto pensa nesse algo. Então o arrependimento é uma espécie de pensamento? Ou uma coloração de pensamentos?

Existem pensamentos arrependidos assim como existem, por exemplo, pensamentos medrosos. Mas quando digo "Arrependo-me disso", estou dizendo "Tenho pensamentos arrependidos"? Não, pois isso também poderia ser dito por alguém que não está se arrependendo precisamente agora. Mas em vez de "Arrependo-me disso", eu não poderia dizer: "Penso nisso com arrependimento"?

307. O que me interessa no arrependimento do outro? Sua atitude com relação à ação. Os sinais do arrependimento são os sinais da aversão, da tristeza. A expressão de arrependimento refere-se à ação.

Chama-se o arrependimento de uma dor da alma, porque os sinais da dor são parecidos com os do arrependimento.

Mas se quiséssemos encontrar algo análogo ao lugar da dor, ele naturalmente não seria a alma (assim como o lugar da dor corporal não é o corpo), mas o **objeto** do arrependimento. [c: Z 511.]

308. Por que o cachorro pode sentir medo, mas não arrependimento? Estaria correto dizer "Porque ele não pode falar"? [Z 518.]

309. Apenas quem pode meditar sobre o passado pode arrepender-se. Mas isto não quer dizer que, empiricamente, apenas uma pessoa assim é capaz da sensação de arrependimento. [Z 519.]

310. Também não há nada de assim tão espantoso em que um conceito só deva ser aplicado a um ser que, por exemplo, possua uma linguagem. [Z 520.]

311. O tratamento de todos esses fenômenos da vida mental não é importante para mim porque estou buscando completude. Pelo contrário, ele o é porque cada um desses fenômenos lança para mim uma luz sobre o tratamento correto de *todos*. [Z 465.]

312. Quando ele aprende os nomes de cores pela primeira vez, o que lhe é ensinado? Bem, ele aprende, por exemplo, a exclamar "vermelho" ao olhar para algo vermelho. Esta é uma descrição correta ou ela devia ter dito: "Ele aprende a chamar de 'vermelho' **aquilo que também nós** chamamos de 'vermelho'"? Ambas as descrições estão corretas.

Como o jogo de linguagem "Como lhe parece?" se distingue disso?

No entanto, poderíamos ensinar a alguém os nomes de cores fazendo-o olhar para objetos brancos através de óculos coloridos. Mas o que eu lhe ensino tem de ser uma *capacidade*. Logo, agora ele *pode* trazer algo vermelho ao receber uma ordem; ou organizar objetos segundo suas cores. Mas, então, o que é algo vermelho? "Ora, *isto* (apontando)". Ou ele devia ter dito: "*Isto*; porque a maioria de nós o chama de 'vermelho'"? Ou simplesmente: "É *isto* que a maioria de nós chama de 'vermelho'"?

Esse meio de informação não nos serve para nada. A dificuldade que sentimos aqui a respeito de "vermelho" reaparece depois com "igual". [Z 421 – até a sentença "Ora, *isto* (apontando)."]

313. Eu descrevo o jogo de linguagem "Traga algo vermelho" justamente àquela pessoa que já consegue por si mesma jogá-lo. Aos outros, eu só poderia **ensiná-lo**. (Relatividade.) [Z 432.]

314. Aqui há um ponto mais profundo e importante que eu tanto gostaria de saber exprimir de forma bem clara. De alguma maneira, as pessoas se iludem sobre o propósito da descrição. Ou querem continuar a fundamentação porque não entendem direito sua função.

315. Por que não se ensina à criança logo de início o jogo de linguagem "Parece-me vermelho"? Porque ela ainda não é capaz de entender essa distinção mais fina que há entre parecer e ser? [Z 422.]

316. A sensação visual vermelha é um novo *conceito*. [Z 423.]

317. O jogo de linguagem que então ensinamos a ela é: "A mim parece..., a você parece...". No primeiro jogo de linguagem, não aparece uma pessoa como o sujeito que percebe. [Z 424.]

318. Você dá uma nova junta ao jogo de linguagem. O que não significa, porém, que agora é sempre feito uso dela.
O jogo de linguagem "O que é isto?" – "Uma cadeira." não é o mesmo que: "Você toma isto por o quê?" – "Deve ser uma cadeira." [a: Z 425; b: Z 417.]

319. No começo, não ensinamos à criança "Isto é provavelmente uma cadeira", mas "Isto é uma cadeira". Não fique fantasiando que se deixa de fora a palavra "provavelmente" porque ela é ainda muito difícil de ser entendida pela criança; que se simplificam as coisas para a criança; portanto, que se lhe ensina algo que não está *rigorosamente* correto.

320. Fala-se de uma sensação de convicção porque há um *tom* de convicção. Isso mesmo, o característico de todas as "sensações" é que haja uma expressão, isto é, uma cara, gestos, da sensação. [Z 513.]

321. James diz que não se pode imaginar uma emoção ou um humor sem as sensações corporais correspondentes (que a compõem). Se você

imagina estas últimas ausentes, você sente que assim está suprimindo a existência da própria emoção. Isso pode acontecer desta forma: Imagino a mim mesmo triste e agora tento ao mesmo tempo ver-me e sentir-me jubilante na imaginação. Para isso eu talvez respire fundo e imite uma cara radiante. E agora, com certeza, eu não posso oferecer-me uma boa representação da tristeza; pois me oferecer uma representação dela significaria encená-la. Mas não se segue disso que o que sentimos no corpo nesse momento seja a tristeza ou algo semelhante à tristeza. Pois é bem certo que a pessoa triste não consegue rir e jubilar com convicção, e, se ela pudesse, então o que nós chamamos de expressão de tristeza não seria expressão da tristeza, e o júbilo não seria expressão de uma outra emoção. Se a morte de um amigo e a recuperação de um amigo igualmente nos fizessem jubilar ou – a julgar pelo nosso comportamento – ficar tristes, essas formas de comportamento não seriam o que nós chamamos de expressão de alegria ou tristeza. Está **claro** *a priori* que quem imita a alegria vai senti-la? Não pode ser que a simples tentativa de rir na tristeza traga uma imensa intensificação desta?

322. Mas ainda assim não posso esquecer que a alegria anda lado a lado com o bem-estar corporal e a tristeza, ou ao menos a depressão, frequentemente com um desconforto corporal. Se saio para caminhar e fico alegre com tudo, então é bem verdade que isto não aconteceria se eu estivesse sentindo-me mal. Mas se agora dou expressão a minha alegria, por exemplo, dizendo "Tudo está tão maravilhoso!" – eu queria dizer que todas essas coisas provocam em mim sensações corporais agradáveis?

É verdade, mesmo que eu exprimisse minha alegria com "As árvores, o céu, os pássaros me dão uma sensação maravilhosa por todo o corpo", aqui não se estaria falando de causação nem de coincidência empírica etc.

323. E com efeito diz-se "Agora que ele está bem de novo, respiro com mais sossego", dando ainda um profundo respiro de alívio.

Isto seria bem possível: alguém está triste, porque está chorando, mas naturalmente não *por* estar chorando. No entanto, seria possível que pessoas que fizéssemos chorar com a ajuda de cebolas ficassem tristes; que elas ou em geral ficassem deprimidas ou começassem a pensar em determinados acontecimentos e se entristecessem com eles. Mas as **sensações** do choro certamente não teriam por isso se tornado uma parte do "sentimento" de tristeza.

324. Se alguém se comporta de tal e tal maneira em tais e tais circunstâncias, nós dizemos dele que ele está triste. (Também dizemos isso de cachorros.) Nessa medida, não se pode dizer que o comportamento é a *causa* da tristeza; ele é indício dela. Também não estaria livre de objeções chamá-lo de efeito da tristeza. Se ele o diz de si mesmo (que está triste), em geral ele não vai citar como razão disso seu rosto triste e assim por diante. Mas como seria se ele dissesse: "A experiência me ensinou que fico triste tão logo eu comece a me sentar triste por aí etc."? Isso poderia significar duas coisas. Primeiro: "Tão logo eu tome, talvez seguindo uma leve inclinação, a liberdade de assumir tais e tais posturas e me comportar de tal e tal maneira, chego a um estado em que tenho de persistir nesse comportamento". Poderia bem ser que dores de dente ficassem piores com os gemidos. Mas, em segundo lugar, aquela sentença poderia conter uma especulação sobre a causa da tristeza humana. O conteúdo dela talvez dissesse que quem fosse capaz de provocar, de uma maneira qualquer, certos estados corporais, faria as pessoas ficarem tristes. Contudo, há aqui a dificuldade de que não chamaríamos de triste uma pessoa que **parecesse** triste e se **comportasse** de maneira triste em todas as circunstâncias. É verdade, se ensinássemos a alguém assim a expressão "Estou triste" e ele dissesse isso **o tempo todo** com a expressão de tristeza, estas palavras, tal como o restante dos sinais, teriam perdido seu sentido normal. [Z 526.]

325. Eu quase gostaria de dizer: Sente-se tão pouco a tristeza no corpo quanto a visão no olho. [Z 495.]

326. Começar ensinando a alguém "Isto parece vermelho" não faz sentido nenhum. Pois isto é algo que ele tem de dizer espontaneamente assim que tiver aprendido o que se chama "vermelho", isto é, tiver aprendido a técnica de uso da palavra. [Z 418.]

327. O fundamento de qualquer explicação é o treinamento. (Educadores deveriam ter isto em mente.) [Z 419.]

328. "Então esses conceitos só valem para o ser humano **pleno**?" – Não; pois alguns têm sua aplicação também para animais.

329. "De alguém que em geral age *assim* e depois às vezes age *assim*, dessa pessoa nós dizemos..." Este é um tipo legítimo de explicação de uma palavra.

330. Ficamos inclinados a imaginar o assunto assim: é como se a **sensação** visual fosse um novo **objeto** que a criança passa a conhecer depois de ter aprendido os primeiros jogos de linguagem primitivos **com** percepções visuais. "Parece vermelho para mim." – "E como é o vermelho?" – "*Assim*". Neste momento, é preciso que o paradigma correto seja apontado. [A partir de "Parece vermelho para mim": Z 420.]

331. Se aprendi a realizar uma determinada atividade num determinado quarto (arrumar o quarto, por exemplo) e domino essa técnica, disso certamente não se segue que tenho de estar pronto para descrever o arranjo do quarto; mesmo que eu notasse de pronto qualquer alteração em seu interior e também pudesse descrevê-la imediatamente. [Z 119.]

332. "Esta lei não foi dada antevendo tais casos." E por isso ela não faz sentido? [Z 120.]

333. Poderíamos certamente imaginar um conceito de medo, por exemplo, que só encontrasse aplicação a animais, ou seja, uma aplicação que dissesse respeito puramente ao comportamento. Você não vai dizer que um conceito como esse não teria serventia, não é? [Z 524, as duas primeiras sentenças.]

334. Pode-se dizer que existe uma *semelhança* entre a emoção e sua expressão, à medida que ambas são agitadas, por exemplo? (Creio que Köhler disse algo parecido.) E como se sabe que a emoção mesma é agitada? Aquele que a tem, nota isso e o diz. E se alguém um dia dissesse o contrário? "Mas agora seja franco e diga se você não reconhece realmente a agitação interior!". E como é que eu aprendi o significado da palavra "agitação"?

335. A concepção equivocada segundo a qual essa palavra significa *tanto* algo interior *quanto*, *além disso*, algo exterior. E se alguém nega isto, entende-se equivocadamente que ele está negando a agitação interior. (Sentenças temporais e atemporais.)

336. Imagine que uma criança fosse especialmente inteligente, tão inteligente que se pudesse de saída ensinar-lhe a dubitabilidade da existência de todas as coisas. Assim, ela aprende desde o início: "Isto é provavelmente uma cadeira".

E agora como ela aprende a pergunta: "Isto também é realmente uma cadeira?"? [Z 411.]

337. Estou fazendo psicologia infantil? Estou colocando o conceito de ensinar em ligação com o conceito de significado. [Z 412.]

338. Um é um realista convicto, o outro um idealista convicto e ensina suas crianças de maneira correspondente. Eles não querem ensinar nada falso a suas crianças num assunto tão importante como a existência ou inexistência do mundo exterior.

O que se vai ensinar a elas? Também a dizer "Existem objetos físicos", e no caso da outra criança o oposto?

Se alguém não acredita em fadas, ele não precisa ensinar a suas crianças "Não existem fadas"; antes ele pode abster-se de ensinar-lhes a palavra "fada". Em qual ocasião elas devem dizer "Existem..." ou "Não existem..."? Apenas quando elas encontram pessoas que são de crença contrária. [Z 413.]

339. Mas, mesmo assim, o idealista vai ensinar às crianças a palavra "cadeira", pois ele quer ensiná-las a fazer certas coisas, por exemplo, a pegar uma cadeira. Desse modo, onde vai estar a diferença entre o que dizem as crianças criadas à maneira idealista e o que dizem as criadas à maneira realista? A diferença não vai estar apenas no grito de guerra? [Z 414.]

340. Será que o jogo "Isto é provavelmente um..." não começa com a decepção? E a primeira atitude pode ser aquela com relação à possível decepção? [Z 415.]

341. "Então é preciso que primeiramente se lhe ensine uma falsa segurança?"

Ainda não estamos falando de segurança e insegurança no jogo de linguagem delas. Lembre-se: elas aprendem é a *fazer* algo. [Z 416.]

342. Então como será que a dúvida se manifesta? Quero dizer: no jogo de linguagem, não simplesmente em certas **maneiras de falar**. Talvez ao olhar mais de perto, ou seja, numa atividade razoavelmente complicada. Mas essa manifestação de dúvida de forma alguma sempre faz sentido, tem um propósito.

Simplesmente se esquece de que também a dúvida faz parte de um jogo de linguagem.

343. Como acontece que a dúvida não esteja sujeita ao arbítrio? E, se é assim, uma criança não poderia duvidar de tudo por sua notável predisposição?

Só se pode duvidar quando já se aprenderam certas coisas; tal como só se pode errar numa conta quando já se aprendeu a fazer contas. Neste caso, isto é certamente involuntário. [a: Z 409; b: Z 410.]

344. Se eu duvido de que isto seja uma cadeira, o que faço? Eu dou uma olhada nela, eu a tateio de todos os lados e coisas parecidas. Mas esta maneira de agir é sempre a expressão de uma dúvida? Não. Ela não o seria se um macaco ou uma criança fizessem isso. Quem pode duvidar é alguém que já tem familiaridade com uma "razão para duvidar".

345. Posso facilmente imaginar que um determinado comportamento primitivo se desenvolva e mais tarde se torne uma dúvida. Existe, por exemplo, uma investigação **primitiva**. (Um macaco que, por exemplo, faz um cigarro em pedaços. Não vemos um cachorro inteligente fazendo algo parecido.) O mero ato de virar e revirar um objeto e examiná-lo é uma raiz primitiva da dúvida. Mas só há dúvida ali onde também estão os antecedentes e consequentes típicos da dúvida.

346. "Tem gosto de açúcar." Lembra-se exatamente e com segurança qual é o gosto do açúcar. Eu não digo " Creio que açúcar tem este gosto". Que fenômeno notável. É justamente o fenômeno da memória. Mas é certo chamá-lo de fenômeno notável?

Ele é qualquer coisa, menos notável. Aquela segurança não é nem por um cabelo mais notável do que seria a insegurança. O que será que é notável? Que eu diga com segurança "Isto tem gosto de açúcar", ou que depois realmente seja açúcar? Ou que outras pessoas achem o mesmo?

Se o reconhecimento seguro do açúcar é algo notável, então o não reconhecimento seria menos notável. [Z 660.]

347. Se as pessoas (subitamente) deixassem de concordar entre si sobre os sabores em seus juízos, eu ainda diria: De qualquer maneira, cada um sabe de que sente o gosto? Não estaria então claro que isso é um contrassenso?

348. Confusão de sabores: Eu digo "Isto é doce", o outro "isto é azedo" e assim por diante. Então vem alguém e diz: "Vocês todos não fazem a mínima ideia do que estão falando. Vocês já não sabem mais, de forma alguma, o que um dia chamaram de sabor". O que seria um sinal de que nós ainda sabemos? [Z 366.]

349. Porém não poderíamos jogar um jogo de linguagem mesmo nessa "confusão"? – Mas ele continua sendo o anterior? [Z 367.]

350. Mas há aqui um paradoxo! Será que a confiabilidade de minha manifestação do sabor deve depender das alterações no mundo exterior? Só que o que importa aqui é o sentido do juízo, e não sua utilidade. Vemos aqui a afinidade com o jogo de linguagem da percepção originário.

351. "Tem exatamente gosto de açúcar." Como acontece que eu possa estar tão seguro disso? Inclusive, porém, se no final isso se mostra falso. E o que me espanta nisso? Que eu coloque o conceito "açúcar" numa ligação tão **firme** com a sensação de sabor. Que eu pareça reconhecer a substância açúcar diretamente no paladar.
Mas em vez da expressão "Tem exatamente gosto...", eu poderia, de forma mais primitiva, **empregar** a exclamação "Açúcar!". E será que se pode dizer que, quando digo a palavra, "passa-me pela cabeça a substância açúcar"? Como ela faz isto? [Z 657.]

352. Posso dizer que esse sabor trazia imperativamente o nome "açúcar" consigo? Ou ainda a imagem de um cubo de açúcar? Nenhuma das duas opções parece correta. Sim, a demanda pelo conceito "açúcar" é sem dúvida imperativa, e de fato da mesma forma como a demanda pelo conceito "vermelho", quando o empregamos para descrever o que é visto. [Z 658.]

353. Lembro-me de que o açúcar tinha este gosto. A vivência me retorna à consciência. Mas naturalmente: Como sei que essa é a vivência anterior? Aqui, a memória já não me ajuda mais. Não, essas palavras, a vivência retorna..., são apenas uma perífrase, não uma explicação da lembrança.

Mas se eu digo "Tem exatamente gosto de açúcar", então, num sentido importante, não ocorre lembrança alguma. Logo, eu **não fundamento** meu juízo ou minha exclamação. Se alguém me pergunta "O que você quer dizer com 'açúcar'?" – a esta pessoa, certamente vou tentar mostrar um cubo de açúcar. E se alguém pergunta "Como você sabe que açúcar tem esse gosto?", eu com certeza vou responder-lhe "Já comi açúcar milhares de vezes", mas esta não é uma justificativa que eu dê a mim mesmo. [Z 659.]

354. "A auto-observação me ensina: eu acredito nisso; a observação do mundo exterior, porém, ensina que não é assim."

355. Suponhamos agora que eu tenha visto o F de uma pessoa que o escreve deste jeito: ⟂ [36] e o tenha sempre **tomado** por uma imagem no espelho de um F; isto é, eu supus **certa** conexão entre sua letra e a que é escrita da maneira padrão. Agora você me chama a atenção para o fato de que **não** existe essa conexão, mas uma outra (aquela dos traços que escorregaram). Eu entendo isso e digo: "Nesse caso, é claro que ele parece diferente". Se me perguntarem "Diferente, *como*?", talvez eu diga: "Antes ele parecia desajeitado, mas agora parece destemido e enérgico". [Cf. Z 208.]

356. Imagine que alguém sempre tenha visto rostos apenas com **uma** expressão, digamos sorrindo. E agora ele vê pela primeira vez um rosto alterar sua expressão. Não poderíamos dizer que é só agora que ele está notando a expressão de um rosto? Foi só com a mudança que a expressão se tornou significativa; antes disso, ela era simplesmente parte da anatomia do rosto. É também assim com o aspecto da letra? Uma expressão, poderíamos dizer, é algo que existe apenas no interior do jogo de caras.

---

[36] Neste ponto não aparece nenhuma letra no datiloscrito. Utilizamos o modelo presente no lugar correspondente do manuscrito (N.E.).

357. Assim, a maneira como uma letra me parece depende de se ela é formada estritamente segundo a norma ou se, e como, ela se afasta da norma. Nesse caso, **é também compreensível** que faça uma diferença se nós conhecemos apenas uma explicação da forma de uma letra ou duas.

358. Como é que eu poderia ver que essa postura era hesitante antes que eu soubesse que ela era uma postura, e não a anatomia desse ser? [Cf. PU II, xi, p. 209b.]

359. A questão agora é: Se podemos ver uma figura de acordo com uma interpretação, nós **sempre** a vemos de acordo com uma interpretação? E existe uma distinção marcada entre a visão que não está vinculada a nenhuma interpretação e aquela outra visão?

360. Estou querendo dizer: Ver uma figura segundo esta interpretação é um tipo de pensar na interpretação. Pois devo dizer que é possível ver isto como a imagem no espelho de um F e ao mesmo tempo não pensar na particular **relação** que as palavras "imagem no espelho de um F" significam? No entanto, eu vejo uma interpretação, e uma interpretação é um pensamento.

361. Poderíamos fazer uma cópia *aproximada* do enigma gráfico antes e depois de sua solução; e nesse caso um erro ao copiar o primeiro aspecto seria diferente de um ao copiar o segundo. Eu poderia, assim, dizer: "Antes da solução, eu via mais ou menos *isto* (e desenho uma floresta) – depois da solução, mais ou menos *isto*" (e desenho um homem nas copas das árvores).

362. Você tem de manter em mente que, na classe mais importante de casos, aquilo que alguém vê ganha expressão num comunicado sobre o objeto examinado. E, naturalmente, também faz parte desse comunicado o registro[37] espacial. – E se agora alguém tem de produzir um comunicado a respeito do que vê sobre uma superfície e o desenho sobre ela tem o

---

[37] No manuscrito, "arranjo" (N.E.).

caráter de um enigma gráfico? Primeiramente, no que diz respeito ao que é de natureza espacial, ele pode descrever o que vê sobre a superfície também espacialmente; na verdade, talvez este seja o único tipo de descrição que ele pode dar.

363. Um comunicado importante será, por exemplo: "Nada se alterou neste tempo todo". Ele se baseia justamente numa observação contínua.

364. Quando descubro a solução de um enigma gráfico, faço uma descoberta sobre a própria figura. Por exemplo, a descoberta de que um navio estava escondido nesta camuflagem. Talvez eu queira, em segredo, contar a alguém qual é a aparência de certa pessoa e esconda minha mensagem, ou seja, seu retrato, num enigma gráfico.

365. Se eu chamasse a figura de um auxílio ao pensamento, eu poderia dizer que a vejo como *este* auxílio ao pensamento.

366. Mas que estranha é a questão sobre se eu não tenho de ter **pensado** em N.N. – quando subitamente vi seu rosto no de seu filho! É claro que eu não queria perguntar se eu não precisaria ter pensado nele **simultaneamente** com aquela representação, e sim se aquela representação não era um tipo de pensar. Mas como se decide isso?
Eu digo, por exemplo, "Estava agora mesmo pensando se ele já chegou em...". Este pensamento se exprime numa sentença. Aquele outro, talvez numa exclamação.

367. Posso ver agora no rosto dele o de seu pai e, no entanto, ao mesmo tempo não **pensar** em seu pai? Ver o rosto de seu pai em seu rosto era **evidentemente** uma espécie de representação desse rosto. E aqui é preciso lembrar-se de que não se *reconhece* a representação de um homem como a representação dele.

368. Lembre-se de que você não pode nem mesmo usar um quadro (ou um modelo) para reproduzir o vagar do olhar! E não seria muito natural contar a impressão que isso produz como parte da impressão visual? O aspecto também vai, ou pode, exprimir-se na maneira como copio a figura e, dessa forma, em **um** sentido, na cópia. Além disso, vou reproduzir

um rosto cada vez de uma maneira diferente no desenho, dependendo de como o **apreendo**, embora a fotografia mostre o mesmo em cada uma das vezes. Assim, aqui está novamente uma razão para falar de um "ver".

369. O fato de que produzo uma outra cópia (um outro resultado) está em harmonia com o conceito de estado da visão. O de que produzo a mesma cópia, mas de **outra** maneira – faça os traços numa outra sequência – aponta para o conceito de **pensar**.

370. Com que direito ele usa ali a palavra "ver"? Ou ele não tem nenhuma justificativa e é apenas uma tolice linguística? Ou a única justificativa está em que eu também estou inclinado a dizer: "ora vejo-a como isto", "ora vejo-a como aquilo"? Poderia ser assim. Mas sou absolutamente avesso a supor isso; sinto que *tenho* de dizer "eu vejo algo". Porém o que isto deve significar? É claro que **aprendi** a palavra "ver". O que encaixa não é a **palavra**, o som ou a imagem escrita. É o uso da palavra que me impõe a ideia de que **vejo** isto.
O que aprendi sobre o uso da palavra tem de estar forçando-me a usá-la aqui.

371. "Isto *é* o que *é* ver algo", eu gostaria de dizer. E é realmente assim: a situação é bem como aquela em que essa palavra também é usada; – só a técnica que é um pouco diferente aqui.

372. O uso da palavra "ver" não é nem um pouco simples. Às vezes o imaginamos como o do nome de uma atividade, só que é difícil **apontar** diretamente para a atividade. Por isso o imaginamos mais simples do que realmente é; imaginamos que ver, por assim dizer, é como beber algo com os olhos. Assim, se bebo algo com os olhos, não pode mais existir dúvida de que estou vendo algo (se preconceitos não estão me enganando).

373. Poderíamos dizer: Vejo a figura ora como o valor limite desta série, ora como o valor limite daquela. Esse **valor** pode ser o limite de diferentes funções.

374. Em certo sentido, a figura pode sempre *ser* aquilo como o qual eu a vejo. Mesmo que isso não fosse "visível" num outro sentido. Pois,

dependendo de seu uso ou modo de surgimento, uma figura pode ser o valor limite de diferentes séries. Um triângulo pode realmente ser usado tanto para representar uma montanha como uma seta para apontar **nesta** direção etc. Dessa forma, a descrição do aspecto é sempre uma descrição correta da percepção visual.

375. Uma figura, digamos um sinal escrito, pode ainda assim ser o sinal escrito corretamente ou, de diferentes maneiras, um que está escrito incorretamente. E a esses modos de tomar a figura correspondem aspectos. Aqui temos a maior semelhança com a vivência do significado ao se pronunciar uma palavra isolada.

376. Ele é copiado de outro jeito, mas a cópia é a mesma.
Mas quero dizer: Se algo diferente é **visto**, a **cópia** tem de ser diferente.

377. O que é, por exemplo, a cópia do "cubo esquemático"? Um desenho ou um corpo sólido? E por que apenas o primeiro? E se um corpo sólido, que corpo: um ângulo sólido, um cubo sólido, uma armação de arame?

378. Se eu conto a ele: "Agora vejo a figura como...", estou passando-lhe uma informação em vários respeitos **semelhante** à que passo quando informo alguém de uma percepção visual, mas também semelhante à de quando informo de um modo de tomar a figura ou de uma interpretação, ou de uma comparação, ou de um saber.

379. "Agora vejo uma cruz branca sobre fundo preto e, em seguida, uma cruz preta sobre fundo branco." Mas o que será que é isto: uma cruz branca sobre fundo preto? Explique, ora! E o que é uma cruz preta sobre fundo branco? É claro que você não pode dar a mesma explicação para os dois casos! E ainda assim eles teriam de ser explicados!
A explicação poderia ser mais ou menos como esta: "Uma cruz branca sobre fundo preto é algo *assim*", e agora segue-se uma figura. Naturalmente, porém, *não* pode ser a figura ambígua. É por isso que então se pode dizer, em vez de "Vejo a figura ora como uma cruz branca sobre...,

ora como...", também: "Vejo a figura ora *assim* (segue-se uma figura), ora *assim* (segue-se uma outra figura)". E se a primeira sentença era uma expressão permitida, então esta também era.

380. E isto não quer dizer que aquelas duas figuras eram uma *espécie* de cópia da figura ambígua?

381. Por um lado, essas duas representações [*Darstellungen*] são cópias do que é visto, por outro, ainda há necessidade de uma explicação conceitual. Por exemplo, se vejo a figura em cruz[38] ✛ ora como uma cruz deitada, ora como uma cruz em pé, ora como uma cruz diagonal que está torta, o que são as cópias correspondentes?
Uma cruz deitada é uma cruz que foi tombada e deveria estar em pé. Deste modo, a cópia vai ser algo que tem a forma de uma cruz e do qual sabemos se está deitado ou em pé. Por isso também seria possível usar como uma cópia uma figura em que a forma de cruz aparece e desempenha este ou aquele papel. Isto é, há uma figura que traz à expressão aquilo que vejo como um aspecto. E isto torna o aspecto semelhante a algo percebido pela visão.

382. Ou: Há uma figura que desempenha para o aspecto um papel exibitório **similar** ao da figura que informa o que foi percebido. Imagine uma pintura, uma da deposição da cruz, por exemplo; o que ela seria para nós se não soubéssemos quais *movimentos* foram capturados aqui? E o quadro nos mostra esses movimentos, como também não os mostra. (O quadro do ataque da cavalaria, quando quem o examina não sabe que cavalos não ficam parados daquele jeito.)

383. "O que vejo tem *esta* aparência." Imagine que isto fosse dito por alguém que observa o quadro de um cavalo correndo e utiliza como cópia dele um cavalo empalhado que está *parado* em posição de corrida! A cópia correta não seria um cavalo correndo?

---

[38] Não aparece nenhuma figura no datiloscrito. Copiamos esta do lugar correspondente no manuscrito (N.E.).

384. Então, junto com o aspecto, há diante de meus olhos um **pensamento**? Há diante de meus olhos um pensamento junto com a **pintura**? (Pois a figura vista como isto e aquilo é exatamente como o componente de uma pintura que por si mesmo ainda não faz sentido.)

385. Pode-se descrever uma pintura descrevendo *processos*; na verdade, é dessa maneira que quase sempre ela seria descrita. "Ele em pé, imerso em dor; ela torcendo as mãos..." É verdade, quem não pudesse descrevê-la assim, mesmo que ainda pudesse descrevê-la em seus mínimos detalhes como uma distribuição de manchas coloridas sobre uma superfície, não a entenderia. (Quadro de um homem escalando uma montanha.)

386. Portanto, você a vê como se soubesse *isso* sobre ela.
E se esta parece uma maneira tresloucada de se exprimir, então é preciso nunca **perder de vista** que o **conceito** de ver é modificado por ela.

387. Mas também posso dizer: "Ele veria o quadro (a batalha, por exemplo) de outra forma se não soubesse o que estava acontecendo aqui"? Como isso se manifestaria? Ele não falaria sobre o quadro como nós falamos; ele não diria: "A gente realmente vê estes cavalos avançando" ou "Não é assim que um cavalo corre!" etc. Ele não extrairia do quadro inúmeras coisas que nós extraímos.

388. Nós certamente poderíamos decidir chamar o que agora chamamos de "ver a figura como...", de **"apreender"** a figura como isto e aquilo. Se o tivéssemos feito, é claro que isso não varreria os problemas para debaixo do tapete; pelo contrário, nós agora estudaríamos o uso de "apreender", e em especial **a peculiaridade** de que essa apreensão é algo estacionário, um estado que começa **agora** e termina **agora**.

389. Logo, eu me sinto – eu poderia dizer – como se tivesse de ser capaz de reproduzir essa apreensão por meio de um **quadro** da figura que olhei. – E realmente é assim mesmo: eu posso certamente dizer que o quadro que alguém faz dela exprime uma apreensão do objeto. Bem do mesmo modo como se pode dizer: Ouça este tema *assim*... e toque-o de maneira correspondente.

390. É um ver *na medida em...*
É um ver apenas na medida em que...
(Esta me parece ser a solução.)

391. A esse respeito, porém, os aspectos que, por assim dizer, são interpretações vistas da figura se distinguem dos aspectos do fenômeno espacial. Pois pode-se *tomar* uma figura por um corpo sólido. E mesmo que não se esteja falando de uma tal ilusão, "Agora vejo a figura como uma pirâmide" informa outra coisa, tem outras consequências que dizer que agora vejo a figura como uma cruz preta sobre fundo branco etc. (As consequências da visão tridimensional na geometria descritiva.) Mas também parece que a conexão do aspecto com o pensar se alterou ou se desfez. Pois aqui a cópia que mostra ao outro como vejo a figura não é de outro tipo? E não se pode esquecer de que o significado da palavra "cópia" está sempre oscilando nesta consideração.

392. "É como se nossos conceitos fossem limitados por uma armação de fatos."
Isto significaria: Se você imagina ou descreve certos fatos diferentes do que eles são, então você não pode mais imaginar a aplicação de certos conceitos, porque as regras de sua aplicação não têm um análogo em meio às novas circunstâncias. O que estou dizendo, portanto, acaba dando **nisto**: Uma lei é dada para seres humanos e um jurisconsulto pode muito bem ser capaz de tirar consequências para qualquer caso que habitualmente lhe apareça, a lei tendo, dessa forma, evidentemente seu emprego, um sentido. Só que, apesar disso, sua validade pressupõe todo tipo de coisas; e se o ser que ele tem de julgar diverge bastante do homem ordinário, então, por exemplo, a decisão sobre se esse ser cometeu uma ação com má intenção não se torna difícil, mas simplesmente impossível. [Z 350.]

393. "Se os homens em geral não concordassem sobre as cores das coisas, se discrepâncias não fossem exceções, nosso conceito de cor poderia não existir." Não; nosso conceito de cor não *existiria*. Então isto quer dizer que o que é concebível como regra deve não sê-lo como exceção? [Z 351 – até "Então isto quer dizer".]

394. O caso é parecido com este: Aprendi a apresentar os resultados de experimentos por meio de uma curva. Se os pontos registrados estão dispostos *desta forma*,[39] eu saberei mais ou menos que curva deve ser traçada e serei capaz de tirar outras conclusões dos experimentos. Mas se os pontos estão dispostos *desta forma*,[40] o que aprendi vai deixar-me em apuros; já não faço mais a mínima ideia de que linha devo traçar. E se eu encontrasse pessoas que colocassem uma curva passando através dessa constelação sem usar um método que me fosse compreensível nem parar para pensar, eu não poderia imitar a técnica delas. Mas se eu acabasse vendo que entre eles uma linha plausível **qualquer** é admitida como a correta e que essa linha serve de base para as inferências seguintes; e se essas inferências, como nós diríamos, entrassem em contradição com a experiência, e as pessoas, de uma maneira qualquer, passassem por cima disso, nesse caso, eu diria que absolutamente não é mais a técnica que eu conhecia, e sim uma que é "exteriormente" parecida, mas em essência bem diferente. Só que, se digo isto, estou fazendo um juízo com as palavras "exteriormente" e "essência".

395. O que significa isto: "Mas este é um jogo bem diferente!"? Como uso esta sentença? Como uma informação? Bem, talvez como introdução a uma informação que enumera as diferenças e explica suas consequências. Mas também para exprimir que é justamente por isso que não tomo mais parte aqui ou ao menos assumo uma outra postura com relação ao jogo. [Z 330.]

396. Se eu dissesse "Eu não o chamaria mais de...", eis o que isto significaria propriamente: a balança de minha tomada de posição está virando.

397. Eu poderia dizer ainda: "Não consigo mais me entender com essas pessoas".

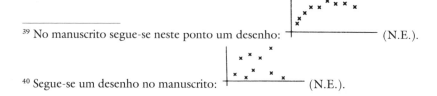

[39] No manuscrito segue-se neste ponto um desenho: (N.E.).

[40] Segue-se um desenho no manuscrito: (N.E.).

398. Uma vez eu disse que poderia existir um conceito que, à esquerda de certa importante linha divisória, correspondesse ao nosso "vermelho", e à direita dela ao nosso "verde". E parecia e ainda me parece que eu poderia colocar-me nesse mundo conceitual; que eu poderia até estar inclinado a chamar o vermelho num dos lados, bem como o verde no outro. (Com efeito, comigo é assim particularmente no caso de um vermelho e um verde razoavelmente escuros.) Que eu não estaria, portanto, avesso a chamar o verde de apenas um aspecto do vermelho; como se o que chamo de "cor" prosseguisse inalterado e apenas as "nuances" se alterassem. Existe aqui, portanto, a inclinação para adotar um modo de expressão que, em certas circunstâncias, emprega para o verde e o vermelho o mesmo adjetivo, junto com uma palavra qualificadora como "sombreado/nãosombreado". "Mas, então, você realmente quer dizer que aqui não estão presentes duas cores diferentes?". Estou querendo dizer: Vejo semelhança suficiente entre o modo de expressão que descrevi e aquele que de fato empregamos, a ponto de que eu poderia muito bem aceitar o não usual em algumas circunstâncias. Mas, então, as pessoas não veriam a semelhança ou a igualdade que vemos? A saber, a que existe entre o verde à esquerda e (segundo nosso modo de expressão) o verde à direita? E se elas dissessem que eles são "exteriormente iguais"? Imagino uma situação parecida à do desenho ,[41] em que vejo os ângulos α, β e γ iguais uns aos outros, embora possa chamá-los de desiguais exteriormente; e possa chamar tanto o ângulo δ + α quanto o ε + γ de desiguais, mas iguais exteriormente.

399. Eu também poderia dizer: o vermelho à esquerda e o verde à direita são uma mesma natureza, mas aparições diferentes dela.

400. Com tudo isso, porém, eu devo ter acabado criando uma confusão. O ponto importante era mostrar que se pode prosseguir numa sequência (de numerais, por exemplo) de tal maneira que, para **nossos** con-

---
[41] Não há nenhum desenho no datiloscrito. Nós o copiamos do local correspondente no manuscrito (N.E.).

ceitos, ela seja interrompida de acordo com uma lei da série[42] e continuada de acordo com uma nova; que, por outro lado, segundo uma outra maneira de olhar para a questão, sua lei *não* se altera, mas a aparente alteração é fundamentada por uma alteração das circunstâncias.

401. Mas isto resulta propriamente em que aquilo que é o prosseguimento **consistente** da série só pode ser mostrado por meio de um **exemplo**.

402. E aqui estamos sempre nos sentindo tentados a falar mais do que o que ainda faz sentido. A continuar falando quando se deveria parar.

403. Posso dizer a alguém: "**Este** número é a continuação consistente desta sequência"; e fazendo isso posso levá-lo a chamar no futuro de "continuação consistente" aquilo que eu chamo assim. Isto é, posso ensinar-lhe a continuar uma série (séries básicas) sem empregar uma expressão da "lei da série"; pelo contrário, faço isso a fim de obter um substrato para o significado das regras algébricas ou algo semelhante a elas. [Cf. Z 300.]

404. Ele tem de continuar desta forma **sem uma razão**. Mas não porque ainda não se consegue fazê-lo entender a razão, e sim porque – **neste** sistema – não há razão. ("A cadeia de razões tem um fim.") E o *desta forma* (em "continuar desta forma") é designado por um numeral, um valor. Pois **neste** nível é a expressão da regra que é explicada pelo valor, e não o valor pela regra. [Z 301.]

405. Pois, lá onde se diz "Mas será que você não **vê**…!", a regra não tem utilidade nenhuma; ela é o que é explicado, não o que explica. [Z 302.]

406. "Ele capta a regra intuitivamente." Mas por que a regra? Por que não a maneira como ele agora deve continuar? [Z 303.]

407. "Se ele ao menos viu a coisa certa, aquela em meio à infinidade de conexões que eu tentava fazê-lo entender, se ele ao menos a captou alguma vez, agora ele vai continuar a série corretamente sem dificuldades.

---

[42] TS: segundo a regra antiga.

Concedo que ele possa apenas adivinhar (adivinhar intuitivamente) essa conexão que estou visando – mas uma vez que isso aconteça, **o jogo é conquistado**". Mas essa "coisa certa" que eu visava não existe de forma alguma. A comparação está errada. Aqui não há algo mais ou menos como uma roda que ele deve captar; a máquina correta que, uma vez escolhida, o leva avante automaticamente. Poderia até mesmo ser que algo desse tipo se passasse em nosso cérebro, mas isso não nos interessa. [Z 304.]

408. "Faça o mesmo!" Mas, ao dizer isto, eu tenho de apontar para a regra. Regra que, dessa forma, ele já deve ter aprendido a **aplicar**. Pois, se não é assim, o que sua expressão vai significar para ele? [Z 305.]

409. Adivinhar o significado da regra, captá-la intuitivamente, poderia significar apenas isto: adivinhar sua **aplicação**. E isto não pode significar: adivinhar o **tipo** de aplicação, a **regra** para ela. E principalmente não se está falando aqui de adivinhação. [Z 306.]

410. Por exemplo, eu poderia adivinhar que continuação vai deixar o outro **contente** (talvez com base em seu rosto). Apenas podemos adivinhar a aplicação de uma regra caso já sejamos capazes de escolher **uma** em meio a diferentes aplicações. [Z 307.]

411. Nesse caso, poderíamos até mesmo imaginar que, em vez de "adivinhar a aplicação da regra", ele a **inventa.** Bem, qual seria a aparência disso? Ele deve dizer algo como: "Seguir a regra '+1' deve significar escrever 1, 1+1, 1+1+1 e assim por diante"? Mas o que ele quer dizer com isso? Pois o "e assim por diante" já está pressupondo o domínio de uma técnica. [Z 308.]

412. Como será que se pode descrever o que faz alguém que continua aquela regra? Pode-se citar a regra; isto é, a alguém que já pode usá-la. E quem pode usá-la? Aquele que, depois de 1+1, escreve 1+1+1 e em seguida 1+1+1+1. E posso agora terminar com "e assim por diante"? Isto certamente significaria: "além disso, prossegue de acordo com esta regra".

413. Não posso descrever como uma regra deve (em geral) ser usada senão lhe **ensinando, treinando** a usar uma regra. [Z 318.]

414. Agora posso, por exemplo, registrar certa instrução num filme falado. Às vezes o professor vai dizer "Assim está certo". Caso o aluno lhe pergunte "Por quê?" – ele não vai responder nada ou ao menos nada de relevante, e tampouco isto: "Ora, porque todos nós fazemos assim"; esta não será a razão. [Z 319.]

415. Não se diz "As coisas devem estar assim, mas estão de outro jeito". Ou: "Suponho que ele venha amanhã, mas de fato ele não virá".

416. Já na *suposição* a linha está num lugar diferente do que você pensa.

Eu gostaria de dizer: Com as palavras "Supondo que eu acredite nisso", você já pressupõe toda a gramática da palavra "acreditar". Você não está supondo algo que, por assim dizer, lhe é dado inequivocamente por meio de uma imagem, de modo que então você possa anexar a essa suposição uma asserção distinta da ordinária. **Você nunca saberia** o que você está supondo aqui se já não estivesse familiarizado com o uso de "acreditar". [Cf. PU II, x, p. 192e.]

417. É a aplicação invisível que está aqui mostrando sua cara.

Não estamos conscientes **da técnica particular**, ela vai fluindo, por assim dizer, subterraneamente, sem que a notemos; e ficamos **subitamente conscientes** apenas no momento em que ela entra abertamente em contradição com nossa representação equivocada. No momento em que porventura notemos que uma sentença não faz sentido, que não temos a mínima ideia do que deveríamos fazer com ela, **uma sentença sobre a qual não** era de se suspeitar **disso facilmente**. Pode-se contar ao médico "Eu creio..." como sintoma de uma doença mental? – Pode-se contar, pelo contrário, algo como: "Creio estar sempre ouvindo vozes".

"Fico sempre supondo que ele me é infiel, mas ele não é."

A linha do conceito de repente parece quebrada!

418. "A sentença 'Creio nisso e isso não é verdade' **pode ser, sim, a verdade**. A saber, se eu realmente creio nisso e essa crença acaba revelando-se errada."

419. Eu digo do outro "Ele parece crer..." e outros dizem isso de mim. Ora, por que nunca digo isso de mim, mesmo que os outros o digam **com razão** de mim? Igualmente: "É evidente que ele crê...". Será que não vejo a mim mesmo? Pode-se dizê-lo. [PU II, x, p. 191f.]

420. A: "Creio que está chovendo". B: "Não creio nisso". — Bem, eles não estão contradizendo-se; cada um está meramente declarando algo sobre si mesmo.

421. "Não existe amarelo azulado." Ela é parecida com a sentença "Não existe polígono regular de dois lados"; poderíamos chamá-la de enunciado da geometria das cores, isto é, uma sentença que determina conceitos.

422. Se eu tivesse ensinado alguém a usar os seis nomes de cores primárias e o sufixo "ado", eu poderia dar-lhe ordens como "Pinte aqui um branco esverdeado!". Um dia, porém, eu lhe digo "Pinte um verde avermelhado!". Observo sua reação. Talvez ele vá misturar verde e vermelho e não vá ficar satisfeito com o resultado; finalmente talvez diga: "Não existe verde avermelhado". Analogamente, teria sido possível que eu o levasse a me dizer "Não existe um polígono regular de dois lados!" ou "Não existe uma raiz quadrada para -25".

423. Entre verde e vermelho, quero dizer, há um vazio **geométrico**, não um físico. [Z 354.]

424. Mas, então, nada de físico corresponde a isso? Não estou negando isto. (E se fosse meramente o fato de estarmos acostumados com **estes** conceitos, com estes jogos de linguagem? Mas não estou dizendo que é assim.) Se ensinamos tal e tal técnica a uma pessoa por meio de exemplos, que depois ela proceda *de uma maneira* e não *de outra* num determinado caso novo, ou que depois ela empaque, já que para ela é esta e não aquela a continuação "natural": isto já é por si só um fato da natureza extremamente importante. [Z 355.]

425. "Mas se com 'amarelo azulado' eu quero referir-me ao verde, então estou tomando essa expressão de maneira diferente da original. A

maneira original de tomá-la designa um caminho diferente e simplesmente **intransitável**."

Porém, qual é aqui o símile correto? O do caminho físico intransitável ou o da inexistência do caminho? Ou seja, o símile da impossibilidade física ou o da matemática? [Z 356.]

426. Temos um sistema de cores, assim como um sistema de números.
Os sistemas residem em **nossa** natureza ou na natureza das coisas? O que se deve dizer? – **Não** na natureza dos números ou cores. [Z 357.]

427. Será que esse sistema tem algo de arbitrário? Sim e não. Ele tem afinidade com o arbitrário e com o não arbitrário. [Z 358.]

428. Está claro a primeira vista[43] que não se quer admitir nada como cor intermediária entre o vermelho e o verde. (E aqui é indiferente se isso sempre esteve claro aos homens, ou se só ficou depois da experiência e da educação.) O que pensaríamos de pessoas que conhecessem um "verde avermelhado" (que, por exemplo, chamassem assim o verde-oliva)? E o que quer dizer *isto*: "Pessoas que, nesse caso, têm um conceito de cor completamente diferente"? Como se quiséssemos dizer: "Então simplesmente não seria *este*, mas um outro" – apontando para o nosso conceito. Como se houvesse, portanto, um **objeto** ao qual o conceito pertencesse inequivocamente. [Duas primeiras sentenças: Z 359.]

429. As pessoas conhecem um verde avermelhado. Mas não **existe** nenhum, ora! – Que sentença esquisita. (Como é que você sabe disso?) [Z 362.]

430. (A imagem que caracteriza o conceito seria algo como uma fórmula algébrica.)

431. Coloquemos desta forma: Será que essas pessoas têm de notar a discrepância? Talvez elas sejam estúpidas demais para tanto. Novamente: talvez não sejam. [Z 363.]

---

[43] No datiloscrito, talvez erroneamente: "A primeira imagem deixou claro" (N.E.).

432. Sim, mas será que a natureza não tem nada a dizer aqui? Pois não – só que ela se faz ouvir de outra maneira.

"Em algum lugar você vai acabar trombando com a existência e a inexistência!" – Isto significa, porém, trombar com **fatos**, não com conceitos. [Z 364.]

433. É um fato da maior importância que uma cor, a qual (por exemplo) estamos inclinados a chamar de "amarelo avermelhado", possa realmente ser produzida pela mistura (de diferentes maneiras) do vermelho com o amarelo. E que não sejamos capazes de reconhecer sem rodeios uma cor que surge da mistura do vermelho com o verde como uma cor que pode ser produzida desse modo. (Mas o que significa aqui "sem rodeios"?)

Poderia haver pessoas que reconhecessem enquanto tal um polígono regular de 97 lados apenas com um olhar, sem contar seus lados. [a: Z 365.]

434. Conceitos comparados a um modo de pintar: Será que até mesmo nosso modo de pintar é arbitrário? Podemos simplesmente decidir adotar o dos egípcios? Ou é apenas uma questão de bonito e feio? [Cf. PU II, xii, p. 230c.]

435. Será que nós **inventamos** a linguagem humana? Tão pouco quanto inventamos o andar em duas pernas. Se este é o caso, então é um fato importante que as pessoas, quando elas devem reproduzir a Ursa Maior sem contar com a ajuda de ninguém, e isto usando traços, por exemplo, sempre ou na maioria das vezes, o fazem de uma determinada maneira e nunca de outra.

Mas **isto** significa: ver a constelação desta forma? Já reside aí, por exemplo, a possibilidade de uma mudança repentina do aspecto? Pois é justamente a mudança repentina que sentimos ser semelhante a uma mudança do objeto visual.

436. Se não estivesse presente a mudança do aspecto, haveria apenas uma **apreensão**, não um **ver** deste jeito ou de outro.

437. Isto parece absurdo. Como se quiséssemos dizer "Se sempre uso apenas carvão para aquecer, e nem às vezes algo diferente, então tampouco uso carvão para aquecer".

Mas não se pode dizer: "Se houvesse apenas **uma** substância, não se teria uso para a palavra 'substância'"? Porém o que isto significa mesmo é: O conceito "substância" pressupõe o conceito "diferença de substância". (Como o conceito de rei no xadrez pressupõe o de movimento do xadrez, ou como o de **cor** pressupõe o de **cores**.) [b: Z 353.]

438. Estou informando coisas diferentes a alguém quando lhe digo:
a) que no desenho que ele não está vendo está contida tal e tal forma;
b) que no desenho que ele está vendo está contida uma forma que ele ainda não nota;
c) que acabei de descobrir que um desenho que eu conhecia bem continha essa forma;
d) que agora estou vendo exatamente o desenho com esse aspecto.
Cada uma destas informações tem um interesse diferente.

439. A primeira é uma descrição parcial de um objeto percebido, talvez análoga a "Vejo algo vermelho ali".
A segunda é o que quero chamar de uma "informação geométrica". Em oposição à primeira, ela é atemporal. A descoberta de que é como ela diz é da mesma espécie das descobertas matemáticas.

440. Mas a informação não poderia ser dada também na forma temporal? Mais ou menos assim: "Se você virar este desenho para lá e para cá, você vai ver **esta** forma nele, sem que as linhas pareçam ter se movido". Ainda não está dito com isso que empregamos esse fato para determinar conceitos.

441. Como será que se faz a **descoberta**? Assim, por exemplo: Decalca-se no papel vegetal – talvez puramente ao acaso – certas linhas do desenho. Então alguém vê: mas isto é um rosto! Ou esta exclamação foi emitida quando se olhava para o desenho, e depois se decalcaram aquelas linhas. – E onde está aqui a **descoberta**? – É preciso que isso primeiro seja interpretado como uma descoberta, e em particular como uma **descoberta geométrica**.

442. Um aspecto pode aparecer para mim por alguém me **fazer prestar atenção** nele. Só que como isto distingue *esse* "ver" da percepção de cores e formas!

443. Notar e ver. Não se diz "Notei por cinco minutos".

444. "Mas nós *realmente* vemos as formas humanas na imagem?" O que se está querendo com essa pergunta?
Evidentemente, o que acontece aqui é que um conceito está sendo perturbado por algo diferente dele. Eu deveria perguntar algo como: "Será que realmente vejo as formas no mesmo sentido em que...?". Ou ainda: "Que razão eu tenho para falar aqui de 'ver'? E o que dentro de mim está rebelando-se contra isso?".

445. Eu gostaria de colocar esta questão, por exemplo: "Estou **sempre consciente** da espacialidade (profundidade) deste livro, por exemplo, enquanto o vejo?". Eu, por assim dizer, **sinto-a** o tempo todo? Mas coloque a questão na terceira pessoa. Quando você diria que alguém **está** sempre consciente dela? E quando diria o contrário? Supondo que você lhe perguntasse, mas como ele aprendeu a responder a esta questão? Bem, ele sabe, por exemplo, o que significa sentir dores ininterruptas. Contudo, isso só vai confundi-lo aqui, do mesmo modo como também me confunde. [Cf. PU II, xi, pp. 210-211.]

446. Se agora ele me diz que está continuamente consciente da profundidade, eu acredito nele? E se ele diz que está consciente dela apenas de tempos em tempos, talvez quando está falando sobre ela, acredito nele **a respeito disso**? Vai parecer-me que essas respostas repousavam sobre um falso fundamento. Será diferente, contudo, se ele me disser que o objeto às vezes lhe parece tridimensional, às vezes chato. [PU II, xi, p. 211a.]

447. Eu poderia mandar uma importante mensagem a alguém enviando-lhe o quadro de uma paisagem. Ele o lê como um plano de trabalho? Quero dizer: ele o *decifra*? Ele olha para o quadro e se orienta de acordo com ele. Ele vê ali rochas, árvores, uma casa etc.

448. (A situação aqui é uma de necessidade prática, mas o meio de comunicação é um ao qual não está ligado nenhum tipo de acordo prévio, definição ou algo parecido, e que em outros casos serve apenas a propósitos mais ou menos poéticos. Só que até mesmo a linguagem verbal ordinária serve a propósitos poéticos.)

449. Os aspectos do F: É quase como se uma *representação* entrasse em contato com a impressão visual e assim permanecesse por um tempo. [Cf. PU II, xi, p. 207b.]

450. Entretanto, o caso das cruzes preta e branca é diferente e parecido com o dos aspectos **tridimensionais** (por exemplo, o desenho de um prisma).

451. A tentação de dizer "Eu o vejo *assim*" apontando para o mesmo no "o" e no "assim". [Cf. PU II, xi, p. 207e.]

452. O conceito "ver" dá uma impressão confusa. Ora, ele é assim. Olho a paisagem; meu olhar vagueia, vejo todo tipo de movimentos distintos e indistintos; *este* fica gravado em minha memória claramente, *aquele* apenas bem difusamente. Mas como o que vemos pode parecer-nos completamente esfarrapado! E veja agora aquilo que se chama "descrição do que é visto"! Mas isto é o que assim chamamos. Não temos um caso efetivo, respeitável de tal descrição e dizemos: "Bem, o restante ainda é indistinto demais, aguardando ainda uma clarificação, ou tem de ser simplesmente varrido para um canto como lixo". [PU II, xi, p. 200a.]

453. Aqui nos defrontamos com o imenso perigo de querer fazer finas distinções. É parecido a quando se quer explicar o conceito de corpo físico com base no "que é realmente visto". Pelo contrário, o que se deve fazer é **aceitar** o jogo de linguagem que conhecemos bem e marcar como tais as **falsas** explicações. O jogo de linguagem primitivo que nos foi ensinado originalmente não necessita de justificação, e as falsas tentativas de justificação que se impõem a nós necessitam ser rejeitadas. [Cf. PU II, xi, p. 200b.]

454. As relações que existem entre os conceitos são muito complicadas.

455. A expressão sempre deve ser separada da técnica. E o caso em que podemos especificar a técnica do caso em que não podemos especificá-la.

456. Eu poderia tranquilamente dizer: "Meus pensamentos vão naturalmente *desta* imagem até a grama real, até o animal real; mas daquela imagem, nunca".

457. Olhando para um quadro, diz-se: "**Você** não **está vendo** um esquilo?!" – "Você não **sente** a maciez desta pele?!". – E se diz isto olhando para certos quadros, olhando para outros, não.

458. Chego à ideia de uma essência da imagem que não deixa de ser semelhante a uma ideia matemática, por meio de **certos** modos de representação, em **certas** circunstâncias. Se alguém vê uma folha de papel escrita por mim, ele poderá, caso consiga ler e escrever o alfabeto latino, copiá-la facilmente de maneira praticamente exata. Ele precisa apenas lê-la e transcrevê-la. Apesar das diferenças de caligrafia, ele vai produzir com facilidade uma cópia razoavelmente boa das linhas presentes em minha folha. Se ele não tivesse aprendido a ler e escrever com o alfabeto latino, ele apenas conseguiria copiar aquelas linhas emboladas fazendo um grande esforço. Devo agora dizer: quem aprendeu isso **vê** a folha escrita de maneira bem diferente que uma outra pessoa? O que sabemos a respeito disso? Pois poderia ser que déssemos aquela folha para alguém copiar, antes que ele tivesse aprendido a ler e escrever; e a déssemos novamente depois que ele tivesse aprendido a ler e escrever. E nesse caso talvez ele nos vá dizer: "É mesmo, agora vejo estas linhas de maneira bem diferente". E talvez ele também venha a explicar: "Agora vejo na verdade apenas a escrita, que é precisamente o que leio; todo o resto é só parafernália, que não me diz respeito em nada e mal noto". Ora, isto significa: ele vê a imagem de outro jeito – a saber, quando ele realmente reage a ela de outro jeito.

Igualmente, em comparação com alguém que não sabe ler, quem aprendeu a ler vai ser capaz de dar um relato diferente sobre a folha com coisas escritas em todos os cantos. E algo análogo vale para a fala e os barulhos que a acompanham.

459. (Sobre o parágrafo 17 do Livro I). Há ali a resposta "Nunca olhei para um ᒡ[44] com isso em mente".

---

[44] No datiloscrito não aparece nenhuma letra neste lugar. Copiamos esta letra do lugar correspondente no manuscrito (N.E.).

460. Imagine que alguém respondesse: "Para mim ele *sempre* está olhando nesta direção". Nós aceitaríamos sua resposta? Ela nos pareceria estar afirmando que ele pensa em tais conexões sempre que vê esta letra (bem da mesma forma como se diz: "Sempre que vejo esta pessoa, tenho de pensar em como ele...").

461. Mas se agora vemos o retrato de um rosto ou um rosto real, pode-se aqui também dizer: Vejo-o olhando nesta direção apenas enquanto me ocupo *deste jeito* com ele? Qual é a diferença? A informação "Este rosto está olhando para a direita" é ordinariamente uma informação sobre a posição do rosto. Eu a dou a alguém que não está por si mesmo vendo o rosto. Ela informa de uma percepção.

462. (Sobre o parágrafo 18 do Livro I). Isso mostra, porém, que nesses casos não se pode tratar de um "ver" – mas talvez de um pensar? O que depõe contra isso é principalmente que as pessoas querem falar de um ver. Então devo dizer que há aqui um fenômeno entre o ver e o pensar? Não; mas um conceito que está situado entre o de ver e o de pensar, isto é, que guarda semelhanças com ambos; e fenômenos que têm afinidade tanto com os da visão quanto com os do pensar (por exemplo, o fenômeno da manifestação "Vejo o F olhando para a direita").

463. Como se nota que os homens *veem* tridimensionalmente? Pergunto a alguém como é o relevo do terreno que ele está olhando de cima. "É *assim?*" (gesto espacial) – "Sim." – "Como você sabe isso?" – "Não está nublado, vejo tudo claramente." – Não é citada nenhuma razão para **suspeita**. Representar tridimensionalmente o que olhamos é a única maneira natural para nós; ao passo que a representação bidimensional, seja por meio de um desenho ou por meio de palavras, necessita de uma especial prática e treinamento. A esquisitice dos desenhos feitos por crianças. [PU II, xi, p. 198d.]

464. O que falta àquele que não entende a pergunta sobre para que lado olha a letra F, sobre onde, por exemplo, um nariz deveria ser pintado nela?
Ou àquele que não acha que uma palavra perca algo ao ser repetida sem parar, a saber, seu significado? Que não acha que ela assim se torna um mero som?
Nós dizemos "Num primeiro momento, havia ali algo como uma representação".

465. O que falta? É que ele não pode apreciar, avaliar uma sentença tal como quem a entende? Que para ele a sentença não tem vida (com tudo o que isto implica)? Que a palavra não tem o aroma de seu significado? Que, portanto, em muitos casos ele se porta com relação a uma palavra de maneira diferente de nós? *Poderia* ser assim.

466. Quando, porém, ouço uma melodia com entendimento, não acontece algo de especial dentro de mim? Algo que não acontece quando a ouço sem entendê-la? E *o quê*? Não surge nenhuma resposta; ou o que me ocorre é insípido. Posso dizer sem problemas: "Agora eu a entendi", e talvez eu agora fale sobre ela, toque-a, compare-a com outras etc. *Sinais* de entendimento podem acompanhar a audição de algo. [Z 162.]

467. Está errado chamar a compreensão de um processo que acompanha a audição. (E nem mesmo poderíamos chamar a manifestação disso, a execução expressiva, de um acompanhamento da audição.) [Z 163.]

468. Pois como pode ser explicado o que é uma "execução expressiva"? Com certeza não será por meio de algo que acompanha a execução. Então o que deve entrar nessa explicação? Uma cultura, gostaríamos de dizer. Quem é criado numa determinada cultura – e então reage de tal e tal maneira à música: é a esta pessoa que se vai poder ensinar o uso da frase "execução expressiva". [Z 164.]

469. A compreensão de **um tema** não é nem uma sensação nem uma soma de sensações. Apesar disso, porém, chamá-la de uma vivência está correto na medida em que *esse* conceito de compreensão tem algumas afinidades com outros conceitos vivenciais. Diz-se "Desta vez vivenciei este trecho de maneira bem diferente". Mas, mesmo assim, esta expressão "descreve o que acontecia" apenas para aquele que está familiarizado com um particular sistema conceitual. (Analogia: "Venci a partida".)[45] [Z 165.]

---

[45] TS: Mas, mesmo assim, esta expressão diz **"o que acontecia"** apenas para aquele (portanto, também apenas para o falante) que está em casa num particular mundo conceitual ligado a essas situações.

470. Passa-me *isto* pela cabeça enquanto leio. Então acontece algo enquanto leio...? Esta questão não nos leva a lugar nenhum. [Z 166.]

471. No entanto, como isto pode passar-me pela cabeça? Não nas dimensões em que você está pensando. [Z 167.]

472. Certas coisas na visão nos parecem enigmáticas, porque a visão em seu todo não nos parece enigmática o bastante. [PU II, xi, p. 212f.]

473. Todos nós sabemos que um cubo pintado de forma distinta vai ser visto por alguém tridimensionalmente. Talvez ele nem mesmo possa descrever o que vê senão de maneira tridimensional. E está claro que alguém também **poderia** ver uma figura como essa bidimensionalmente. Se ele agora vê a figura alternadamente deste jeito e deste outro, ele tem a vivência de uma mudança de aspecto. O que há de espantoso *nisso*? É isto: aqui o relato "Agora eu vejo..." não pode continuar a ser um relato sobre o objeto percebido. Pois, a bem dizer, anteriormente "Vejo um cubo neste quadro" era um relato sobre o objeto para o qual eu estava olhando.

474. Na verdade, o incompreensível é que *nada* se alterou, e no entanto *tudo* se alterou. Pois é só assim que se pode exprimi-lo. E não *assim*: não houve alteração *num* respeito, e sim num outro. Não haveria nada de estranho nisso. "Nada se alterou" significa, em contrapartida: Não tenho razão em alterar meu relato sobre o que é visto, vejo agora o mesmo que via antes – mas estou sendo incompreensivelmente compelido a relatar coisas bem diferentes.

475. E não é *assim*: Vejo a figura justamente como um dos infinitamente vários corpos, dos quais ela é a projeção; e sim *apenas* como *este* – ou como *este*. Logo, a figura *é* alternadamente um e o outro.

476. Nós agora temos um jogo de linguagem que é notavelmente *igual* e notavelmente *diferente* do anterior. As consequências que se seguem da expressão "Agora eu vejo..." são agora completamente diferentes; muito embora exista novamente uma estreita afinidade entre os jogos de linguagem.

477. Não nos teria causado nenhum espanto o fato de que o olho (o ponto em nossa figura) estava olhando numa direção – até que ele tivesse *alterado* a direção do olhar.

478. (Parágrafo 168 do Livro I.) A questão se insinua: Poderíamos imaginar pessoas que nunca vissem algo *como algo*? Estariam elas perdendo um sentido importante, mais ou menos como se elas fossem daltônicas ou não tivessem ouvido absoluto? Chamemos essas pessoas de "cegas para formatos" ["*gestaltblind*"] ou "cegas para aspectos".

479. E aqui se vai perguntar para que *tipo* de aspecto uma pessoa é cega. Devo supor, por exemplo, que ela não consegue ver o cubo esquemático tridimensionalmente ora *assim*, ora de outro jeito? Se este é o caso, vou ter consequentemente de supor que ela não consegue ver a figura de um cubo como um cubo, ou seja, que não consegue ver a figura de um objeto tridimensional como um objeto tridimensional. Dessa forma, ela em geral teria uma atitude distinta da nossa com relação a figuras. Essa atitude poderia ser a que temos com relação a uma cópia azul. Ela seria capaz, por exemplo, de trabalhar de acordo com uma representação gráfica. Mas aqui há a dificuldade de que, nesse caso, ela nunca deveria tomar uma figura por um objeto tridimensional, tal como às vezes fazemos, por exemplo, com uma arquitetura *trompe l'oeil*. E não seria fácil chamar *isto* de uma cegueira; muito pelo contrário. (Esta não é uma investigação psicológica.)

480. É claro que pode ser imaginado que alguém nunca veja uma mudança de aspecto; o aspecto tridimensional de toda figura sempre permanecendo estável para ele. Mas esta suposição **não nos interessa**.

481. Mas é concebível, e para nós até importante, que as pessoas pudessem ter uma relação bem diferente da nossa para com as figuras. (Parágrafo 170 do Livro I).

482. Desse modo, nós poderíamos imaginar uma pessoa que visse apenas um rosto pintado como rosto, mas não um que consistisse num círculo e quatro pontos. Que, portanto, não visse a figura do pato-lebre como uma figura da cabeça de um animal, e por isso também não visse a mudança de aspecto que conhecemos.

483. Pode ser que alguém não seja capaz de ver a figura de uma pessoa correndo como uma imagem de movimento: Como isto se revelaria? Suponho que ele tenha *aprendido* que tal figura representa um corredor. E assim ele pode dizer que é um corredor; então como ele vai distinguir-se das pessoas normais? Ela não vai mostrar nenhum tipo de compreensão a respeito da representação do movimento numa figura – vou supor. E o que chamaríamos de sinais dessa compreensão deficitária? Podemos imaginar isso em detalhe, sem dificuldades. (Mas se tal pessoa pudesse ver qualquer figura e copiá-la de maneira precisa, nós com certeza não diríamos dela que seu sentido da visão é deficitário.)

Ora, está claro que as palavras "Agora vejo *isto* como o ápice – agora *isto*" não farão nenhum sentido para o aluno que mal acabou de tomar conhecimento dos conceitos "ápice", "base" etc. Mas eu não pensava isto como uma proposição empírica. [b: cf. PU II, xi, p. 208e.]

484. Diríamos de alguém que ele agora a vê *assim*, agora *assim*, apenas se ele **é capaz de** fazer todo tipo de aplicações da figura com perfeição. [PU II, xi, p. 208e.]

485. Mas que estanho que esta deva ser a condição para que ele *vivencie* tal e tal coisa! Pois você não diz que apenas tem dores de dente aquele que é capaz de fazer tal e tal coisa. Disto se segue, justamente, que aqui não estamos lidando com o mesmo conceito vivencial.

O conceito vivencial é diferente a cada vez, mesmo que relacionado. [PU II, xi, p. 208f.]

486. Nós falamos, fazemos manifestações, e só *mais tarde* obtemos uma imagem da vida deles. [PU II, xi, p. 209a.]

487. Poderíamos, entretanto, imaginar esta maneira de ensinar aquela visão ao aluno: [46] O triângulo é suplementado com o desenho de um segundo triângulo que ainda não está tombado. Mais tarde, deixa-se este desenho de lado e agora ele pode ver o triângulo como derrubado.

---

[46] Não aparece nenhuma figura no datiloscrito. Extraímos esta do manuscrito (N.E.).

Mas será que ele tem de entender essa ilustração ou **ao menos** vê-la corretamente? – Poderia ser que ela o confundisse ainda mais.

Se aquela ilustração não diz nada a alguém, outras figuras também não vão falar com ele como falam conosco, ele não vai reagir a elas como nós. (Não empiricamente.) Analogia com o quadro do cavalo correndo.

488. Não é nada menos que óbvio que vejamos "tridimensionalmente" com os dois olhos. Se as duas imagens visuais se fundem em uma, poderíamos esperar uma imagem turva como resultado, análoga a uma fotografia borrada. [PU II, xi, p. 213b.]

489. Uma linguagem secreta que combino com alguém, na qual "banco" significa maçã. Logo depois da combinação, digo-lhe "Leve embora estes bancos!". Ele me entende e o faz; mas, empregada dessa forma, a palavra "banco" sempre lhe fica parecendo exótica, e pode ser que ele tenha a representação de um banco quando a ouve. [Cf. PU II, xi, p. 214f.]

490. O que se diria de alguém que não consegue ver um cubo esquemático ora como uma caixa em pé, ora como uma caixa deitada? Se isto é um defeito, ele não é antes um da fantasia que um do sentido da visão?

491. Mas que método notável! – Formo um conceito e me pergunto como ele seria implementado de maneira consistente. O que, para nós, merecesse ser chamado de "implementação consistente". Nós com efeito vemos uma pintura tridimensionalmente, não nos seria fácil descrevê-la como um agregado de manchas coloridas planas; mas o que vemos num estereoscópio parece tridimensional de uma maneira ainda bem diferente. Se alguém está examinando uma fotografia, seja ela de pessoas, casas ou árvores, não parece que lhe escapa a tridimensionalidade nela! (Dirigido à observação sobre a visão tridimensional com os dois olhos.) [Cf. PU II, xi, p. 213a.]

492. Posso ver o cubo esquemático como uma caixa, mas **não**: ora como uma caixa de papel, ora como uma de metal. O que eu deveria dizer se alguém me assegurasse que poderia ver a figura como uma caixa de **metal**? Eu deveria responder que isso não é um *ver*? Mas se não pudesse ver, então ele poderia *sentir*?

Naturalmente, seria plausível responder: apenas o que poderia ser visto na realidade pode ser imaginado *visualmente* daquela forma. (O saber nos sonhos.) [Cf. PU II, xi, p. 208b.]

493. A experiência de quando saímos do cinema para a rua, e vemos a rua e as pessoas como se elas estivessem sobre a tela e fossem parte da ação do filme. Qual é o porquê disso? *Como* vemos a rua e as pessoas? Eu poderia apenas dizer: tenho, por exemplo, o pensamento fugaz "Talvez *esta* pessoa vá ser um protagonista na trama". Mas não é só isso. Minha atitude é de alguma maneira a que tenho com relação ao que acontece sobre a tela. Algo como uma curiosidade moderada, um contentamento. Mas não posso de forma nenhuma dizer tudo isso num primeiro momento.

494. Não se exige a fantasia para ouvir algo como variação de um determinado tema? E, no entanto, percebe-se algo ao ouvir dessa forma. [PU II, xi, p. 213c.]

495. "Se você imagina *isto* alterado desta maneira, você tem este outro." Em geral, gostaríamos de dizer que o poder da imaginação pode substituir uma figura, uma demonstração. [Cf. PU II, xi, p. 213d.]

496. Os aspectos da cruz dupla podem ser expressos simplesmente apontando ora para uma cruz branca, ora para uma cruz preta, ou seja, apontando para o que se apontaria também com a pergunta "*Isto* está contido na figura sobre este papel?". Poderíamos fazer a mesma pergunta a respeito da figura do pato-lebre. Mas também está claro que aqui cada caso diverge um pouco do outro.

Pois, a fim de exprimir os aspectos desta figura, aponta-se, por exemplo, para algo que não está contido na figura, como a cruz preta na cruz dupla.

497. De todo modo, você fala de *entender* a música. Só que você a entende *enquanto* a ouve! Devemos dizer que é uma vivência que acompanha a audição? [Z 159.]

498. Dou sinais de deleite e compreensão.

É jogar com as palavras dizer que a alegria, a fruição, o deleite não são sensações? Perguntemo-nos logo: Qual será o tamanho da analogia que existe entre o deleite e aquilo que chamamos, por exemplo, de "percepção sensível"? [a: Z 515; b: Z 484.]

499. O elo de ligação entre elas seria a dor. Pois seu conceito se parece com o da sensação tátil, por exemplo (por meio das marcas características da localização, da duração genuína, da intensidade, da qualidade), e ao mesmo com o das emoções por meio da expressão (caras, gestos, sons). [Z 485.]

500. Como sei que alguém está deleitado? Como se aprende a expressão linguística do deleite? A que ela se vincula? À expressão de sensações corporais? Nós perguntamos a alguém o que ele sente no peito, ou nos músculos da face, para descobrir se ele está sentindo prazer? [Z 168.]

501. Isso significa, porém, que não existem sensações que frequentemente retornam ao fruirmos de música? De forma alguma. (Em alguns trechos, ele pode estar prestes a chorar e sente isso na laringe.)

Um poema nos dá uma impressão quando o lemos. "Você sente, enquanto o lê, o mesmo que sente quando lê algo indiferente?". Como aprendi a responder a esta pergunta? Talvez eu vá dizer: "É claro que não!" – o que equivale a: *isto* me arrebata, este outro não. "Eu vivencio algo diferente". E que tipo de coisa é essa? Não consigo responder nada satisfatório. Pois o que menciono não tem nenhuma importância. "Mas você não fruiu *enquanto* lia?". Sem dúvida, pois a resposta contrária diria: eu fruí antes ou depois; e isto não é algo que quero dizer.

Mas agora você se lembra de certas sensações, representações e pensamentos concomitantes à leitura, e com efeito tais que não eram irrelevantes para a fruição, para a impressão. Mas delas eu gostaria de dizer que só obtiveram sua correção por conta de seus arredores: por conta da leitura do poema, por conta de meu *conhecimento* da língua, da métrica e de **inúmeras outras coisas**. (Estes olhos sorriem apenas *neste* rosto e *neste* contexto temporal.)

O que você tem de se perguntar é como é que chegamos a aprender a expressão "Isto não é maravilhoso?!" (por exemplo). Ninguém a explica para nós referindo-se a sensações, representações ou pensamentos que acompanham a audição! Nós nem mesmo duvidaríamos de que ele a fruiu, caso ele não soubesse citar nenhuma vivência dessa espécie; pelo contrário, duvidaríamos disso se ficasse patente que ele não entende certas conexões. [a: cf. Z 169; b, c, d: cf. Z 170.]

502. Mas a compreensão não se revela, por exemplo, na expressão com a qual alguém lê o poema, canta a melodia? Com certeza. No entanto, o que é aqui a vivência durante a leitura? Eis o que se teria de dizer: quem frui e entende a leitura é aquele que a ouve e a sente bem executada pelos órgãos da fala. [Z 171.]

503. Pode-se também dizer da compreensão de uma **frase** musical que ela é a compreensão de uma *linguagem*. [Z 172.]

504. Penso numa frase bem curta, de apenas dois compassos. Você diz "Quanta coisa não há nela!". Mas é apenas, por assim dizer, uma ilusão óptica se você pensa que o que há nela vai acontecendo com sua audição. (Tenha em mente que às vezes dizemos, e com toda razão: "Tudo depende de *quem* o diz".) (É só no fluxo do pensamento e da vida que as palavras têm significado.) [Z 173.]

505. *Isto aqui* não contém a ilusão: "*Agora* eu entendi". – Ao que talvez se siga uma longa explicação daquilo que entendi. [Z 174.]

506. Como a visão de um aspecto está conectada à capacidade de operar (por exemplo, na matemática)? Pense na visão tridimensional na geometria descritiva e na operação no desenho. A pessoa movimenta o lápis sobre a superfície do desenho como se estivesse movimentando-se no interior do corpo real. Mas como isto pode ser uma prova da **visão**?
Bem, não é para nós uma prova da visão quando alguém se movimenta no interior de um quarto com segurança? O caso é que existem diferentes critérios de visão. Pergunte a si mesmo: Se alguém consegue desenhar bem animais, pessoas e todo tipo de objetos conforme os imagine ou lembre deles, é preciso que para isso ele os veja com seu olho interior? A resposta poderia ser: "Num caso como este, o que *dizemos* é..."; mas também: "É preciso perguntar a quem está desenhando se ele faz isso ou não".

507. Agora há uma conexão entre o aspecto e a fantasia.

508. Os aspectos da cobertura e do fundo. O que faltaria a uma pessoa que fosse cega para eles? Não é um contrassenso responder: o poder da imaginação.

509. Tenha em mente que frequentemente há uma palavra "apropriada" para um aspecto.
Por exemplo, se fizermos alguém olhar para a cruz dupla e relatar qual dos **dois** aspectos (cruz preta ou cruz branca) ele está vendo, pode ser que nos seja indiferente se ele diz que vê, numa vez, algo como um moinho de vento branco com quatro pás e, na outra vez, uma cruz preta em pé, ou se ele vê a cruz branca como as quatro pontas de uma folha de papel dobradas na direção do centro. A cruz que é vista "agora" pode também ser vista como uma *abertura* em forma de cruz. Mas não precisaríamos ligar para *estas* diferenças; e assim alguém poderia fazer uma distinção entre aspectos "puramente ópticos" e aspectos "conceituais". (De maneira parecida, na narração de um sonho, poderia ter importância, ou não, com que palavras particulares são descritas as situações sonhadas.)

510. Não se poderia entender "Veja o F como ⊣"[47] enquanto ainda não se tivesse dito algo bem diferente. Pois eu entenderia "Veja este triângulo como aquele triângulo"?[48] É preciso que primeiro exista uma ligação conceitual.

511. "Para mim, agora ela está olhando para a esquerda – e agora de novo para a direita." Então tal como já fazia antes? Não; anteriormente, ela não tinha uma *direção* para mim. Eu não a cercava anteriormente com este mundo de representações.

512. A atenção é dinâmica, e não estática – gostaríamos de dizer. Num primeiro momento, comparo prestar atenção com olhar fixamen-

---
[47] Copiamos a letra segundo o modelo presente no lugar correspondente do manuscrito. (N.E.).
[48] No manuscrito: "Veja △ como ◣"? (N.E.).

te: isto não é, todavia, o que chamo de atenção; e agora quero dizer que acho que não se **pode** prestar atenção estaticamente. [Z 673.]

513. Ao olhar para uma rocha, alguém poderia exclamar "Um homem!" e então talvez mostrar ao outro como vê um homem na rocha, onde está o rosto, onde estão os pés etc. (Uma outra pessoa poderia ver um homem na mesma forma, mas de outra maneira.)

Vão dizer que, para tanto, a fantasia é imprescindível. Mas não para reconhecer um quadro bem realista de um cachorro como um cachorro.

514. "Ele compara a rocha com uma forma humana", "Ele vê nela uma forma humana" – mas não no mesmo sentido em que dizemos: ele compara aquele quadro com um cachorro ou esta foto de passaporte com um rosto.

515. Quando estou olhando para uma fotografia, eu não digo a mim mesmo "Isto poderia ser visto como uma pessoa". E nem digo, quando estou olhando para um F: "Isto poderia ser visto como um F".

516. Se alguém me mostrasse a figura e me perguntasse "O que é isto?", eu só poderia responder-lhe *desse jeito*. – E não deste: "Tomo isto por um...", ou "Provavelmente é um...". Exatamente do mesmo modo como, ao ler um livro, eu não **tomo** as letras por isto ou aquilo.

517. "Vejo-o como um..." anda lado a lado com "Estou tentando vê-lo como...", ou "Ainda não consigo vê-lo como um...". Você não pode, contudo, tentar ver o F ordinário como um F ordinário.

518. Pedir conselhos a alguém mentalmente. Estimar o tempo **imaginando** um relógio.

519. No aspecto está presente uma fisionomia, que em seguida desaparece. É quase como se houvesse ali um rosto, que num primeiro momento **imito** e depois aceito sem imitar. E isto na verdade não basta como explicação? Mas não é demais? [PU II, xi, p. 210e.]

520. Se num determinado caso eu digo: a atenção consiste na prontidão a seguir cada mínimo movimento que possa aparecer – então você já vê que a atenção não é o olhar fixo, e sim um conceito de outra espécie. [Z 674.]

521. Não se vê a mudança de aspecto, mas a mudança de interpretação. [Z 216.]

522. Você não o vê de acordo com uma interpretação, mas de acordo com um interpretar. [Z 217.]

523. Aquele a quem se perguntasse "Você consegue ver o F como um efe?" não nos entenderia. A pergunta "Você consegue vê-lo como um F invertido?", contudo, ele entenderia. E também esta: "E agora você consegue vê-lo novamente como um efe ordinário?". – Por quê?
"Você consegue vê-lo como...?" ou "Agora o veja como um...!" andam lado a lado com: "Agora o tome como um...".
Aquela pergunta só faz sentido onde esta ordem faz sentido.

524. Imagine que alguém dissesse, apontando para um F impresso ordinário, "Agora é um efe". O que isso quer dizer? Faz algum sentido? Por enquanto, ainda não faz. Em que medida ele *agora* é isto? Talvez na medida em que ele sempre é isto? E em oposição a quê? Olho para uma lâmpada e digo "Agora é uma lâmpada" – o que posso estar querendo dizer?

525. Você precisa de novos óculos conceituais.

526. Se alguém diz "Para mim, isto agora é um rosto", podemos perguntar-lhe: "A que tipo de transformação você está fazendo alusão?". [PU II, xi, p. 195d.]

527. Pois a exclamação "Uma lebre!" tem afinidade com o *comunicado* "Uma lebre".

528. Qual será a manifestação do espanto? Ele pode ser uma postura estacionária? Ou seja, o espanto pode ser um estado de repouso?[49]

---

[49] TS: ser um estado estacionário?

529. Imagine que se perguntasse: "Por que a vivência da surpresa não pode ser retida?".

530. "O efe desaparece e aparece uma cruz em seu lugar; a cruz desaparece e aparece um F invertido; etc." Pois é esta a expressão de uma alteração da percepção.

531. *Esqueça*, esqueça que você mesmo tem estas vivências! [Z 179.]

532. Para nós, é como se nosso olho desenhasse cada vez uma figura diferente nestes traços (sobre o papel).

533. Aparecem a mim diferentes figuras. Mas *quão* diferentes? Diferentes em quê? Isto, eu só posso explicar por meio de uma gênese.

534. Eu digo algo; e está correto; mas agora compreendo mal o emprego que caberia a essa declaração.

535. Como será que se joga o jogo "Também poderia ser *isto*"? *Isto* que a figura também poderia ser – e isto é aquilo como o qual ela pode ser vista – não é simplesmente uma outra figura. Por isso não fazia sentido dizer: o F também poderia ser um ⌐.⁵⁰ Ou ainda: isto poderia significar coisas bem diferentes.

Aquele jogo, contudo, poderia ser jogado com uma criança, por exemplo. Examinamos juntos uma figura ou o objeto que preferirmos (um móvel) – e é dito: "Isto agora será uma casa". Então, ele passa a entrar em relatos e narrações, nós nos portamos com relação a ele como se ele fosse uma casa, e ele será interpretado o tempo todo como tal. Se depois a mesma coisa representar algo diferente, uma outra invenção será tecida ao seu redor. [a: cf. PU II, xi, p. 206d; b: cf. PU, p. 206e.]

536. Como você vai saber se a criança *vê* a coisa como isto? Bem, talvez ela diga isso espontaneamente. Ela diz algo como: "É verdade, *agora*

---

⁵⁰ Não há nenhum sinal no datiloscrito. Copiamos esta letra do lugar correspondente no manuscrito (N.E.).

eu a vejo como...". E *nesta* situação, com uma vívida participação na fabricação, isso sem dúvida vai significar para nós a visão do aspecto.

537. Quero dizer: este jogo tem *afinidade* com o de ver aspectos, por exemplo.
Para nós, que alguém possa como que fazer encenações com as coisas é uma precondição para que ele queira dizer com as palavras "Agora o vejo como..." o que nós queremos dizer com elas.

538. Como você ensina a uma criança, digamos em contagens: "Agora tome estes pontos em conjunto!" ou "Agora *estes* vão juntos"? É evidente que "tomar em conjunto" e "ir junto" têm de ter tido originalmente para ela um significado diferente de *ver* algo desta ou daquela maneira. E esta era uma observação sobre conceitos, não sobre métodos de instrução. [PU II, xi, p. 208c.]

539. É claro que se pode dizer "Agora veja a figura como um... por cinco minutos", se isto quer dizer: Conserve-a, equilibre-a com este aspecto.

540. O que você entende quando alguém lhe diz "Eu o vejo (a saber, o F ordinário) como um efe"? Que ele está lidando com aspectos; que esse é um estado lábil. Que ele pensa "ele também poderia ser isto".

541. A visão de aspectos é construída sobre outros jogos.

542. De fato, fala-se de fazer contas na imaginação. Portanto, não é surpreendente que o poder da imaginação possa servir ao conhecimento.

543. Não estou querendo dizer, porém, que o aspecto seja uma representação. E sim que "ver um aspecto" e "imaginar algo" são conceitos afins. [Cf. PU II, xi, p. 213c.]

544. Gostaríamos de perguntar a respeito da visão de um aspecto: "É um ver? É um pensar?". O aspecto está sujeito à vontade: isto já o torna afim ao pensar.

545. "O aspecto está sujeito à vontade." Esta não é uma sentença empírica. Faz sentido dizer "Veja este círculo como um buraco, não como um disco"; mas não "Veja-o como um quadrado" ou "Veja-o vermelho".

546. (Dirigido ao parágrafo 31 do Livro I). Eu realmente vejo algo diferente a cada vez ou apenas interpreto o que vejo de uma maneira diferente? Estou inclinado a dizer a primeira opção. Mas por quê? Interpretar é um pensar, um agir. [PU II, xi, p. 212d.]

547. Os casos em que **interpretamos** o que vemos são fáceis de reconhecer. Ao interpretarmos, formulamos uma hipótese que pode revelar-se equivocada. "Vejo esta figura como um..." pode tão pouco ser verificada quanto (ou pode ser verificada apenas no mesmo sentido em que) a declaração "Vejo um vermelho brilhante". Existe aqui, portanto, uma semelhança entre os empregos da palavra "ver" nos dois contextos.

548. Imaginemos que alguém perguntasse: "Todos nós vemos um F da mesma maneira?". O que se poderia querer dizer com isso? Poderíamos fazer este teste: mostramos um F a diferentes pessoas e fazemos a pergunta "Para onde olha um F, para a direita ou para a esquerda?". Ou: "Se você comparar um F com um rosto de perfil, para onde vai olhar o rosto?".
Mas talvez muitos não entendessem esta pergunta. Tal como muitos também não entendem a pergunta "Que cor tem para você a vogal a?". Se alguém não a entendesse, se ele dissesse que ela é um disparate, poderíamos dizer que ele não entende português ou não entende os significados das palavras "cor", "vogal" etc.?
Pelo contrário: É quando ele aprendeu a entender estas palavras que ele pode reagir àquelas perguntas "com entendimento" ou "sem entendimento". [b, c: Z 185.]

549. Imagine que não tivesse sido feita a pergunta "Em que direção olha a letra...?" – mas esta: "Se você devesse pintar um olho e um nariz num F ou num J, para onde ele olharia?". Esta não deixaria de ser uma questão psicológica. E nela não se está falando de um "**ver** deste jeito ou de outro". Não; em vez disso, ela fala de uma **inclinação** para fazer uma ou outra coisa. (Só que é preciso levar em conta como alguém chega a sua resposta para esta pergunta.) Assim, aquele ver tem afinidade com uma inclinação. A inclinação pode alterar-se ou estar de todo ausente.

550. "Com esta distribuição das janelas, a fachada olha **para lá**."

"Antes as janelas estavam dispostas de tal maneira que a fachada olhava **para lá**."

A primeira sentença é parecida com uma sentença geométrica. Na segunda, o conceito de "direção em que ela olha" serve para descrever a fachada. Assim como se descreve um rosto mediante os conceitos "feliz", "rabugento", "desconfiado", ou um movimento com "medroso", "hesitante", "seguro". E, na medida em que essas são descrições do que é percebido visualmente, do que é observado, elas são também descrições da impressão visual. Pode-se, portanto, dizer: *vê*-se a hesitação. (Se alguém está copiando um quadro, pode-se dizer a ele: "O rosto ainda não está certo, ele não está triste o bastante".)

551. Quem tem olho para semelhanças de família pode reconhecer que duas pessoas são parentes, mesmo sem conseguir dizer em que consiste a semelhança. (Pense no caso do prodígio para contas.)

552. Poderia ser um mau uso da linguagem dizer "Vejo medo neste rosto". Seria ensinado a nós: pode-se **"ver"** um rosto com medo; mas o medo nele, a semelhança ou a diferença de dois rostos são coisas que se **"notam"**.

553. A afinidade entre os dois conceitos se revela nesta própria explicação: para reconhecer como eles diferem, leva-se em conta que sentido poderia fazer dizer que alguém viu a semelhança entre dois rostos desde esta badalada até a seguinte. Ou pense na ordem: "Note a semelhança desde… até…!".

554. A descrição da impressão visual pode ser um desenho. Na maioria das vezes, o que está em cima no desenho, o que está embaixo, é da maior importância. Contudo, também poderia ser estipulado a que distância dos olhos nós deveríamos segurá-lo. E, além disso, até mesmo para qual ponto do desenho nós temos de olhar ou como nosso olhar deve vaguear sobre ele.

555. Começo a ver a semelhança quando ela me "chama a atenção"; e eu a vejo, então, enquanto estou vendo objetos semelhantes? Ou apenas enquanto estou **consciente** da semelhança? Se a semelhança me chama

a atenção, eu percebo algo; mas não preciso permanecer consciente dela para perceber que ela não se altera.

556. Dois empregos do relato "Eu vejo...". Um jogo de linguagem: "O que você vê ali?" – "Eu vejo..." e segue-se uma descrição do que é visto, seja com palavras ou por meio de um desenho, um modelo, de gestos etc. Um outro jogo de linguagem: Examinamos dois rostos e digo ao outro: "Vejo uma semelhança entre eles".

No primeiro jogo de linguagem, a descrição poderia ter dito, por exemplo: "Vejo dois rostos que são semelhantes um ao outro como o são pai e filho". Pode-se chamar isto de uma descrição muito mais incompleta do que seria aquela feita por meio de um desenho. Mas alguém poderia dar essa descrição mais completa e, no entanto, não notar aquela semelhança. Uma outra pessoa poderia ver o desenho do primeiro jogo e descobrir a semelhança de família nele; e da mesma forma também uma semelhança entre as expressões faciais. [a: cf. PU II, xi, p. 193a.]

557. "Enquanto eu proferia a palavra agora mesmo, ela significava para mim..." Por que isto não deveria ser simplesmente loucura? Por que *eu* vivenciei isto? Isso não é razão. [Z 182.]

558. Os casos em que o interior me parece oculto são bem **especiais**. E a incerteza que assim se exprime não é uma incerteza filosófica, e sim prática e primitiva.

559. Sendo assim, é como se eu me desse conta pela primeira vez de que o interior está na verdade sempre oculto.

560. (Também se diz: O homem me é completamente transparente.) Desse modo, um homem às vezes me é transparente, às vezes opaco.

561. "Nunca posso saber o que acontece dentro dele." Mas será que algo tem de acontecer dentro dele? E por que devo preocupar-me com isso? Só que a incerteza que esta imagem nos sugere é real, e não sonhada.

562. Qual é a importância de que alguém faça tal e tal confissão? Será que ele tem de ser capaz de avaliar seu estado corretamente? O que

importa não é de forma alguma um estado interior que ele avalia, e sim precisamente sua confissão.

(Sua confissão pode explicar certas coisas. Pode, por exemplo, eliminar minha desconfiança a respeito de outra pessoa.)

563. A incerteza de princípio: Não sei o que ele está pensando se ele não o exprime. Mas imagine que ele o exprimisse, só que numa linguagem que você não entende. Ele poderia fazê-lo batendo com o dedo de uma mão nas costas da outra, em código morse ou algo parecido. Nesse caso, o que ele está pensando não continua sendo secreto, e *tão* secreto quanto se nunca tivesse sido expresso? A linguagem poderia até mesmo ser de uma espécie tal que eu nunca pudesse aprendê-la, por exemplo, uma linguagem com uma regularidade extraordinariamente complicada.

564. Então alguém pode ocultar de mim seus pensamentos proferindo-os numa língua que me é estranha. Mas onde está aqui o elemento mental oculto?

565. Posso escolher a linguagem no interior da qual eu penso. Mas não é como se eu pensasse e então escolhesse a linguagem na qual quero transmitir meus pensamentos não verbais.

566. Você pode estar tão *seguro* da sensação do outro quanto de um fato *qualquer*. Mas isto não torna as sentenças "Ele está feliz" e "2 x 2 = 4" instrumentos semelhantes. O que se insinua é dizer "É uma segurança diferente", mas isso não remove a obscuridade. [Cf. PU, II, xi, p. 224c.]

567. "Mas se você está **seguro**, o que você faz não é simplesmente fechar os olhos diante da dúvida?" Os meus estão fechados.

É bem verdade: Aquela dúvida é alcançada por um caminho bem diferente do que leva a duvidar de uma sentença matemática. Sobretudo, ali a certeza completa é o caso limite de uma *crença* que difere segundo graus. E simplesmente **tudo** é diferente. [a: PU II, xi, p. 224d.]

568. E agora – eu gostaria de dizer – há aqui certamente o caso da dúvida desesperada. Se eu digo: "Não faço ideia do que ele está realmente pensando". Ele é para mim um livro fechado. Se o único meio de compre-

ender o outro fosse passar pela mesma criação que ele, o que é impossível. E aqui não há fingimento. Mas imagine pessoas cuja criação as leva a reprimir a expressão da emoção no rosto e nos gestos, e que estas pessoas se tornam inacessíveis a mim por pensarem em voz alta numa linguagem que não compreendo. Agora eu digo "Não faço ideia do que se passa dentro delas", o que no entanto está dado como um fato exterior.

569. "Não posso saber o que se passa dentro dele" é, sobretudo, uma *imagem*. É a expressão convincente de uma convicção. Ela não menciona as razões da convicção. Estas não são algo que se **vê** imediatamente. [PU II, xi, p. 223g.]

570. "*Vê*-se a emoção." Em oposição a quê? Não vemos alguém fazendo caras e bocas, e agora *inferimos* que ele sente alegria, tristeza, tédio. Descrevemos seu rosto imediatamente como triste, radiante de felicidade, entediado, mesmo que não sejamos capazes de dar qualquer outra descrição dos traços faciais. A tristeza é personificada no rosto, é o que se gostaria de dizer. Isto é essencial àquilo que chamamos de "emoção". [Cf. Z 225.]

571. Aquele que chamo de cego para significados vai provavelmente entender a instrução: "Diga-lhe que ele deve ir ao banco, e estou referindo-me ao banco da praça"; mas não: "Diga a palavra banco e se refira com ela ao banco da praça".
Ele tampouco vai poder relatar que quase conseguiu, só que a palavra escorregou para o significado errado. Também não lhe parece que a palavra tem algo em si que fixa o significado praticamente como uma grafia; e nem que a grafia é como que uma imagem do significado. Há, por exemplo, uma forte tentação para pensar que a outra grafia corresponde no mínimo a uma sutil diferença na pronúncia, mesmo onde é certo que não é assim. Eis aqui um caso que serve de exemplo para muitos outros: falamos as duas palavras (por exemplo, "para" e "para") para nós mesmos e realmente as pronunciamos um pouco diferentemente, embora naturalmente não o façamos no curso normal da fala, quando não estamos pensando em nada desse tipo; e isto apenas porque pronunciamos cada uma dessas palavras de forma diferente em diferentes ocasiões. [a: cf. Z 183a.]

572. Pessoas diferentes são muito diferentes em sua sensibilidade para com alterações na ortografia de uma palavra. E a sensação não é apenas reverência por um uso antigo. Se para alguém a ortografia é apenas uma questão prática, esta pessoa perde uma sensação parecida com aquela que faltaria aos "cegos para significados". [Z 184.]

573. Como ele podia ouvir a palavra com este significado? Como era possível? Não era, de forma alguma – não **nestas** dimensões. [Z 180.]

574. Mas então não é verdade que agora a palavra significa isto para mim? Por que não? Pois este sentido não entra em conflito com o restante do uso da palavra.
Alguém diz: "Dê-lhe a ordem... e com ela *queira dizer...*!". O que isto pode significar?
Mas por que você usa precisamente essa expressão para sua vivência? Uma roupagem de péssimo caimento! Essa é a expressão da vivência, tal como "A vogal *e* é amarela" e "No sonho, eu sabia que..." são expressões de outras vivências. Ela só é uma roupagem de péssimo caimento se você a toma da forma errada.
Essa expressão é própria da vivência da mesma forma como a manifestação primitiva de dor é própria da dor. [a, b: Z 181.]

575. W. James: o pensamento já está pronto no começo da sentença. Como se pode saber isso? A *intenção* de proferi-lo, porém, pode já existir antes que a primeira palavra seja dita. Pois se perguntarmos a alguém "Você sabe o que vai dizer?", ele frequentemente vai responder que sim.
Tenho a intenção de assobiar este tema: eu assim já o assobiei em algum sentido, em pensamento, talvez? [a: Z 1; b: Z 2b.]

576. Talvez uma coisa qualquer vá passar pela cabeça de quem responde com um sim à pergunta "Você já sabe o que vai dizer?"; mas se isso fosse algo objetivamente audível ou visível, na maioria das vezes não poderíamos, de todo modo, extrair daí com segurança o que se pretendia. (Levantar a mão na classe.)

577. Nem toda pessoa que tem uma intenção formulou por isso um *plano*.

578. Não *nos* preocupamos com quais formas de deficiência mental realmente existem, mas com as possibilidades dessas formas; não se as pessoas são capazes ou não do pensamento "Naquela vez, eu queria...", mas como este pode ser implementado. [Cf. Z 183a.]

579. Como essa suposição poderia ser implementada de maneira consistente? O que chamaríamos de uma implementação consistente? Se você supõe que alguém não consegue fazer *isto*, como passa a ser com *isto aqui*? Ele também não consegue? Aonde nos leva esse conceito? [A partir de "Se você supõe" cf. Z 183b.]

580. "Você tem de prometer a si mesmo seriamente, e aí é que você vai fazê-lo." Faz parte da promessa séria, por exemplo, que se medite sobre o assunto, que haja uma determinada preparação. Finalmente, talvez realmente tenha lugar uma promessa formal, talvez até em voz alta, mas isto é apenas *uma* pedra desse edifício. (Votos.)

581. Poderíamos chamar o voto de uma cerimônia. (Há batismo mesmo que ele não seja um sacramento cristão.) E uma cerimônia tem uma peculiar importância.

582. "Eu tinha a intenção..." não exprime a lembrança de uma vivência. (Tampouco: "Eu estava prestes a...".) [Z 44.]

583. "Que barulho estranho e aterrador. Nunca vou esquecê-lo." E por que não se deveria poder falar isso da lembrança ("Que experiência estranha..."), quando se olhou pela primeira vez no passado? [Z 661.]

584. Ele não poderia ter apenas fantasiado que fez essa conta? (O fato de que agora ele saiba o resultado da conta não deve estar em contradição com isso. E ele poderia até mesmo ter errado na conta.) E se aqui não *há* um erro, então isto não é porque existe certeza.

585. Alguém me diz que acabou de calcular de cabeça quanto é ... x .... Ele dá um resultado manifestamente errado e, ao perguntarmos como ele obteve o resultado, repete a conta de cor; ela é um completo disparate, como também ele percebe agora, só que naquele momento, ele diz, pareceu-lhe

bastante correta. (Acontece algo parecido nos sonhos.) Isto não pode acontecer? Sua conta de cabeça, **quero dizer**, ainda tem de se mostrar acertada.

586. "Ao esconder algo de mim, ele pode escondê-lo de tal maneira que eu não apenas nunca vou achá-lo, mas que achá-lo seja algo absolutamente impensável." Este seria um escondimento metafísico. Mas e se ele desse, sem saber, sinais que o delatassem? Isto não deixaria de ser possível. Mas quanto a se aqueles sinais realmente o delataram, não é apenas *ele* que pode decidir isto? Eu não poderia contudo insistir que ele se esqueceu do que aconteceu dentro dele, invalidando sua declaração? (Sem qualificá-la como uma mentira.) Ou seja: qualificá-la como algo sem valor; ou admitir seu valor apenas como um fenômeno do qual porventura possam ser tiradas conclusões sobre **seu** estado.

587. Se algo está escondido, não é como se estivesse escondida uma escrita, ou antes algo que parece com uma escrita, cujo significado reside apenas no que ele vai extrair dela ou colocar nela no momento da leitura?

588. Naturalmente, ele pode *induzir-me a erros*, pode levar-me a conclusões falsas. Mas disto não se segue que ele escondeu algo; embora sua maneira de agir possa ser comparada com um escondimento.

589. Será que não **tenho razão** em estar convencido de que ele não está fingindo para mim? E assim não posso convencer outra pessoa de que tenho razão nisso?

590. Se eu narrar-lhe com todos os detalhes como meu amigo se comportou, ele vai duvidar de maneira razoável da genuinidade dos sentimentos de meu amigo?
Alguém duvida da genuinidade dos sentimentos de Lear?

591. É imponderação perder de vista a **possibilidade** do fingimento?

592. Lembrar: um ver no passado. O *sonhar* poderia ser assim chamado, quando ele nos oferece o que passou. Mas não o lembrar; pois mesmo que ele nos mostrasse cenas com uma clareza alucinatória, é ele que nos informa em primeiro lugar que isso é o que passou. [Z 662.]

593. Mas se é a memória que nos mostra o passado, como ela nos mostra que é o passado?

Ela simplesmente *não* nos mostra o passado. Tampouco nossos sentidos nos mostram o presente. [Z 663.]

594. Também não se pode dizer que ela nos comunica o passado. Pois mesmo que a memória fosse uma voz audível que falasse conosco, como poderíamos entendê-la? Se ela nos diz, por exemplo, "Ontem o tempo estava bom", como posso descobrir o que "ontem" significa? [Z 664.]

595. Eu exibo algo a mim mesmo apenas *da mesma forma* como o exibo a outra pessoa. [Z 665.]

596. Posso demonstrar ao outro minha boa memória, e também a mim mesmo. Posso interrogar a mim mesmo. (Vocabulário, datas.) [Z 666.]

597. Mas como exibo o lembrar a mim mesmo? Ora, eu me pergunto "Como passei a manhã de hoje?" e dou uma resposta a mim mesmo. Mas o que propriamente exibi a mim mesmo? Foi o lembrar? A saber, como é se lembrar de algo? Será que dessa forma eu teria exibido o lembrar a uma **outra pessoa**? [Z 667.]

598. "Planejar algo é um particular processo interior." Mas que tipo de processo – mesmo que você pudesse engendrá-lo – poderia realizar aquilo que exigimos de uma resolução? [Z 192.]

599. Imagine pessoas que apenas mostram compaixão quando veem o outro sangrando; caso contrário, elas riem de suas manifestações de dor. É assim entre elas. Algumas se lambuzam com sangue de animais para que sintam pena delas. Se essas pessoas são flagradas fazendo isso, elas são severamente punidas.

600. Elas não fazem a pergunta "Mas, mesmo assim, ele não poderia estar com dores?".

601. Essas pessoas não podem ter certos escrúpulos.

602. Eu me preocupo com seu interior se *confio* nele? Se não confio, digo "não sei o que se passa dentro dele"; mas se confio nele, não digo: sei o que se passa dentro dele.

603. Se não desconfio dele, eu não me preocupo com o que se passa dentro dele. (Palavras e seu significado. O significado das palavras, o que está por trás delas, não é para mim um motivo de preocupação na circulação linguística normal. Elas vão fluindo e são feitas as passagens de palavras a ações e de ações a palavras. Quando se está fazendo contas, ninguém pensa se as está fazendo "de forma pensada" ou "como um papagaio". (Frege.)

604. Pode ser que haja pessoas que falem muito consigo mesmas, antes e enquanto agem, e outras que digam muito pouco para si mesmas, que sejam, por assim dizer, muito taciturnas consigo mesmas. Se perguntarmos a uma delas "O que você pensou enquanto fazia isso?", talvez ela confesse, de forma bem honesta, "Absolutamente nada", embora sua ação nos pareça algo bem refletido, talvez até mesmo sagaz. Digo que não sei o que se passa dentro dela, e num sentido importante não se passa nada. Não sei guiar-me ao lidar com ela: Levanto, por exemplo, suspeitas equivocadas facilmente e verei, de tempos em tempos, minhas expectativas serem duramente frustradas.
Eu poderia fazer-me uma imagem dessa pessoa imaginando que durante todas as suas ações ela proferisse monólogos que dessem expressão a suas motivações. Os monólogos seriam uma construção, uma hipótese de trabalho, com a ajuda da qual procuro tornar suas ações compreensíveis para mim. Tenho agora de supor que, dentro dela, *além* daqueles monólogos, ainda tem lugar um pensar? Os monólogos não são mais que suficientes? Eles não podem cumprir tudo aquilo que a vida interior deve cumprir?

605. Pode-se facilmente imaginar e dar conta de todos os detalhes de eventos que, se víssemos ocorrer, nos fariam perder a confiança em todos os juízos.
Se através de minha janela eu visse arredores bem novos em vez daqueles com os quais estou há tempos acostumado, se neles as coisas se comportassem como nunca antes se comportaram, então eu talvez soltasse as palavras "Fiquei louco"; mas isto seria apenas uma expressão de que

estou desistindo de saber guiar-me. E o mesmo poderia acontecer comigo na matemática. Poderia me **parecer**, **por exemplo**, que eu não parasse de cometer erros nas contas, de modo que nenhuma solução me parecesse confiável.

Mas para mim o importante nisto é que não há um limite nítido entre um tal estado e o normal. [Z 393.]

606. Em que reside a importância de retratar anomalias de forma precisa? Não poder fazê-lo mostra que ainda não sabemos guiar-nos em meio aos conceitos. [VB, p. 139; C & V, p. 72.]

607. Se bem que existe isto: adquirir conhecimento do homem; pode-se também ajudar alguém nisso, dando assim quase que uma aula, só que apenas apontando para casos, indicando certos traços e não dando regras fixas.

608. Talvez eu possa dizer "Deixe-me falar com esta pessoa, passar algum tempo com ela, e aí vou saber se dá para confiar nela", e mais tarde: "Tenho a *impressão*...". Mas trata-se aqui de um prognóstico. Pode ser que o futuro mostre se minha impressão estava certa. O conhecimento do homem pode convencer-nos de que esta pessoa realmente sente o que aparenta estar sentindo; mas *ele* nos convence de que outras pessoas sentem algo?

609. "Não se *pode* fingir assim." E isto pode ser uma experiência, a saber, a de que ninguém que se comporta *assim* vai mais tarde se comportar de tal e tal modo; mas também pode ser uma estipulação conceitual; e essas duas coisas podem estar conectadas.

(Pois não se teria dito que os planetas *têm* de se mover em círculos se nunca tivesse parecido *que* eles se movem em círculos.) [a: Z 570a; b: Z 570c.]

610. Eu posso, numa aula, apontar para alguém e dizer "Está vendo? *Aquele ali* não está fingindo". E o aluno pode aprender com isso. Mas se ele perguntasse "O que propriamente permite reconhecer que é assim?" – eu não saberia responder outra coisa a não ser algo como: "Olhe como ele está ali parado, olhe suas feições" e coisas parecidas.

611. Isto poderia ser diferente com outros seres? Por exemplo, se todos eles tivessem o mesmo porte e os mesmos traços faciais, **muita coisa** já seria diferente.

612. E o fingimento, naturalmente, é apenas um caso especial de alguém produzir uma manifestação de dor e não estar com dores. Se isto é de alguma forma possível, por que será que aí deveria sempre estar acontecendo um fingimento – este processo psicológico muito específico? (E com "psicológico" não quero dizer "interior".) [Cf. PU II, xi, p. 228(f)-229.]

613. É verdade, poderia aparecer um caso em que nós disséssemos: "Ele *crê* que está fingindo".
(*Pilgrim's Progress*: Ele *crê* que está lançando as maldições que o diabo está lançando.) [a: PU II, xi, p. 229c.]

614. A evidência suficiente se converte em insuficiente sem que haja uma fronteira. Um fundamento natural dessa configuração conceitual[51] é a complicada essência e a multiplicidade dos acontecimentos humanos.
Então, no caso de uma multiplicidade menor, teria de parecer natural uma configuração conceitual nitidamente delimitada. Mas por que parece tão difícil imaginar o caso simplificado?
É como se quiséssemos imaginar uma expressão facial que não fosse suscetível de delicadas alterações graduais; mas que tivesse, digamos, apenas cinco posições; quando de uma alteração, uma posição se converteria em outra abruptamente. Esse sorriso fixo seria realmente um sorriso? E por que não? Talvez eu não conseguisse portar-me para com ele como para com um sorriso. Talvez ele não fizesse eu mesmo sorrir. [a, b: Z 439; c: cf. Z 527.]

615. Uma expressão facial completamente fixa não poderia ser amigável. Fazem parte da expressão amigável a mutabilidade e a irregularidade. A irregularidade faz parte da fisionomia.

616. A importância que têm para nós as tênues nuances do comportamento.

---

[51] TS: desse particular conceito.

617. Faz parte aqui de meu conceito minha relação com o fenômeno. [Z 543.]

618. Imagine *este* argumento: As dores sempre têm um grau. Bem, mas ninguém vai afirmar que eu jamais sei o grau exato das dores do outro; logo, elas também poderiam ser de grau 0.
Contudo, será que ele conhece o "grau exato" de suas dores? E o que quer dizer *conhecê-lo*?

619. "Ora, será que ele não sabe quão fortes são suas dores?" Ele não tem nenhuma dúvida sobre isso.

620. Só que não sei de jeito nenhum que, por exemplo, agora sua dor cedeu um pouco. É claro que sei, se ele me diz. E o que ele diz é também uma manifestação.

621. A razão da incerteza não está em que ele não carrega suas dores dando na vista de todos. E não há absolutamente nenhuma incerteza **num caso particular**. Se as fronteiras entre dois países fossem matéria de disputa, disso se seguiria que a nacionalidade de cada um dos habitantes individuais seria questionável? [Z 556.]

622. "Monte de areia" é um conceito que não tem limites nítidos, mas por que não se usa em vez dele um que é nitidamente delimitado? A razão disso está na natureza do monte? Qual é o fenômeno cuja natureza determina nosso conceito? [Cf. Z 392.]

623. "Um cachorro é mais parecido com um homem do que o seria um ser de forma humana que se comportasse 'mecanicamente'." Que se comportasse de acordo com regras simples?

624. Avaliamos uma ação contra seu pano de fundo na vida humana, e este pano de fundo não é monocromático, mas poderíamos imaginá-lo como um padrão filigranado muito complicado, o qual certamente não poderíamos copiar, mas poderíamos voltar a reconhecer pela sua impressão geral.

625. O pano de fundo é o bulício da vida. E nosso conceito designa algo **nesse** bulício.

626. E é o próprio conceito "bulício" que exige a indeterminação. Pois um bulício só aparece por meio da repetição constante. E não há um começo determinado para uma "repetição constante".

627. A própria variabilidade é um caráter do comportamento que não lhe pode faltar sem que ele se torne para nós algo bem diferente. (Os traços faciais característicos da tristeza, por exemplo, não são mais significativos que a mobilidade deles.)[52]

628. Não é natural traçar um limite conceitual ali onde não existe uma particular justificativa para ele, onde semelhanças sempre nos empurrariam para além da linha traçada arbitrariamente.

629. Como poderíamos descrever o modo de agir humano? Só pode ser mostrando as ações de diferentes pessoas, mostrando como elas vão emaranhando-se umas com as outras. O pano de fundo contra o qual vemos uma ação e que determina nosso juízo, nossos conceitos e nossas reações não é o que **alguém** faz **agora**, mas toda a aglomeração de ações. [Z 567.]

630. Como você poderia explicar o que quer dizer "simular dores", "portar-se como se estivesse com dores"? (É claro que há a pergunta: *A quem?*) **Você deve demonstrar?** E por que uma demonstração desse tipo se presta tão facilmente a mal-entendidos? Gostaríamos de dizer: "Viva algum tempo entre nós e você vai acabar entendendo".

631. De todo modo, poderíamos simplesmente ensiná-lo, por exemplo, a encenar dores (não com a intenção de enganar). Mas isto poderia ser ensinado a qualquer um? Quero dizer: Ele poderia muito bem aprender a produzir certos sinais de dor grosseiros, mas sem jamais oferecer, por conta própria, com base em sua própria compreensão da coisa, uma imitação mais fina. (Talento para línguas.) (Talvez pudéssemos até mesmo ensinar uma espécie de uivo de dor a um cão mais esperto; só que, de sua parte, ele nunca chegaria a uma imitação consciente.) [Z 389.]

---

[52] TS: (...) não são mais importantes para nossa reação do que...

632. O que estou querendo dizer, na verdade, é que os escrúpulos intelectuais começam (têm suas raízes) no instinto. Ou também: O jogo de linguagem não tem sua origem na **reflexão**. A reflexão é uma parte do jogo de linguagem.
   E é por isso que o conceito está em casa no jogo de linguagem. [Z 391.]

633. "Você não poderia imaginar outros arredores nos quais isso ainda pudesse ser interpretado como fingimento?"
   Mas o que significa: que pudesse sempre continuar sendo fingimento? Será que a experiência nos ensinou isto? E de que outra forma podemos ser instruídos sobre o fingimento? [Cf. Z 571.]

634. Não temos aqui algo parecido com a relação entre a geometria euclidiana e a experiência visual? (Quero dizer: existe uma profunda semelhança.) Pois a geometria euclidiana também corresponde à experiência, só que de maneira muito peculiar, e não apenas como uma "mera aproximação". Talvez pudéssemos dizer que ela corresponde da mesma forma tanto ao nosso método de desenhar quanto a outras coisas, ou também que ela corresponde a certas exigências do *pensar*. Seus conceitos têm suas raízes em domínios muito espalhados e remotos. [Até "Talvez pudéssemos dizer" cf. Z 572.]

635. Pois, tal como o verbo "crer" é conjugado como o verbo "bater", conceitos para um domínio são formados por analogia com conceitos muito distantes. (Os gêneros dos substantivos.)

636. A configuração conceitual tem, por exemplo, o caráter de falta de limites quando na experiência não há limites nítidos a serem encontrados. (Aproximação sem um limite.)

637. Poderíamos em alguns casos dizer que os conceitos são formados conforme o conforto intelectual que proporcionam. (Como até mesmo o metro não está de acordo apenas com as coisas a serem medidas, mas também com o homem.) Mas ao diabo! Todo mundo sabe se está com dores! – Como é que *todo mundo* poderia sabê-lo? Para isso, cada um teria sobretudo que saber que todos têm o mesmo.

638. Uma tribo tem dois conceitos afins com o nosso de "dor". Um deles é aplicado no caso de machucados visíveis e está ligado a zelo, pena etc. O outro é aplicado no caso de dores de barriga, por exemplo, e se vincula a gozações com quem está reclamando. "Mas será que eles realmente não notam a semelhança?" Será que temos um único conceito em toda parte onde existe uma semelhança? A questão é: A semelhança é *importante* para eles? E ela precisa ser? [Z 380.]

639. Se você refletir sobre quais razões alguém poderia ter para suportar ou simular dores, inúmeras lhe ocorrerão. Por que há essa variedade? A vida é muito complicada. Há muitas e várias possibilidades.
Mas outras pessoas não poderiam deixar muitas dessas **possibilidades** de lado, como que dando de ombros para elas?

640. Neste caso, porém, essa pessoa não está deixando passar algo que está ali? Ela nem se dá conta disso; e por que deveria? Mas o que acontece, então, é que seu conceito é radicalmente diferente do nosso. **Radicalmente** diferente? Diferente. Só que, neste caso, é como se sua palavra não pudesse **designar o mesmo** que a nossa. Ou apenas uma parte disso. Mas é assim mesmo que tem de parecer se seu conceito é diferente. Pois a indeterminação de nosso conceito pode para nós se projetar no **objeto** que a palavra designa. De modo que, se faltasse a indeterminação, também não se "visaria o mesmo". A imagem que empregamos simboliza a indeterminação. [Z 381.]

641. Em filosofia não se pode *podar* uma doença do pensamento. Ela tem de seguir seu curso natural, e o mais importante é a cura **lenta**. [Z 382.]

642. "Nunca se pode saber o que acontece em sua alma" – isto parece ser uma obviedade. E é mesmo, no sentido em que aqui a própria imagem usada já contém a sentença. Mas o que se tem de fazer é colocá-la em questão simultaneamente com a imagem.

643. "Sabe-se lá o que acontece dentro dele!" A interpretação dos eventos exteriores como consequências de eventos interiores desconhecidos ou apenas presumidos. O interesse que se dirige a esse interior, como a uma estrutura química da qual procede o comportamento.

Pois precisamos apenas dizer "O que eu tenho a ver com os processos interiores, seja lá o que eles forem?!" para ver que é possível conceber uma outra atitude. "Mas, de todo modo, todos sempre vão interessar-se pelo *seu* interior!" Bobagem. Será que eu saberia que a dor etc. é algo interior se isto não me fosse dito?

644. A dúvida sobre o processo interior é uma **expressão**. Mas a **dúvida** é um comportamento instintivo. Um comportamento para com o outro. E ela não surge porque eu sei, com base em mim mesmo, *o que* é dor etc.; porque sei que ela é algo interior e que ela pode andar lado a lado com um algo qualquer exterior. Isto é a última coisa que eu saberia!

645. Lembre-se: A maioria das pessoas diz que não se sente nada quando se está anestesiado. Em contrapartida, alguns dizem: *Poderia* muito bem ser que sentíssemos algo e apenas o esquecêssemos completamente.
Logo, se há aqui aqueles que duvidam e aqueles que não têm dúvida, ainda assim a ausência de dúvida poderia existir de maneira muito mais generalizada. [Z 403.]

646. Ou, no entanto, a dúvida poderia ter uma forma diferente e muito menos indeterminada que a que tem em nosso universo de pensamento. [Z 404.]

647. Tenha em mente: Nós muitas vezes usamos a frase "Eu não sei" de uma maneira estranha; quando, por exemplo, dizemos que não sabemos se esta pessoa realmente sente mais que aquela outra, ou se apenas dá uma expressão mais forte ao que sente. Neste caso não está claro que espécie de investigação decidiria a questão. É claro que a manifestação não é de todo vã: Queremos dizer que podemos muito bem comparar as sensações de A e B umas com as outras, mas as circunstâncias de uma comparação das sensações de A com as de C nos fazem perder a confiança nisso. [Z 553.]

648. Apenas Deus vê os pensamentos mais secretos. Mas por que eles devem ser tão importantes? E todas as pessoas têm de considerá-los importantes? [Z 560.]

649. "Imagine pessoas que só pensam em voz alta." Não é de forma alguma uma obviedade que seres de natureza corpórea[53] pensem; assim, elas devem apenas pensar falando, isto é, não devem fazer mais nada que também chamaríamos de pensar. (Seus pensamentos secretos são monólogos.)

650. Há níveis entre a sagacidade instintiva e a cuidadosamente pensada. Um idiota poderia agir de forma sagaz, pois é esta designação a que usaríamos, e não acreditaríamos que ele é capaz de **planejar** algo.
Se perguntam a nós "O que será que acontece dentro dele?", dizemos "Certamente acontece muito pouca coisa dentro dele". Mas o que sabemos disso? Fazemo-nos uma imagem disso de acordo com seu comportamento, suas manifestações, sua capacidade de pensar.

651. Agrupamos diferentes coisas numa "*Gestalt*" (padrão), por exemplo, na da trapaça.
A imagem do interior completa a *Gestalt*.

652. Se um conceito depende de uma amostra de vida, então é preciso que haja alguma indeterminação nele. Pois se uma amostra se afasta da normalidade, o que queremos dizer aqui se torna duvidoso.

653. Então só poderia haver determinação ali onde a vida segue um curso regular? Mas o que eles fazem quando se deparam com um caso de irregularidade? Talvez eles apenas dêem de ombros.

654. "Ele me disse – e não havia a mínima possibilidade de dúvida sobre sua credibilidade – que..." Em que circunstâncias não há possibilidade de dúvida sobre sua credibilidade? Posso citá-las? Não.

655. Você tem de pensar no propósito das palavras.
O que linguagem tem a ver com as dores?

---

[53] MS: seres de natureza corpórea humana (N.E.).

656. No caso que estou imaginando, as pessoas têm uma palavra que preenche um propósito semelhante (tem uma função semelhante) ao da palavra "dor". Não se pode dizer que ela "designa" algo semelhante. Ela intervém na vida delas de uma outra maneira, embora ainda parecida.

657. "Mas, mesmo assim, não dá para reconhecer a dor com *segurança* pelo exterior." Pode-se reconhecê-la *apenas* pelo exterior, e a incerteza é constitutiva. Ela não é uma privação.
Reside em nosso conceito que essa incerteza exista, em nosso instrumento. Se esse conceito é prático ou não, não é propriamente disto que se trata.

658. Num outro mundo, as cores poderiam desempenhar um papel diferente do que desempenham no nosso. Pense em diferentes casos.
(1) Determinadas cores ligadas a determinadas formas. Vermelho circular, verde retangular etc.
(2) Pigmentos não podem ser produzidos. Não se podem colorir as coisas.
(3) *Uma* cor está sempre ligada a um cheiro ruim ou à venenosidade.
(4) O daltonismo é muito mais frequente do que entre nós.
(5) Diferentes tons de cinza são frequentes; todas as outras cores, extremamente raras.
(6) Podemos reproduzir de memória um grande número de tons de cores.
Se nosso sistema numérico está conectado ao número de nossos dedos, então por que nosso sistema de cores não estaria conectado ao particular modo de ocorrência das cores?
(7) Uma cor sempre aparece apenas numa passagem gradual a uma outra.
(8) As cores sempre aparecem na sequência de cores do arco-íris.

659. Pense na incerteza quanto a se animais, em particular animais inferiores, como as moscas, sentem dores.
A incerteza quanto a se uma mosca sente dores é filosófica; mas ela não poderia ser também uma incerteza instintiva? E como isso se revelaria?
É verdade, não há um tipo de incerteza no comportamento para com os animais? Alguém não sabe: Ele está sendo cruel ou não.

660. Pois há mesmo uma incerteza do comportamento que não se baseia numa incerteza no pensamento.

661. Veja a questão da incerteza quanto a se o outro sente dores à luz da questão sobre se um inseto sente dores.

662. É claro que há confiança e desconfiança no comportamento!
Por exemplo, se alguém está reclamando, posso reagir com completa segurança e confiando ou inseguro e como alguém que suspeita de algo. Para tanto não são precisos pensamentos nem palavras. [Z 573.]

663. A imprevisibilidade do comportamento humano. Se ela não estivesse presente, ainda se diria que nunca se pode saber o que acontece dentro do outro? [Z 603.]

664. Mas como seria se o comportamento humano não fosse imprevisível? Como se tem de imaginar isso? (Isto é: como retratar, que conexões supor?) [Z 604.]

665. "Não sei o que está acontecendo agora dentro dele!", isto poderia ser dito de um mecanismo complicado; talvez de um relógio sofisticado que desencadeia diferentes movimentos exteriores conforme leis muito complicadas. Eis o que talvez se imagine ao examiná-lo: Se eu soubesse que aparência tem dentro dele o que está acontecendo agora, eu saberia o que esperar.

666. Com os homens, no entanto, supõe-se que não se **pode** chegar a conhecer a fundo o mecanismo. A indeterminação é, portanto, postulada.

667. Se, porém, estou em dúvida quanto a se uma aranha sente dor, então isto não é porque não sei o que tenho de esperar. [Z 564.]

668. Mas não conseguimos evitar de fazer-nos a imagem do processo mental. E *não* porque a conhecemos com base em nós mesmos! [Z 565.]

669. *Uma* espécie de incerteza seria aquela que poderíamos demonstrar quando defrontados com um mecanismo que não conhecemos. No

caso de outro mecanismo, nós possivelmente nos lembraríamos de algum acontecimento de nossa vida. Poderia ser, por exemplo, que alguém que tivesse acabado de se livrar do medo da morte se esquivasse de espatifar uma mosca, coisa que em outro caso ele faria sem pensar duas vezes. Ou, por outro lado, que ele, com essa vivência em mente, fizesse de maneira hesitante aquilo que em outro caso faria sem hesitar. [Z 561.]

670. Mesmo que eu "não fique seguro de minha compaixão", não tenho de pensar na incerteza de seu comportamento posterior. [Z 562.]

671. Uma incerteza parte, por assim dizer, de você mesmo, a outra dele.
Desse modo, seria bem possível dizer da primeira que ela estava conectada com uma analogia; da outra, não. Mas não como se eu tirasse uma conclusão da analogia! [Z 563.]

672. Se a vida fosse um tapete, este padrão (o do fingimento, por exemplo) não está sempre completo e varia de múltiplas formas. Mas, em nosso universo conceitual, vamos sempre vendo o mesmo retornar com variações. É assim que nossos conceitos o apreendem. Pois os conceitos não são algo para ser usado **uma única** vez. [Z 568.]

673. E o padrão está tecido no tapete junto com muitos outros padrões.[54] [Z 569.]

674. Eu *digo*, por exemplo, "Só que ele poderia estar fingindo" – o que *penso* nesse momento? – Isto é, que explicação eu daria da palavra "fingir"? Que tipo de exemplos me viriam à mente?

675. Como eu **emprego** a sentença?
(Pois, aqui, é como em certas áreas da matemática, nas quais existe uma "aplicação fantástica".)

676. Recordo-me de uma imagem que então pode servir a um propósito. (Eu poderia até mesmo estar olhando para uma imagem pintada.)

---

[54] TS: E o padrão está no tapete em **conexão** com muitos outros padrões.

677. Às vezes eu o trato tal como trato a mim mesmo e gostaria de ser tratado quando estou com dores, e às vezes não.

678. Estamos acostumados com uma determinada divisão das coisas [*Sachen*].
Ela se tornou, juntamente com a linguagem ou as linguagens, parte de nossa natureza.

679. Estes são os trilhos fixos sobre os quais corre todo o nosso pensar, e assim nosso julgar e agir também vão por eles. [Z 375.]

680. O conceito de modéstia ou de presunção tem de ser conhecido em todo lugar onde existem pessoas modestas e presunçosas? Talvez esta distinção não tenha nenhuma importância para as pessoas do lugar.
Até mesmo para nós muitas distinções não têm importância, distinções essas que nos poderiam ser importantes. [Z 378.]

681. E outros têm conceitos que recortam nossos conceitos. E por que o conceito deles não deveria cortar nosso conceito "dor"? [Primeira sentença: Z 379. Segunda sentença: Z 380, a última sentença.]

682. A "incerteza" simplesmente não se refere ao caso particular, e sim ao método, às regras da evidência. [Z 555.]

683. Conceitos com limites fixos exigiriam uma uniformidade do comportamento. Mas o caso é que, onde eu estou *certo*, o outro está incerto. E este é um fato da natureza. [Z 374.]

684. Quando se diz "A evidência pode apenas tornar provável a genuinidade da expressão do sentimento", isto *não* quer dizer que em vez da segurança plena sempre há apenas uma suspeita mais ou menos confiante. "Apenas provável" não pode referir-se ao grau de nossa confiança, mas somente a seu tipo de justificação, ao caráter do jogo de linguagem. Isto certamente tem de ajudar a determinar a constituição de nosso conceito: o fato de que entre os homens não existe acordo a respeito da segurança de suas convicções. (Compare com a observação sobre o acordo nos juízos de cor e na matemática.)

685. Alguém pode estar plenamente convicto, e o outro, dada a mesma evidência, não. E não excluímos por isso nem este nem aquele da sociedade como sendo incapazes de julgar ou insuscetíveis de responsabilização.

686. Mas uma sociedade não poderia fazer justamente isso?

687. Pois as palavras só têm significado no fluxo da vida. [Cf. Z 173, a última sentença.]

688. Estou seguro, *seguro*, de que ele não está fingindo; mas o outro não está. Posso convencê-lo disso? E se não posso – digo que ele não consegue pensar? (A convicção disso poderia ser chamada de "intuitiva".) [Cf. PU II, xi, p. 227f.]

689. O instinto é o primeiro, o raciocínio o segundo. Razões só começam a existir num jogo de linguagem.

690. Estou dizendo algo como "e a alma não passa de algo no corpo"? Não. (Não tenho tão poucas categorias.)

691. Você pode variar o conceito, mas nesse caso talvez você o torne irreconhecível com as alterações.

692. Se variamos o conceito de fingimento, temos de preservar sua intimidade, isto é, a possibilidade da confissão. Mas nem sempre precisamos acreditar na confissão, e uma confissão falsa não precisa ser um ato de má-fé.

693. Outros conceitos, embora afins aos nossos, poderiam parecer-nos *muito* estranhos: a saber, um afastamento do usual numa **direção** que não é usual. [Z 373.]

694. "Você não entende nada mesmo!" é o que se diz quando alguém duvida de que seja genuíno aquilo que reconhecemos claramente como genuíno.

"Você não entende nada mesmo" – mas não podemos provar nada. [Cf. PU II, xi, p. 227g.]

695. A expressão cheia de alma na música – não dá para reconhecê-la segundo regras. E por que não conseguimos imaginar que este fosse o caso para outros seres? [Z 157.]

696. Se encontrássemos pessoas que só conhecessem música de caixinhas de música, isso bastaria para nos dar uma profunda e estranha impressão. Talvez esperássemos gestos de um tipo que não entendêssemos, aos quais não saberíamos como reagir.

697. "A genuinidade da expressão não pode ser provada." "É preciso senti-la." Mas o que acontece depois com isso? Se alguém diz "Voilà, comment s'exprime un coeur vraiment épris", e se ele ainda converte uma outra pessoa a sua opinião – quais são as outras consequências?
Consequências podem ser imaginadas de maneira vaga. A atenção do outro ganha outra direção. [Cf. PU II, xi, p. 228a.]

698. Poderíamos imaginar que aquilo que não pode ser provado entre nós pudesse ser provado entre outros seres?
Ou justamente isto alteraria sua essência a ponto de torná-lo irreconhecível?

699. O que é essencial para nós é o consentimento espontâneo, a simpatia espontânea.[55]

700. "Essas pessoas não teriam nada de humano." Por quê? – Não haveria a menor possibilidade de nos entendermos com elas. Nem mesmo da maneira como podemos entender-nos com um cachorro. Não poderíamos encontrar-nos a nós mesmos nelas.
E mesmo assim poderiam existir seres como esses que, quanto ao resto, fossem humanos . [Z 390.]

701. "Não se pode mesmo *saber*. Pode-se *acreditar*. Acreditar de todo o coração, mas não saber." Neste caso, a diferença *não* está na segurança da pessoa convicta.
Ela tem de estar em outro lugar; na *lógica* da questão.

---

[55] TS: é andar lado a lado espontaneamente.

702. Imagine que as pessoas pudessem observar o funcionamento do sistema nervoso no outro. Desse modo, elas distinguiriam entre uma sensação genuína e outra simulada de maneira segura. Ou será que elas poderiam, por sua vez, duvidar de que o outro sente algo quando esses sinais aparecem? – De todo modo, poderíamos imaginar que o que elas veem ali determina o comportamento delas sem qualquer tipo de escrúpulo.

E agora pode-se transferir isso para o comportamento exterior. [Z 557a, b.]

703. E há o caso em que, mais tarde, alguém desvela a mim o que lhe há de mais íntimo por meio de uma confissão: mas sendo não pode explicar-me a essência do exterior e do interior, pois eu ainda tenho de acreditar na confissão.

A bem dizer, a confissão é algo exterior. [Z 558.]

704. As pessoas que podem ver o funcionamento dos nervos: **Tenho** de imaginar que o interior pode estar debochando delas? Mas isto quer dizer: Não é verdade que posso imaginar sinais exteriores que me pareceriam suficientes para um juízo *seguro* sobre o interior?

705. Mas agora diga: "É claro que alguém poderia sentir algo mesmo que os sinais fisiológicos dessem conta precisamente do contrário". Ora, neste caso, aqueles que não conhecem **esses** escrúpulos simplesmente têm um outro conceito.

706. Imagine que as pessoas de uma tribo fossem educadas desde a mais tenra idade para não mostrarem **nenhum tipo** de expressão sentimental. Esse tipo de expressão é para elas algo infantil, insignificante. O treinamento é rigoroso. Não se fala de "dores"; muito menos na forma de uma suspeita "Talvez ele esteja mesmo...". Se alguém reclama, ele é zombado ou punido. Desconfiar de fingimento é algo que absolutamente não existe. Treinamento para falar sem expressão, monotonamente, para se movimentar de forma regular. [Exceto a última sentença: Z 383.]

707. Estou querendo dizer: uma criação bem diferente da nossa poderia também ser o fundamento de conceitos bem diferentes. [Z 387.]

708. Pois aqui a vida transcorreria de outra forma. O que nos interessa, não *lhes* interessaria. Ali, outros conceitos deixaram de ser inimagináveis. É verdade, é apenas desse modo que conceitos essencialmente diferentes são imagináveis. [Z 388.]

709. Não nos preocupamos com o fato de que a evidência apenas torna provável o sentimento do outro, e sim com o fato de que consideramos *isso* como evidência de alguma coisa, de que construímos uma declaração sobre *essa* intrincada espécie de evidência, de que, assim, *ela* tem uma particular importância em nossa vida e é ressaltada por meio de um conceito. [Cf. Z 554.]

710. "Fingir", poderiam dizer aquelas pessoas, "que conceito ridículo!" [Z 384, primeira sentença.]

711. A firme fé (numa profecia, por exemplo) – ela é menos segura que a convicção de uma verdade matemática? (Mas isto torna os jogos de linguagem mais parecidos!) [VB, p. 142; C &V, p. 73.]

712. A conduta, o comportamento da confiança, não poderia existir de forma bem generalizada entre um grupo de pessoas? De modo que uma dúvida a respeito de manifestações de sentimentos lhes fosse completamente estranha? [Z 566.]

713. Mas reflita: Por que alguém teria de estar fingindo, não há outras possibilidades? Ele não pode estar sonhando? As coisas não podem confundir-se de outra maneira? (***Couvade.***)
Pense em como é frequente que seja impossível dizer: Alguém é honesto ou desonesto; sincero ou dissimulado. (Um político, por exemplo.) Bem-intencionado ou o contrário. Quantas perguntas estúpidas são feitas sobre isso! Como é frequente que **os conceitos não sirvam**!

714. Para nossa consideração é importante que haja pessoas a respeito das quais alguém sente que nunca vai saber o que está acontecendo dentro delas. Que ele nunca vai entendê-las. [VB, p. 142; C & V, p. 74.]

715. Nós certamente estamos *inclinados* a dizer que a queixa é apenas um sinal, um sintoma do fenômeno importante, o qual está vinculado a ela apenas empiricamente. E mesmo que aqui estejamos cometendo um erro: de todo modo, é preciso que essa forte tentação esteja fundamentada, e mais precisamente fundamentada na lei da evidência que nós admitimos.[56]

716. Alguém poderia fazer esta pergunta: De que tipo tem de ser a lei da evidência admitida para que esta concepção se insinue a nós?

717. Alguém gostaria de dar a resposta: a evidência tem de ser vacilante. Multiforme?

718. Há uma expressão fingida; mas mesmo para o fingimento é preciso que haja uma evidência.
Se muitas vezes nós simplesmente não sabemos o que devemos falar, todavia temos de às vezes ter simpatia por uma opinião, e às vezes ter certeza.
Então o exterior tem de ser evidente.[57]

719. Você diz que cuida de quem está gemendo porque a experiência lhe ensinou que você mesmo geme quando sente tal e tal coisa. Mas já que você não tira nenhuma conclusão desse tipo, podemos deixar de fora a fundamentação por analogia. [Z 537.]

720. Na filosofia, é significativo que tal e tal sentença não faça sentido, mas também que ela soe de forma engraçada. [Z 328.]

721. Pode-se chamar o "saber guiar-se" de uma vivência? De jeito nenhum. Mas existem vivências características do estado de saber-guiar-se e do não-saber-guiar-se. (Não saber guiar-se e mentir.) [Z 516.]

722. "Eu tenho esperança…" é uma descrição de um estado mental? Um estado mental tem uma duração. Portanto, se eu digo "O dia todo

---

[56] TS: de todo modo, esse erro tem de estar fundamentado na lei da evidência que nós admitimos. / de todo modo, é preciso que esse erro esteja fundamentado, e mais precisamente pela natureza da evidência que nós admitimos.
[57] MS: "evidência" (N.E.).

tive esperança...", isto é uma tal descrição. Mas se eu digo a alguém "Tenho esperança de que você venha" – e se ele me perguntasse "Há quanto tempo você tem esperança nisso?", a resposta seria "Tenho esperança enquanto o digo"? Supondo que eu tivesse uma resposta qualquer para essa pergunta, ela não seria totalmente irrelevante para o propósito das palavras "Tenho esperança de que você virá"? [Z 78.]

723. Um grito não é a descrição de um estado mental, embora um estado mental possa ser inferido dele. [Cf. PU II, ix, p. 189b, c.]

724. Não se grita por socorro porque se está prestando atenção no próprio estado de medo.

725. "Prestar atenção" faz parte de "descrever".

726. Estas sentenças são descrições: "Agora tenho menos medo dele do que antes", "Eu desejo desde muito...", "Fico sempre esperando...". (Descreve-se o curso de algo.)

727. Então estou querendo dizer que certos fatos são favoráveis a certas configurações conceituais; ou ainda desfavoráveis? E quem ensina isto é a experiência? É um fato da experiência que os homem alteram, mudam seus conceitos quando passam a conhecer novos fatos; quando isto faz com que aquilo que antes lhes era importante deixe de sê-lo e vice-versa. (Descobre-se, por exemplo: o que antes contava como uma diferença de tipo é na verdade *apenas* uma diferença de grau.)
(Dirigido à consideração sobre o conceito de cor e outros). [a: Z 352.]

728. Se o grito não é uma descrição, então tampouco é uma descrição a expressão verbal que o substitui. As manifestações de medo, esperança, desejo, não são descrições. Pelo contrário, são descrições as sentenças: "Agora tenho menos medo dele do que antes", "Eu desejo desde muito...".

729. Qual é a forma passada de "Você vem, não é?!"?[58] [Z 80.]

---

[58] TS: "Você virá, não é?!".

730. O uso confuso dos termos conceituais psicológicos ("pensar", por exemplo). Como se a palavra "violino" não designasse somente o instrumento, mas às vezes também o violinista, a parte do violino, o som do violino, o modo de tocar o violino.

731. "Se p ocorre, então p ocorre" poderia ser chamada de uma predição condicional. Isto é: *não* faço predição para o caso de não-p. Por isso, contudo, o que digo também não é verificado por "não-p & não-q".
Ou ainda *assim*: Há predições condicionais, e "p implica q" **não** é **uma** delas. [Z 681.]

732. Quero chamar a sentença "Se p ocorre, então q ocorre" de "S". "S ou não-S" é uma tautologia: mas ela é também a proposição do terceiro excluído? Ou ainda: Se quero dizer que a predição "S" pode ser correta, errada ou indecidida, isto é expresso pela sentença "não (S ou não-S)"? [Z 682.]

733. O emprego da palavra "examinar", "observar". E agora da expressão "examinar-se a si mesmo"!

734. "Estou com medo dele" e "Eu tendo a ficar com medo dele". Mas mesmo a expressão "Eu tendo..." poderia significar aqui **uma porção de coisas**. Só que poderia haver uma língua cujas conjugações levassem em conta *muito* mais diferenças que as línguas que conhecemos.

735. Diferença de *propósito* entre a manifestação de medo "Estou com medo!" e o relato de medo "Estou com medo".

736. "Saber" pode significar algo semelhante a "poder" (saber de cor, por exemplo) ou, em contrapartida, pode significar algo semelhante a "estar seguro".

737. Ninguém, salvo um filósofo, diria "Eu sei que tenho duas mãos"; pelo contrário, pode-se dizer: "Não sou capaz de duvidar de que tenho duas mãos".
Só que "saber" não é ordinariamente usada nesse sentido. [a: Z 405; b: Z 406, primeira sentença.]

Índice do Segundo Volume

Os números referem-se aos números das observações.

ação, 6, 116, 125, 175, 222, 258, 307, 329, 546, 603, 604, 624, 629, 679
acordo, 348, 393, 394, 684
adivinhar, 407, 409, 410, 411
afastar, 86, 89, 90, 91
alegria, 33, 63, 148, 154, 159, 177, 321, 322, 498, 570
amor, 148, 152
analogia, 59, 60, 63, 166, 186, 469, 487, 498, 635, 671, 719
angústia, 148, 156, 157
anomalia, 606
apostar, 106
apreensão (apreender) (*veja também* tomar por algo), 39, 43, 388, 389, 436
aprender, 29, 92, 93, 108, 111, 117, 128, 135, 136, 139, 171, 191, 199, 200, 201, 224, 225, 269, 300, 326, 330, 331, 334, 336, 341, 343, 370, 394, 458, 483, 500, 501, 548, 563, 594, 631
arbitrário, 427, 434
arrependimento, 306-309
asco, 161
aspecto, 356, 361, 368, 374, 375, 381, 382, 384, 391, 398, 435, 438, 442, 449, 450, 479, 496, 506, 507, 508, 509, 519, 536, 537, 539, 540, 541, 543, 544, 545
– mudança de a., 39, 42, 436, 473, 480, 482, 521
– cegueira para aspectos, 478, 479
atenção, prestar atenção, 45, 50, 236, 237, 512, 520, 697, 725

atividade, 7, 11, 14, 80, 81, 88, 111, 134, 138, 184, 193, 226, 227, 228, 230, 331, 342, 372
automático, 252, 256, 267, 291, 292, 407

behaviorista, 33
"bulício", 625, 626

causa, 148, 172, 175, 324
causação, 322
cego, 26, 75, 77, 132
ciência, 62, 155
compaixão, 28, 670
comparar, 115, 116, 123, 134, 183, 187, 206, 378, 466, 514, 647
– comparabilidade, 56
comportamento, 11, 12, 16, 17, 32, 66, 132, 145, 148, 166, 168, 169, 230, 321, 324, 333, 345, 609, 623, 627, 650, 659, 660, 662, 663, 670, 702, 712
– tênues nuances do c., 145, 616
comunicado, 278, 280, 281, 287, 362, 363, 527, 571
conceitos, conceitos psicológicos (conceitual), 5, 7, 20, 23, 54, 58, 59, 62, 63, 68, 71, 75, 87, 108, 111, 112, 113, 116, 122, 129, 130, 148, 149, 150, 167, 190, 214, 216, 218, 220, 221, 226, 245, 246, 257, 289, 310, 316, 328, 333, 337, 352, 386, 392, 393, 398, 400, 417, 421, 424, 428, 430, 432, 434, 437, 440, 444, 452, 453, 454, 462, 469, 483, 491, 499, 509, 510, 520, 525, 538, 543, 550, 578, 579, 606, 609, 614, 617, 622, 625, 626, 628, 629, 632, 635, 636, 637, 638, 640, 652, 657, 672, 680, 681, 683, 684, 691, 692, 693, 705, 707, 708, 709, 710, 713, 727, 730
– conceito nitidamente delimitado, 622
conexão, 59, 60, 70, 103, 104, 131, 139, 261, 355, 507
confissão, 562, 692, 703
conglomerado, 174, 175
conhecimento do homem, 607, 608
constatar, 163, 164
contexto, 25, 150, 501
continuar (uma série), 400-412, 424
contradição, 290, 417, 420

convicção, 319, 569, 685, 711
copiar (cópia), 42, 298, 361, 368, 369, 376, 377, 380, 381, 383, 391, 458, 550
cor, 40, 79, 197, 198, 199, 293, 294, 295, 296, 298, 312, 313, 315, 316, 330, 393, 398, 399, 421, 422, 423, 425, 426, 427, 428, 429, 433, 437, 442, 548, 658, 684, 727
corpo, 63
corpo/alma, 690
couvade, 713
credibilidade, 654
crença (crer, acreditar), 4, 14, 16, 45, 154, 155, 169, 170, 179, 218, 279, 280, 281, 282, 283, 288, 290, 302, 346, 354, 416, 417, 418, 419, 420, 567, 613, 635, 692, 701, 703, 711
critério, 42, 44, 506
cubo esquemático, 490-492
cultura, 468

decisão, 179, 180, 183
deficiência mental, 578
– deficiente mental, 11
definição, 271
depressão, 148
descoberta, 438, 439, 441
descrição, 7, 11, 42, 69, 93, 111, 142, 144, 145, 147, 167, 183, 200, 236, 312, 313, 314, 331, 352, 362, 374, 385, 412, 439, 452, 473, 550, 554, 556, 570, 629, 722, 723, 725, 726, 728
desejo (desejar), 3, 14, 33, 121, 726, 728
Deus, 648
dinâmico, 512
disposição, 45, 57, 178, 243, 281
dor, 12, 27, 28, 48, 63, 143, 148, 149, 150, 151, 153, 154, 157, 158, 161, 176, 231, 307, 445, 485, 499, 574, 599, 600, 612, 618, 619, 620, 621, 630, 631, 637, 638, 639, 644, 655, 656, 657, 659, 661, 677, 680, 706
duração, 50, 51, 52, 57, 63, 144, 148, 178, 257, 499, 722
dúvida, 163, 287, 336, 342, 343, 344, 345, 567, 568, 590, 619, 644, 645, 646, 654, 667, 694, 702, 712, 737

emoção, 148, 152, 153, 154, 178, 321, 334, 499, 568, 570, 706
empírico
– sentença empírica, 483, 545
emprego, uso (empregar), 9, 13, 20, 56, 75, 102, 106, 108, 156, 160, 162, 167, 169, 190, 194, 198, 201, 221, 230, 231, 234, 290, 299, 326, 392, 398, 413, 416, 489, 534, 547, 574, 675, 733
enigma gráfico, 305, 361, 362, 364
ensinar, 92, 337, 338, 339, 403, 413, 414, 422
entender, compreender, 29, 30, 40, 45, 48, 51, 77, 98, 134, 204, 209, 210, 267, 268, 272, 464, 465, 466, 467, 469, 483, 487, 489, 497, 498, 502, 503, 505, 548, 563, 571, 694, 696, 714
– e. um tema, 469
esconder, 586, 587, 588
espaço, 64, 100
esperança (ter esperança), 2, 4, 15, 16, 77, 153, 154, 155, 722, 726, 728
espiritual, 193
estado (*também* estado mental), 12, 43, 44, 45, 156, 166, 175, 177, 247, 249, 274, 303, 324, 388, 528, 540, 562, 586, 721, 722, 723, 724
– e. de consciência, 45, 48, 57, 178
estático, 512
evento, 154, 165
evidência, 286, 614, 682, 684, 685, 709, 715, 716, 717, 718
exceção, 145, 146, 393
expectativa, 154, 173, 175
experiência, 30, 87, 160, 168, 178, 257, 324, 428, 487, 609, 633, 634, 636, 715, 719, 727
– conceito experiencial, 257
explicação (explicar), 48, 176, 254, 327, 329, 353, 357, 379, 381, 405, 468, 505, 519, 630, 674
expressivo
– execução expressiva, 467, 468

fantasia, 96, 494, 507, 513, 675
fato, 190, 392, 432, 433, 727
fazer contas, 7, 191, 192, 212, 214, 343, 538, 542, 584, 585, 603, 605

fenômeno, 17, 31, 32, 33, 35, 75, 77, 130, 132, 133, 134, 220, 303, 346, 399, 462, 617, 622, 715
figura do pato-lebre (cabeça do pato-lebre), 482, 496
filosofar, 235
filosofia (filosófico), 87, 289, 641, 659, 720, 737
fingimento, 568, 589, 591, 609, 610, 612, 613, 630, 633, 672, 674, 688, 692, 702, 706, 710, 713, 718
fisionomia, 68, 519, 615
fora/dentro (*veja* interior/exterior)
Frege, 603

genuinidade (genuíno), 590, 684, 694, 697, 702
geometria
– g. euclidiana, 634
germe, 210, 232
gestalt, forma, formato, 41, 305, 444, 514, 623, 651
– cegueira para formatos, 478
gramática (gramatical), 148, 228, 264, 416
grau, 30, 63, 618, 684, 727
Grillparzer, 246

história natural, 15, 18, 24
humor, 178, 321

idealismo, 338, 339
identidade, 44
imagem, figura, quadro, 6, 34, 63, 84, 88, 109, 112, 114, 115, 118, 119, 120, 121, 122, 124, 126, 132, 148, 196, 224, 303, 304, 305, 352, 368, 370, 381, 382, 383, 387, 389, 416, 430, 444, 447, 456, 457, 458, 461, 473, 475, 477, 479, 480, 481, 483, 487, 495, 496, 513, 514, 533, 550, 569, 571, 604, 642, 650, 651, 668, 676
– i. visual, 69, 488
– i. mental, 69, 84, 110, 115, 120, 142
implicação, 102-106, 731, 732
impossibilidade, 199, 425
impressão, 51, 53, 90, 92, 93, 98, 112, 113, 114, 116, 142

– i. visual, 87, 89, 90, 91, 92, 95, 96, 97, 98, 99, 112, 113, 124, 127, 142, 449, 554
imprevisibilidade (do comportamento humano), 663, 664
incerteza, 58, 561, 563, 621, 659, 660, 661, 669, 670, 671, 682, 683
– i. constitutiva, 657
– i. de princípio, 563
"inserido", 16, 150
instinto (instintivo), 632, 644, 650, 659, 689
intenção, 6, 115, 175, 176, 178, 179, 242, 243, 245, 252, 258, 271, 272, 274, 275, 276, 292, 392, 575, 577, 582, 631
intencional, 182
interior, 558-569, 586, 598, 602, 603, 604, 642, 643, 644, 649, 650, 665, 666, 667, 703, 715
– "o i. está oculto", 558, 559
interior/exterior, 6, 170, 335, 643, 644, 703, 704
interpretação, 36, 305, 360, 378, 391, 521, 522, 546, 547, 633
introspecção, 250
intuição, 28, 93
involuntário (*veja também* voluntário), 83, 116, 182, 269, 343
irregularidade, 615, 653

James, 214, 264, 321, 575
jogo, 140, 395
jogo de linguagem, 27, 51, 54, 71, 110, 129, 137, 139, 145, 198, 203, 254, 278, 287, 291, 312, 313, 318, 342, 349, 424, 453, 476, 632, 684, 689, 711

Köhler, 224, 334

lei do terceiro excluído, 732
lembrança, 66, 582, 583, 592, 597
– imagem da l., 63
ler, 26, 65, 208, 213, 235, 236, 237, 238, 262, 263, 264, 272, 273, 458, 470, 501, 502, 516
linguagem, 6, 8, 58, 128, 185, 198, 203, 204, 205, 214, 235, 259, 260, 290, 310, 435, 503, 563, 564, 565, 568, 655, 678, 734
lógica, 190

lugar, local (*também* localização), 63, 148, 161, 307, 499

manifestação, 3, 12, 30, 38, 63, 145, 148, 151, 156, 161, 169, 177, 179, 220, 250, 251, 256, 281, 291, 292, 342, 462, 467, 486, 528, 599, 612, 613, 620, 650, 712, 728, 735
mecânico (mecanismo), 187, 189, 205, 217, 227, 247, 623, 665, 666, 669
medo (ficar com medo), 16, 17, 19, 26, 27, 28, 148, 153, 154, 155, 156, 157, 158, 160, 161, 163, 164, 165, 166, 169, 170, 172, 174, 177, 308, 333, 552, 726, 734, 735
memória, 144, 300, 346, 353, 593, 594, 596
método, 224, 298
modo de pintar, 434
motivo, 175
movimento, 63, 83, 86, 90, 91, 96, 116, 123, 126, 127, 147, 182, 259, 267, 268, 269, 270, 382, 483, 506, 520, 550, 706
mundo exterior, 63, 79, 80, 148, 350, 354
música, 466, 467, 468, 469, 494, 497, 501, 503, 695, 696

negação, 103-106, 128
notar, 443, 552, 553

observação, 3, 15, 29, 33, 49, 63, 75, 77, 88, 111, 131, 132, 134, 135, 169, 177, 354, 363, 422, 702, 733
olhar, 68, 72, 96, 108, 135, 139, 171, 181, 461, 464, 549, 550
operar com sinais, 7, 188, 189
ordem, prescrição, 82, 83, 121, 124, 125, 139, 193, 247, 296, 298, 422, 574
órgão sensível (*também* sentido da visão), 61, 478, 483, 490
ortografia, 572
ouvir, 52, 53, 55, 59, 60, 63, 172, 466, 467, 494, 497, 501, 502, 504, 573

padrão (padrão de vida), 651, 652, 672, 673
"palavra apropriada", 117, 509
paradigma, 330
parecer, 124, 315, 317, 326, 330, 419, 609
passado, 592, 593, 594
pavor, 165, 171

pena, 638
pensar (*também* pensamento), 6-14, 20, 22, 23, 29, 31, 34, 153, 154, 156, 160, 161, 163, 165, 175, 180, 183, 184, 185, 186, 188, 192, 193, 194, 200, 201, 202, 205, 208, 211, 213, 214, 215, 216, 218, 220, 222, 223, 224, 225, 226, 227, 228, 229, 230, 232, 233, 234, 235, 238, 240, 241, 248, 249, 250, 251, 253, 256, 257, 258, 262, 263, 266, 267, 275, 276, 306, 360, 365, 366, 367, 369, 384, 391, 456, 460, 462, 501, 504, 544, 546, 564, 565, 568, 575, 578, 603, 604, 634, 648, 649, 660, 662, 674, 679, 688, 730
– "os pensamentos mais secretos", 648, 649
– processo de pensamento, 7, 8
pensar e falar, 6, 7, 8, 9, 10, 183, 186, 193, 205, 208, 215, 226, 228, 233, 234, 238, 248, 250, 251, 266, 267, 649
percepção (perceber), 59, 317, 330, 350, 374, 378, 381, 382, 439, 42, 461, 473, 494, 530, 550, 555
pessoa
– primeira/terceira pessoa (uso), 63, 166, 169, 279, 282, 445
possibilidade, 190, 199, 578, 591, 639, 692
predição, 106, 731, 732
presente, 231, 256, 279, 593
pretender (*veja também* intenção), 45, 179, 258, 276, 576
probabilidade, 170, 199, 319, 340, 684, 709
prognóstico, 608
prometer, 580
prova, 694, 697, 698
psicologia (psicológico) (*veja também* conceitos, conceitos psicológicos), 19, 20, 21, 35, 38, 62, 107, 133, 173, 194, 254, 479, 549, 612, 730
– p. infantil, 337
– conceitos psicológicos (*veja* conceitos)

quantidade
– "passagem da quantidade à qualidade", 145
querer dizer, querer referir-se, visar [*meinen*], 26, 171, 182, 204, 44, 253, 254, 255, 256, 259, 260, 273, 296, 571, 574

raiva, 32, 3, 148, 154, 177
razão, 161, 324, 344, 404, 414, 444, 463, 557, 569, 639, 689
realismo, 338, 339
regra, 145, 146, 271, 393, 403, 404, 405, 406, 408, 409, 410, 411, 412, 413, 607, 623, 695
representação, imaginação (imaginar), 9, 63-100, 101, 107, 109, 111, 112, 113, 114, 115, 116, 119, 120, 121, 123, 124, 125, 129, 130, 131, 134, 138, 139, 141, 142, 143, 144, 145, 147, 178, 195, 237, 239, 243, 249, 251, 274, 279, 321, 366, 367, 449, 464, 489, 492, 495, 501, 506, 508, 511, 518, 542, 543
representação visual, 87
rosto, face (*também* expressão facial), 114, 148, 150, 170, 171, 219, 221, 223, 321, 324, 356, 366, 367, 368, 441, 461, 482, 501, 514, 519, 526, 548, 550, 552, 553, 556, 568, 570, 611, 614, 615, 627

saber, 14, 45, 51, 52, 53, 54, 55, 93, 99, 116, 128, 168, 171, 179, 243, 277, 284, 285, 286, 287, 288, 289, 296, 300, 301, 302, 303, 347, 348, 353, 378, 387, 492, 500, 536, 561, 563, 569, 575, 576, 584, 602, 604, 619, 620, 637, 642, 643, 644, 647, 659, 663, 664, 701, 714, 736, 737
saber guiar-se, 605, 721
sabor, gosto, 58, 346-353
Schubert, 246
segurança (certeza) (*veja também* incerteza), 277, 287, 288, 341, 346, 351, 566, 567, 584, 657, 662, 670, 683, 684, 688, 701, 702, 718, 736
semelhança, 63, 70, 82, 87, 115, 116, 139, 186, 334, 381, 382, 398, 462, 551, 552, 553, 555, 556, 623, 628, 638, 656, 700, 736
– s. de família, 551, 556
sensação [Empfindung], 1, 39, 40, 45, 58, 63, 129, 147, 148, 153, 157, 160, 161, 176, 178, 321, 323, 469, 492, 498, 499, 500, 501, 566, 661, 667, 702
– s. visual, 316, 330
sensação, sentimento [Gefühl], 14, 18, 28, 48, 157, 159, 160, 163, 170, 264, 267, 319, 322, 323, 325, 570, 590, 645, 647, 684, 697, 705, 709, 712
sentença, proposição, 24, 63, 104, 107, 162, 235, 240, 254, 257, 259, 261, 262, 300, 301, 302, 366, 417, 465, 575, 720, 726, 728

sentido, 24, 104, 121, 124, 144, 233, 254, 259, 280, 290, 303, 324, 326, 350, 392, 402, 417, 483, 523, 524, 535, 720
significado, 5, 26, 38, 68, 77, 114, 134, 154, 196, 242, 245, 254, 256, 259, 271, 334, 335, 337, 409, 464, 465, 489, 504, 538, 548, 557, 571, 574, 594, 603, 687
– cegueira para significados, 571, 572
– vivência de s., 5, 196, 242, 243, 244, 375
símile, 425
simpatia, 699
simular (*veja* fingimento)
sinal, 149, 251, 263
sistema (de cores, de números), 426, 427, 658
sistema nervoso, 702, 704
sorrir, 150, 614
suposição, 280, 281, 283, 416
surpresa, 1, 88, 298, 529

tautologia, 106, 732
tem de [*Mu*], 103, 609
tema (*veja* entender um tema)
temporal, 5, 63, 335, 501
– atemporal, 5, 335, 439
tentar, 72, 75, 183, 517
testar, 7, 13, 187, 188
tomar (tomar por algo), 85, 97, 98, 318, 355, 391, 479, 516
– maneira de t., 425
treinamento, 6, 139, 327, 413
tristeza, 12, 148, 151, 154, 159, 177, 321, 322, 323, 324, 325, 570, 627

ver (*veja também* aspecto, mudança de aspecto), 18, 26, 36, 37, 42, 43, 45, 54, 59, 60, 63, 66, 67, 68, 70, 71, 72, 73, 74, 75, 76, 77, 79, 85, 98, 99, 108, 109, 111, 113, 116, 118, 119, 120, 123, 124, 127, 130, 132, 133, 134, 135, 138, 139, 141, 142, 144, 168, 170, 171, 195, 196, 219, 305, 325, 356, 359, 360, 361, 362, 366, 367, 368, 369, 370, 371, 372, 373, 374, 376, 379, 381, 383, 387, 390, 391, 438, 440, 442, 443, 444, 445, 447, 452, 453, 457, 458, 460, 461, 462, 472, 473, 474, 476, 480, 482, 487, 492, 493, 506, 509,

513, 514, 521, 522, 537, 541, 543, 544, 546, 547, 548, 549, 552, 553, 555, 556, 570
– ver como (ver assim), 37, 40, 42, 304, 305, 360, 370, 373, 374, 378, 379, 381, 384, 386, 387, 388, 391, 435, 436, 451, 475, 478, 479, 482, 483, 484, 490, 490, 510, 517, 523, 535, 536, 537, 538, 539, 540, 545, 547, 549
– visão tridimensional (ver a profundidade), 391, 445, 446, 463, 473, 479, 488, 491, 506
verdade, 104, 106, 418, 711
vivência, 179, 242, 243, 244, 251, 253, 256, 257, 259, 353, 469, 473, 485, 497, 501, 502, 529, 531, 557, 574, 582, 669, 721
– conceito vivencial, 469, 485
– conteúdo vivencial, 109, 113, 114, 243
vogal, 40, 548, 574
voluntário, 83, 86, 91, 96, 116, 123, 129, 139, 182, 222, 267, 269, 270
vontade, 14, 63, 78, 79, 80, 83, 84, 91, 96, 101, 107, 113, 119, 120, 121, 122, 124, 131, 139, 141, 267, 268, 544, 545
voto, 580, 581

xadrez, jogo de x., 136, 138, 140, 150, 199, 437

Esta obra foi composta em CTcP
Capa: Supremo 250g – Miolo: Pólen Soft 80g
Impressão e acabamento
Gráfica e Editora Santuário